Die Sorge um sich – die Sorge um die Welt

Hannah Holme, Dr. phil., wurde an der Universität Leipzig promoviert. Sie lebt und arbeitet in Frankfurt am Main.

Hannah Holme

Die Sorge um sich – die Sorge um die Welt

Martin Heidegger, Michel Foucault und Hannah Arendt

Campus Verlag
Frankfurt/New York

Diese Publikation wurde von der Hans-Böckler-Stiftung gefördert.

Hans **Böckler**
Stiftung

Außerdem wurde die Publikation vom Deutschen Akademikerinnenbund e.V. und der Society for Women in Philosophy – Verein zur Förderung von Frauen in der Philosophie unterstützt.

SWIP
Germany e.V.

MIX
Papier aus verantwortungsvollen Quellen
FSC
www.fsc.org
FSC® C089473

ISBN 978-3-593-50945-7 Print
ISBN 978-3-593-43993-8 E-Book (PDF)

Umschlaggestaltung: Campus Verlag GmbH, Frankfurt am Main
Gesetzt aus der Garamond
Druck und Bindung: Beltz Grafische Betriebe GmbH, Bad Langensalza
Printed in Germany

www.campus.de

Inhalt

Intro: Die praxeologische Geste

Unser Leben und unsere Welt geben Anlass zur Sorge. Dieser Satz trifft wohl auf nahezu alle Zeiten und Situationen zu; nicht nur, weil unser eigenes Leben und die Welt, in der wir es führen, von vielen Faktoren und Bedingungen abhängen, die nicht selten ausreichend Gründe bieten, um sich Sorgen zu machen. Darüber hinaus werden Existenz und Welt erst durch die praktische Sorge zu solchen, weil sie hierdurch die ihnen eigene Bedeutung und Gestalt gewinnen. Innerhalb der Philosophie des Lebens, in deren Tradition neben Sokrates, Montaigne und Spinoza auch Heidegger und Foucault verortet werden können, besitzt der Grundgedanke, dass das Selbst- und Weltverhältnis über den praktischen, sorgevollen Umgang konstituiert und gestaltet wird, besondere Relevanz. Er erhält durch den heideggerschen Topos der Sorge eine spezifische Bedeutung. Die Sorge stellt in Sein und Zeit die ontologische Grundstruktur eines jeden Selbst dar, das besorgt, das heißt durch praktische Existenzweisen hervorgebracht und geformt wird. Dieses Primat der Praxis, das die konstitutive Bedeutung praktischer Zusammenhänge für das Selbst- und Weltverhältnis hervorhebt, fungiert in der vorliegenden Arbeit als Tertium comparationis, um die unterschiedlichen Sorgekonzeptionen von Heidegger, Foucault und Arendt zu vergleichen. Auch wenn ihre Biographien und Werke deutliche Differenzen aufweisen, gehen doch alle drei davon aus, dass die Einzelnen ihr Wesen wie die Beziehung zu sich und der Welt über konkrete Praktiken hervorbringen. Zugleich divergiert diese Denkfigur entsprechend ihrer unterschiedlichen Auffassungen von Praxis.

Ziel der Arbeit ist zum einen, die Sorgebegriffe von Arendt und Foucault als kritische Aneignungen derjenigen Denkfigur Heideggers zu rekonstruieren, die dem Primat der Praxis verpflichtetet ist. Zum anderen dienen Arendts politische Sorge um die Welt und Foucaults Sorge um sich als Analysekategorien, um ihre komplementären Auslegungen identischer philosophischer Begriffe und kulturhistorischer Topoi zu untersuchen.

Hierfür wird die Denkfigur, die Heideggers Sorgebegriff inhärent ist, expliziert und ihre Bedeutung für Foucaults Untersuchung der Sorge um sich und Arendts Verständnis der Sorge um die Welt nachgewiesen. Alle drei entwickeln auf der Kontrastfolie des Cartesianismus die Konzeption eines Selbst, dessen Wesen und Beziehung zu sich und der Welt nicht primär durch kognitive Bewusstseinsprozesse, sondern durch konkrete Praktiken innerhalb lokal spezifischer und historisch variabler Praxiszusammenhänge gestaltet wird. Doch während Heidegger diese Denkfigur innerhalb des fundamentalontologischen Projekts situiert, transferiert sie Foucault durch die Untersuchung der Sorge um sich in den ethischen, Arendt hingegen über die Sorge um die Welt in den politischen Kontext.

Im Gegensatz zu Heidegger, der sich der Unterstellung ethischer und politischer Implikationen seines Sorgebegriffs verweigerte, heben Foucault und Arendt gerade diese Aspekte durch die kritischen Aneignungen des Topos der Sorge hervor. Dabei beschäftigen sie sich unter Rückgriff auf Sokrates und Kant mit dem Verhältnis von Philosophie und Politik, wobei dieser Auseinandersetzung divergierende Machtbegriffe zugrunde liegen. Dass sie trotz der auffallenden Ähnlichkeiten ihres Untersuchungsgegenstands zu nahezu konträren Einschätzungen kommen, lässt sich wiederum auf die Sorge um sich und die Sorge um die Welt zurückführen. Denn ihr jeweiliges Verständnis von Sorge stellt nicht nur einen Untersuchungsgegenstand, sondern auch die Perspektive dar, aus der sie die Beziehung von Philosophie und Politik betrachten. Während Foucaults Auseinandersetzung mit der antiken Philosophie und Polis durch das Interesse an der ethischen Haltung und Praxis der Selbstsorge geleitet ist, wird Arendts Darstellung des gleichen Gegenstands durch den politischen Blickwinkel der Sorge um die Welt bestimmt. Die politische Aktualität und Relevanz, die diesen komplementären Perspektiven zukommt, wird abschließend hervorgehoben, um den Ausblick auf eine kritische Haltung zu eröffnen, welche die Sorge um sich mit der Sorge um die Welt verbindet.

Die Geste als Denk- und Beziehungsweise

Um Foucaults Untersuchung der Sorge um sich und Arendts Sorge um die Welt zu Heideggers Sorgekonzeption ins Verhältnis zu setzen, wird die dem Primat der Praxis verpflichtete Denkfigur als praxeologische Geste bezeichnet. Dieser Begriff findet sich in keinem der hier behandelten Texte, sondern fungiert lediglich als Analyseinstrument. Er mag auf den ersten Blick nicht nur etwas bemüht, sondern auch wie ein Pleonasmus klingen; schließlich stellt eine Geste stets eine Praxis dar. Dass diese Bezeichnung dennoch gewählt wurde, liegt in der spezifischen und erklärungsbedürftigen Bedeutung der Begriffe der Geste und der Praxeologie begründet. Der Begriff der Geste weist mehrere Merkmale auf, die zur näheren Beschreibung der Bezugnahme von Arendt und Foucault auf Heideggers Werk dienen können. Zu diesen gehört maßgeblich der performative Charakter der Geste, das Moment der Wiederholung, dem die Ambivalenz von Konvention und Transformation eingeschrieben ist sowie ihr Pathos, der sich unter anderem aus der Verweigerung von Rechtfertigung speist.

Unter einer Geste wird gemeinhin eine Bewegung des Körpers verstanden, die Worte begleitet oder ersetzt. Sie ist Trägerin einer Bedeutung, die nicht expliziert und reflektiert wird, sondern in der körperlichen Bewegung selbst aufgeht. Dieser implizite Charakter trifft auch auf die Bezugnahme von Foucault und Arendt auf Heideggers Denken zu. Beide vermeiden direkte Kommentare und Urteile über ihn und weisen in ihren theoretischen Schriften nicht aus, welche Aspekte seines Werks in ihre eigenen Überlegungen einfließen. Diese bewusste Zurückhaltung war für Foucault nach eigenen Angaben ein Ausdruck der besonderen Stellung, die ein Œuvre für ihn hatte. In einem seiner letzten Interviews erklärt er:

> »[I]ch habe niemals etwas über Heidegger geschrieben, und über Nietzsche habe ich nur einen ganz kleinen Artikel geschrieben; dennoch sind dies die beiden Autoren, die ich am meisten gelesen habe. Ich glaube, daß es wichtig ist, eine kleine Anzahl von Autoren zu haben, mit denen man denkt, mit denen man arbeitet, aber über die man nicht schreibt. Ich werde eines Tages vielleicht über sie schreiben, doch dann werden sie für mich keine Denkinstrumente mehr sein.« (DE4/354: 868)

Durch diese Aussage evoziert Foucault den Effekt, dass gerade das Schweigen über Heideggers Werk dessen Relevanz für sein eigenes Schaffen potenziert. Nicht obwohl, sondern weil Heidegger eine so zentrale Bedeutung für ihn hat, vermeidet er in seinen eigenen Publikationen explizite Referenzen auf dessen Schriften. Den gleichen Eindruck vermittelt Arendt. Auch wenn sie sich ausführlich und ihr Leben lang mit Heideggers Arbeiten auseinandersetzt, findet diese intensive Beschäftigung keinen entsprechend deutlichen Ausdruck in ihren theoretischen Abhandlungen. Heideggers Schriften sind nicht Gegenstand ihrer Veröffentlichungen, weil Arendt wie Foucault mit seiner Hilfe ihre eigene Forschungsperspektive auf Phänomene und Fragestellungen entwickelt. Weil beide mit ihm denken, schreiben sie nicht über ihn. Gerade durch den Verzicht auf dezidierte Referenzen oder metatheoretische Kommentare entsteht hierdurch eine besondere Nähe zu heideggerschen Motiven, die sie sich über den stillschweigenden Vollzug zu eigen machen. Anstatt über Heideggers Werk zu sprechen und es dadurch zu objektivieren, verleiben sie sich bestimmte Topoi und Figuren in praktischen Denk- und Schreibprozessen ein. Hierdurch vermeiden sie die Distanznahme, die mit der Reflexion und Explikation von Tätigkeiten und Verhältnissen oftmals verbunden ist.

Die Diskrepanz zwischen der großen Relevanz, die das Denken Heideggers für Foucault und Arendt hat, und der relativ geringen Anzahl an öffentlichen Stellungnahmen zu ihm und seinem Werk, lässt sich mithilfe des Begriffs der Geste fassen. Denn die Bezugnahme auf Heidegger wird nicht nur stillschweigend vollzogen, vielmehr stellt diese implizite Referenz selbst die Beziehung dar. Die Geste besteht allein in der Bewegung, wobei sie Gefühle, Bedeutungen und »Erkenntnisse nicht allein vermittelt, sondern erzeugt«, wie Benjamin (1977: 528) anhand des epischen Theaters darlegt. Damit wird die Produktivität und »Performativität« (Austin 2002; Derrida 1988; Butler 2006) hervorgehoben, die der Geste eigen ist, weil sie nicht wahre oder falsche Aussagen über die Wirklichkeit vermittelt, sondern soziale Tatsachen schafft (vgl. Kim 2014: 114). Als performativ lässt sich die Beziehung von Arendt und Foucault zu Heideggers Werk beschreiben, weil sie im (Nach-)Vollzug seiner Denkbewegungen und nicht in der Formulierung von Äußerungen über ihn oder sein Werk besteht. Die Bezugnahme auf Heidegger wird von beiden weniger über textexegetische Verfahren, Reflexionsprozesse und explizite Verweise in ihren eigenen Schriften zur Sprache gebracht als über die Ausführung heideggerianisch anmutender Denkfiguren hervorgebracht.

Werden philosophiehistorische Denkfiguren von so eigenwilligen Charakteren wie Foucault und Arendt aufgenommen, dann handelt es sich dabei nicht um textgetreue Zitate, sondern um nichtidentische Wiederholungen. Die Aneignung heideggerscher Topoi ist in beiden Fällen stets mit ihrer deutlichen Veränderung verbunden. Das ist neben dem impliziten, performativen Charakter ihrer Bezugnahmen ein weiterer Grund dafür, weshalb zur Ermittlung von Heidegger-Referenzen in ihren Schriften Rekonstruktionsaufwand betrieben werden muss. Ebenso wie die Nähe lässt sich auch die Differenz und Distanz, die über die Aneignung heideggerscher Denkfiguren entstehen, mit dem Begriff der Geste erfassen, weil ihr die Spannung zwischen Wiederholung und Abweichung inhärent ist. Sie stellt keine absolute Neuschöpfung dar, sondern übernimmt Bewegungen, die bereits vor ihr existierten (vgl. Agamben 2001: 59f.). Zugleich handelt es sich bei der Wiederholung der Geste nie um reine Reproduktion, weil allein schon aufgrund der permanenten Veränderung von Raum und Zeit nicht absolut identisch imitiert werden kann. Wie jedes andere bedeutungstragende Zeichen ist auch die Geste durch Iterierbarkeit gekennzeichnet (vgl. Derrida 1988). Ebenso wie sie auf einen Referenzrahmen angewiesen ist, auf den sie rekurriert und über den sie als solche identifiziert werden kann, wird sie zugleich über die Wiederholung in einen anderen, mit dem vorherigen nie ganz identischen Kontext transferiert. Deshalb ist ihr die Spannung zwischen Konvention und Transformation eigen.

Auch wenn es Arendt und Foucault somit gar nicht möglich wäre, heideggersche Figuren identisch zu wiederholen, sind sie daran ohnehin nicht interessiert. Trotz des hohen Stellenwerts, den sie seinem Werk für die Entwicklung ihres eigenen Denkens beimessen, adaptieren sie seine Schriften nicht und sind ihnen nicht orthodox verpflichtet. Stattdessen eignen sie sich bestimmte Gesten Heideggers an, um mit ihrer Hilfe ihre ganz eigenen Perspektiven zu entwickeln und Forschungsgegenstände zu untersuchen, die diesem zumeist völlig fremd sind. »Gesten zitierbar zu machen« (Benjamin 1977: 529), um sie gezielt zu verändern, ist eine Aufgabe, die sich nicht nur im epischen Theater (vgl. ebd.; Weber 2007: 265f.) oder in politischen Zusammenhängen (vgl. Butler 1991: 198–218) stellt, sondern auch in der Philosophie. Die implizite Bezugnahme auf Heideggers Denken durch Arendt und Foucault lässt sich als eine solche gestische Praxis verstehen, welche die zitierte Figur über die Wiederholung transformiert, ohne sie zu kommentieren oder zu rechtfertigen.

»Die Geste wäre eine absolute sprachliche Tathandlung, die nicht durch Regeln festgelegt ist wie die Begrüßungs- und Höflichkeitsgesten, die wir alltäglich vollziehen. Absolut darf sie heißen, weil sie nicht durch etwas ihr Vorausliegendes erklärt sein will, weder durch die Intentionen des Handelnden noch durch Bedingungen, die sein Handeln bestimmen. Die Geste kennt weder eine theoretische noch eine moralische Rechtfertigung; denn damit würde sie Rahmenbedingungen als geltend voraussetzen, die sie gerade in Frage stellt. Die Geste ist setzend. Ihre Bestimmtheit verdankt sich nicht dem Rekurs auf etwas sie Begründendes; vielmehr zieht sie gerade ihr Pathos aus der Verweigerung von Begründungsansprüchen. Daher rührt die Verschlossenheit der Geste, ihre Sprödigkeit gegenüber der Forderung nach Diskussion.« (Bürger 1991: 100)

Mit dieser Beschreibung des foucaultschen Denkens als Geste werden mehrere Aspekte genannt, die ebenso wesentlich für seine Heidegger-Referenz wie für diejenige Arendts sind. Weil beide Heideggers Denkfiguren nicht imitieren, sondern sich aneignen und hierdurch stark verändern, bedarf es keinerlei expliziter Verweise auf sein Werk, um ihre Arbeiten zu verstehen. Vielmehr liegt der Differenz, die durch die nichtidentischen Wiederholungen evoziert wird, zuweilen eine Kritik an Heidegger zugrunde, die sich in Arendts Veröffentlichungen besonders deutlich, in einigen Äußerungen Foucaults etwas verhaltener findet. Zwar stellt Heideggers Schaffen für beide den Referenzrahmen zur Aneignung bestimmter Gesten dar, nicht aber den zentralen Begründungszusammenhang ihres eigenen Denkens, dem sie sich inhaltlich verpflichten. Dieser Umstand ist weniger auf Heideggers Werk als auf die Eigenart ihres eigenen Vorgehens zurückzuführen. Sich von einem rationalistischen, identifizierenden Denken distanzierend, wählen Foucault und Arendt eine Form des Schreibens, die maßgeblich im dramatisch-hyperbolischen Erzählen von Geschichten besteht. Dabei nehmen sie zwar auf andere Bezug, haben aber weder den Anspruch, diese Referenzen verlässlich aufzuzeigen noch beabsichtigen sie, deren Werk akkurat wiederzugeben.

Dieser unorthodoxe und nur scheinbar leichtfertige Umgang mit der Autorschaft und Methodik anderer entspricht auch demjenigen, den sie ihrem eigenen Schaffen zukommen lassen. Arendt hat sich noch stärker als Foucault verhalten über ihre eigenen philosophischen Herangehensweisen und Intentionen geäußert. Beide bemühen sich nicht darum, die Form ihres eigenen Vorgehens und dessen Wirkungsweise zu erklären oder Rechenschaft darüber abzulegen. Vielmehr verstehen sie, ungeachtet vielfältiger Differenzen, das Denken als eine Tätigkeit, welche die Person ebenso praktiziert wie sich ihr ausliefert. Anstatt statisches Wissen zu vermitteln und dessen Quellen anzugeben, eignen sie sich verschiedene Denkfiguren an, wodurch sich diese ebenso verändern wie ihr eigenes Schaffen. Die Frage nach der Autorschaft eines Gedankens, nach der ursprünglichen Bewegung, die durch die Geste zitiert wird, verliert an Relevanz, weil es um den Effekt geht, den sie auslöst und von dem nicht im Vorhinein gesagt werden kann, worin er besteht. Arendt und Foucault distanzieren sich ebenso wie Heidegger von einer Philosophie, die sich mit exegetischen Ausführungen über philosophische Texte begnügt. Stattdessen üben sie sich in einer unorthodoxen Denkweise, die sich freimütig über Schulen und Konventionen hinwegsetzend verschiedener Quellen und Strategien bedient, um das Denken (wieder) zu einer Erfahrung werden zu lassen. »Im Zeitalter der Kommentare bleibt dem Philosophen nur die Geste dessen, der die Philosophie untergräbt.« (Bürger 1991: 104) Diese philosophiekritische Figur, die sich gegen den Kontext richtet, aus dem sie zu stammen scheint, wird wiederum von Heidegger, Foucault und Arendt auf verschiedene Weise und unter anderen Vorzeichen ausgeführt.

Die Abneigung gegen die gelehrsame Philosophie, die Wissen akquiriert und vermittelt, basiert ebenso wie die vehemente Abgrenzung von der cartesianischen Fokussierung auf Erkenntnisprozesse auf derjenigen Figur, die dem Primat der Praxis verpflichtet ist. Durch sie wird nicht nur das Denken als Tätigkeit und Erfahrung begriffen und kultiviert, sondern die Praxis darüber hinaus Gegenstand des Denkens. Aufgrund des implizit-performativen Charakters der Geste kann die These, dass Foucault und Arendt Denkfiguren Heideggers auf nichtidentische Weise wiederholen, weniger nachgewiesen als plausibilisiert werden. Deshalb tritt die Arbeit nicht mit dem Anspruch an, ihre Bezugnahme auf Heideggers Werk so zu skizzieren, wie sie tatsächlich stattgefunden hat. Stattdessen handelt es sich bei diesem (Re-)Konstruktionsprozess um einen von mehreren möglichen, der zudem den Fokus auf eine ganz bestimmte Denkfigur, die praxeologische, legt.

Praxeologie

Während der Begriff der Geste dazu dient, die Bezugnahme von Arendt und Foucault auf Heideggers Werk zu erfassen, wird sie durch das Prädikat des Praxeologischen inhaltlich näher bestimmt und im Forschungskontext der Praxistheorie situiert (vgl. Schatzki 2001; Reckwitz 2003; Schäfer 2010; 2016). Der praxeologischen Denkfigur zufolge, entsteht das Selbst durch konkrete, ebenso lokal und kulturell spezifische wie historisch variable Praktiken, die innerhalb eben solcher Praxiszusammenhänge vollzogen werden. Dem Charakter der Geste entsprechend, handelt es sich bei dem praxeologischen Primat weniger um eine von Heidegger, Foucault und Arendt klar explizierte These als um einen zentralen Grundzug ihres Denkens. Er kommt besonders deutlich anhand ihres jeweiligen Sorgebegriffs zum Vorschein, dem sie zugleich aufgrund ihres divergierenden Verständnisses von Praxis eine andere Gestalt verleihen. Heidegger bestimmt in *Sein und Zeit* die Existenzweisen, die das Dasein konstituieren, als ontologische Voraussetzung jeder ontischen Handlung. Dagegen hebt Arendt hervor, dass sich die Person als einzigartiges Wesen erst über die politische, kollektive Praxis des Sprechens und Handelns entwickelt, die der Sorge um die öffentliche Welt gewidmet ist. Foucault untersucht in seiner letzten Schaffensphase der Sorge um sich gewidmete Selbstpraktiken, die Mitglieder der antiken Aristokratie praktizierten, um eine ethische Existenz zu entwickeln. Obwohl der Sorgebegriff durch die unterschiedliche Bestimmung von Praxis bei Heidegger eine fundamentalontologische, bei Arendt eine politische und bei Foucault eine ethische Ausrichtung erhält, ist ihm stets die ontologische Annahme inhärent, dass das Wesen über Praktiken hervorgebracht wird.

Aufgrund dieser Gemeinsamkeit lassen sich alle drei innerhalb der recht jungen, disziplinübergreifenden Theorieströmung der Praxeologie, oder Praxistheorie, situieren, als deren zentraler Begründer neben Wittgenstein Heidegger selbst gilt (vgl. Reckwitz 2003: 283; Schäfer 2010: 122). Weil die praxeologische Geste als Tertium comparationis im vorliegenden Vergleich des Denkens von Heidegger, Foucault und Arendt fungiert – und weniger, um es einer bestimmten philosophischen Strömung zuzuordnen – wird im Folgenden kurz auf die Praxistheorie eingegangen. Unter diesem Begriff werden verschiedene Ansätze aus ebenso verschiedenen Disziplinen zusammengefasst, die kaum mehr gemein haben als die geteilte Auffassung, dass Praktiken das zentrale und primäre Moment sind, das Selbst- und Weltverhältnisse konstituiert und strukturiert. Schatzki bestimmt

»practice theory [as] […] one horizon of present social thought, […], a loose, but nevertheless definable movement of thought that is unified around the idea that the field of practices is the place to investigate such phenomena as agency, knowledge, language, ethics, power, and science. Despite this shared conviction, practice thought encompass multifarious and often conflicting intuitions, conceptions, and research strategies.« (Schatzki 2001: 23f.)

Ungeachtet der Diversität der Ansätze und Disziplinen, die sich unter dem Begriff der Praxistheorie versammeln, teilen sie die Ablehnung gegenüber essentialistischen, cartesianischen und voluntaristischen Argumentationen. Da praxeologische Subjektkonzeptionen davon ausgehen, dass den Menschen nicht per se ein Wesen zukommt, sondern dieses erst über den praktischen Umgang mit sich und der Welt entsteht, ist diesen Theorien ein antiessentialistisches Moment inhärent. »Sprache, Wissen, Macht, Kunst und Körperpraktiken sind in einer solchen Perspektive keine Bereiche, in denen sich schon vollständig konstituierte Subjekte bewegen, sondern Arenen der Konstitutionen des Selbst.« (Saar 2009b: 257)

Praxeologische Theorien stellen scheinbar ahistorische anthropologische Konstanten und Universalien infrage, indem sie diese als Effekte historisch spezifischer Praxiskomplexe reformulieren. Hierzu gehört auch die Dekonstruktion der Bestimmung des Menschen als genuin vernünftiges und rationales Wesen, wodurch sich praxeologische Ansätze ebenso von kognitivistischen wie handlungstheoretischen Ansätzen unterscheiden. Der Zugang zu sich und der Welt wird demnach nicht, wie von der cartesianischen Philosophietradition zuweilen suggeriert, primär über Erkenntnisprozesse hergestellt, sondern über die Einübung eines materiell-körperlichen Umgangs mit den Dingen. Diese werden wiederum nicht als isolierte Erkenntnisobjekte verstanden, sondern als konstitutives Moment der Praktiken und der Einzelnen, die über den praktischen Umgang mit der gegenständlichen und sozialen Welt ihr Wesen entwickeln. Der Fokussierung auf das Erkenntnissubjekt wird die Relevanz der Dinge und der weltlichen Zusammenhänge entgegengestellt, durch die Praktiken und Menschen zu solchen werden. Durch das Primat des praktischen, routinierten Umgangs wird sich darüber hinaus von Theorien abgegrenzt, welche die Intentionalität als zentrales Element von Handlungen bestimmen. Der Wille ist nicht primär Movens von Praktiken, sondern entsteht wie das Wesen des Selbst erst innerhalb von praktischen Auseinandersetzungen mit der Welt. Letztere ist nicht als passive Entität auf die willentliche oder zweckrationale Gestaltung der Menschen angewiesen, sondern wirkt vielmehr auch maßgeblich auf diese ein. Damit ist der Praxeologie eine »Kritik an der theoretischen Rationalisierung und Intellektualisierung des Sozialen und des Handelns« (Reckwitz 2003: 296) inhärent.

Trotz der gemeinsamen Kritik am cartesianischen Subjektbegriff und rationalistischen Handlungsmodellen lassen sich vielfältige Unterschiede zwischen den praxeologischen Ansätzen bestimmen. Diese sind ebenso auf ein divergierendes Verständnis von Praktiken wie auf die unterschiedlichen Disziplinen zurückzuführen, in denen praxeologische Argumentationen vertreten sind. Bourdieu (1976; 1987) und Giddens (1988) zählen in der Soziologie zu denjenigen, die die sozialen Strukturen untersuchen, welche Praktiken und Handlungsmöglichkeiten der Einzelnen prägen (Joas 1988: 9–23). Im Anschluss an Garfinkel (1967) wird in der Ethnomethodologie das Soziale als Effekt kontextreflexiver Alltagsaktivitäten konzipiert. In der Philosophie ist es vor allem der amerikanische Pragmatismus, der im Vergleich zu den bereits genannten Strömungen und Disziplinen sehr viel deutlicher in der Tradition von Wittgenstein und Heidegger steht, die vielfach als Begründer der Praxeologie bezeichnet werden. Unter anderem Dreyfus (1991), Rorty (1993) und Taylor (1993) knüpfen an die beiden Philosophen an, um in Abgrenzung zur cartesianischen Tradition den Vorrang der Praxis für den alltäglichen wie philosophischen Zugang zur Welt hervorzuheben (vgl. Guignon 2013: 477ff.). Mit dem Begriff »background of intelligibility« weist Dreyfus (1991: 221f.) darauf hin, dass jeder Verstehensleistung ein implizites und praktisches Verständnis von der Welt und dem Umgang mit ihr vorausgeht. Im Anschluss an Heidegger wird dieses den scheinbar objektiven Erkenntnisprozessen vorgängige In-der-Welt-sein von Taylor (1993: 318) als »engaged agency« bezeichnet. Er teilt mit Rorty (1993) die intensive Auseinandersetzung mit Heideggers Auffassung von Sprache, durch welche die Welt erst als solche erschlossen werden kann. An diese an epistemologischen Fragestellungen ausgelegten Heidegger-Lektüren haben unter anderem Richardson (1986) und Haugeland (1992) angeknüpft, um, der anticartesianischen Stoßrichtung folgend, die Relevanz alltäglicher und praktischer Wissensformen hervorzuheben.

Andere haben den Fokus verstärkt auf sozialontologische Aspekte des heideggerschen Denkens gelegt. Im Vordergrund stehen dabei nicht die konkreten Praxisvollzüge, durch welche die Welt erschlossen wird, sondern die Welt selbst, die als praktischer sozialer Zusammenhang das Leben und Wesen der Einzelnen strukturiert. Ebenso wie sich praxeologische Strömungen gegen die der cartesianischen Tradition zugeschriebenen Konzeption der Welt als Erkenntnisobjekt richten, kritisieren sie auch die Reduzierung der Menschen auf Erkenntnissubjekte. Sie untersucht stattdessen den Praxiszusammenhang, der nicht nur jeder theoretischen Erkenntnisleistung, sondern auch jedem Selbst vorgängig ist. Diesen Nexus aus Praktiken bezeichnet Schatzki (2002: 123–188) als »Site of the Social« und stellt Heidegger als denjenigen Denker vor, der mit seinem Begriff der Welt die konstitutive Bedeutung des Ortes für das Selbst herausgearbeitet hat. Dass die Ordnungen der Praxiszusammenhänge, die das Selbst und seine Handlungen maßgeblich konstituieren, normative Implikationen besitzen, haben unter anderem Taylor (1996), Brandom (1992; 2002) und Mc Dowell (2009) hervorgehoben (vgl. Stahl 2013: 261ff.). Welcher Umgang mit den Dingen, den Mitmenschen und dem eigenen Selbst als angemessen gilt und welcher nicht, wird demnach wiederum durch die konkrete Praxis bestimmt, in welche die Einzelnen bereits eingeführt sind, ehe sie sich dessen bewusst werden.

Unter dem unliebsamen umbrella-Begriff poststrukturalistischer Praxistheorien lassen etwa die Arbeiten von Foucault (SW 1–3), Deleuze/-Guattari (1992) und Butler (1991; 1992; 2001) fassen. Sie verweisen ebenso auf die Materialität und Produktivität von Praktiken und deren konstitutive Bedeutung für die Subjektivation wie auf die Ambivalenz von Stabilität und Transformation, die Praktiken als routinierten Wiederholungen zukommt. Im Anschluss an diese Theorien haben sich im Kontext von wissenschaftshistorischen (Rouse 1987, 1996), naturwissenschaftlichen und feministischen (Haraway 1988; Barad 2007) Ansätzen posthumanistische Konzeptionen von Praxis etabliert. Anstatt Praktiken als genuin menschliche zu definieren, untersuchen sie Schnittstellen zwischen Aktivitätsformen von Menschen, Tieren, Pflanzen und Maschinen, die erst innerhalb dieser praktischen Intraaktionsprozesse die ihnen zukommenden Eigenschaften entwickeln. Damit grenzen sie sich deutlich von praxeologischen Konzeptionen ab, die Praktiken als »human activity« (Schatzki 2001: 2) bestimmen, zu denen viele Repräsentanten des amerikanischen Pragmatismus gehören. Reckwitz bemüht sich hingegen um eine Definition, die weniger deutlich auf Subjekte ausgerichtet ist, indem er verstärkt auf die Materialität und Körperlichkeit von Praktiken abhebt. Demnach ist eine Praktik eine »sozial geregelte, typisierte, routinisierte Form des körperlichen Verhaltens […] und umfasst spezifische Formen des Wissens, des know how, des Interpretierens, der Motivation und der Emotion.« (Reckwitz 2006: 36) Vogelmann (2013a: 96ff.) gibt allerdings zu bedenken, dass auch mit dieser Bestimmung die Vorstellung einer den Praktiken vorgängigen Substanz, nämlich des Körpers, verbunden ist. Eine solche Annahme widerspricht all jenen Theorien, die unter anderem im Anschluss an Foucault Praktiken nicht an ein ihnen vorgängiges Subjekt binden, sondern dieses vielmehr als Effekt von praktischen, historisch variablen und kulturell wie situativ spezifischen Relationen verstehen.

Ziel dieser Arbeit ist es nicht, die Spannungen zwischen humanistischen und posthumanistischen Ansätzen innerhalb der Praxeologie in eine Richtung aufzulösen oder eine systematische Definition von Praktiken zu entwickeln, wie es unter anderem Rouse (1996: 134–157) Schatzki (2002: 59–122) oder Reckwitz (2006: 33–96) tun. Stattdessen fungiert das praxeologische Primat beim Vergleich der Sorgebegriffe von Heidegger, Foucault und Arendt als Tertium comparationis und bestimmt damit maßgeblich die Architektonik des vorliegenden Projekts.

Ziele, Situierung und Struktur der Arbeit

Die Arbeit ist an zwei Zielen orientiert. Das erste besteht darin, die komplementären Sorgekonzeptionen von Foucault und Arendt als nichtidentische Wiederholungen der praxeologischen Geste Heideggers vorzustellen, die seinem Sorgebegriff inhärent ist. Hierdurch leistet das vorliegende Projekt einen Beitrag zum kleinen Kreis der Heidegger-Foucault-Forschung, die bislang primär aus vereinzelten Artikeln besteht, zugleich aber verschiedenste Varianten des Vergleichs beider Autoren vorzuweisen hat. So werden Parallelen zwischen den »Ars erotica [und den] Aretes Morendi« (Wyschogrod 2003: 283) erkannt, da Heidegger wie Foucault Sexualität und Tod als menschliche Konstruktionen erfassen würden. Spanos (2003) macht die Gemeinsamkeit dagegen an der Ablehnung einer westlichen, auf Disziplinierung ausgelegten Wissensproduktion fest. Neben der Orientierung an ähnlichen Kritikpunkten der Spätmoderne (Dreyfus 1992; 2003; Thiele 2003) werden auch gemeinsame Bezüge auf andere Philosophen wie Nietzsche (Hicks 2003) oder Kant (Dreyfus/Rabinow 1994; Han 2003) hervorgehoben. Auch wenn sich in verschiedenen Schaffensperioden Foucaults vielfältige Heidegger-Referenzen ausweisen lassen, erfolgen die vergleichenden Analysen – von einigen Ausnahmen abgesehen (Forst 1990; Schneider 2008b; Saar 2013a) – anhand der Engführung einzelner Werkphasen. Dreyfus/Rabinow (1994a) zufolge prägt das Ursprungsdenken Heideggers Foucaults frühes Schaffen und seine Methodik der Archäologie. Milchman/Rosenberg (2003; 2008) vermuten hingegen Parallelen zwischen den existenzphilosophischen Anklängen im frühen Werk Heideggers und den letzten Arbeiten Foucaults.

Dieser Intuition wird im vorliegenden Projekt nachgegangen, indem die ersten Veröffentlichungen Heideggers bis einschließlich *Sein und Zeit* mit Foucaults Schriften zur antiken Ethik verglichen werden. In diesen Schaffensphasen findet sich eine Vielzahl existenzphilosophisch anmutender Termini im Umkreis des Topos der Sorge, der bereits mehrfach Vergleichsgegenstand ihrer Werke war (Forst 1990: 148; Lettow 2001: 60; Hesse 2003: 304; Saar 2013a: 452). Die vor wenigen Jahren veröffentlichten letzten Vorlesungen Foucaults am Collège de France (RSA, MW) wurden bislang in der philosophischen Forschung nahezu ausschließlich in kürzeren Abhandlungen (Luxon 2004; Franek 2006; Ross 2008) und Sammelbänden (Gehring/Gelhard 2012; Faubion 2014; Fuggle/Lanci/Tazzioli 2015) behandelt. Sie erweitern das Material zur Untersuchung der divergierenden Sorgekonzeptionen deutlich. Mit ihrer Hilfe wird die These plausibilisiert, dass Foucault die praxeologische Geste Heideggers übernimmt und sich hierdurch in einer Philosophietradition verortet, die das praktische Leben nicht nur zum Gegenstand hat, sondern Philosophie selbst als Praxis versteht. Durch diese Darstellung kann die von Forst, Milchman/Rosenberg und Saar geteilte Einschätzung bekräftigt werden, dass Foucault in seinen letzten Lebensjahren wie Heidegger in seinen Frühschriften von der Frage nach der Existenz geleitet ist. Beide beantworten sie im Rahmen einer Philosophie der Lebensform, zu der neben Sokrates, Montaigne und Spinoza auch Kierkegaard und Nietzsche gezählt werden können. »For both thinkers, as we read them, what was at issue was the challenge of constituting a way of live and, linked to that, the understanding of philosophy as a way of living.« (Milchman/Rosenberg 2008: 108). Durch die Vorstellung der Autoren als Vertreter der »Philosophie als Lebenskunst« (Nehamas 2000; Hadot 2002) können zudem die für deutsche Ohren so schrill klingenden Bekenntnisse Foucaults zu Heidegger relativiert werden. Schließlich war die Rezeption von Heideggers Schriften in der zweiten Hälfte des 20. Jahrhunderts integraler Bestandteil der französischen Philosophie, die sein Werk als ein zentrales Beispiel für das kritische Interesse an Subjektivität auffasste (vgl. Rockmore 2000: 22ff.). Mit ihm teilt Foucault eine skeptische Haltung gegenüber der cartesianischen Tradition und moderner Subjektivität.

Diese Parallelen werden zuweilen angeführt, um zu belegen, dass die Autoren durch ihre Beschäftigung mit dem Verhältnis von Selbst und Philosophie auf die gleiche Krise der Ethik reagierten, die durch Nietzsche und den Tod Gottes entstanden sei (vgl. Dreyfus 1992; Milchman/Rosenberg 2003: 109ff.; Spanos 2003). Die Rede von einer allgemeinen Krise der Ethik erscheint jedoch zu homogenisierend, als dass sie der Spezifik ihrer philosophischen Ansätze und der jeweiligen historischen Kontexte gerecht werden könnte. Die existenzphilosophisch anmutenden Motive und Termini Heideggers entsprechen dem Klima der Zeit zwischen zwei Weltkriegen, in denen er »mit all seiner aggressiven Vehemenz die Grundzüge der kritischen Moderne in der universitären Lehre vertrat und entwickelte.« (Rentsch 1989: 153) Dabei verschiebt sich die Bedeutung des Begriffs der Sorge im Zuge des Erstarkens des Nationalsozialismus zunehmend zu demjenigen des Volkes, zu dessen Dienst Heidegger in der Rektoratsrede die Studierenden aufruft (vgl. Thomä 2013: 108ff.). Dagegen untersucht Foucault anhand antiker Schriften die Spielräume individueller Gestaltung der eigenen Existenz in einer Zeit, in der kollektive politische

Institutionen und Strukturen nicht mehr als Hoffnungsträgerinnen von emanzipatorischen Transformationsprozessen dienten. Die jeweilige Auseinandersetzung mit dem Topos der Sorge und einer Philosophie der Lebenskunst findet somit in verschiedenen historischen Situationen wie gesellschaftspolitischen Kontexten statt und besitzt entsprechend divergierende Funktionen.

Anstatt die philosophischen Ansätze und politischen Einsätze von Heidegger und Foucault als gemeinsame Reaktion auf eine Krise der Moderne zu verstehen, soll in dieser Arbeit neben der Gemeinsamkeit des praxeologischen Primats die Macht als eine zentrale Differenz hervorgehoben werden. Die Relevanz des Topos der Macht im Werk beider Autoren wurde bereits an verschiedener Stelle diskutiert. So erkennt Dreyfus (1992: 89ff.; 2003) zwischen Foucaults Machtbegriff und Heideggers Seinsgeschichte deutliche Parallelen, die mit einer Kritik an modernen westlichen Praktiken einhergehen. Dagegen wird in dieser Arbeit davon ausgegangen, dass Foucaults Machtverständnis und die Genealogie in ihrer Methodik und Zielsetzung von Heideggers Ansatz abweichen. Da sich Macht stets in sozialen und historisch variablen Praktiken und Institutionen manifestiert, ist sie nicht mit einer allgemeinen Metaphysik der Macht identisch (vgl. Saar 2013a: 438). Stattdessen wird sie von Foucault über die präzise genealogische Untersuchung historisch spezifischer machtimmanenter Techniken erschlossen, deren Geltungsrahmen auf den jeweiligen Untersuchungsgegenstand beschränkt bleibt. Das kritische Potential der Genealogie besteht dabei weder in der Differenzierung von Sein und Seiendem noch in ethischen Implikationen des Seinsdenkens. Vielmehr ist ihre Aufgabe die Historisierung eines bestimmten, durch Machtstrukturen konstituierten Seins, auf dessen Transformation sie abzielt. Der Begriff der Macht wird somit als diejenige Kategorie bestimmt, welche Foucault »eine Energie des *gegen*« (Schneider 2001: 232) verleiht, die eine Nähe zu Nietzsche und eine Distanz zu Heideggers Werk evoziert. Hierdurch wird es ihm möglich, die heideggersche Geste, die in der praxeologischen Ausrichtung des Sorge- und Philosophiebegriffs ihren Ausdruck findet, auf nichtidentische Weise zu wiederholen und so für das eigene Denken nutzbar zu machen.

Auch in Arendts Werk lässt sich eine solche kritische Aneignung der praxeologischen Figur Heideggers feststellen, in deren Rekonstruktion – neben derjenigen Foucaults – das erste Ziel der Arbeit besteht. Im Gegensatz zu Foucault transferiert sie die heideggersche Sorge nicht durch die

Umdeutung als Sorge um sich in den ethischen, sondern über die Reformulierung seines Weltbegriffs als öffentliche Sphäre in den politischen Kontext. Der Begriff der Welt ist bei Arendt nicht auf eine bestimmte Werkphase beschränkt. Stattdessen zieht er sich wie ein roter Faden durch ihre Schriften, ohne gravierende Veränderungen zu durchlaufen. Dementsprechend wird hier keine engere Textauswahl getroffen, sondern von einer Kontinuität der Auseinandersetzung mit der Sorge um die Welt in verschiedenen Schaffensphasen ausgegangen. Dabei gilt die These, dass sie sich Heideggers Weltbegriff aneignet und politisch ausrichtet, in der Forschung als unbestritten (vgl. Benhabib 1994: 74; 2006: 91ff.; Jaeggi 1997a: 69ff.; Thomä 2000: 198ff.). Während die Annahme einer Beziehung zwischen dem Denken Foucaults und demjenigen Heideggers heute noch plausibilisiert werden muss, ergibt sich in Anbetracht der Massen an Veröffentlichungen zum Verhältnis von Arendt und Heidegger vielmehr die Notwendigkeit einer Begründung, weshalb dieses erschöpfte Forschungsthema einmal mehr behandelt werden sollte. Sie besteht in den Zielen und der entsprechenden Architektonik der Arbeit. Erst nachdem die Sorge um sich und die Sorge um die Welt als kritische Aneignungen des Sorgebegriffs Heideggers vorgestellt wurden, dienen sie als Analysekategorien, um zu erklären, warum und wie Foucault und Arendt identische philosophiehistorische Topoi divergierend auslegen.

Um Arendts Bezug auf Heidegger als politische Reformulierung seiner praxeologischen Denkfigur vorzustellen, wird sich der Auffassung angeschlossen, dass Arendt zentrale Topoi Heideggers politisch ausrichtet (vgl. u.a. Benhabib 1994; Villa 1996; Taminiaux 1997). Hierdurch gewinnt sie ihr originelles Verständnis von Politik als Resultat des zweckfreien, öffentlichen Sprechens und Handelns. Die seltenen, aber vehement vertretenen Differenzen in der Darstellung und Beurteilung der Beziehung von Arendt und Heidegger scheinen ihre Ursache zuweilen in der Zugehörigkeit zu divergierenden theoretischen Ansätzen zu haben. So rekonstruiert Jaeggi (1997b) den breit wahrgenommenen Disput zwischen Benhabib (1994) und Villa (1996) über die normativen Implikationen des arendtschen Werks und ihres Bezugs zu Heidegger als Konflikt zwischen kritischer Theorie und Postmoderne. Während erstere ontologischen Argumentationsweisen Arendts kritisch gegenübersteht und sie auf Heideggers Ursprungsdenken zurückführt (Benhabib 1994; Greven 2003), affirmiert letztere die Aspekte von Agonalität und Performativität des arendtschen Politikverständnisses als politische Relektüren Heideggers (Villa 1995;

Marchart 2005). Die Dichotomie zwischen der Inszenierung der Werke von Heidegger und Arendt als Vertreter eines ontologischen Ursprungsdenkens oder als Vorboten der Postmoderne vermeidet die vorliegende Arbeit, indem sie die praxeologische Denkfigur als ihre Gemeinsamkeit vorstellt. Da Heidegger und Arendt davon ausgehen, dass Selbst und Welt erst über Praktiken hervorgebracht werden, argumentieren beide ebenso ontologisch wie konstruktivistisch, ohne sich dabei einer bestimmten Theorieströmung zuzuordnen.

Der seit zwanzig Jahren nicht enden wollende Strom von Publikationen zum Verhältnis von Heidegger und Arendt besteht ebenso aus biographisch orientierten Abhandlungen wie philosophischen Auseinandersetzungen. Während die universitären Diskussionen über die Beziehung von Heidegger und Arendt vorwiegend in den neunziger Jahren stattfanden, verliert die belletristische Bearbeitung seit der Veröffentlichung von Ettinger (1995) offensichtlich nicht an Anziehungskraft. Dabei wird ihr Verhältnis neben literarischen Publikationen (u.a. Clément 2000; Maier-Katkin 2010; Theere-Staal 2013) auch in Form von Theaterstücken (Ludz 2012: 157) und Musicals (Mohnau 2009) verwertet. Von diesen popkulturellen Adaptionen setzt sich Tömmels (2013) philosophische Auseinandersetzung mit dem Liebesbegriff bei Heidegger und Arendt deutlich ab. Badiou/Cassin (2011) betrachten ihre Beziehung im Kontext seines Verhältnisses zu Frauen und dem Nationalsozialismus. Dabei wird deutlich, dass die Unterscheidung zwischen philosophischen und biographischen Abhandlungen oftmals nur schwer zu treffen ist. Schließlich ist Arendts politische Theorie ebenso durch ihre unter anderem von Heidegger vermittelte philosophische Ausbildung wie die Erfahrung geprägt, dass die Intellektuellen im Allgemeinen und Heidegger im Besonderen den Nationalsozialismus vielmehr unterstützten als sabotierten (vgl. AG 58; Young-Bruehl 1991: 173ff.).

Auf diese Erfahrung lässt sich Arendts vehemente Abgrenzung gegenüber der philosophischen Disziplin im Namen der Sorge um die Welt zurückführen. Diese politische Haltung entwickelt sie mit Rückgriff auf Heideggers philosophische Schriften, der mit einer scharfen Kritik seines politischen Handelns einhergeht. Diese ambivalente Bezugnahme auf Heidegger wird in der vorliegenden Arbeit als Geste der Abkehr beschrieben, weil Arendt aus der Nähe, die durch die intensive Auseinandersetzung mit seinem Leben und Werk entsteht, die Kraft zieht, um sich von ihm zu lösen. Auch wenn es verschiedene Denkfiguren geben mag, die Arendt von

Heidegger übernimmt und in politischer Hinsicht ausdeutet, wird in dieser Arbeit ausschließlich die Aneignung der praxeologischen Geste untersucht. Sie stellt das Tertium comparationis des Vergleichs zwischen Heidegger, Arendt und Foucault dar.

Durch den Vergleich ihrer Sorgebegriffe im ersten Kapitel (1.) und ihres Wahrheitsverständnisses im zweiten (2.), wird gezeigt, wie die drei der cartesianischen Dichotomie von Erkenntnissubjekt und -objekt eine praxeologische Ausrichtung des Selbst und der Wahrheit entgegenstellen. Um der Spezifik ihrer Ansätze gerecht zu werden, haben die ersten drei Unterkapitel jeweils die werkimmanente Erläuterung des Sorge- (1.1.–1.3.) und Wahrheitsbegriffs (2.1.–2.3.) zum Gegenstand, um anschließend Heideggers Auslegung mit derjenigen Foucaults (1.4.1., 2.4.1.) und erst darauffolgend mit derjenigen Arendts (1.4.2., 2.4.2.) zu vergleichen.

Grund für diese Strukturierung ist die Entscheidung, Arendt nicht primär als Heidegger-Schülerin, sondern als vehemente Kritikerin der Philosophie vorzustellen. Ihr zentraler Vorwurf trifft ebenso Heidegger wie Foucault: Die Fokussierung der Philosophie auf das Selbst und die Negierung der Pluralität als menschlicher Bedingung. Trotz vielfältiger Differenzen wird die Sorge von beiden Autoren als konstitutives, praktisches Selbstverhältnis konzipiert, das durch eine »Zugespitztheit [...] auf die Selbstwelt« (GA 58: 59) gekennzeichnet ist. Denn die Sorge lässt sich ihnen zufolge nur von den Einzelnen selbst erfahren und vollziehen, weshalb das Selbstverhältnis im Zentrum ihrer Beschäftigung mit dem Sorgebegriff steht. Arendt hebt dagegen hervor, dass die Einzelnen ihr Wesen und ihre Individualität weniger in der Auseinandersetzung mit sich als durch die politische Sorge um die öffentliche Welt entwickeln. Die hier vorgestellte Konstellation stellt somit Arendts Sorge um die Welt der Fixierung auf das Selbst entgegen, welche den philosophischen Untersuchungen Heideggers und Foucaults in gewisser Hinsicht eigen ist. Während Foucault mit Heidegger den Schulterschluss auf dem philosophischen Kampffeld gegen den Cartesianismus vollzieht, geht Arendt einen Schritt weiter. Sie distanziert sich von der gesamten philosophischen Disziplin, um die »Denker[...] von Gewerbe« (LG 23) dazu aufzufordern, sich der Grundbedingung der Pluralität – der Tatsache, dass nicht ein einzelnes Subjekt, sondern viele Menschen auf der Erde leben – als philosophischem Problem anzunehmen. Indem nachvollzogen wird, wie Arendt die praxeologische Geste Heideggers durch die Aneignung seines Sorge- und Wahrheitsbegriffs aus dem fundamentalontologischen in den politischen, Foucault hingegen in den ethischen Kontext transferiert, ist das erste Ziel erreicht.

Das zweite Ziel besteht im Vergleich der von Arendt und Foucault vorgenommenen und deutlich divergierenden Auslegungen identischer philosophiehistorischer Topoi und Texte, zu denen der Tod Sokrates ebenso gehört wie Platons Philosophenstaat und Kants Auseinandersetzung mit der Aufklärung. Als Erklärung für die Differenzen ihrer Interpretationen dienen die zuvor erläuterten Sorgebegriffe, die nun als Perspektiven und Haltungen vorgestellt werden, mit denen Arendt und Foucault die selben philosophischen Texte betrachten (3.). Sie sind insofern komplementär als die Sorge um die Welt politische Praktiken des kollektiven Handelns, die Sorge um sich hingegen ethische Selbstpraktiken zum Gegenstand hat und durch sie entsteht. Auch wenn die Differenz zwischen Foucaults Untersuchung von Selbstpraktiken und Arendts emphatische Darstellung des politischen Handelns ein zentrales Moment der vorliegenden Arbeit darstellt, wird keiner Perspektive der Vorrang gegeben. Stattdessen werden ihre Ansätze als komplementäre Formen genealogischer Kritik vorgestellt. Durch die drastische Inszenierung der (Philosophie-)Geschichte evoziert Arendt (vgl. Villa 1999: 161; Zerilli 2010: 34; Loick 2012: 169) mit ähnlichen rhetorischen Mitteln wie Foucault (vgl. Connolly 1985: 368; Schäfer 1998: 85; Saar 2007a: 308ff.) einen Kontrast zur Gegenwart und verweist damit auf die nur scheinbar simple Tatsache, dass es einmal anders war und deshalb wieder anders werden kann.

So ruft Foucault in seinen letzten Vorlesungen durch die theatrale Darstellung von Sokrates und Platon eine Philosophie in Erinnerung, deren Platz nicht die Universität, sondern der Marktplatz und die Straße ist. Sie übt nicht durch Lehre und Prestige Macht aus, sondern greift Machtverhältnisse an (3.1.). Arendt stellt dagegen anhand der antiken Polis die Macht zur Gestaltung und Veränderung der Welt durch das gemeinsame politische Handeln dem gegenwärtigen Politikverständnis im Sinne der bürokratischen oder ökonomischen Verwaltung der Welt entgegen (3.2.). Der jeweiligen genealogischen Darstellung des antiken Verhältnisses von Philosophie und Politik liegt ein divergierendes Machtverständnis zugrunde, das der zentrale Gegenstand der wenigen Artikel ist, die bislang über das Verhältnis von Arendt und Foucault erschienen sind. Dabei wird entweder Foucaults Machtbegriff als zu düster (vgl. Allen 2010a: 142ff.; Gordon 2002: 134; Braun 2007) beschrieben, da er die Handlungsfähigkeit der Subjekte unterminiere. Derjenige Arendts sei hingegen zu »rosy« (Allen

2010a: 143; vgl. Villa 1992: 715; Dolan 2005), als dass er reale Machtverhältnisse erfassen könne.

Anstatt Arendts Machtverständnis als hyper- und dasjenige Foucaults als kryptonormativ zu disqualifizieren, wird die praxeologische Ausrichtung ihres jeweiligen Machtbegriffs als Gemeinsamkeit hervorgehoben, aus der zugleich die Differenzen resultieren (3.3.1.). Die Ergebnisse des begriffstheoretischen Vergleichs dienen anschließend zur Erklärung der auffallenden Parallelen, die ihre Darstellungen der antiken Machtverhältnisse innerhalb der Polis aufweisen. Während die deutlichen Analogien auf die praxeologische Ausrichtung ihres jeweiligen Machtbegriffs zurückgeführt werden können, lassen sich ihre unterschiedlichen Einschätzungen der Philosophie (Platons) durch die komplementären Perspektiven ihrer Sorgekonzeptionen plausibilisieren (3.3.2.). Obwohl Arendt und Foucault ein divergierendes Bild des antiken Verhältnisses von Philosophie und Politik zeichnen, sind sie sich einig, dass diese konflikthafte Beziehung durch zwei Philosophen aufgelöst wurde: Sokrates und Kant. Über den Vergleich der Verbindungslinien, die Arendt und Foucault zwischen der kritischen Lebensform des Sokrates und der Aufklärung ziehen, lassen sich komplementäre Konstellationen von Kritik, Sorge und Macht extrapolieren, deren Aktualität und Relevanz für gegenwärtige Widerstandspraktiken abschließend hervorgehoben wird (3.3.3.)

Hierdurch beteiligt sich die vorliegende Arbeit an dem in den letzten Jahren von Allen (2010), Zerilli (2010) und Butler (2011; 2015; 2016) unternommenen Projekt, die Ansätze von Foucault und Arendt zu verbinden, um sie für eine wirkmächtige politische Praxis nutzbar zu machen. Mit ihnen wird davon ausgegangen, dass zur Transformation bestehender Verhältnisse ebenso einer Veränderung des Selbst und der Welt gehört. Doch während Zerilli mit Arendt Foucaults Fixierung auf das Subjekt angreift, dekonstruiert Butler mithilfe Foucaults die arendtsche Dichotomie zwischen privater und öffentlicher Sphäre durch den Verweis auf die politische Brisanz von Körperlichkeit und Subjektivität. Anstatt Foucaults Untersuchung von Selbsttechniken mit Arendts emphatischer Bestimmung von politischer Praxis zu kritisieren oder vice versa, werden ihre komplementären Perspektiven in dieser Arbeit auf die praxeologische Figur zurückgeführt. Ihr ist bereits bei Heidegger eine Ambivalenz von Konstitution und Transformation immanent: Auch wenn oder gerade weil die Einzelnen und die Welt durch historisch variable Praktiken entstehen, wiederholen und stabilisieren sie gegebene Selbst- und Weltverhältnisse nicht nur, sondern können diese – zumindest potentiell – auch stets verändern.

Indem Arendt und Foucault die praxeologische Geste in Bezug zur Macht setzen, gewinnt sie ihr kritisches Potential. Wird Kritik im Anschluss an Foucault als die Kunst verstanden, nicht auf diese Weise regiert zu werden, bedarf es zur Kritik der Verhältnisse einer Kritik bestehender Macht- und Selbstbeziehungen. Die ethische Sorge um sich befähigt das Subjekt dazu, sich selbst als Effekt gegebener Machtrelationen zu reflektieren und sich in einer Praxis zu üben, die darauf abzielt, ein Mehr an Freiheit zu erlangen. Zur tatsächlichen Veränderung gesamtgesellschaftlicher Bedingungen bedarf es darüber hinaus der Macht des gemeinsamen Handelns vieler Menschen, die sich der Sorge um die Welt verpflichten. Praxeologische Kritik, wie sie abschließend skizziert wird, lässt sich als Einladung verstehen, sich in denjenigen Denk- Handlungs- und Lebensweisen zu üben, die der Sorge um sich und der Welt verpflichtet sind und jene gezielt verlernen, die sie behindern. Ob konkrete Formen der Selbst- und Weltsorge herrschende Ordnungen unterlaufen oder reproduzieren, lässt sich nicht auf allgemeiner Ebene, sondern allein in der ethischen und politischen Praxis bestimmen, auf die es letztendlich ankommt.

1. Dreierlei Sorgen

1.1. Martin Heidegger: Sorge

Die Sorge ist das Sein des Daseins, dem es »*in seinem Sein bei der ›Welt‹ und im Mitsein mit anderen um das eigenste Seinkönnen selbst geht*« (SZ 181).[1] Auf diese Weise bestimmt Heidegger den für ihn in *Sein und Zeit* zentralen Begriff der Sorge. Während dieser Topos in seinem Hauptwerk die ontologische Grundstruktur eines jeden Selbst darstellt, wird er in seinen früheren Schriften und Vorlesungen als Handlungsintention definiert. Die Differenzen zwischen den frühsten Vorlesungen Heideggers und *Sein und Zeit* hervorzuheben, ist aus werkimmanenter Perspektive notwendig, um eine voreilige Reduzierung der Begriffe von Sorge (1.1.1.) und Welt (1.1.2.) auf ihre Ausgestaltung in *Sein und Zeit* zu vermeiden. Zudem ermöglicht der Einbezug der Frühschriften ein weiteres Spektrum an Vergleichsmöglichkeiten zum foucaultschen Verständnis des Begriffs der Sorge (1.4.1.) und dem arendtschen der Welt (1.4.2.). So lassen sich Ähnlichkeiten in der Antwort auf die Frage nach der Existenz und dem entsprechenden expressiv-»existenzphilosophisch anmutende[n]« (Saar 2013a: 452) Vokabular ausmachen, welche die ersten Freiburger Vorlesungen Heideggers ebenso prägen wie die letzten Foucaults. Da Arendt als Studentin die frühen Vorlesungen Heideggers in Marburg hörte und zwar den praxeologischen Charakter seines Weltbegriffs, nicht aber dessen fundamentalontologische Systematik aus *Sein und Zeit* aufgreift, erscheint der Einbezug der früheren Arbeiten in diesem Fall ohnehin angebracht.

1 Zur Zitierweise: Alle Klammern, Einschübe und Kursivschreibungen sind vom Original übernommen, außer den eckigen Klammern, die Ergänzungen der Verfasserin der vorliegenden Arbeit beinhalten.

1.1.1. Sorge und Dasein

Sorge und Selbst: Die Freiburger Frühschriften

»Reflektieren wir doch nicht über das Anfangen, sondern fangen faktisch an! Aber wie?« (GA 58: 4) fragt Heidegger zu Beginn der Vorlesung, die er im Wintersemester 1919/20 als einunddreißigjähriger Privatdozent an der Universität Freiburg hält. Was darauf folgt ist kein expliziter Lösungsvorschlag dieses Problems. Vielmehr sind die folgenden Vorlesungen selbst als implizite Antworten zu verstehen, die kein geringeres Ziel verfolgen als das Leben zu erfassen, ohne es theoretisch zu reflektieren. Das »faktische Leben« (ebd.: 96) ist demnach kein Phänomen, das sich durch erkenntnistheoretische Überlegungen erklären lässt. Stattdessen führt »nur die echte, konkrete Verwirklichung und der Vollzug (Befolgung) der i[m] [Leben] [...] selbst wirkenden ›Tendenzen‹ [...] zu ih[m] selbst« (ebd.: 5). Dabei befindet sich das Leben ständig in Bewegung, als ein »ganz besondere[r] Zusammenhang von Bedeutsamkeiten, die sich ständig durchdringen« (ebd.: 105) und sich anhand von Beispielen unmittelbar veranschaulichen lassen: »[A]uf dem benachbarten Turm schlägt die Uhr verkehrt und wird nachgerichtet; es schlägt also eine Viertelstunde lang andauernd; ich ärgere mich, daß ich das nun gerade anhören muß; während der Arbeit die Pfeife stopfend, überlege ich mir, wo ich den Faden habe fallen lassen.« (ebd.: 96f.)

Ziel dieser scheinbar trivialen Beschreibung ist nicht nur die Faktizität zu erfassen, sondern damit einhergehend eine Konzeption des Selbst zu entwickeln, die sich stark von derjenigen eines selbstreflexiven Subjekts unterscheidet. Faktizität wird »von Beginn an als die existenzielle Situation des Einzelnen [verstanden], d.h. als de[r] konkrete [...] je eigene [...] Lebenszusammenhang, den [Heidegger] vor 1922 zumeist als ›Leben‹ und ›faktisches Leben‹ anspricht« (Gander 2006: 194). »Ich lebe im Faktischen als einem ganz besonderen *Zusammenhang* von Bedeutsamkeiten, die sich ständig durchdringen, d.h. jede Bedeutsamkeit ist Bedeutsamkeit für und in einem Tendenz- und Erwartungszusammenhang, der immer neu im faktischen Leben sich bildet« (GA 58: 105). Das Selbst befindet sich stets in unmittelbaren und unhintergehbaren Situationen, in denen es lebt. Diese Faktizität besteht nicht aus vorgegebenen Fakten oder Gegenständen, sondern stellt ein »Korrelat teils sozial vorgegebener, teils individuell zu erbringender Verstehensleistungen« (Jung 2013: 19) dar. Durch sie legt das »Situations-Ich« (GA 56/57: 206) Phänomene in ihrer Bedeutsamkeit aus.

Dem husserlschen Ich, das auf theoretische Erkenntnis zielt, und dem cartesianischen »cogito ergo sum« (GA 61: 173) setzt Heidegger die Betonung des *sum* entgegen, das gerade kein »›ich‹ qua Bewusstsein« (Gander 2006: 313) darstellt. Weil »das Leben [...] kein Objekt« (GA 58: 236) ist, erfährt sich das Selbst nicht primär über theoretische Reflexion, sondern durch und innerhalb konkreter, praktischer Selbst- und Weltverhältnisse. Jedem rationalen und reflexiven Erkenntnissubjekt, das zwischen sich als Subjekt und dem Erkenntnisgegenstand als Objekt zu trennen weiß, geht somit ein Selbst voraus, das in faktischen Lebensvollzügen sich selbst, den Mitmenschen und der Umwelt begegnet.

Die Bedeutsamkeit des Selbst und der Welt entsteht somit durch Praktiken, »im Grundwie des Lebensbezugs: Sorgen. [Die welthaften Gegenstände] begegnen einem Sorgen, treffen es auf seinem Wege. Die Gegenstände begegnen, und das Sorgen ist ein Erfahren der Gegenstände in ihrer jeweiligen Begegnung.« (GA 61: 90) Sorge wird 1921 von Heidegger als »Bezugssinn« (ebd.: 89) definiert und stellt die Weise dar, wie sich das Leben, das Heidegger bereits zu dieser Zeit als »Dasein« (ebd.: 85) bezeichnet, in seinem Lebensvollzug auf die Welt bezieht.[2] Erst durch das »[S]orgen für und um etwas« (ebd.: 90) wird das Selbst wie die Welt in ihrer Bedeutsamkeit erfasst. Dabei macht dasjenige, »[w]orauf sich das Sorgen jeweils bezieht, [...] das Faktische der Lebenserfahrung aus« (Jung 2013: 17).

Mittels verschiedener Kategorien – Neigung, Abstand und Abriegelung – spezifiziert Heidegger 1921 die Sorge weitergehend, wobei hier lediglich die Neigung ausführlicher behandelt werden soll. Sie ist als eine bestimmte Tendenz zu verstehen und »drängt das Leben in seine Welt, hält es darin fest, zeitigt eine Festigung der Richtungnahme des Lebens« (GA 61: 100). Durch die Neigung wird verdeutlicht, dass sich das Dasein nicht inhaltlich, etwa durch Vernunft, Glauben oder Willensstärke bestimmen lässt, sondern ausschließlich formal. Nicht *was* es ist ist aus philosophischer Perspektive zu klären, sondern *wie* es *ist,* »in der Geneigtheit als dem Wie des Sorgensvollzugs« (ebd.: 101). Die Sorge wird demnach in den frühen Freiburger Vorlesungen nicht, wie es in *Sein und Zeit* den Anschein hat, als stabile Struktur des Daseins beschrieben, sondern als Vollzug, »Strom« (ebd.: 102) und »Prozeß« (ebd.). Dieser thematisiert und reflektiert sich nur in äußerst seltenen Fällen. Im Alltag der faktischen Lebenserfahrung gehen

2 Der Begriff des Bezugssinns ist ein Neologismus Heideggers, der eine Erweiterung des husserlschen Schemas von Gehaltssinn (Noema) und Vollzugssinn (Noesis) darstellt. Vgl. Gethmann (1993: 272) und Jung (2013: 19).

die Einzelnen dagegen zumeist im »sorgen um das ›tägliche Brot‹« (ebd.: 90) auf. Sie beschäftigen sich mit den Gegenständen ihrer Sorge, aber das »›wie ich mich zu den Dingen stelle‹, die Art und Weise des Erfahrens, [wird] nicht mit erfahren« (ebd.: 12). Aus diesem Grund stellen sich Leben und Sorgen zumeist in einer »spezifischen Unabgehobenheit« (ebd.: 95) dar.

Diese Eigenschaft der Sorge bezeichnet Heidegger als »Ruinanz – de[n] eigene[n] Sturzcharakter des faktischen Lebens.« (ebd.: 121) Dabei stürzt das Leben nicht ins Leere, denn es *»dreht sich nie aus sich selbst heraus«* (GA 58: 35), sondern vielmehr in sich selbst hinein: in die kontingenten, individuellen und existenziellen Lebensvollzüge (vgl. Gander 2006: 244). Durch die Konzeption der Ruinanz erläutert Heidegger einen Modus der Erfahrung, der in Opposition zur rationalistischen Selbstreflexion steht. Dabei entspricht sie ganz der praxeologischen Denkfigur, der zufolge das Selbst durch die Sorge den Zugang zu sich und der Welt weniger über kognitive Prozesse als über konkrete, lokal und kulturell spezifische Praktiken herstellt und gestaltet. Obwohl das praxeologische Primat auch in *Sein und Zeit* erhalten bleibt, gewinnt es ebenso wie der Sorgebegriff eine andere Bedeutung und Funktion.

Sorge und Dasein in Sein und Zeit

In den zuvor behandelten Frühschriften beschreibt Heidegger die Sorge als das *Wie* der ontisch-existenziellen Lebenserfahrung. Im Zuge der Vorarbeiten für und in *Sein und Zeit* wird die Sorge dagegen zunehmend als ontologische Voraussetzung jeder ontischen Erfahrung verstanden, die Heidegger durch die von ihm entwickelten Methode der Fundamentalontologie erfassen will. Die Unterscheidung von existenziell-ontischer und existenzial-ontologischer Fragestellung dient ihm dazu, die ontischen Phänomene der Alltagswelt auf die sie ermöglichende ontologische Grundstruktur zurückzuführen (vgl. SZ 12). »Die existenziell(-ontische) Ebene ist die reale, konkrete Ebene der Lebenspraxis und Lebenserfahrung, die existenzial(-ontologische) Ebene die Ebene der theoretischen Ebene über die existenzielle Ebene. […] [Existenziale stellen dabei] keine Eigenschaften einzelner ›Subjekte‹, sondern die Form und Möglichkeitsbedingung komplexer Lebensvollzüge« (Rentsch 2013: 55) dar. Der fundamentalontologische Ansatz basiert somit auf der Annahme einer *»ontisch-ontologische Differenz«* (ebd.: 54). Neologismen und ungewöhnliche Verwendungsweisen von Termini wie Dasein, Sorge, Welt oder Zu- und Vorhandenheit beschreiben in *Sein und Zeit* keine ontischen Seinsweisen, sondern ontologische Strukturen, welche die ontischen Erfahrungen erst ermöglichen. Da die Fundamentalontologie nach den Bedingungen des Existierens fragt, kann sie als transzendentale Methode verstanden werden, welche die Sorge als transzendentale Struktur erfasst (vgl. Rentsch 1989: 116; Gethmann 1993: 70).

Um die Sorge zu erforschen, widmet sich Heidegger der Daseinsanalyse, weil das Dasein als das einzige Seiende in der Lage ist, die ontologische Frage nach seinem Sein, seinem Wesen und seiner Existenz zu stellen.[3] Über die phänomenologische Untersuchung des Daseins, seine ontische und alltägliche Lebenswelt, soll ein Zugang zu den es ermöglichenden, ontologischen Strukturen gefunden werden.[4] Die Veränderungen von den Frühschriften hin zu *Sein und Zeit* sind somit nicht auf einen radikalen, wohl aber einen zentralen Perspektivwechsel zurückzuführen, der die Methode ebenso wie ihren Gegenstand in bedeutendem Maß verändert. Denn die Analyse der ontisch-existenziellen Ebene wird in *Sein und Zeit* nicht negiert, vielmehr stellt sie weiterhin die Ausgangsbasis und den Prüfstein der philosophischen Untersuchung dar.

Wurde die Sorge 1923 noch als ein »*Grundphänomen des Daseins*« (GA 63: 103) bezeichnet, erscheint sie zwei Jahre später als »Seinsstruktur« (GA 20: 347), die einen deutlich systematischeren Charakter aufweist. Ausdruck dessen ist unter anderem, dass die Sorge nicht mehr mithilfe verschiedener Begriffe und Umschreibungen wie »Bezugssinn« (GA 61: 90), »Grundsinn

---

3 »Seiend nennt Heidegger alles, was als Gegenstand verschiedenartiger intentionaler Einstellungen dienen kann. Seiend sind neben gewöhnlichen Einzeldingen also auch Universalien, Abstrakta, fiktive Gegenstände und kontrafaktische Sachverhalte.« (Martel 2008: 80)

4 Die Phänomenologie begleitet Heideggers Denken seit seinen ersten Schriften (vgl. Jung/Zaborowski 2013a: 7; 2013b: 8; Jung 2013). Hierbei setzt er sich ebenso intensiv mit Husserls Verständnis von Phänomenologie auseinander (vgl. Merker 1988; Xolocotzi 2002; Vetter 2014: 64–73) wie er sich von dieser abgrenzt (vgl. Gethmann 1993: 22–31; Mertens 2009: 191–203; Jung 2013: 14ff.). Zwar folgt er Husserls phänomenologischem Postulat, sich den Sachen selbst zu zuwenden, distanziert sich jedoch von der transzendentalen Phänomenologie und hebt stattdessen, durch die Lektüre von Dilthey und Simmel geprägt, die Historizität und pragmatische Ausrichtung der Lebenswelt hervor (vgl. Jung 2013: 14ff.). Bis 1923 sind die phänomenologischen Beschreibungen der Lebenswelt noch nicht innerhalb des fundamentalontologischen Rahmens kontextualisiert. Mit dessen Entwicklung wird die Phänomenologie in den Dienst der Fundamentalontologie und der Frage nach dem Sinn von Sein gestellt (vgl. Grondin 2001; Rentsch 2013).

des Bezugs von Leben« (ebd.: 98) oder »Erfahren der Gegenstände in ihrer jeweiligen Begegnung« (ebd.: 91) erläutert wird. Stattdessen ist sie durch eine klare Formel bestimmt: »Sich-vorweg-schon-sein-in-(der-Welt-) als Sein-bei (innerweltlich begegnendem Seienden).« (ebd.: 192; vgl. GA 20: 407) Diese Begriffsbestimmung impliziert eine qualitative Veränderung innerhalb der Sorge-Konzeption: Die Zeitlichkeit wird nun als »Sinn« (SZ 326) und »ursprüngliche Einheit der Sorgestruktur« (ebd.: 327) verstanden. Um diese Struktur zu erläutern, wird sich nun jeweils einem Element der ungewöhnlichen Definition der Sorge gewidmet.

»Sich-vorweg« ist das Dasein insofern als es sich stets auf (zukünftige) Möglichkeiten hin entwirft, wobei es nicht als autonomes Subjekt (Lebens-)entwürfe konzipiert, sondern selbst als Entwurf anzusehen ist. Denn es versteht sich stets als Möglichkeit und aus Möglichkeiten heraus. Verstehen meint dabei keine theoretische »Erkenntnisart« (GA 20: 334), sondern eine praktische Seinsweise im Sinne von ›sich auf etwas verstehen‹ (vgl. Brandom 2002: 75–83, 298–347; Mertens 2009; Gedö/Schwendtner 2009). »Das Verstehen ist, als Entwerfen, die Seinsart des Daseins, in der es seine Möglichkeiten als Möglichkeiten *ist*.« (GA 20: 145) Diese Aussage ist gerade nicht als Aufruf zur Realisierung möglichst vieler ontischer Alternativen oder gar als dezisionistische Wahlmöglichkeit des Subjekts auszulegen. Vielmehr handelt es sich dabei um die »Metamöglichkeit« (Luckner 2001: 67), frei zu sein »für das eigenste Seinkönnen« (SZ 191). Die »Existenzialität« (ebd.) stellt dabei die existenzial-ontologische Bedingung für die existenziellen Handlungsoptionen der Einzelnen dar. Das (fundamental-)ontologisch verstandene Dasein ist keine Substanz, es hat keine konkreten, inhaltlichen Eigenschaften, sondern zeichnet sich durch dieses strukturelle Möglichsein aus. »Das Dasein *ist* das, was es je *sein kann*. Es realisiert also nicht in ihm angelegte Möglichkeiten, sondern es ist in der Weise des Möglichseins.« (Luckner 2001: 67) Allen ontischen Handlungsoptionen geht somit die existenziale Möglichkeit, Möglichkeiten haben zu können voraus. Erst durch das grundsätzliche, existenziale »Freisein *für* das eigenste Seinkönnen« (SZ 191) besteht die »Möglichkeit von Eigentlichkeit und Uneigentlichkeit« (ebd.).

Im Gegensatz zu den Frühschriften unterscheidet Heidegger in *Sein und Zeit* klar zwischen diesen zwei Seinsweisen des Daseins, das entweder seinen Möglichkeiten gemäß existiert oder diese verfehlt und damit der Uneigentlichkeit verhaftet bleibt. Die eigentliche Seinsweise des Daseins ist »das Sein zum Tode als ein *Sein zu einer Möglichkeit* und zwar zu einer ausgezeichneten Möglichkeit des Dasein selbst« (ebd.: 261). Im Unterschied zu allen anderen Möglichkeiten ist diese nicht vom Dasein realisierbar; schließlich ist es nicht mehr handlungsfähig, wenn der Tod eintritt. Ist die Möglichkeit des Todes tatsächlich erfasst und damit verstehend erschlossen, wird sie *»als Möglichkeit* ausgebildet und im Verhalten zu ihr *als Möglichkeit* ausgehalten« (ebd.). Diese Seinsweise bezeichnet Heidegger als »Vorlaufen« (ebd.) in den Tod, welches das Dasein »auf es selbst [vereinzelt]. Diese Vereinzelung ist eine Weise des Erschließen des ›Da‹ für die Existenz. […] Dasein kann nur dann *eigentlich es selbst* sein, wenn es sich von ihm selbst her dazu ermöglicht.« (ebd.) Da niemand dem Dasein seinen eigenen Tod abnehmen kann, ist es im Vorlaufen zum Tode mit seiner eigenen, unverwechselbaren Existenz konfrontiert, die, wie zuvor beschrieben, vor allem eines ist: die Möglichkeit zu sein. Aus diesem Grund verhält es sich im Sein zum Tode *»zu ihm selbst* als einem ausgezeichneten Seinkönnen. Das Selbst der Alltäglichkeit aber ist das Man, das sich in der öffentlichen Ausgelegtheit konstituiert, die sich im Gerede ausspricht.« (ebd.: 252) Das Man stellt die uneigentliche Seinsweise des Daseins dar, das unselbstständig der gewöhnlichen Auslegung der Welt folgt (ebd.: 169). In diesem Seinsmodi versteht sich das Dasein nicht auf seine eigentliche Existenz, sondern überlässt sich der »Neugier« (ebd.: 170f.), der uneigentlichen Grundverfassung des Verstehens. Anstatt die Welt tatsächlich zu erfassen, bei ihr zu verweilen und hierdurch ein eigentliches Verhältnis zu ihr aufzubauen, beschäftigt sich das uneigentliche Dasein mit den beliebigen und oberflächlichen Neuigkeiten des Alltags (vgl. Demmerling 2001: 112ff.; Luckner 2001: 77). Nach Heidegger befindet sich das Dasein immer schon in der uneigentlichen Seinsweise des Man, ehe es sich als eigentlicher Entwurf entwerfen kann, weil es vor jeder bewussten Erfahrung bereits in die Welt »geworfen« (SZ 145) ist.

»Schon-sein-in-(der-Welt-)« (ebd.: 92) bezeichnet den bereits aus den Frühschriften bekannten Begriff der Faktizität. Allerdings wird dieser nun innerhalb der Sorge- und Zeitlichkeitsstruktur auf die Vergangenheit bezogen und durch die Geworfenheit beschrieben. Geworfenheit ist das »ungefragte In-die-Welt-gekommen-sein« (Rentsch 1989: 125), demzufolge das Dasein sich stets innerhalb einer Welt mit anderen befindet. »Befindlichkeit« (SZ 134) hat hierbei zwei Bedeutungen: zum einen die räumliche – wir befinden uns stets an einem Ort in der Welt, einem »Da« –, und zum anderen eine »emotive« (Luckner 2001: 62) – wir erleben uns stets in Befindlichkeit(en) innerhalb der Welt, befinden uns, in einer »Stimmung« (SZ

134). Diese *»hat je schon das In-der-Welt-sein als Ganzes erschlossen und macht ein Sichrichten auf … allererst möglich«* (ebd.: 137). Demnach ist die Stimmung kein innerlicher, seelischer Zustand, der die Wahrnehmung der Außenwelt prägt. Stattdessen wird durch sie ein Erfassen der Außenwelt erst möglich. Sie erschließt die Welt als Ganzes, weil sie sich nicht auf einzelne Objekte bezieht, wie das zum Beispiel bei einer Phobie der Fall ist, sondern bestimmt grundsätzlich, wie wir die Welt und uns selbst in praktischen Lebensvollzügen erfahren. Während sich die Befindlichkeit des Man in der Zweideutigkeit ausdrückt, in der alles »so aus[sieht] wie echt verstanden, ergriffen und gesprochen und […] es im Grunde doch nicht« (ebd.: 173) ist, stellt die Angst die eigentliche Grundbefindlichkeit dar. Denn sie »zeigt das Dasein als faktisch existierendes In-der-Welt-sein« (ebd.: 191) und eröffnet ihm so den Zugang zu seinen existenzialen Bestimmungen: der Existenzialität, Faktizität und des Verfallenseins.

Während die Existenzialität durch das »Sich-vorweg« (ebd.: 192) und die Faktizität über das »Schon-sein-in-(der-Welt-)« (ebd.) beschrieben wird, bezeichnet Heidegger das Verfallensein auch »als Sein-bei (innerweltlich begegnendem Seienden)« (ebd.). Denn das Dasein erfährt sich zumeist nicht in seiner Existenzialität und Faktizität, sondern ist mit den gewöhnlichen (Lebens-)Aufgaben, Menschen und Dingen beschäftigt, mit denen ›man‹ im Alltag eben so zu tun hat. Neben den zwei bereits erwähnten Verfallsformen – der Zweideutigkeit als uneigentliche Seinsweise der Befindlichkeit und der Neugier als uneigentliche Seinsweise des Verstehens – bestimmt Heidegger das Gerede als dritte Verfallsform (vgl. Brandom 2002: 342–347).[5] Während die Rede als »logos« (SZ 160) und »existenzial-ontologisches Fundament« (ebd.) die Verständlichkeit der Welt ermöglicht, verschließt das Gerede den eigentlichen Zugang zur Welt durch *»Weiter- und Nachreden«* (ebd.: 168) dessen, was ›man‹ sagt.[6] Bei allen drei Verfallsformen handelt es sich nicht um vermeidbare Verhaltensweisen, sondern um existenziale Seinsweisen des Daseins, in denen es sich stets schon befindet, ehe es sich in ihnen bewusst vorfinden kann. »Als Manselbst ist das jeweilige Dasein in das Man *zerstreut* und muß sich erst fin-

5 Diesen drei Verfallsformen der existenzialen Konstitution des Daseins steht die Angst – eigentliche Seinsweise der Befindlichkeit –, das Entwerfen – eigentliche Seinsweise des Verstehens –, und die Verschwiegenheit – eigentliche Seinsweise der Rede – gegenüber.

6 Die Rede ist mit der Befindlichkeit und dem Verstehen »existenzial gleichursprünglich« (SZ 161), wobei sich die »befindliche Verständlichkeit« (ebd.) in der Rede ausdrückt. In allen drei Fällen handelt es sich um Existenzialien, die gemeinsam das »In-sein« (ebd.: 130ff.), die existenziale Konstitution des Daseins, ausmachen.

den.[…] Wenn das Dasein die Welt eigens entdeckt und sich nahebringt, dann vollzieht sich dieses Entdecken von ›Welt‹ und Erschließen von Dasein immer als Wegräumen der […] Verstellungen, mit denen sich das Dasein gegen es selbst abriegelt.« (ebd.: 129)

Dementsprechend ist das »Man-selbst« (ebd.) die Voraussetzung für die Möglichkeit des Daseins, sich in die eigentliche Seinsweise, das »Sein zum Tode« (ebd.: 252), zu bringen, denn niemand kommt ohne eigenes Zutun als »eigenes Selbst« (ebd.) auf die Welt. Stattdessen ist das Dasein aufgrund seiner Faktizität vor jeder Bemühung um eine eigentliche Existenz und vor jedem bewussten Akt in der Welt. In dieser »Geworfenheit« (ebd.: 179), in der es sich vorwiegend befindet, ist es zumeist an die Uneigentlichkeit des Man verfallen.

Existenzialität (Sich-vorweg), Faktizität (Schon-sein-in-(der-Welt-)) und Verfallen (Sein-bei (innerweltlich begegnendem Seienden)) stellen die zentralen Elemente der Sorge dar. Ungefragt in die Welt geworfen existiert das Dasein stets schon in der Faktizität, hat sich, ehe es sich dessen bewusst ist, bereits auf Möglichkeiten hin entworfen und ist somit »*geworfene[r] Entwurf*« (ebd.: 223). Zumeist dem Verfallen verhaftet, dem die uneigentliche Seinsweise entspricht, obliegt es ihm selbst, durch das Vorlaufen in den Tod seine eigene Existenz zu leben bzw. zu *sein*. Doch gleich ob in eigentlicher oder uneigentlicher Seinsweise – stets bestimmt die Sorge das Dasein, das »Seiendes [ist], dem es als In-der-Welt-sein um es selbst geht.« (ebd.: 143). Weil das Dasein keine Substanz darstellt, sondern sich durch seine Seinsweise, sein »Besorgen« (ebd.) der Welt und der »Fürsorge für die anderen« (ebd.) konstituiert, bezieht sich die Sorge in ihrem »Aussein auf etwas« (GA 20: 407) stets auch auf sich selbst. In dieser Darstellung wird der antiessentialistische und anticartesianische Zug der Sorge-Konzeption deutlich, der dem praxeologischen Primat entspricht. Das was das Dasein hervorbringt und bestimmt sind weder substantielle Wesensmerkmale noch kognitive oder rationale Bewusstseinsprozesse, sondern eine Vielzahl an lokal und kulturell spezifischen Praktiken, die das Dasein an sich vollzieht und hierdurch sein Selbst erst schafft. »*Sorge ist als solches Sein-um dieses Aussein auf das Sein, das dieses Aussein selbst ist.*« (ebd.) Somit impliziert die durch konkrete Praktiken hergestellte Beziehung zur Welt stets ein Verhältnis des Daseins zu sich selbst – eine Auffassung die auch für Arendt und Foucault von besonderer Relevanz ist.

1.1.2. Sorge und Welt

Verschiedene Welten in den Freiburger Frühschriften

Ebenso wie Heidegger durch den Begriff der Sorge bereits in den Frühschriften eine Konzeption des Selbst etabliert, die in Opposition zum Erkenntnissubjekt steht, wird auch die Welt nicht als Erkenntnisobjekt beschrieben, das unabhängig von den Einzelnen besteht. Vielmehr handelt es sich dabei um einen »Bedeutsamkeitszusammenhang« (GA 58: 107), der »vom Dasein nicht abgelöst und distanziert werden kann, sondern von ihm her verstanden werden muß. Zugleich soll die Welt das einzelne Dasein allerdings auch umgreifen.« (Sonderegger 2013: 290) Die Welt wird hierbei ebenso durch die Sorge erfasst, wie diese als das »Wie des ›in‹-Seins« (GA 63: 86) nur innerhalb der Welt sein kann. Damit stehen Sorge und Welt in einem wechselseitig konstitutiven Verhältnis. Trotz deutlicher Veränderungen der Welt-Konzeption hält Heidegger an dieser Auffassung, die bereits 1919 sein Denken prägt, auch in den folgenden Jahren fest (vgl. GA 56/57: 70). Arendt wird diese Denkfigur übernehmen, indem sie mit Heidegger davon ausgeht, dass die Welt nicht als eine Ansammlung von Objekten zu verstehen ist, die es auch ohne das Dasein geben könnte. Stattdessen offenbart sich das »*Seiende als Welt*« (GA 17: 56) »in der Weise, wie es in der Sorge ›da‹ ist; aus diesem Anwesendsein wird ersichtlich, welches mögliche Sein es als in und für diese Sorge Begegnendes hat.« (ebd.: 57)

»Sorge ist nichts Subjektives und verstellt nicht das, was sie besorgt, sie lässt es vielmehr zu seinem eigentlichen Sein kommen.« (ebd.) Auch wenn die Welt in ihrer Bedeutsamkeit durch das Sorgen erfasst wird, handelt es sich nicht um eine willkürliche oder gar idealistische Konstruktion der Welt durch das Subjekt. Vielmehr kommt der Welt schon vor dem Eintritt jedes einzelnen Selbst Bedeutung zu, wobei es sich erst über seinen sorgenvollen Umgang mit der Welt als solches erfährt und so aufs engste mit der Welt verbunden ist. Das, »was dem Leben in seinem neigenden Sorgen begegnet und wie es begegnet, [ist] es selbst; das Leben, das sich in seine Welt sorgend ausgibt, bietet sich ihm selbst welthaft in der Gestalt und im Seinssinn seiner Welt an.« (GA 61: 119) Auch wenn die Sorge keine subjektivistische Kategorie darstellt, verweist sie auf die individuelle, kulturelle und historische Spezifik, mit der Bedeutsamkeitszusammenhänge erfasst bzw. besorgt werden (vgl. Gander 2006: 259). Der »Bauer aus dem hohen Schwarzwald« (GA 56/57: 71) und Menschen aus dem »Senegal« (ebd.) werden von Heidegger als Beispiele bemüht, um zu verdeutlichen, dass

Gegenstände in ihren spezifischen Bedeutungen nur von jenen als solche erfasst werden können, denen die historisch, kulturell und lokal spezifische Lebenswelt bekannt ist. Entscheidend für das Erfassen der Bedeutung von Phänomenen ist somit nicht nur ihr Gebrauch, sondern auch die jeweilig spezifische, individuelle Lebenssituation. »In diesem Erleben, in diesem Hinleben zu, liegt etwas von mir: Es geht *mein* Ich voll aus sich heraus und schwingt mit in diesem ›Sehen‹« (ebd.: 73).

Das Verhältnis von Selbst und Welt differenziert Heidegger im Zuge der Vorlesungen seit dem Wintersemester 1919/20 durch die Begriffe der Selbst- Mit- und Umwelt weiter aus. Unerwartet eingängig begreift Heidegger vor allem »Landschaften, Gegenden, Städte und Wüsten [als] Umwelt« (GA 58: 33) und Mitmenschen als »Mitwelt« (ebd.). Dagegen ist die »Selbstwelt« (ebd.) dasjenige, »das gerade mir so und so begegnet und meinem Leben gerade diese meine personale Rhythmik verleiht.« (ebd.) Heidegger betont, dass Selbst- und Mitwelt stets in Handlungsvollzügen begegnen und nicht von einem neutralen, weltunabhängigen Standpunkt erfahren werden, so dass der Weltbegriff ebenso wie der zuvor dargestellte Sorgebegriff praxeologisch ausgerichtet sind. Diese praxistheoretische Konzeption geht wiederum mit einer anticartesianischen Tendenz einher. Die Welt stellt kein Erkenntnisobjekt dar, zu dem das Subjekt über rationale Bewusstseinsprozesse eine Beziehung aufbaut. Vielmehr existieren die Einzelnen vor jeder bewussten Erkenntnis stets schon innerhalb dieses konkreten Praxiszusammenhangs und gestalten in und durch ihn ihr Leben.

Aufgrund dieser konstitutiven Angewiesenheit auf die Welt kann sich das Selbst nicht schlichtweg von ihr distanzieren, um sie von einem objektiven Standpunkt aus zu betrachten. Vielmehr stellt sie die unhintergehbare und deshalb holistische Sphäre dar, innerhalb derer sich das Selbst befindet. »The holistic totality of such practical […] involvements Heidegger calls ›the world‹.« (Brandom 2002: 76) Zugleich ist dieser konstitutive Praxiszusammenhang nicht nur holistisch, sondern auch situativ, da die Praktiken, durch die er entsteht, stets lokal, kulturell und historisch spezifisch und variabel sind. »Alles, dem wir im lebendigen Leben begegneten, *bekundet* sich in einem Zusammenhang von Begebenheiten« (GA 58: 45), die vielfältig sind und sich verändern. Eine Stadt erscheint zum Beispiel stets anders, je nachdem ob sie durch Spaziergänge, Stadtrundfahrten, per Fahrrad oder Bus entdeckt wird. Und so gibt sich »[a]uch die Mitwelt […] in der Weise, daß die betreffenden Menschen mit mir zusammenleben, insofern sie sich in einzelnen Handlungen, in ihrem Verhalten, Art des Redens, des Schweigens, Kleidung, Launen, Geschmack sich mir darstellen.« (ebd.) Die Differenzierung der Lebenswelt in Selbst-, Um- und Mitwelt wird von Heidegger nur wenige Jahre später in ungewöhnlich selbstkritischer Weise explizit hinterfragt und zugunsten der fundamentalontologischen Ausdeutung des Weltbegriffs aufgegeben.

Sorge und Welt in Sein und Zeit

Heidegger erklärt 1925 auf die zwei Jahre zuvor ausgeführte Darstellung von Um-, Mit- und Selbstwelt bezugnehmend:

»In meinen früheren Vorlesungen habe ich die Dinge so gesehen und die Termini in diesem Sinne gefaßt. Die Sache ist aber grundfalsch. Die Terminologie zeigt, daß die Phänomene in dieser Weise nicht hinreichend gefaßt sind, daß eben die Anderen, ob sie zwar weltlich begegnen, nicht die Seinsart und nie die Seinsart der Welt haben. Deshalb dürfen die Anderen auch nicht als ›Mitwelt‹ bezeichnet werden.« (GA 20: 333)

Als Grund für die Umbenennung der »Mitwelt« (GA 63: 92ff.) in »Mitsein« (GA 20: 334) werden somit die qualitativen Unterschiede zwischen Gegenständen und Vollzugsweisen des »Mitdaseins« (ebd.: 333) genannt. Von dieser terminologischen Veränderung unberührt bleibt die vehemente Kritik an kognitivistischen Konzeptionen (vgl. Dreyfus 2001: 77–85). Diesen wird nun allerdings eine fundamentalontologische Ausdeutung von Dasein und Welt entgegengestellt, wobei das »In-der-Weltsein [...] als Grundverfassung des Daseins« (SZ 52), als »Existenzial« (ebd.: 54), zu verstehen ist. »Die Abwandlung ›weltlich‹ meint dann terminologisch eine Seinsart des Daseins und nie eine solche des ›in der Welt vorhandenen Seienden‹« (ebd.: 65). Weltlichkeit ist somit wie die Sorge in *Sein und Zeit* ein ontologisch-existenzialer Terminus, von dem Heidegger den ontisch-existenziell zu verstehenden Weltbegriff abgrenzt. »Welt kann [...] in einem ontischen Sinne verstanden werden [...] als das, ›worin‹ ein faktisches Dasein als dieses lebt. Welt hat hier eine vorontologisch existenzielle Bedeutung. Hierbei bestehen wieder verschiedene Möglichkeiten: Welt meint die ›öffentliche‹ Wir-Welt oder die ›eigene‹ und nächste (häusliche) Umwelt.« (ebd.)

Das frühe ontisch-existenzielle Verständnis von Welt wird somit nicht aufgegeben, wohl aber ebenso wie der Begriff der Sorge in seiner Bedeutung eingeschränkt und spezifiziert. Demnach handelt es sich bei der Welt nicht mehr allgemein um die »Beziehungsmannigfaltigkeit ›zu leben‹« (GA 61: 85), wie Heidegger Welt im Wintersemester 1921/22 noch beschreibt. Stattdessen bezeichnet er als »nächste Welt des alltäglichen Daseins [...] die *Umwelt*« (SZ 66) und bezieht allein auf sie den Begriff des »Besorgens«, der bis dahin noch allgemein das Sorgen innerhalb aller drei Sphären – der Um- Mit- und Selbstwelt – umfasste (vgl. GA 63: 102). Dagegen referiert Besorgen in *Sein und Zeit* ausschließlich auf den spezifisch »hantierende[n], gebrauchende[n]« (SZ 67) Umgang mit Zeug (vgl. GA 20: 334).

Zeug meint im Gegensatz zu Dingen der bloßen Anschauung »das im Besorgen begegnende Seiende« (SZ 67) und betont so den »gebrauchenden Umgang [in welchem] sich das Besorgen dem für das jeweilige Zeug konstitutive Um-zu« (ebd. 69) unterstellt.[7] Weder Reflexion noch Bewusstsein über einen Computer erschließen demnach dessen Eigenheit, sondern der Gebrauch und »die Weise des Zugangs« (Gethmann 1993: 265). Die Form des Besorgens, in der das Zeug innerweltlich begegnet ohne explizit thematisiert zu werden, ist die Zuhandenheit (vgl. SZ 83). »Welt ist in allem Zuhandenen immer schon ›da‹. Welt ist vorgängig mit allem Begegnenden schon, obzwar unthematisch, entdeckt.« (ebd.; vgl. Brandom 1992: 45ff.)[8] Ebenso wie das Dasein vor jeder Reflexion bereits in der Welt existiert, ist auch die Welt bereits da, ehe sie in Form von einzelnen Gegenständen explizit und bewusst betrachtet oder thematisiert wird und damit im Modus der Vorhandenheit erfasst werden kann.[9] Zugleich ist das Dasein nicht

7 Die verschiedenen »Weisen des ›Um-zu‹ wie Dienlichkeit, Beiträglichkeit, Verwendbarkeit, Handlichkeit konstituieren eine Zeugganzheit.« (SZ 68). Demzufolge verweisen verschiedene Gegenstände wie ein Laptop, Bücher, Kopfhörer und Kaugummis nicht nur auf die individuelle Arbeitsweise der Doktorandin, sondern stellen zusammen das Zeugganze des Arbeitsplatzes dar, ebenso wie ein Haus als »Wohnzeug« (ebd.) und nicht als Raum zwischen vier Wänden erfahren wird.

8 Auf die Relevanz der Seinsmodi von Vorhandenheit und Zuhandenheit für das Verhältnis von Materialität und Intellegibilität gehen Thomspon/Hoffrath (2013: 262ff.) ein.

9 Der Zuhandenheit wird die »Vorhandenheit« (SZ 88) entgegengestellt. Während der Gegenstand in seiner Zuhandenheit gerade nicht explizit wahrgenommen wird, sondern ganz im praktischen Umgang aufgeht, zeigt sich der Charakter der Vorhandenheit zumeist erst dann, wenn eine (Gebrauchs-) Störung auftritt und man sich dem Zeug als Gegenstand dezidiert zuwendet. Hierbei wird »das Sein des Seienden (Vorhandenheit), [...] in einem eigenständig entdeckenden Durchgang durch das zunächst begegnende Seiende vorfindlich und bestimmbar wird« (ebd.). Erst wenn die Tastatur nicht mehr richtig funktioniert, wird eine bewusste und explizite Beschäftigung mit dem Zustand und den Eigenschaften des Laptops notwendig. Doch selbst im genauen Betrachten des Laptops ist dieser noch an den Gebrauchskontext gebunden – schließlich soll er möglichst schnell wieder im Modus der Zuhandenheit aufgehen – weshalb die wenigsten

nur immer schon mit der Welt vertraut, sondern wird erst über das praktische Verhältnis zur Welt zu einem solchen. Das praxeologische und wechselseitig konstitutive Verhältnis von sorgendem Selbst und Welt wird somit beibehalten, aber nicht mehr ausschließlich und primär durch phänomenologische Beschreibungen der ontischen Lebenswelt begründet wie in den frühen Freiburger Vorlesungen (vgl. Jung 2013: 17).

Stattdessen betrachtet es Heidegger aus fundamentalontologischer Perspektive, mithilfe derer er die Sorge als ontologische Grundstruktur offenlegen will. »Der Titel [Besorgen] ist nicht deshalb gewählt, weil etwa das Dasein zunächst und in großem Ausmaß [...] ›praktisch‹ ist, sondern weil das Sein des Daseins selbst als Sorge sichtbar gemacht werden soll. [...] Weil zu Dasein wesenhaft das In-der-Welt-sein gehört, ist sein Sein zur Welt wesenhaft Besorgen.« (SZ 57). Besorgen und Sorge werden somit nicht mehr als Synonyme verwendet, sondern ersteres auf letztere zurückgeführt. Wie weiter oben beschrieben, weist die Sorge in *Sein und Zeit* im Unterschied zu den Frühschriften eine systematische und komplexe Struktur auf. Dagegen wird der zuvor häufig und recht allgemein verwendete Begriff des »Sorgen[s]« (vgl. u.a. GA 61: 89; GA 63: 86) vermieden, auch wenn in beiden Fällen das Moment der Sorge das Selbst- und Weltverhältnis strukturiert. Doch bei den frühen Arbeiten stand das substantivierte Verb »Sorgen« und die phänomenologische Betrachtung des Selbst im Vordergrund, dessen historische, kulturelle und situative Spezifik stets betont wurde (vgl. GA 56/57: 71). Dagegen liegt der Fokus in *Sein und Zeit* ganz auf der ausdifferenzierten Struktur der Sorge, zu deren Gunsten auf die ausführlichen phänomenologischen Beschreibung der vielfältigen, fluiden und kontextabhängigen Existenz- und Vollzugsweisen des ontischen Selbst verzichtet wird. Der fundamentalontologische Ansatz macht es notwendig, die »Zuspitzung [...] auf die [ontische]›Selbstwelt« (Figal 2007: 15) zu vermeiden, um das Verhältnis der Bedeutsamkeit zwischen Dasein und Welt auf die fundamentalontologische Sorgestruktur zurückzuführen. Demnach steht nicht mehr das historisch spezifische, ontische »Selbstleben« (GA 58: 206) im Zentrum der Untersuchung, das die »Bedeutsamkeitszusammenhänge« (ebd.: 106) konstituiert, sondern die »Struktur der Sorge, die sich als Träger der vielfältigen Weisen des In-der-Welt-seins erweis[t]« (Luckner 2001: 35).

Gegenstände in ihrer reinen Vorhandenheit außerhalb von jeglichen bedeutsamen Praxiszusammenhängen »betrachtet und begafft« (ebd. 99) werden. Diese abwertende Beschreibung ist einmal mehr als Kritik an der Subjekt-Objektdichotomie zu verstehen.

Da der Begriff des Besorgens nun einzig der Umwelt zugeordnet wird, entwickelt Heidegger seinem selbstkritischen Kommentar von 1925 entsprechend einen neuen Begriff für das Verhältnis von Sorge und Mitwelt: die Fürsorge. Hierdurch soll betont werden, dass sich »die Seinsart des innerweltlich begegnenden Daseins der Anderen […] von Zuhandenheit und Vorhandenheit [des Zeugs] unterscheidet.« (SZ 118) Denn die anderen sind keine zu gebrauchenden Gegenstände, sondern »auch und mit da« (ebd.) und zwar als Existenzial. Ebenso wie das Dasein immer schon in einer Welt ist und ihr nicht als ›fertiges‹ autonomes Subjekt entgegentritt, begegnet es auch den anderen nicht als solches, sondern lebt stets schon in und durch das Mitsein. Demnach gehört das Mitsein zur Struktur des Daseins, weshalb die Fürsorge ebenso wie das Besorgen »aus dem Phänomen der Sorge interpretiert werden [muss], als welche das Sein des Daseins überhaupt bestimmt wird« (ebd.: 121).

Dieses Mitsein vollzieht sich in Form der Fürsorge, wobei Heidegger auf ontologischer Ebene zwischen zwei extremen Modi der Fürsorge unterscheidet. Die uneigentliche, »einspringend-beherrschende Sorge« (ebd.: 122) nimmt den anderen die Sorge um die eigene Existenz ab, die es als solche zu erfassen und zu wählen gilt, wie dies im Sein zum Tode der Fall ist. Kontrastiert wird die uneigentliche Fürsorge durch die »vorspringend-befreiende« (ebd.), die »dem Anderen dazu [verhilft], in seiner Sorge sich durchsichtig und für sie frei zu werden.« (ebd.) Da jedes Dasein seine eigene Existenz in praktischen Seinsvollzügen zu realisieren hat, ist es nicht möglich, für andere ihr jeweiliges Leben zu leben – für sie zu essen, zu studieren oder zu lieben. Vielmehr gilt es, ihnen durch die vorspringende Sorge den Weg zu einer eigentlichen Seinsweise aufzuzeigen und ihnen die Sorge nicht abzunehmen, sondern zurückzugeben (vgl. Grosser 2013a: 305). Allerdings sind gerade »Defizienz und Indifferenz« (SZ 121) Heidegger zufolge diejenigen Modi der Fürsorge, die das alltägliche Miteinandersein kennzeichnen. »Nicht [das Dasein] selbst *ist*, die Anderen haben ihm das Sein abgenommen.« (ebd.: 126) Bei diesen anderen handelt es sich jedoch nicht um konkrete Mitmenschen, sondern um »das Neutrum, *das Man*.« (ebd.)[10]

10 Aus diesem Grund schließen unmittelbar an die Beschreibungen des Mitseins die Ausführungen zum Man an, welches die »Seinsart der Alltäglichkeit« (SZ 127) vorschreibt. Auch wenn Heidegger stets darum bemüht ist, die Konzeption des Man nicht als »Herabminderung der Faktizität des Daseins« (ebd.: 128) erscheinen zu lassen, sind

Im Kontext der Darlegung des Man verwendet Heidegger den Begriff der »Mitwelt« (SZ 129) trotz seiner deutlichen (Selbst-)Kritik (vgl. GA 20: 333). »*Zunächst* ist das Dasein in der durchschnittlich entdeckten Mitwelt. *Zunächst* ›bin‹ nicht ›ich‹ im Sinne des eigenen Selbst, sondern die Anderen in der Weise des Man.« (SZ 129) Somit wird die Mitwelt nicht mehr im ontischen Sinn als die anderen – »Eltern, [...] Vorgesetzte, [...], Fremde, [...] der Mann da mit der Krücke« (GA 58: 33) – verstanden, die sich dem sorgenden Selbst in ihrer Eigenheit zeigen. Stattdessen wird der Begriff mit den »defizienten Modi der Fürsorge« (SZ 123) in Zusammenhang gebracht. Das Dasein hat sich von dieser Mitwelt, die der Konzeption in *Sein und Zeit* zufolge durch die Durchschnittlichkeit des Man geprägt ist, zu lösen. Denn allein hierdurch wird es ihm möglich, sich durch das eigentliche Seinkönnen »frei für seine Welt [zu geben,] [...] die mitseienden Anderen ›sein‹ zu lassen, in ihrem eigensten Seinkönnen und dieses in der vorspringend-befreienden Fürsorge mit zu erschließen.« (ebd.: 298)[11] Eine solche Differenzierung zwischen einer durchschnittlich entdeckten Mitwelt und einem eigentlichen Freiwerden für die Welt und die anderen findet sich in den frühen Schriften allein schon deshalb nicht, weil die Dichotomie von eigentlicher und uneigentlicher Seinsweise noch nicht eingeführt ist.

In der Differenz zwischen der phänomenologischen Beschreibung der Mitwelt als Erfahrungszusammenhang einer Vielzahl von Selbstwelten und ihrer fundamentalontologischen Ausdeutung als Existenzial wiederholen sich die zuvor dargelegten Unterschiede zwischen dem Sorgebegriff in den Frühschriften und *Sein und Zeit.* Die Konzeptionen von Welt und Sorge werden somit einer parallelen Transformationsbewegung unterzogen. Heidegger siedelt sie in den frühen Arbeiten auf existenziell-ontischer Ebene an, um ihnen im Zuge der Vorarbeiten für *Sein und Zeit* einen existenzial-ontologischen Charakter zuzuschreiben.

---

die kulturpessimistischen Anklänge nicht zu überhören, wie unter anderem Demmerling (2001: 95) und Rentsch (1989: 123) darlegen.

11 Die über viele Jahrzehnte geführte Debatte über die Frage, ob der heideggersche Begriff des Mitseins intersubjektive Auseinandersetzungen, Sozialität und Gemeinschaft ausreichend umfasst, wird im Rahmen des Vergleichs von Heideggers und Arendts Weltbegriff diskutiert, s.u., Kap. 1.4.2.

1.2. Michel Foucault: Die Sorge um sich

Der Topos der Sorge, der in der jüngeren Philosophiegeschichte mit Heideggers Werk verbunden ist, findet sich in Foucaults letzten Schriften und Vorlesungen zur antiken Ethik wieder. Allerdings ist seinem Denken die zuvor dargestellte Systematik der existenzial-ontologischen Ausrichtung der Sorge fremd. Bei der Sorge um sich, die Foucault anhand der Schriften antiker Philosophen wie Platon, Epiktet oder Seneca erläutert, handelt es sich nicht um eine ontologische Grundstruktur, sondern um eine ethische Grundhaltung, die Mitglieder der antiken Aristokratie über spezifische praktische Übungen entwickelten (1.2.2.). Trotz dieser Differenzen liegt die praxeologische Ausrichtung des Selbstverhältnisses, die dem heideggerschen Sorgebegriff inhärent ist, auch Foucaults Darstellung der ethischen Selbstsorge im Besonderen und seinem Subjektbegriff im Allgemeinen zugrunde (1.2.1.). Die Sorge um sich stellt hierbei nicht nur einen Gegenstand der genealogischen Methode dar, sondern darüber hinaus eine Perspektive und Maxime, der sein gesamtes Werk gewidmet ist.

1.2.1. Das Subjekt der Unterwerfung

Das Primat der Praxis

»Als Erstes denke ich tatsächlich, dass es kein souveränes, stiftendes Subjekt, keine Universalform Subjekt gibt, die man überall wieder finden könnte. Ich bin sehr skeptisch und sehr feindselig gegenüber dieser Konzeption des Subjekts. Ich denke im Gegenteil, dass das Subjekt durch Praktiken der Unterwerfung, oder, auf autonomere Weise, durch Praktiken der Befreiung, der Freiheit konstituiert wird, wie in der Antike, selbstverständlich ausgehend von einer gewissen Anzahl von Regeln, Stilen, Konventionen, die man im kulturellen Milieu findet.« (DE 4/357: 906)

In diesem Zitat findet sich in nuce die praxeologische Figur, der zufolge das Subjekt sein Wesen durch situativ spezifische und historisch variable Tätigkeiten hervorbringt und hervorgebracht wird. Foucault stellt sie, Heidegger nicht unähnlich, substantiellen, cartesianischen und voluntaristischen Subjektbegriffen entgegen. Wenn es ausschließlich Praktiken sind, durch die das Selbst entsteht, dann wird damit jede Vorstellung einer universalen Substanz, die allen Menschen zu allen Zeiten zukommt, kategorisch abgelehnt (vgl. u.a. Rajchman 1991: 213f.; Reckwitz 2008: 25). Das gilt auch und gerade für die cartesianische Bestimmung des Menschen als res cogitans, als denkende Substanz (vgl. Macherey 1991b: 182). Dieser substantiellen Konzeption eines theoretischen Selbstverhältnisses, der zufolge das menschliche Wesen durch die Fähigkeit bestimmt wird, über geistige Prozesse in Beziehung zu sich selbst und der Welt zu treten, wird ein praxeologischer Subjektbegriff entgegengestellt. »Subjektivität ist das praktische Selbstverhältnis des Sich-Führens, das seinen Ort im Etwas-Ausführen hat. Ein Subjekt zu sein und […] etwas zu können ist daher dasselbe.« (Menke 2003: 286) Das, was das Subjekt primär ausmacht, ist nicht seine Fähigkeit zu denken, sondern zu handeln, wobei hierunter weniger willentliche Handlungen eines bereits existierenden Subjekts zu verstehen sind. Vielmehr entsteht es als solches erst über praktische Vollzüge.

Auch der Wille, die Bedürfnisse und die Identität der Einzelnen werden demnach durch spezifische Praktiken hervorgebracht, die ebenso anonym wie personell sein können, aber stets im weiten Sinne sozial vermittelt zur Subjektkonstitution beitragen. Die Ablehnung jeder voluntaristischen Subjektkonzeption führt zugleich nicht, wie Foucault zuweilen vorgeworfen wurde, zu einer deterministischen. Wie sehr die Einzelnen ihre Subjektwerdung selbst gestalten oder zumindest auf sie Einfluss nehmen können, hängt stattdessen stets von den jeweiligen Praktiken ab, die situativ, historisch und kulturell variieren. Dieses Subjektverständnis ist somit weder voluntaristisch noch deterministisch, sondern nominalistisch.

»Foucaults Subjektbegriff [ist] dynamisch und nominalistisch – was ›Subjekt‹ genannt wird, ist eine Hypostasierung der endlosen Kette andauernder Subjektivierungen innerhalb ganz verschiedener Praktiken.« (Vogelmann 2013a: 80) Wer als Subjekt gilt und sich als solches erfährt und wer nicht, lässt sich somit nicht auf abstrakter, allgemeingültiger Ebene bestimmen, weil sich die Antworten auf diese Frage in Abhängigkeit von den Praktiken unterscheiden. Dabei ist diese Subjektkonzeption ebenso nominalistisch wie materialistisch, weil sie praxeologisch ist. Was ein Subjekt ist, wird nicht durch Universalien, sondern maßgeblich über Verfahren bestimmt, durch die einigen dieser Status zugesprochen wird und anderen nicht. Bei diesen Prozessen handelt es sich nicht um theoretisch-abstrakte oder metaphysische, sondern um praktische und materielle, die sie sich in Institutionen, Techniken und Körpern manifestieren (vgl. Saar 2013a: 438).

Subjektivierungen

Die praxeologischen Vorgänge, durch die das Subjekt entsteht, bezeichnet Foucault in seiner letzten Schaffensphase als Subjektivierungen. »Ich werde Subjektivierung den Prozess nennen, durch den man die Konstitution eines Subjekts, genauer, einer Subjektivität erwirkt, die offensichtlich nur eine der gegebenen Möglichkeiten zur Organisation eines Selbstbewusstseins ist.« (DE4/354: 871)[12] Denn die Struktur eines jeden Selbstbewusstseins und -verhältnisses entsteht in Abhängigkeit von den jeweiligen Praktiken, durch die es hervorgebracht wird und auf deren historische Variabilität Foucault mit seinen Analysen vergangener Subjektivierungstechniken verweist. »Subjektivierung ist ein Prozess, dessen Form und Parameter geschichtlichem Wandel unterliegen. Methodisch bedeutet dies, dass die Analyse von [...] Subjektentstehung in erster Linie ein *historisches* Projekt [...] ist und damit Subjekt*geschichte* [...] werden muss« (Saar 2013b: 21).

Die radikale Historisierung der Subjektkonzeption ist ein zentraler Grund, weshalb Foucault zurückhaltend mit systematischen Äußerungen über sein Subjektverständnis ist. Da dieses allein durch die historisch variablen praktischen Subjektivierungsprozesse bestimmt wird, lassen sich, abgesehen von dem praxeologischen Primat selbst, schlichtweg kaum allgemeingültige Aussagen über es treffen. Stattdessen wendet sich Foucault der präzisen Analyse partikularer und historisch spezifischer Subjektivierungsweisen zu, deren Geltungsanspruch auf den untersuchten zeitlichen Horizont beschränkt bleibt. Zugleich sind den detailreichen historischen Studien, die Foucault selbst als Genealogien bezeichnet, ontologische Prämissen inhärent, die auf der Textebene jedoch kaum zu finden sind. Stattdessen werden sie vereinzelt und unzusammenhängend in kürzeren Abhandlungen (vgl. u.a. DE4/306; DE4/339) und in Interviews (vgl. u.a. DE4/356; DE4/357: 906) expliziert – oftmals als Reaktion auf kritische Nachfragen – oder sie sind, wie im folgenden Zitat, in methodologische

12 Es mag irritieren, dass Foucault im Zuge der Auseinandersetzung mit dem Begriff der Subjektivierung zuweilen auf Topoi wie Selbstbewusstsein und Selbstreflexion zurückgreift, die für gewöhnlich der klassischen Subjektphilosophie zugerechnet werden. Schließlich stellt er dieser explizit seine praxeologische Subjektkonzeption entgegen. Im Kontext der historischen Untersuchungen antiker Selbstverhältnisse (vgl. SWII, SWIII, HS) wird jedoch deutlich, dass Foucault diese scheinbar subjektphilosophischen Begriffe in praxeologischer Hinsicht reformuliert, da es ihm »erneut um eine Alternative zur rein philosophischen Beschreibung des Subjekts geht, nämlich um die praktische, konstitutive Rolle, die das Subjekt bei der eigenen Subjektformung spielt.« (Saar 2013b: 22)

Ausführungen des eigenen Projekts eingebettet (vgl. u.a. DE4/306, DE4/345).

»[Ich] habe [mich] um eine Geschichte der verschiedenen Formen der Subjektivierung des Menschen in unserer Kultur bemüht. Und zu diesem Zweck habe ich Objektivierungsformen untersucht, die den Menschen zum Subjekt machen. Da sind zunächst die verschiedenen Forschungsweisen, die den Anspruch auf Wissenschaftlichkeit erheben. [...] Im zweiten Teil meiner Arbeit habe ich die Objektivierung des Subjekts in den auf Unterscheidung und Teilung ausgerichteten Praktiken untersucht. [...] Das Subjekt wird entweder in sich selbst geteilt oder von den anderen unterschieden und getrennt. Dadurch wird es zum Objekt. [...] Schließlich habe ich zu klären versucht [...], auf welche Weise ein Mensch zum Subjekt wird.« (DE4/345: 269f.)[13]

Diese werkgeschichtlichen wie methodischen Dimensionen des Wissens, der Macht und des Subjekts entsprechen der ontologischen Annahme, dass »[j]edes konkrete Subjekt [...] in Ordnungen des Wissens, der Macht und der Selbstführung [steht und entsteht], die ihrerseits historisch spezifisch sind. Subjektivierung ist also [...] ein mehrdimensionaler Prozess« (Saar 2013b: 22), den Foucault anhand verschiedener historischer Phänomene und Quellen untersucht.

In seiner letzten Schaffensphase, in der sich Foucault mit ethischen Selbsttechniken der Antike auseinandersetzt, wird der Begriff des *assujettissements*, der zumeist mit »subjektivierender Unterwerfung« (Dahlmanns 2008: 75) übersetzt wird, zunehmend von dem der Subjektivierung abgelöst. Zwar bleibt das Moment der Unterwerfung insofern erhalten, als sich das Selbst bestimmten Regeln und Moralvorstellungen verpflichtet, um ein ethisches Subjekt zu werden. Aber da es hierbei seine eigene Existenz und sein Selbstverhältnis zum Gegenstand der ethischen Arbeit macht, ist das Maß an Eigenständigkeit und Freiwilligkeit deutlich höher als es in den zuvor von Foucault behandelten Untersuchungsgegenständen der Fall war. »[D]a, wo wir Modernen hören: ›Unterwerfung [*assujettissement*] des Subjekts unter eine Gesetzesordnung‹, da hörten die Griechen und Römer: ›Kon-

13 Mit dieser Darstellung evoziert Foucault eine Homogenisierung seines Œuvres, derzufolge das zentrale Thema seines Schaffens stets das Subjekt und Formen der Subjektwerdung gewesen seien. Solche in Interviews und Kommentaren erwähnten Äußerungen sind ebenso typisch für seine letzte Schaffensphase wie sie seiner Affirmation der Kontingenz und Transformation von historischen wie biografischen Entwicklungen entgegenstehen. Tatsächlich war Foucaults Werdegang deutlich experimenteller und an zeitgenössischen akademischen wie politischen Debatten orientiert, die sich über die Jahrzehnte wandelten und in die er mit seinen Schriften intervenierte.

stituierung des Subjekts als dessen Ziel und Zweck durch und über die Einübung der Wahrheit‹.« (HS 391)

Die Techniken der Subjektivierung, durch welche die Einzelnen sich selbst als ethische Subjekte konstituieren, bezeichnet Foucault als Selbstpraktiken: »[K]eine Konstitution des Moralsubjekts ohne ›Subjektivierungsweisen‹ und ohne [...] ›Selbstpraktiken‹, die sie stützen. Die moralische Handlung ist nicht zu trennen von diesen Formen der Einwirkung auf sich selber, die von einer Moral zur anderen [...] unterschiedlich sind« (SW 2: 40). Dem praxeologischen Primat entsprechend ist das ethische Subjekt nicht die Voraussetzung der Selbstpraktiken, sondern deren Effekt. Den Prozess der ethischen Form der Subjektwerdung beschreibt Foucault in *Der Gebrauch der Lüste* unter anderem mithilfe des Begriffs der »Moralcodes« (ebd.: 36). Er umfasst das historisch variable »Ensemble von Werten und Handlungsregeln« (ebd.), zu denen sich das Subjekt über das »Moralverhalten« (ebd.: 37) in Bezug setzt und sich durch diese Praktiken als »Moralsubjekt« (ebd.) konstituiert. Foucault bestimmt dabei diejenigen Praktiken als

»Technologien des Selbst, die es dem Einzelnen ermöglichen, aus eigener Kraft oder mit Hilfe anderer eine Reihe von Operationen an seinem Körper oder seiner Seele, seinem Denken, seinem Verhalten und seiner Existenzweise vorzunehmen, mit dem Ziel, sich so zu verändern, dass er einen gewissen Zustand des Glücks, der Reinheit, der Weisheit, der Vollkommenheit oder der Unsterblichkeit erlangt.« (DE4/363: 968)

Die Selbsttechnologien sind somit per definitionem Handlungen, die am eigenen Selbst vorgenommen werden, um es auf eine möglichst selbstbestimmte Weise einer Transformation auszusetzen, die zu einer für das Selbst erstrebenswerten Existenz führt. Auch wenn es sich bei den Selbstpraktiken um »direkte Selbstbestimmungen« (Saar 2007a: 264) handelt, stellen sie keine willkürlichen oder beliebigen Handlungen dar, weil sie in Abhängigkeit und in der Auseinandersetzung mit bestehenden moralischen Ordnungen entstehen. Das Moment der Selbstbestimmung resultiert somit nicht aus der Unabhängigkeit gegenüber bestehenden Moralvorstellungen, sondern aus der reflektierten, möglichst selbstbestimmten und freien Beziehung zu ihnen. Ebenso wie die Moralcodes historisch variabel sind, sind es auch die Handlungsspielräume und das Maß an Freiheit, das in einer spezifischen Zeit, an einem spezifischen Ort für spezifische Subjekte möglich ist. Handlungsfreiheit stellt dabei ebenso wie der ethische Subjektstatus keine Voraussetzung für die Selbstpraktiken dar, sondern entsteht und manifestiert sich erst in deren Vollzug.[14] Dementsprechend genügen nicht einmalige Handlungen, um ein ethisches Selbstverhältnis zu etablieren, stattdessen bedarf es vielfältiger und kontinuierlicher Übungen, zu denen ebenso das alltägliche Schlaf- Ess- und Sexualverhalten gehören kann wie Schreib- und Meditationsübungen oder körperliche Ertüchtigungen. Sie alle sind Foucault zufolge von dem »Prinzip der Sorge um sich« (SW 3: 60) geleitet.

1.2.2. Die Sorge um das Selbst

Selbstsorge und Selbsterkenntnis

Die Sorge um sich bezeichnet ebenso ein Gebot wie eine allgemeine Haltung und »eine Reihe von Handlungen, […] die auf einen selbst gerichtet sind, […], durch die man für sich selbst Sorge trägt, […] sich verändert, reinigt, verwandelt und läutert.« (HS 27) Der Sorge um sich stellt Foucault zu Beginn der Vorlesung von 1981/82 ein zweites ethisches Prinzip gegenüber: die auf dem Apollotempel eingravierte Inschrift »Erkenne dich selbst« (ebd.).[15] Diesen beiden Maximen sind Foucault zufolge verschiedene Konzeptionen der Beziehung von Subjekt und Wahrheit inhärent. Während dem Gebot des *gnothi seauton* zufolge Wahrheit primär über Erkenntnisprozesse gewonnen wird, verweist die Sorge um sich auf Selbstpraktiken, durch welche die Einzelnen Transformationsprozesse durchlaufen und hierdurch Zugang zur Wahrheit erhalten.

Foucault verfolgt die Entwicklung der zunehmenden Ausdifferenzierung der beiden Gebote von der klassischen Antike bis zur hellenistischen und römischen Epoche ausführlich nach. Hierbei kommt dem Dialog zwischen Sokrates und Alkibiades ein besonderer Stellenwert zu. Er stellt ein »wunderbares Beispiel […] für die Verflechtung des *gnothi seauton* mit der *epimeileia heautou*« (ebd.: 97) und den »Ausgangspunkt« (DE4/304: 259) für »zwei große Entwicklungslinien der abendländischen Philosophie«

---

14 Zum foucaultschen Verständnis von Freiheit s.u., Kap. 3.1.2.

15 Der Titel der Vorlesung, Hermeneutik des Subjekts, ist »äußerst irreführend« (Schäfer 2013: 171), da Foucault betont, dass die Sorge um sich »noch sehr weit entfernt von einer Hermeneutik des Subjekts« (DE4/323: 434; vgl. HS 609) ist, die er dem frühen Christentum zuschreibt. Da diese Form des Selbstverhältnisses auf eine substantielle Wahrheit im Inneren des Selbst ausgerichtet ist, dient sie Foucault lediglich als Kontrastfolie zur praxeologischen Wahrheitsauffassung der Selbstsorge, die im Gegensatz zur Hermeneutik des Subjekts den primären Gegenstand der Vorlesung darstellt.

(MW 320) dar. Foucault hebt eine Frage innerhalb des Dialogs besonders hervor: »Was ist dieses Selbst, welche Bedeutung ist dem Selbst beizumessen, wenn man sagt: Man muß sich um sich selbst kümmern?« (HS 84). Hierauf zeichnen sich im Laufe des Gesprächs zwei Antworten ab, der eine platonisch-metaphysische und eine asketisch-praktische Entwicklungslinie innerhalb des philosophischen Denkens entspricht.

Gemäß der ersten wird das Selbst als »Seele in ihrer Substanz und ihrem Wesen erfaßt« (ebd.: 556), wobei die Sorge um sich vorwiegend in der Selbsterkenntnis besteht (vgl. ebd.: 96) und damit dem Primat des *gnothi seauton* verpflichtet ist. Gemäß der platonischen Tradition besteht die Sorge um sich in der Vollendung der Selbsterkenntnis, die Zugang zur Wahrheit verschafft und es ermöglicht, das Göttliche im eigenen Selbst zu erkennen (vgl. ebd.: 107). Die Bestimmung der Selbsterkenntnis als Wahrheitsbedingung, die der platonisch-metaphysischen Traditionslinie eigen ist, wird in ihrer cartesianischen Fortführung absolut gesetzt. Die Gewissheit über die Existenz des rationalen Subjekts, das an allem zweifeln kann außer an sich als einer denkenden Substanz, ist demnach die Voraussetzung, um Wahrheit zu erkennen. Die Besonderheit der neuzeitlichen Konzeption des Verhältnisses von Wahrheit und Subjekt besteht Foucault zufolge vor allem in der Ausschließlichkeit, mit der die Erkenntnis als Zugang zur Wahrheit bestimmt wird. Demnach kann das Subjekt aufgrund seiner Natur als denkendes Wesen Wahrheit erfassen und muss sich nicht durch Selbstpraktiken verändern, um Zugang zu ihr zu gewinnen (vgl. ebd.: 35f.). »[M]it Descartes als Bezugspunkt [ist] ein Moment erreicht […], wo das Subjekt als solches der Wahrheit fähig wurde. […] Es genügt, die Augen zu öffnen, es genügt, gesund und geradewegs zu räsonieren […]. Das Subjekt braucht sich also nicht zu verändern.« (ebd.: 241f.)

Dieses Verhältnis von Wahrheit und Subjekt widerspricht dem Gebot der Sorge um sich, die gerade in dem »Ensemble der Selbsttransformationen [besteht], welche die notwendige Voraussetzung für den Zugang zur Wahrheit bilden.« (ebd.: 34) Demnach bedarf es einer intensiven, praktischen Arbeit am eigenen Selbst, um Wahrheit erfahren zu können. Zur Erläuterung dieses der Sorge um sich verpflichteten Verhältnisses von Wahrheit und Selbst zieht Foucault den Begriff der Spiritualität heran.[16] Er

16 Spiritualité wird von Bokelmann mit »Geistigkeit« (HS 32) übersetzt. Da dieser Begriff im Deutschen Assoziationen zur Dichotomie von Geistigkeit und Körperlichkeit zulässt, die Foucault mit dem Begriff der Spiritualité gerade unterlaufen will, wird im Folgenden Spiritualité mit Spiritualität übersetzt.

bezeichnet »jene Suche, Praxis und Erfahrung, durch die das Subjekt an sich selbst die notwendigen Veränderungen vollzieht, um Zugang zur Wahrheit zu erlangen.« (ebd.: 32) Wenn dieser Zugang, den Foucault auch als »zurückgelegten […] [spirituellen] Weg« (ebd.: 33) beschreibt, über Selbstpraktiken erworben worden ist, finden »Rückwirkungen der Wahrheit auf das Subjekt« (ebd.) statt. Wahrheit wird somit im Kontext der Sorge um sich nicht, wie innerhalb der cartesianischen Tradition, als Objekterkenntnis oder Evidenz verstanden, deren Validität in der Unabhängigkeit vom individuellen Zustand der Subjekte besteht.[17] Stattdessen realisiert sie sich in den Effekten, die sie auf die Seele der Einzelnen ausübt.

»Für die […] Spiritualität ist die Wahrheit nicht einfach das, was dem Subjekt gegeben wird, um es für den Erkenntnisakt gleichsam zu belohnen und um diesen Erkenntnisakt zu vollenden. Die Wahrheit erleuchtet das Subjekt; die Wahrheit schenkt dem Subjekt Glückseligkeit, die Wahrheit verschafft dem Subjekt Seelenruhe. Kurz, in der Wahrheit und im Zugang zur Wahrheit liegt etwas, das die Vollendung des Subjekts vollbringt, das das Sein des Subjekts vollendet und läutert.« (ebd.: 33f.)

Wahrheit und Subjekt stehen somit in einem wechselseitig konstitutiven Verhältnis. Erst durch die spirituellen Selbstpraktiken gewinnt das Subjekt Zugang zu einer Wahrheit, die ihm eine ethische Existenz ermöglicht. Zugleich realisiert sich die Wahrheit in den Veränderungen, die das Subjekt an sich selbst vollzieht und hierdurch die spirituelle Erfahrung von Erleuchtung und Vervollkommnung erlebt.

Foucault skizziert die Geschichte der Philosophie in Hermeneutik des Subjekts als einen Prozess der zunehmenden Ausdifferenzierung der beiden Gebote von Selbsterkenntnis und Selbstsorge, die zu Zeiten Sokrates noch eng verbunden waren. Demnach wurde im Laufe der Jahrhunderte die Selbstsorge durch die »philosophische Überlieferung – in Frankreich […] und […] im Abendland überhaupt [zugunsten] der Reflexivität, der Selbsterkenntnis« (ebd.: 561) vernachlässigt. Indem Foucault die Negierung der Sorge um sich als ein bis heute aktuelles Phänomen beschreibt, schlägt er die Brücke zwischen den längst vergangenen Selbstpraktiken der Antike und der modernen Philosophie. Hierbei nimmt der Begriff des cartesianischen Moments eine zentrale Funktion ein.

»Den wichtigsten Grund […], warum diese Vorschrift der Sorge um sich vergessen wurde, […] werde ich den ›cartesianischen Moment‹ nennen – eine Bezeichnung,

17 Zur ausführlichen Erläuterung des Wahrheitsbegriffs von Foucault, s.u., Kap. 2.2.

von der ich weiß, daß sie schlecht gewählt ist und allein der Konvention dient. Ich meine, daß der ›cartesianische Moment‹ – ich wiederhole: mehrfach apostrophiert – eine doppelte Rolle gespielt hat. Er hat das gnothi seauton […] philosophisch rehabilitiert und demgegenüber die epimeleia heautou disqualifiziert.« (ebd.: 31)

Ganz offensichtlich tut sich Foucault schwer, einen Namen, der zum Schlagwort des neuzeitlichen Denkens geworden ist, auf die antike Philosophie zu projizieren und damit die ihm sonst eigene präzise Begriffsarbeit zu unterlaufen. Durch die Narration der zwei Gebote von Selbsterkenntnis und Selbstsorge entwirft er eine Skizze des philosophischen Feldes, indem er der cartesianischen Traditionslinie die Philosophie als Lebensform entgegenstellt. Zur letzteren kann neben Sokrates, Montaigne und Spinoza auch er selbst gezählt werden (vgl. Nehamas 2000; Hadot 2002; Saar 2013a: 452). Die Dichotomie der platonischen und spirituellen Konzeption des Verhältnisses von Wahrheit und Subjekt entspricht Foucaults Kritik an der cartesianischen Philosophie, der er seinen praxeologisch ausgerichteten Subjekt- und Wahrheitsbegriff entgegensetzt. Hierbei findet die ethische Selbstsorge ihre Entsprechung in der genealogischen Methode, mithilfe derer Foucault diesen Topos aufbereitet.

Die Genealogien und die Sorge um sich

Foucault geht davon aus, »dass sich in der Antike die Ethik als reflektierte Praxis der Freiheit ganz um diesen fundamentalen Imperativ drehte: ›Sorge dich um dich selbst‹.« (DE4/356: 880) Um zu begründen, weshalb und inwiefern auch seine Genealogien der Sorge um sich verpflichtet sind, bedarf es ein wenig Rekonstruktionsaufwand. Schließlich handelt es sich bei der Sorge um sich um eine Haltung und eine Vielzahl von Handlungen, die von Mitgliedern ganz bestimmter gesellschaftlicher Kreise innerhalb der antiken Kultur eingeübt wurden (vgl. HS 16ff.; DE4/356). Diese historisch und inhaltlich spezifischen mentalen und körperlichen Selbsttechniken sind weder mit modernen Praktiken gleichzusetzen noch scheinen sie irgendeine Ähnlichkeit mit Foucaults Genealogien aufzuweisen. Stattdessen mahnte er stets zur Vorsicht gegenüber vorschnellen Bezügen zwischen verschiedenen historischen Epochen und verneinte die Möglichkeit, die antike Ethik gezielt reaktualisieren zu können (vgl. DE4/344: 751).

Hierfür können nicht nur methodische Gründe herangezogen werden – die Präzision seiner Arbeiten lässt solche groben Analogieschlüsse zwischen Antike und Gegenwart nicht zu –, sondern auch normative.

Foucault lehnt mit Verweis auf die Frauenfeindlichkeit der griechischen Moral einen Vorzug der antiken gegenüber der christlichen Moral ab (vgl. ebd.). Ein weiterer Grund, weshalb die Sorge um sich nicht als ethisches Importmodell genutzt werden kann, um aus ihr Richtlinien für heutige Lebensführungen abzuleiten, besteht in dem Umstand, dass sie ohnehin keine moralische Orientierung im engeren Sinn bietet. Die Sorge um sich besteht nicht in der Umsetzung eines moralischen Regelsystems, sondern in der Entwicklung eines zunehmend freien, selbstbestimmten Verhältnisses zu diesem. Selbst wenn die ethische Grundhaltung also wiederbelebt werden könnte, wären die Einzelnen hierdurch nicht von der Aufgabe entlastet, sich selbst der individuellen und kritischen Auseinandersetzung mit bestehenden Ordnungen zu stellen.

Gerade hierzu fordern die Genealogien heraus. Durch die Beschäftigung mit der antiken Moral verweist Foucault auf die Fähigkeit der Subjekte, die eigene Existenz und deren Bezug zu bestehenden Moralcodes zu reflektieren und sich in ein freieres Verhältnis zu diesen zu setzen (vgl. Honneth/Saar 2008: 1673). Diese Wirkung haben auch diejenigen Genealogien zum Ziel, die nicht Selbst-, sondern Machttechniken zum Gegenstand haben. So erklärt Foucault: »Alle meine Untersuchungen richten sich gegen den Gedanken universeller Notwendigkeiten im menschlichen Dasein. Sie helfen entdecken, wie willkürlich Institutionen sind, welche Freiheit wir immer noch haben und wie viel Wandel immer noch möglich ist.« (DE4/362: 961) Auch wenn es sich bei den Genealogien offensichtlich nicht um antike Selbstpraktiken handelt, sind sie doch einer bestimmten Form der Freiheit unterstellt, die derjenigen der Sorge um sich in wesentlichen Zügen gleicht. In beiden Fällen ist die Freiheit nicht mit Souveränität identisch, sondern zeichnet sich durch einen transitiven und relativen Charakter aus, weshalb Foucault mit Bezug auf die Freiheit nicht selten den Komparativ verwendet. Aufgrund der konstitutiven Situierung innerhalb bestehender moralischer Ordnungen und Machtverhältnisse ist es dem Subjekt nicht möglich, sich von ihnen absolut und uneingeschränkt zu befreien. Es kann zu ihnen aber durch kritische Reflexionsprozesse und Veränderungen von Selbstpraktiken eine freiere und zunehmend selbstbestimmte Beziehung gewinnen.

Wie ein solches Verhältnis von den Einzelnen gestaltet wird, kann dabei nicht auf allgemeiner Ebene genauer bestimmt werden. Denn die ethische Praxis und Selbstführung ist gerade durch die individuellen Entscheidungen eines Subjekts bestimmt, was für es selbst gut ist (vgl. Menke 2003:

292). Trotz dieser individualistischen Ausrichtung und notwendigen inhaltlichen Unbestimmtheit handelt es sich bei der ethischen Freiheit der Sorge um sich nicht um Eskapismus oder ästhetischem Egozentrismus. »Statt Selbstsüchtigkeit zu unterstützen, nimmt Foucault vielmehr dem Selbst die Illusion, daß es sich von der Welt absondern kann. [...] Damit [...] präsentiert Foucault seine Vorstellung von Selbst-Gestaltung immer als Kampf um die Freiheit innerhalb der Beschränkungen der historischen Situation.« (Bernauer/Mahon 1994: 605) Dementsprechend ist diese Form der Freiheit nicht mit einer Flucht vor bestehenden Ordnungen ins Private gleichzusetzen. Vielmehr stellt sie eine Konfrontation mit diesen dar, die ebenso in der Öffentlichkeit wie im Privaten stattfinden kann, weil beide Sphären durch Machtverhältnisse geprägt sind, die gegenwärtige Ordnungen stabilisieren. Die Freiheit und der Kampf um sie besteht somit in der kritischen Auseinandersetzung mit ganz konkreten, historisch variablen Moralcodes und Machtverhältnissen. Zu ihnen setzt sich das ethische Subjekt in ein reflektiertes und freieres Verhältnis, indem es nur jene Regeln zu erfüllen sucht, die es nach individueller Prüfung für richtig befunden hat. Indem es an ihnen seine alltäglichen Handlungen, Gedanken und Empfindungen ausrichtet, praktiziert es die Sorge um sich. Hierdurch realisiert es die Freiheit, das eigene Leben und Wesen durch konkrete Praktiken selbst aktiv gestalten zu können. Dabei handelt es sich nicht um eine dezisionistische Lebensführung. Zum einen, weil das Selbst, sein Wille und sein Denken maßgeblich durch die bestehenden Ordnungen konstituiert sind und es deshalb zu völlig freien, von Moralvorstellungen absolut unabhängigen Entscheidungen ohnehin nicht in der Lage ist. Zum anderen werden die Freiheitspraktiken der Sorge um sich nicht durch Willensbekundungen und Entscheidungsprozesse hervorgebracht, sondern durch alltägliche, kontinuierliche Übungen, durch welche das eigene Leben zu einer ethischen Existenz gestaltet wird.

Foucault hat diese Formen der Selbstsorge in der Antike verortet. Dass es sich auch bei der Entwicklung und dem Lesen von Untersuchungen historisch spezifischer Formen des Wahnsinns, der Disziplinar- oder Biomacht um eine Praxis der Freiheit handeln könnte, die dem Imperativ der Sorge um sich untersteht, ist keineswegs naheliegend. Schließlich verdeutlichen diese Schriften, dass die Subjekte bis ins Innerste durch Machtverhältnisse konstituiert sind, welche die Handlungs- und Freiheitsspielräume der einzelnen Subjekte vielmehr einschränken als eröffnen. Das Moment der Freiheit ist somit nicht dem Untersuchungsgegenstand der Genealogien inhärent und findet sich nicht auf deren Textebene. Stattdessen liegt es in dem Effekt, den die genealogische Methode durch die ihr eigenen Merkmale und Strategien evoziert. Foucault behauptet nicht schlichtweg, dass die Subjekte frei sind, sondern verweist hierauf implizit, über die vehemente Kritik jeglicher Bestimmung der menschlichen Existenz durch scheinbar ahistorische Universalien, welche die Freiheit der Einzelnen einschränken (vgl. DE4/362: 961). Auch diese radikale Infragestellung anthropologischer Konstanten, wie eines natürlichen Begehrens oder der menschlichen Vernunft, wird von Foucault nicht konstatiert oder ausführlich argumentativ dargelegt. Stattdessen dekonstruiert er diese scheinbar ahistorischen Wesensmerkmale, indem er ihre Genese innerhalb ganz spezifischer historischer Zeiträume und epistemischer Kontexte aufgezeigt.

Dabei inszenieren die Genealogien gerade diejenigen Momente und Institutionen als durch kontingente Faktoren historisch entstandene, auf denen bestehende Ordnungen basieren, wie Strafanstalten, Staatsapparate oder die Sexualmoral. Foucaults historische Narrationen bieten somit keine Lösungen für aktuelle Probleme, sondern problematisieren unhinterfragte Prämissen und Bedingungen, auf denen aktuelle gesellschaftliche Strukturen fußen (vgl. DE4/342: 727). Dass diese die Einzelnen nicht nur prägen, sondern als Subjekte erst hervorbringen und damit bis in die kleinsten Gesten und intimsten Regungen bestimmen, hat Foucault in seinen Studien zur Macht deutlich gemacht. Deshalb wurden die Genealogien nicht selten als deterministische oder düstere Narrationen kritisiert, die dem Subjekt jede Handlungsmöglichkeit absprechen.[18] Wie Foucault in verschiedenen Interviews erklärt, entspricht diese Darstellung seiner Arbeit ganz und gar nicht seiner eigenen Wahrnehmung. Vielmehr will er darauf verweisen, »wie frei wir doch sind und wie viele Möglichkeiten wir noch haben.« (DE4/362: 961) Indem er die historische Gewordenheit und Kontingenz bestehender Machtverhältnisse und deren subjektivierende Funktion aufzeigt, verweist er implizit darauf, dass nicht nur die gesellschaftlichen Verhältnisse, sondern selbst natürliche und deshalb scheinbar unveränderliche Konstanten unserer Existenz verändert werden können. Genealogien eröffnen den Lesenden die Möglichkeit, sich zu ihrer eigenen Geschichte in ein bewusstes und freieres Verhältnis zu setzen, indem sie ihnen die Genese derjenigen Macht-Wissens-Relationen darlegen, die ihre eigene Subjektwerdung bestimmen (vgl. Saar 2007a: 340ff.).

18 S.u., Kap. 3.3.1.

Ihren ethischen Gehalt gewinnen die Schriften Foucaults wie die antike Sorge um sich dabei nicht durch die inhaltliche Bestimmung dessen, was ein ethisches Subjekt zu denken und wie es sich zu verhalten hat.

»Foucault wollte eine Geschichte entwickeln nicht von dem, was wahr ist oder falsch, sondern von dem, was sein kann; nicht von dem, was man tun muß, sondern von dem, was getan werden kann; nicht von dem, wie zu leben sei, sondern von den Möglichkeiten zu leben. Gerade weil er die geschichtliche Möglichkeit von Wissen, Handeln und subjektiver Identität untersuchte, war das, was er Wissen nannte, etwas anderes als Wissenschaft, das, was er Macht nannte, etwas anderes als Politik, und das, was er Ethik nannte, etwas anderes als Moral. Und die Beziehungen zwischen Wissen, Macht und den Seinsweisen sind niemals gegeben, sondern müssen jedesmal gesucht werden; sie sind nicht wesentlich oder notwendig, sondern historisch und veränderlich.« (Rajchman 1991: 217)

Die Genealogien Foucaults sind ebenso wenig wie die antike Ethik spezifischen Normen, sondern der Transformation und der Alterität verpflichtet. Sie verweisen durch die detailreichen historischen Analysen auf die Möglichkeit der Veränderung gegenwärtiger Selbst- und Machtverhältnisse, ohne diese inhaltlich genauer zu bestimmen. Welche Aspekte bestehender Ordnungen an- und welche abzulehnen sind, kann nicht allgemein und für andere bestimmt werden, sondern allein durch die individuelle Prüfung der Einzelnen, die an der Sorge um sich orientiert ist. Während die antike Selbstsorge durch spezifische mentale und körperliche Selbsttechniken praktiziert wurde, zielen genealogische Verfahren hierauf durch die radikale Infragestellung scheinbar ahistorischer, anthropologischer Konstanten ab. In beiden Fällen werden die Einzelnen darauf verwiesen, dass sie es sind, die durch Selbsttechniken ihr eigenes Wesen gerade deshalb selbst gestalten können, weil sie innerhalb spezifischer moralischer Kontexte und Machtverhältnisse konstituiert wurden. Deshalb können sie durch ethische Praktiken zu ihnen in ein freieres Verhältnis treten und so für sich selbst sorgen. Die Selbstsorge bietet somit wie die Genealogien »keine konkreten Alternativen [zu den bestehenden Verhältnissen], sondern [ist] […] Zeichen für die grundsätzliche Gestaltbarkeit und Transformierbarkeit von Selbstbezügen.« (Saar 2007b: 331) Damit lässt sich die Sorge um sich nicht nur als ein Untersuchungsgegenstand unter vielen begreifen, die Foucault im Laufe seines Schaffens wählte, sondern auch als eine Perspektive verstehen, die sein Werk prägt und als Maxime, der es gewidmet ist.

1.3. Hannah Arendt: Die Sorge um die Welt

Die Auffassung Foucaults, dass es nicht die Aufgabe der Ethik und Philosophie ist, normative Handlungsanweisungen für die Praxis zu liefern, wird auch von Arendt geteilt. Wie zuvor dargestellt, entspricht diese Überzeugung Foucaults seinem genealogischen Ansatz, der der ethischen Sorge um sich verpflichtet ist. Dagegen ist sie im Falle Arendts in der Sorge um die Welt begründet. Sie geht mit einer vehementen Kritik an der Philosophie einher, welche allzu oft versucht habe, die politische Sphäre zu beherrschen, anstatt sie in ihrer Spezifik zu respektieren und zum Gegenstand philosophischer Überlegungen zu machen. Bei der politischen Sorge um die Welt, die Arendts Beschäftigung mit dem Verhältnis von Philosophie und Politik zugrunde liegt, handelt es sich nicht nur um eine Haltung, vielmehr stellt sie darüber hinaus einen zentralen Gegenstand ihres Werks dar. Denn das von ihr untersuchte Handeln (1.3.1.) lässt sich wie das Urteilen (1.3.2.) als Praxis der Sorge um die Welt beschreiben, der die praxeologische Denkfigur inhärent ist, die Arendt mit Heidegger (1.4.2.) und Foucault (3.3.) teilt.

1.3.1. Das Handeln als Sorge um die Welt

Die Welt als Resultat von Tätigkeiten

Die einzelnen Personen und die Welt sind Arendt zufolge nicht per se vorhanden, sondern werden erst durch die politische Praxis des Sprechens und Handelns zu eben solchen.[19] Diese Annahme entspricht der praxeologischen Denkfigur, derzufolge die Einzelnen ihr Wesen über situativ und historisch spezifische Praktiken innerhalb eines eben solchen Praxiszusammenhangs konstituieren. Dieser wird von Arendt als Welt bezeichnet, die, anders als der vom Menschen unabhängig bestehende Erdball, erst über die praktische »Sorge« (VA 325) von vielen verschiedenen Personen hervorgebracht wird. Zugleich besitzt die Welt ontologische

19 Unter Berufung auf Aristoteles geht Arendt davon aus, dass Handeln und Sprechen aufs engste miteinander verbunden sind, weshalb beide von ihr als eine einzige Tätigkeitsform der Vita activa bezeichnet werden. »Und dies nicht nur, weil ja offenbar alles politische Handeln, sofern es sich nicht der Mittel der Gewalt bedient, sich durch Sprechen vollzieht, sondern auch in dem noch elementareren Sinne, daß nämlich das Finden des rechten Wortes im rechten Augenblick […] bereits Handeln ist.« (VA 36)

Relevanz, da sie ein zentrales Moment der Entwicklung des menschlichen Wesens darstellt.

»Menschen sind bedingte Wesen, weil ein jegliches, womit sie in Berührung kommen, sich unmittelbar in eine Bedingung ihrer Existenz verwandelt. Die Welt [...] besteht im wesentlichen aus Dingen, die Gebilde von Menschenhand sind; und diese Dinge, die ohne den Menschen nie entstanden wären, sind wiederum Bedingung menschlicher Existenz. [...] Was in der Welt erscheint, wird sofort ein Bestandteil der menschlichen Bedingtheit. Die Wirklichkeit der Welt macht sich innerhalb menschlicher Existenz als die diese Existenz bedingende Kraft geltend und wird von ihr als solche empfunden.« (ebd.: 19)

Das Verhältnis zwischen den Menschen und der Welt ist somit wechselseitig konstitutiv, weil die Welt Ergebnis menschlicher Handlungen und zugleich die Voraussetzung ihrer Existenz ist. Die Gestalt von Person und Welt variiert dabei in Abhängigkeit von der jeweiligen Praxis. Arendt unterscheidet drei Formen des tätigen Lebens, der Vita activa, die verschiedene »Verhältnisweisen« (Matzner 2013: 75ff.) zwischen den Einzelnen und der Welt hervorbringen: Arbeiten, Herstellen und Handeln. Letztere stellt die genuin politische Tätigkeit dar, weil durch sie die politische Sphäre der öffentlichen Welt entsteht.[20]

Das Arbeiten ist dem biologischen Prozess unterstellt und zugleich produktiv wie reproduktiv, weil es die menschliche Gattung ebenso hervorbringt wie ihr Bestehen garantiert. Mit Bezug auf die Antike und in Abgrenzung zu Marx geht Arendt davon aus, dass das Arbeiten zwar den Erhalt des Lebens sichert, aber gerade deshalb keine Gegenstände von dauerhaftem Bestand produziert (vgl. VA 111ff.). Stattdessen werden die durch das Arbeiten hergestellten Konsumgüter wieder in den biologischen Kreislauf eingespeist, dem auch die menschliche Gattung unterworfen ist. Durch die Tätigkeit des Arbeitens konstituieren sich die Einzelnen nicht als Individuen, sondern als »Animal laborans« (ebd.: 103), als einzelne Exemplare des Menschengeschlechts, das sich wie andere Spezies kontinuierlich fortpflanzt. Weil der ewige Kreislauf der Natur weder Anfang noch Ende und somit auch keine sterblichen Menschen kennt, kann die ihm verpflichtete Tätigkeit des Arbeitens lediglich die notwendigen Bedin-

20 Auch wenn die Menschen prinzipiell zu allen Grundtätigkeiten gleichermaßen fähig sind, haben sich nach Arendt im Laufe der Geschichte zentrale Veränderungen innerhalb der Bewertung und Wirkmächtigkeit der verschiedenen Tätigkeitsformen der Vita activa entwickelt (vgl. VA 22–47, 375ff., 409ff.).

gungen für das biologische Fortleben der Gattung garantieren. Sie kann jedoch nicht die Voraussetzungen für Kultur und Individualität bieten.

Während sich die Menschen als Animal laborans nicht von den Tieren unterscheiden, bringen sie sich selbst als solche über die Praxis des Herstellens als »Homo faber« (ebd.: 103) hervor, der in der Dingwelt beheimatet ist. »Die Umwelt des Menschen ist die Dingwelt, die Homo faber ihm errichtet, und ihre Aufgabe, sterblichen Wesen eine Heimat zu bieten, kann sie nur in dem Maße erfüllen, als ihre Beständigkeit der ewig-wechselnden Bewegtheit menschlicher Existenz standhält und sie jeweils überdauert« (ebd.: 211). Im Gegensatz zur Arbeit, die lediglich durch die Erschöpfung der Arbeitskraft ihre Begrenzung findet, ist der Herstellungsprozess beendet, sobald der fabrizierte Gegenstand »beständig und eigenständig genug ist, von nun an ohne alle Hilfe des Menschen in der Welt zu bleiben« (ebd.: 169). Das Herstellen vermittelt hierdurch die Beständigkeit der Welt, die die Flüchtigkeit der individuellen Existenz überdauert und so relativiert. Hierfür entnimmt Homo faber dem natürlichen Kreislauf Material, um eine Welt zu schaffen, die das einzelne Menschenleben übersteigt und ihm so zeitliche wie emotionale Stabilität vermitteln kann (vgl. ebd.: 162). Dabei ist der Prozess, der »die schier endlose Vielfalt von Dingen, deren Gesamtsumme sich zu der von Menschen erbauten Welt zusammenfügt« (ebd.: 161), durch die Zweck-Mittel-Relation bestimmt. Die Ziele, an denen das Tun Homo fabers orientiert ist, sind erreicht, sobald der gewünschte Gegenstand produziert worden ist, der einen Teil der gegenständlichen Welt darstellt. Sie ist wiederum die Voraussetzung für die Welt als öffentlichem Erscheinungsraum, in welchem sich die Menschen in ihrer absoluten Individualität als Personen offenbaren.

Auch wenn Arendt den Begriff der Welt sowohl für den gegenständlichen wie für den zwischenmenschlichen Bereich verwendet (vgl. Jaeggi 1997: 53, Marchart 2005: 62), handelt es sich dabei um zwei »ganz und gar verschiedene Zwischen« (VA 225). Sie resultieren aus unterschiedlichen Tätigkeitsformen der Vita activa, wobei das Herstellen die materielle Umgebung der Menschen erschafft. Dagegen etabliert das »Handeln und Sprechen ein räumliches Zwischen […], das an keinen heimatlichen Boden gebunden ist und sich überall in der bewohnten Welt neu ansiedeln kann« (ebd.: 270), wo Menschen diese Tätigkeitsform praktizieren. Im Gegensatz zur gegenständlichen Welt, die eine Ansammlung von Produkten des Herstellens darstellt, ist die Welt, die Arendt ebenso als »Bezugsgewebe menschlicher Angelegenheiten« (ebd.: 225) wie als »öffentlichen Raum«

(ebd.: 62) bezeichnet, ein immaterieller Effekt des Sprechens und Handelns. »Dieses zweite Zwischen, das sich im Zwischenraum der Welt bildet, ist ungreifbar, da es nicht aus Dinghaftem besteht und sich in keiner Weise verdinglichen oder objektivieren läßt; Handeln und Sprechen sind Vorgänge, die von sich aus keine greifbaren Resultate [...] hinterlassen.« (ebd.: 225) Der immaterielle Charakter der öffentlichen Welt stellt jedoch nicht seine Realität infrage, vielmehr wird die Wirklichkeit wie die öffentliche Welt erst über das Sprechen und Handeln hervorgebracht. Nur die politische Praxis etabliert sinnvolle Zusammenhänge zwischen Welt und Menschen. »Ohne von Menschen bewohnt und von ihnen andauernd besprochen zu werden, wäre die Welt nicht mehr als ein Haufen beziehungsloser Dinge« (ebd.: 258), in der sich auch die Individuen selbst nicht als solche begegnen könnten.

Dieser Darstellung ist ein anticartesianisches Moment inhärent, das sich auf die praxeologische Ausrichtung des arendtschen Ansatzes zurückzuführen lässt. Während Descartes »alle Erfahrungen in der Welt wie der Mitwelt auf Bewußtseinserlebnisse [...] reduzier[t], die in einem Selbst verlaufen« (ebd.: 325), wird Wirklichkeit Arendt zufolge erst durch die politische Praxis möglich. Dabei verzichtet sie auf eine ausführliche Auseinandersetzung mit den Schriften Descartes. Stattdessen dient ihr die ihm zugeordnete Traditionslinie wie Heidegger und Foucault als Abgrenzungsfolie zur Erläuterung der eigenen Position. Wirklichkeit wird demnach nicht über rationale Leistungen des Erkenntnissubjekts hergestellt, die aufgrund der Unabhängigkeit vom subjektiven Urteil der Einzelnen Objektivität garantieren. Vielmehr wird sie durch die Vielfältigkeit der Ansichten verschiedener Menschen auf ein und das selbe Phänomen entwickelt. Die »Wirklichkeit des öffentlichen Raums [erwächst] aus der gleichzeitigen Anwesenheit zahlloser Aspekte und Perspektiven, in denen ein Gemeinsames sich präsentiert und für die es keinen gemeinsamen Maßstab und keinen Generalnenner geben kann.« (ebd.: 71)

Ebenso wie die öffentliche Welt und ihre Bedeutung erst durch die politische Praxis der Vielen und Verschiedenen entsteht, vergeht sie auch, sobald die Menschen nicht mehr politisch agieren. Gleiches gilt für die Politik, die Arendt zufolge allein in der Praxis des öffentlichen Handelns besteht. Der Umstand, dass sich in Arendts Werk keine systematischen Abhandlungen und inhaltlichen Bestimmungen der Politik finden (vgl. Jalusic 2011: 308), kann wiederum auf die praxeologische Ausrichtung dieses Begriffs zurückgeführt werden. Politik lässt sich demnach nicht durch systematische Definitionen oder inhaltliche Programme erläutern, weil sie sich durch die politischen Tätigkeiten, die der Sorge um die Welt gewidmet sind, stets selbst neu bestimmt und durch sie ihre spezifische Gestalt gewinnt.

Die Sorge um die Welt als Sorge um die Menschen

Arendt verwendet den Topos der Sorge um die Welt selten, zugleich aber an exponierter Stelle und bringt ihn hierbei in ein kontrastives Verhältnis zur Sorge der Einzelnen um ihre Existenz. »[I]n der Politik [hat] [die] […] Sorge um die Welt Vorrang vor [der] […] Sorge um [das] […] Selbst« (U 79; vgl. WP 24). Durch die Gegenüberstellung der Sorge um die Welt und der Sorge um das Selbst grenzt Arendt die Politik, die der erst genannten Sorge verpflichtet ist, ebenso von der privaten Sphäre, der Philosophie und der modernen Gesellschaft ab.[21] Ihnen ist Arendt zufolge die Fokussierung auf das Selbst gemein, welche die Relevanz der öffentlichen Welt und der Mitmenschen für die Individuen negiert. Demnach hatte bereits Platon den Einzelnen den Vielen vorgezogen, indem er das Handeln in einen Gegensatz von Wissen und Tun aufspaltete und hierdurch der Philosophie das Privileg zusprach, als weise Herrscherin der politischen Praxis Befehle zu erteilen (vgl. VA 278ff.). In der Neuzeit gewann die Fokussierung auf das Subjekt mit der Philosophie Descartes und der ihr eigenen »Herausstellung und Analyse des Selbst und des Selbstbewußtseins« (ebd.: 325) eine neue Dimension und Reichweite, deren kulturelle Wirkung Arendt bis in die Moderne verfolgt.

In dieser Narration wiederholt sich das anticartesianische Moment, das bereits anhand ihres Weltbegriffs vorgestellt wurde, in Hinblick auf das Individuum. Die menschliche Existenz zeichnet sich demnach nicht durch die Fähigkeit zu rationalen Bewusstseinsprozessen aus, sondern wird über die gemeinsame, praktische Gestaltung der Welt mit den Mitmenschen hervorgebracht. Während diese Erfahrung in der antiken Polis kultiviert wurde, geriet sie Arendt zufolge mit deren Niedergang zugunsten der Privilegierung des Selbst in Vergessenheit, die durch die Philosophie Platons über Descartes bis hin zu Rousseau voran getrieben wurde. In der Mo-

21 Arendts strikte Trennung der politisch-öffentlichen und privaten Sphäre wurde in einer ersten Rezeptionswelle vielfach und vor allem von feministischer Seite kritisiert (vgl. u.a. Pitkin 1998), während sich im Folgenden darum bemüht wurde, diese Dichotomie neu und anders zu denken oder zu dekonstruieren (vgl. u.a. Benhabib 2006; Butler 2016).

derne entwickelten sich Selbstbezüglichkeit und Introspektion zunehmend zu kulturellen Phänomenen, wobei die radikale Subjektivität des modernen Selbst zugleich die Möglichkeit zur Entwicklung von tatsächlicher Individualität untergrub (vgl. ebd.: 49ff.). Denn diese entsteht Arendt zufolge nicht über die Sorge um das Selbst und seine privaten Interessen, sondern durch die Sorge um die öffentliche Welt.

Bei der Individualität, die Arendt auch als »[d]as unverwechselbar einmalige des Wer-einer-ist« (ebd.: 22) bezeichnet, handelt es sich nicht um spezifische Eigenschaften, sondern um die einzigartigen Facetten der Persönlichkeit, die nicht der unmittelbaren Kontrolle der Einzelnen unterliegen. Sie zeigen sich im Zuge des Sprechens und Handelns nur dann, wenn sie nicht deren explizites Thema sind – im unverwechselbaren Klang der Stimme, den charakteristischen Gesten, typischen Redewendungen oder der je eigenen Mimik (vgl. ebd.: 222f.).[22] Diese einzigartigen Merkmale werden weniger von den Einzelnen selbst als durch ihre Mitmenschen wahrgenommen, weil sie sich dem Bewusstsein der agierenden Person entziehen (vgl. ebd.: 219). Deshalb führt die gezielte Auseinandersetzung mit dem Selbst und seinen intimen Regungen gerade nicht zur Erfahrung der eigenen Individualität, sondern zu deren Verlust. Denn die absolute Einzigartigkeit offenbart sich unwillkürlich im Vollzug der politischen Praxis, die der Sorge um die Welt gewidmet ist, ohne dass die Einzelnen gezielt Einfluss auf die »Geburt des Jemand« (ebd.: 217) nehmen könnten.

Dieser Darstellung Arendts ist das antivoluntaristische Moment immanent, das wiederum der praxeologischen Denkfigur eigen ist (vgl. Tassin 2011a: 305f.). Was den Menschen und seine Individualität ausmacht, ist weder sein Wille noch die bewusste und zweckrationale Erlangung von Handlungszielen, sondern die Praxis, die von Arendt als dezidiert politische bestimmt wird. »Handelnd und sprechend offenbaren die Menschen jeweils, wer sie sind, zeigen aktiv die personale Einzigartigkeit ihres Wesens, treten gleichsam auf die Bühne der Welt, auf der sie vorher so nicht sichtbar waren« (VA 219). Ohne dieses Moment der »Enthüllung der Person« (ebd.: 213) wird das Handeln und Sprechen auf eine gewöhnliche Leistung reduziert oder wie das Herstellen der Zweck-Mittel-Kategorie

22 Dabei lässt Arendts Darstellung des Erscheinens der Person zwei Lesarten zu. Während die eine davon ausgeht, dass das Handeln und Sprechen Ausdruck der individuellen Einzigartigkeit ist (vgl. Kurbacher 2005: 73), behauptet die andere, dass Individualität Effekt politischer Praxis ist (vgl. u.a. Honig 1992; Hark 2001; von Redecker 2013: 100).

unterstellt und verliert damit seinen konstitutiven Charakter für die Welt und die Menschen.

Die absolute Individualität ist »das Äußerste und Höchste, was der Mensch vollbringen kann, [da es] in dem Erscheinen und Aktualisieren seines eigenen Wesens besteh[t]« (ebd.: 264). Dieses Wesen ist nach Arendt nicht mit einer ahistorischen Essenz oder Natur zu verwechseln (vgl. ebd.: 19; Taminiaux 1997: 80; Trawny 2008: 247ff.). Stattdessen besteht es in der Einzigartigkeit der Person, die nicht gegeben ist, sondern sich erst über die politische Praxis der Sorge um die Welt realisiert. Da die Individualität der Menschen erst über den praktischen Vollzug hervorgebracht wird, wurde Arendts Konzeption der Person unter anderem von Honig (1992) und Hark (2001) als performativ bestimmt. Durch diese Bezeichnung wird Arendts Personenbegriff im Kontext konstruktivistischer Argumentationsmuster verortet, die derjenigen Lesart entgegensteht, die ihr eine essentialistische Bestimmung des Menschen unterstellt, welche auf den Einfluss von Heidegger zurückzuführen sei (vgl. Benhabib 2006). Die Dichotomie zwischen essentialistischer und konstruktivistischer Lesart lässt sich unterlaufen, wenn Arendts Verständnis des menschlichen Seins wie dasjenige Heideggers als praxeologisch vorgestellt wird. Weil das Selbst- und Weltverhältnis über konkrete Praktiken konstituiert wird, sind ihre Ansätze ebenso ontologisch wie konstruktivistisch, ohne essentialistisch zu sein. Da die Spezifik des menschlichen Wesens sich in praktischen Seinsweisen realisiert, sind die Einzelnen nicht mit einem Wesen ausgestattet, das ihnen vorgängig ist.

Anders als Heidegger hebt Arendt jedoch sehr viel deutlicher die konstitutive Bedeutung der Mitmenschen und der Politik für das Individuum hervor. Im Gegensatz zur Philosophie, die sich Arendt zufolge zumeist mit dem Menschen als einzelnem (Erkenntnis-)Subjekt auseinandersetzt, stehen im Zentrum ihres Begriffs von Politik die handelnden Menschen in ihrer Pluralität (vgl. WP 9ff.).

> »Die Grundbedingung, die [dem Handeln] […] entspricht, ist das Faktum der Pluralität, nämlich die Tatsache, daß nicht ein Mensch, sondern viele Menschen auf der Erde leben und die Welt bevölkern. […] Das Handeln bedarf einer Pluralität, in der zwar alle dasselbe sind, nämlich Menschen, aber dies auf die merkwürdige Art und Weise, daß keiner dieser Menschen je einem anderen gleicht, der einmal gelebt hat oder lebt oder leben wird.« (VA 17)

Die Pluralität stellt ebenso die Bedingung wie den Effekt und die Errungenschaft der politischen Praxis der Sorge um die Welt dar. Ebenso wie bei absoluter Identität der Einzelnen kein Anlass geben wäre, sich sprechend und handelnd zu begegnen, wäre bei radikaler Verschiedenheit sinnhafte Kommunikation, die stets vor einem, wenn auch vagen, gemeinsamen Horizont stattfindet, kaum möglich. Pluralität realisiert sich, wenn die Verschiedenheit die notwendige Distanz garantiert, um auf der Basis der Gleichheit Brücken zwischen den individuellen Erfahrungsbereichen zu entwickeln. Dies geschieht durch das Handeln und Sprechen, wobei die Pluralität nicht nur die Bedingung für die politische Sorge um die Welt darstellt, sondern durch diese zugleich bewahrt wird. Während des Vollzugs der politischen Praxis realisiert sich die Pluralität fortwährend, weil die Gleichheit über die gemeinsame Gestaltung der Welt durch gleichberechtigte Personen bestätigt und aktualisiert wird. Zugleich kommt hierbei die jeweilige Einzigartigkeit der Akteure zum Vorschein. Aus diesem Grund ist die Pluralität weder eine stets gegebene ontologische Konstante noch eine schlichte empirische Beschreibung, sondern etwas, was getan wird, ein »aktives […] Verhältnis zu anderen im öffentlichen Raum« (Zerilli 2010: 197).

Weil die Sorge um die Welt, die durch die politische Praxis vollzogen wird, die Grundbedingung der Pluralität aktualisiert, stellt sie ebenso eine Sorge um die Menschen in ihrer absoluten Einzigartigkeit dar (vgl. WP 24). Die Individualität der Einzelnen wird nur dann erfasst und bewahrt, wenn sie nicht explizit Gegenstand der Sorge ist, sondern »ihr eigentlicher Inhalt ganz und gar ›objektiv‹ ist, wenn es sich um Dinge handelt, welche die Welt angehen, also den Zwischenraum, in dem Menschen sich bewegen und ihren jeweiligen, objektiv-weltlichen Interessen nachgehen.« (VA 224). Die absolute Einzigartigkeit der Person entsteht somit nicht über die private Beschäftigung mit der intimen Gefühlswelt, sondern die politische Auseinandersetzung mit der öffentlichen Welt. Hierbei sorgen die Einzelnen für sich, indem sie für die Welt sorgen. Um nicht nur als animal laborans die Reproduktion der Gattung oder als Homo faber den Bestand der Dingwelt zu sichern, sondern tatsächlich Mensch, das heißt Individuum zu sein, gilt es, politisch aktiv zu werden. Zugleich realisiert sich in der zweckfreien Gestaltung der öffentlichen Angelegenheiten nicht nur die Einzigartigkeit der Person, sondern auch die Welt als »das Bezugsgewebe menschlicher Angelegenheiten« (ebd.: 225). Gerade wegen dieser unmittelbaren Verbindung von Person und Welt ist die Sorge um die Welt nicht mit der Sorge um die Menschen identisch. Erstere hat weder den noch die Menschen zum Gegenstand, sondern öffentliche Belange, die durch die politische

Macht des Sprechen und Handelns entstehen und bewahrt werden. Die Sorge um die Menschen stellt somit einen Effekt der Sorge um die Welt dar, der nur dann eintritt, wenn er nicht explizites Ziel des Handelns ist.

1.3.2. Das Urteilen als Sorge um die Welt

Das Urteilen als Sorge um die Menschen

Die zuvor beschriebene Kritik, die Arendt gegen die Philosophie vorbringt, ist der Grund, weshalb sie sich zur Untersuchung der politischen Urteilskraft mit Kants Ästhetik und nicht mit seinen anderen Schriften auseinandersetzt.[23] Zwar bezeichnet sie Kant neben Sokrates als denjenigen Philosophen, der die politische Grundbedingung der Pluralität in seinen philosophischen Überlegungen tatsächlich berücksichtigte. Dennoch steht ihr zufolge in den meisten seiner Werke »das Selbstinteresse, nicht das Interesse an der Welt« (U 35) im Zentrum der Analyse. So wird der Mensch in der Kritik der praktischen wie der reinen Vernunft als ein autonomes und vernünftiges Wesen bestimmt, das sich unabhängig von seinen Mitmenschen dem eigenen Gesetz unterwirft, um seine Selbstachtung wahren zu können (vgl. ebd.; ÜB 34ff.).[24]

Die der praxeologischen Denkfigur eigene Ablehnung der philosophischen Fokussierung auf Bewusstseinsprozesse geht bei Arendt mit einer vehementen Kritik an dem Topos des autonomen Subjekts einher. Denn die Idee eines Subjekts, das sich unabhängig von den Mitmenschen Gesetze gibt und an diesen seine Handlungen ausrichtet, negiert die Relevanz der anderen für das Handeln und Denken der Einzelnen. Erst in Kants Ästhetik werden nach Arendt die menschlichen Angelegenheiten weder aus der Sicht des autonomen Subjekts noch, wie im zweiten Teil der Kritik der

23 Eine hermeneutische Auseinandersetzung mit Arendts Abhandlungen zum Urteilen wird durch die Tatsache erschwert, dass Arendt starb, ehe sie ihre langjährige Beschäftigung mit dem Urteilen verfassen, publizieren und autorisieren konnte. In Anbetracht der ungesicherten Textgrundlage wird sich um eine Rekonstruktion bemüht, die, ohne homogenisierend zu verfahren, ein stimmiges Bild zwischen den einzelnen Fragmenten herzustellen versucht. Hierdurch soll die Gefahr einer Überinterpretation einzelner Aspekte, wie zum Beispiel der Einbildungskraft, deren Stellenwert Arendt in ihren Aufzeichnungen zum Kant-Seminar besonders exponiert, vermieden werden.

24 Aus gleichem Grund, der Fokussierung auf den Einzelnen, bezieht Arendt den kategorischen Imperativ nicht in ihre Beschäftigung mit den politischen Implikationen des Kantischen Werks ein (vgl. DT 775, 818; LG 100).

Urteilskraft, aus der universalen Perspektive des Fortschritts der Menschengattung betrachtet. Stattdessen werden hier die Menschen in ihrer Pluralität vorgestellt, als »Erdenbewohner, in Gemeinschaft lebend, [...] nicht autonom, selbst zum Denken die Gemeinschaft benötigend« (U 45). Die Kantische Konzeption der ästhetischen Urteilskraft ist demnach frei von rationalistischen Argumentationsmustern und hebt, im Gegensatz zu den meisten anderen philosophischen Schriften, die Relevanz der Mitmenschen für die Existenz und das Denken der Einzelnen hervor. Dabei verweist Kant mit dem Begriff der »Geselligkeit« auf »die Tatsache, daß kein Mensch alleine leben kann, daß Menschen nicht nur in ihren Bedürfnissen und Sorgen voneinander abhängig sind, sondern auch hinsichtlich ihres höchsten Vermögens, des menschlichen Geistes, der außerhalb der Gesellschaft nicht tätig werden kann.« (ebd.: 21) Das gilt, Arendts kreativer Kant-Lektüre zufolge, auch und maßgeblich für die Urteilskraft.

Demnach besitzt das Urteilen das Potential, den hochgradig individuellen Sinn des Geschmacks durch das »konkret allgemeingültige Urteil« (ZVZ 10: 298) mit der »Weltgemeinschaft« (vgl. U 117f.) zu verbinden. Die Vermittlung zwischen der subjektiven Erfahrung des Geschmacks und einem Urteil, das intersubjektive Gültigkeit beanspruchen kann, wird maßgeblich durch den Gemeinsinn geleistet. Er ermöglicht es, den subjektiven Bereich zu verlassen und die Mitmenschen in das eigene Urteil miteinzubeziehen. Arendt bestimmt diesen Sinn im Anschluss an Kant als »sensus communis« (ebd.: 109),[25] als

»die Idee eines gemeinschaftlichen Sinnes, d.i. eines Beurtheilungsvermögens, welches in seiner Reflexion auf die Vorstellungsart jedes anderen in Gedanken (a priori) Rücksicht nimmt, um gleichsam an die gesammte Menschenvernunft sein Urtheil zu halten und dadurch der Illusion zu entgehen, die aus subjectiven Privatbedingungen, welche leicht für objectiv gehalten werden könnten, auf das Urtheil nachtheiligen Einfluß haben könnte.« (Kant 1994 [1790]: 293)

Hierdurch befähigt dieser gemeinschaftliche Sinn zur erweiterten Denkungsart, der Fähigkeit, »an der Stelle jedes anderen zu denken« (ebd.: 294;

25 Arendt geht davon aus, dass mit der lateinischen Verwendung des Begriffs eine semantische Verschiebung einhergeht. Während der Terminus Gemeinsinn auf die private Empfindung bezogen ist, deutet Kant durch den lateinischen Begriff an, »daß er hier etwas anderes meint: einen Sondersinn, der uns in eine Gemeinschaft einfügt« (U 109). Allerdings wendet Arendt diese begriffliche Differenzierung selbst nicht konsequent an und benutzt Gemeinsinn im Sinne des sensus communis, weshalb die Termini hier synonym verwendet werden.

vgl. U 113), durch die das Urteil »relative Unparteilichkeit« (U 113) beanspruchen kann. Im Gegensatz zum logischen Schließen besitzt das Urteil nie absolute Gültigkeit, da die erweiterte Denkungsart einen »allgemeinen Standpunkt« (ebd.: 69) ermöglicht, der nicht losgelöst von der gemeinsamen Welt und den ihr zugrunde liegenden Perspektiven bestehen kann. Weil sich die Einbildungskraft durch die erweiterte Denkungsart darin übt, die Standpunkte anderer einzunehmen und sich somit von den subjektiven Bedingungen distanziert (vgl. ebd.: 68), bleibt das Urteil in seiner Allgemeinheit auf die Standpunkte der anderen bezogen.[26] Aus diesem Grund kann der »Anspruch auf Geltung [...] nie weiter reichen als die anderen, an deren Stelle mitgedacht wird.« (ZVZ 10: 299) Ob dieser Anspruch gerechtfertigt ist, wird durch das Kriterium der Mitteilbarkeit entschieden, die in der Fähigkeit besteht, Gedanken und Urteile über die Welt zu verbalisieren und mit anderen auszutauschen (vgl. U 64). Denn umso weniger idiosynkratischen Charakter ein Urteil aufweist, desto einfacher ist es verbalisierbar und für andere verständlich. Dabei »hängt Mitteilbarkeit offensichtlich von der erweiterten Denkungsart ab; man kann nur dann kommunizieren, wenn man fähig ist, vom Standpunkt einer anderen Person aus zu denken; andernfalls wird man sie niemals erreichen, niemals so sprechen, daß sie einen versteht.« (ebd.: 114)

Die Pluralität ist hierbei ebenso Voraussetzung wie Effekt des Urteilens. Ohne die Anwesenheit einer Vielzahl von ebenso gleichen wie verschiedenen Menschen wäre das Urteil nicht möglich (vgl. ebd.: 114). »Was die Präsenz des Selbst für die formale Widerspruchslosigkeit der Logik und die nicht weniger formale Widerspruchslosigkeit der Gewissensethik ist, ist die Präsenz der anderen für das Urteilen.« (ZVZ 10: 298) Denn die Erlangung eines allgemeinen Standpunkts erfolgt über die gedanklichen »Besuche« (U 68) der Standpunkte gleichberechtigter anderer. Dabei ist das Geschmacksurteil im Gegensatz zum Erkenntnisurteil nicht zwingend, sondern kann »nur, wie Kant so schön sagt, ›um jedes anderen Beistimmung‹« (ZVZ 10: 300) werben. Aus diesem Grund ist es auf die Mitmenschen in ihrer Gleichheit und Verschiedenheit angewiesen und setzt sie voraus. Zugleich stellt die Pluralität einen Effekt des Urteilens dar, weil sie über

26 Arendt betont, dass es sich bei der erweiterten Denkungsart nicht um die emotionale Fähigkeit der empathischen Einfühlung handelt (vgl. U 69). Stattdessen sollen durch die »Besuche« (ebd.: 68), die man via Einbildungskraft anderen Standpunkten macht, die eigenen subjektiven und individuellen Bedingungen wie die der anderen überwunden werden, um zu einem allgemeinen Standpunkt zu gelangen.

den Gemeinsinn den ebenso diversen wie gleichberechtigten Perspektiven der vielen und verschiedenen Menschen Wirklichkeitscharakter verleiht.

Somit bestätigen die Einzelnen über das Urteilen die menschliche Bedingung der Pluralität und kümmern sich hierdurch zudem in zweierlei Hinsicht um sich als einem von vielen verschiedenen Menschen. Zum einen erfahren sich urteilende Personen als Teil einer Gruppe, denn »[w]enn man urteilt, urteilt man als ein Mitglied einer Gemeinschaft« (U 105, 112). Indem die verschiedenen Standpunkte gleichermaßen in das eigene Urteil mit einfließen, bestätigen die Urteilenden das der Pluralität eigene Moment der Gleichheit und situieren sich über die individuelle Meinungsfindung innerhalb der Welt. Zum anderen wird über das Urteilen die absolute Einzigartigkeit der Einzelnen hervorgebracht, die wie die Gleichheit den zentralen Aspekt der Pluralität darstellt.

»Was sich hier gemäß dem Urteilen über eine gemeinsame Welt mitentscheidet, ist die Zugehörigkeit von Personen, und was der einzelne durch sein Urteil manifestiert, ist ein So-und-nicht-anders-Sein gerade des Persönlichen, das in dem Maße an Gültigkeit gewinnt, als es sich von dem nur individuell Idiosynkratischen entfernt. Mit diesem Personenhaften aber, mit dem ›Wer einer ist‹ – nicht mit dem Was, den Qualitäten und individuellen Talenten –, hat es gerade das […] Handeln und Sprechen zu tun.« (ZVZ 10: 301; vgl. Zerilli 2010: 214f.)

Wie bereits weiter oben in Hinblick auf das Handeln ausgeführt, besteht die Individualität Arendt zufolge nicht in privaten Empfindungen und intimen Regungen, stattdessen wird sie erst durch die praktische Auseinandersetzung mit der Welt hervorgebracht. Dies gelingt dem Urteil, indem es die idiosynkratische Erfahrung des Geschmacks durch den Gemeinsinn zu einem allgemeinen Urteil transferiert und hierdurch die Erfahrungswelt der Einzelnen mit der öffentlichen Welt der Urteilsgemeinschaft verbindet. Indem sich die Menschen über das Handeln und Urteilen mit weltlichen Gegenständen und Geschehnissen auseinandersetzen, entwickeln sie ihr individuelles Wesen, das sich allein in diesen Praktiken konstituiert. Hierdurch sorgen sie für sich selbst als einzigartige und gleichberechtigte Menschen.

Das Urteilen als weltbildende Praxis

Das Urteilen stellt ebenso wie das Handeln nicht nur eine Sorge um die Menschen in ihrer Pluralität dar, sondern auch eine Sorge um die Welt. Es sind die einzigartigen Phänomene und das Moment des Neuen, die Arendt zufolge Welt und Politik ausmachen (vgl. Zerilli 2010: 174ff.). Um eine menschliche Fähigkeit auszumachen, die das Besondere erfasst, begibt sie sich »auf die Suche nach dem ›stummen Sinn‹ […], der – wenn er überhaupt behandelt wurde – stets, selbst bei Kant, als ›Geschmack‹ […] gedacht wurde« (U 13). Handeln und Sprechen evozieren stets unvorhersehbare Effekte, bringen neue öffentliche Phänomene hervor und etablieren noch nie dagewesene politische Konstellationen (vgl. VA 241ff.). Aus diesem Grund können allgemeine Regeln und deduktive Verfahren nicht dazu dienen, die besonderen Erscheinungen in der Welt angemessen zu beurteilen. »Statt alles, was sich nicht unter Regeln subsumieren lässt und was keine objektive Geltung erlangen kann, als irrelevant für das Urteilsvermögen abzutun, […] ist Arendt […] vielmehr der Ansicht, dass gerade das« (Zerilli 2010: 175) Unvorhersehbare das Urteilen herausfordert.

Dabei ist die Welt ebenso wie die Pluralität Voraussetzung und Effekt des Urteilens. Das wechselseitig konstitutive Verhältnis zwischen der Praxis des Urteilens und der Welt trifft ebenso auf den Erscheinungsraum wie auf die Dingwelt zu. Nur solange sich Gegenstände in der Dingwelt und Geschehnisse in der Erscheinungswelt befinden, die einzigartig, unvergleichbar und deshalb nicht unter eine bestehende allgemeine Regel zu subsumieren sind, besteht Anlass, über das Urteilen dem Besonderen gerecht zu werden. Auf diese, recht basale Weise, stellt die Dingwelt die Voraussetzung für das Urteilen dar. Zugleich »gäbe es […] die Gegenständlichkeit der Welt: daß sie bekannt sein kann« (U 127), nicht ohne Gemeinsinn. Die Dingwelt wird demnach erst durch den sensus communis als solche konstituiert, da dieser »sechste Sinn […] die Welteigenschaft des Wirklichseins« (LG 60) hervorbringt. Es sind die Menschen als »mit Sinnen begabte[…] Wesen […], [die über das Urteilen] zwar diesen Gegenstand aus völlig verschiedenen Perspektiven wahr[nehmen], […] sich aber über seine Identität einig« sind (ebd.) und ihm hierdurch Realität verleihen. Somit ist nicht nur das Urteilen auf die Dingwelt angewiesen, sondern auch die Dingwelt auf das Urteilen, da sie erst durch den Gemeinsinn zu einer solchen wird. Das Urteilen kann somit als Sorge um die gegenständliche Welt verstanden werden, weil die Ansammlung materieller Objekte erst durch die Urteilspraxis als eine wirkliche Welt hervorgebracht wird, welche die Einzelnen mit den Mitmenschen teilen. »Wir haben eine gemeinsame Welt, weil wir sie aus unterschiedlichen Perspektiven sehen. In Ermangelung dieser Perspektiven verlieren wie [sic!] ›die Selbigkeit der Gegenstände‹, ihre Wirklichkeit oder ›objektive‹ Realität. Pluralität bringt unseren gemeinsamen Sinn für die innerweltliche Realität also keineswegs in Gefahr, sondern erzeugt ihn.« (Zerilli 2010: 191)

Dies gilt ebenso und in besonderem Maße für die Welt im Sinne des Erscheinungsraums. Sie wird nicht nur wie die Dingwelt durch die Vielzahl von Blickwinkeln als wirkliche erfasst, sondern ent- und besteht als nicht sichtbares »zweite[s] Zwischen« (VA 225) in den vielfältigen Perspektiven der Individuen (vgl. ebd.: 71). Deshalb bezieht sich das Urteilen nicht nur auf die öffentliche Welt, sondern trägt zugleich zu ihrer Generierung bei, da aus der Vielzahl der Perspektiven die Welt als Erscheinungs- und Gestaltungsraum konstituiert wird.

»Im Geschmack entscheidet sich, wie die Welt qua Welt, unabhängig von ihrer Nützlichkeit und unseren Daseinsinteressen in ihr, aussehen und ertönen, wie sie sich ansehen und anhören soll. Der Geschmack beurteilt die Welt in ihrer Weltlichkeit; ihn interessieren weder das sinnliche Leben noch das moralische Selbst, denen er ein reines, ›uninteressiertes‹ Weltinteresse entgegensetzt. Für das Geschmacksurteil ist das Primäre die Welt, und nicht der Mensch, weder sein Leben noch sein Selbst.« (ZVZ 10: 300)

Hier wiederholt sich die von Arendt hervorgehobene Dichotomie zwischen der Sorge um sich und der Sorge um die Welt, die bereits anhand des Handelns erläutert wurde. Beim Handeln wie beim Urteilen geht es »um das urteilende Begutachten und Bereden der gemeinsamen Welt und die Entscheidung darüber, wie sie weiterhin aussehen und auf welche Art und Weise in ihr gehandelt werden soll.« (ebd.) Weder das Handeln noch das Urteilen sind der Sorge um das Selbst unterstellt, da sie nicht die privaten Belange der Einzelnen zum Gegenstand haben, sondern ganz an der konkreten Gestaltung der Welt orientiert sind. Zugleich vollzieht sich vermittelt über die Sorge um die Welt, die ebenso durch das Handeln wie das Urteilen praktiziert wird, die Sorge um die irreduzible Individualität der Einzelnen und deren Anerkennung in der Öffentlichkeit. Dementsprechend kann das Urteilen ebenso wie das Handeln als eine Praxis bestimmt werden, die nicht nur der Sorge um die Welt verpflichtet ist, sondern zugleich eine Sorge um die Menschen in ihrer Gleichheit und Verschiedenheit darstellt.

Arendts Sorge um die Welt

Die Vehemenz, mit der Arendt die Relevanz der weltbildenden Praktiken des Handelns und Urteilens hervorhebt, legt die Annahme nahe, dass sie selbst in eben solcher Intensität diese Tätigkeiten ausübte. Tatsächlich beschränkt sich Arendts politische Aktivität im engeren Sinn jedoch auf den Widerstand gegen den Nationalsozialismus, der neben der Unterstützung der zionistischen Vereinigung maßgeblich in der Fluchtvorbereitung von jüdischen Kindern nach Palästina bestand (vgl. Young-Bruehl 1991; 2011). In der Nachkriegszeit und den folgenden Jahren bezog sie in öffentlichen Debatten zwar mehrfach Position. Doch ihre Meinung über die Staatsgründung Israels (vgl. Knott 2011: 29ff.), den Eichmannprozess (vgl. Assy 2011: 92f.) oder die gemeinsame Beschulung von schwarzen und weißen Kindern (vgl. Giddens 2014) brachten ihr den Vorwurf ein, dass sie keine Expertin für die politische Urteilskraft sei, sondern ihr diese gerade fehle. Wenn dennoch behauptet werden kann, dass Arendt einer Sorge um die Welt verpflichtet ist, dann bietet ihr politisches Handeln im engeren Sinn wenige und ihre politischen Urteile eher zweifelhafte Belege für diese Annahme.

Arendts Sorge um die Welt lässt sich dennoch als Haltung und Praxis verstehen, die maßgeblich darin besteht, über die Erläuterung der weltbildenden Praktiken auf die politische Brisanz dieser Form der Sorge zu verweisen. Ihre Schriften gewannen die ihnen eigene Spezifik und Originalität in Zeiten, die allen Anlass zur Sorge um die Welt gaben. Die konstitutive Relevanz der Öffentlichkeit und ihre Fragilität wurden Arendt über ihre Zerstörung durch Nationalsozialismus und Stalinismus vor Augen geführt. Sie entwickelt ihr Verständnis des Politischen ex negativo, da die Konzeption des politischen Handelns und Sprechens als weltbildende Praktiken auf der Erfahrung ihrer Vernichtung durch die Diktatur basiert. Gleiches gilt für die Urteilskraft. Moralische Regeln hatten die Menschen nicht an der Teilnahme der nationalsozialistischen Verbrechen gehindert, vielmehr wurden sie, wie von Eichmann, zu deren Legitimation herangezogen. Die der Moral eigenen allgemeingültigen Vorschriften konnten weder die Vernichtung der europäischen Juden und Jüdinnen verhindern noch zu deren Beurteilung als absolut einzigartiges Ereignis beitragen, weil ein solches nicht unter bestehende Regeln subsumiert werden kann. Diese Erfahrung war Anlass für Arendt, um sich auf die Suche nach einer Fähigkeit zu machen, die das Unvorhersehbare und Neue als solches erfasst. Hierbei entwickelte sie ihr Verständnis der politischen Urteilskraft (vgl. EJ 65ff.; Zerilli 2011b: 323).

Es ist somit die Sorge um den konkreten Zustand der Welt, die Arendt zur Entwicklung ihrer politischen Theorie bewegt und sie dazu veranlasst, die Welt und ihre konstitutive Bedeutung für die Menschen in Begriffe zu fassen. Arendts Sorge um die Welt besteht maßgeblich in deren terminologischen Konzeption durch die Erläuterung der weltbildenden Praktiken des Handelns und Urteilens. Anstatt ihre philosophische Ausbildung zu nutzen, um Konzepte des guten Handelns zu entwickeln, vermeidet Arendt dabei jede inhaltliche Definition politischer Praxis. Welche Handlungen vollzogen und welche Urteile gefällt werden müssen, um die Welt als öffentlichen Erscheinungsraum zu erhalten, wird von ihr nicht bestimmt. Sie konstatiert vielmehr, dass gehandelt und geurteilt werden muss, um ein genuin menschliches Leben zu führen. Aus diesem Postulat lassen sich keine spezifischen inhaltlichen Forderungen für die Politik ableiten. Hierdurch vermeidet es Arendt, selbst Regeln aufzustellen, die ihrem Publikum dazu dienen könnten, mithilfe deduktiver Verfahren eine Orientierung in der politischen Realität finden zu wollen, die sich allein durch die gemeinsame öffentliche Praxis gewinnen lässt.

Arendts Sorge um die Welt besteht somit weniger darin, selbst politisch zu handeln als sie durch die Untersuchung weltbildender Praktiken näher zu bestimmen und auf ihre konstitutive Relevanz für die Menschen aufmerksam zu machen. Dabei ist die Welt ebenso Voraussetzung wie Effekt von Praktiken und ebenso fragil wie diese. Sie ist in ihrem Bestehen bedroht, sobald die Praktiken enden und bedarf deshalb der konstanten Sorge der vielen und verschiedenen Menschen.

»Arendt's political thought [...] reminds us [...] how large our responsibility is for the care and preservation of the public world. When Arendt uses the phrase ›care for the world‹, it is this responsibility she is referring to. This care can be – and, historically, has been – abdicated in a variety of ways. [...] At a time when our public world is under attack by an array of economic, technological, and ideological forces [...] it is important to realize that ›care for the public world‹ is the furthest thing from a ›leisure time sport for aristocrats.‹ It is, it turns out, a responsibility we all share; a responsibility that grows heavier each day as the boundaries of our public world [...] perpetually contracts.« (Villa 2010: 348ff.)

1.4. Auswirkung und Auseinandersetzung

Die Sorge um die Welt, die zuvor als weltbildende Praxis und Haltung Hannah Arendts vorgestellt wurde, stellt ebenso wie die foucaultsche Sorge um sich eine nichtidentische Wiederholung der praxeologischen Geste

Heideggers dar. Allerdings verleihen Arendt und Foucault dieser Geste durch die kritische Aneignung verschiedener heideggerscher Topoi eine andere Gestalt. Da die Geste oftmals als Manifestation eines individuellen Charakters verstanden wird, lässt sich durch die Verwendung dieses Begriffs auch die jeweilige Beziehung zu Heidegger sowie der Modus beschreiben, durch den sie sich dessen Denkfigur aneignen.[27]

Arendt vollzieht die nichtidentische Wiederholung der heideggerschen Geste in intensiver Auseinandersetzung mit seinem Werk und Leben. Während sie den persönlichen und intellektuellen Austausch mit Heidegger ungeachtet einiger längerer Unterbrechungen bis zu ihrem Tod nicht aufgab, hat Foucault ihn nicht persönlich kennengelernt und soweit bekannt auch keine Bemühungen in diese Richtung unternommen. Für ihn stellte Heidegger vor allem ein Name dar, der in der französischen Philosophie der Nachkriegszeit für eine Kritik am gängigen Wahrheits- und Subjektbegriff stand (vgl. Rockmore 2000: 22ff.). Dagegen besuchte Arendt die zentralen Vorlesungen vor *Sein und Zeit* und war so im wörtlichen Sinne Heideggers Schülerin (vgl. GA 19-21). Von seinem Engagement für den Nationalsozialismus erfuhr sie, während sie vor der Vernichtung der europäischen Juden und Jüdinnen nach Frankreich und in die USA fliehen musste (vgl. Young-Bruehl 1991: 173ff.).

Auch der zwanzig Jahre jüngere Foucault beschreibt den Zweiten Weltkrieg als eine Erfahrung, die sein Denken prägte (vgl. Foucault zit. n. Eribon 1991: 31f.). Doch seine Schriften stehen nicht in einem so unmittelbaren Verhältnis zu diesem politischen Geschehen und Heideggers Verwicklung in es wie diejenigen Arendts. Ebenso wenig besteht seine Auseinandersetzung mit Heideggers Werk in einer kontinuierlichen und intensiven Beschäftigung, wie das bei Arendt der Fall i, sondern findet ihren Ausdruck in allgemein gehaltenen Bezügen und vagen Motiven. Die Unverbindlichkeit der Referenz steht scheinbar im Kontrast zu den Äußerungen, in denen Foucault den tiefen Einfluss Heideggers auf sein eigenes Denken beteuert. Einerseits behauptet er, dass Heideggers Werk für ihn ein »Denkinstrument« (DE4/354: 868) sei und erklärt andererseits, seine Schriften »nicht genügend […] [und] *Sein und Zeit* praktisch nicht« (ebd.) zu kennen. Auch wenn diese Aussagen widersprüchlich erscheinen, müssen sie nicht notwendigerweise falsch sein. Schließlich bedarf es keiner detail-

27 S.o., Intro.

getreuen Textkenntnis, um bestimmte Denkfiguren eines Œuvres zu übernehmen.

Obwohl es auf den ersten Blick so scheinen mag, als sei Arendt aufgrund ihrer Biographie Heidegger stärker verpflichtet als Foucault, distanziert sie sich in Hinblick auf ihre Haltung zur Philosophie sehr viel deutlicher von ihm. Foucault vollzieht mit Heidegger den Schulterschluss auf dem philosophischen Kampfplatz, um sein Werk gegen den Cartesianismus in Stellung zu bringen und sich hierdurch zugleich in einer Tradition der Philosophie als Lebenspraxis zu verorten (1.4.1.). Dagegen dient Arendt die politische Aneignung des heideggerschen Vokabulars zu einer expliziten und radikalen Philosophiekritik, die ebenso Foucault wie Heidegger selbst trifft (1.4.2.). Trotz der deutlichen Differenzen zwischen genealogischer und fundamentalontologischer Methode steht weniger die Pluralität als das Selbst im Fokus ihrer Untersuchungen, wodurch beide Autoren Arendts kritischer Darstellung der Philosophie entsprechen. Während sich »die Philosophie [...] immer mit *dem* Menschen beschäftig[t]« (WP 9), verdeutlicht Arendt, dass die Einzelnen konstitutiv auf die Mitmenschen und die politische Öffentlichkeit angewiesen sind. Dieser ebenso einfache wie zentrale Umstand wird ihr zufolge von der Philosophie unterminiert. Hierbei dient ihr der heideggersche Terminus der Welt als Denkinstrument, um ihn als Kampfbegriff gegen die philosophische Fokussierung auf das Selbst und damit auch gegen Heidegger selbst zu wenden. Auf diese Weise nimmt Arendts Wiederholung der heideggerschen Geste die Gestalt einer abkehrenden Figur an, die aus der Nähe die Kraft zieht, um sich von ihm zu entfernen. Foucaults Aneignung weicht trotz ihres vagen und unverbindlicheren Charakters in Hinblick auf das Verständnis von Philosophie weniger von Heideggers Denken ab als diejenige Arendts. Aus diesem Grund wird zuerst die nichtidentische Wiederholung der heideggerschen Denkfigur durch Foucault nachvollzogen, um daran anschließend diejenige Arendts zu rekonstruieren.

1.4.1. Sorge und Selbst bei Heidegger und Foucault

Die Sorge des Selbst

Dass es sich bei dem Genitiv der Sorge des Selbst ebenso um einen Genitivus objectivus wie subjectivus handeln kann, entspricht der wechselseitig konstitutiven und praxeologischen Beziehung dieser Termini, die Foucault und Heidegger betonen. Beide Denker verstehen die Sorge als eine Praxis, die dem Selbst von keinem anderen abgenommen werden kann und damit als ein Phänomen, das jedem E/einzelnen S/selbst zukommt (vgl. SZ 193; DE4/326: 484ff.). Zugleich ist nicht nur die Sorge Objekt des Selbst, sondern auch das Selbst Effekt der Sorge, weil es erst durch diese entsteht. Somit vollziehen Heidegger und Foucault die gleiche Denkfigur, indem sie die konstitutive Beziehung zwischen Selbst und Sorge veranschlagen und hierbei nicht nur den praktischen Charakter des Selbstverhältnisses betonen, sondern zudem kognitivistische Subjektkonzeptionen angreifen.

»Was ist nun das Selbst«? (GA 58: 258) fragt Heidegger in seiner Vorlesung 1919, die in ihrem expressiv-existenzialistisch anmutenden Unterton den letzten Vorlesungen Foucaults ähnelt. Er stellt diese Frage 1982 im Kontext seiner Untersuchung der sokratischen Selbstsorge: »Was ist das Selbst?« (DE4/363: 975). Beide sind sich darin einig, was es nicht ist: Weder Substanz noch Objekt und ebenso wenig Erkenntnissubjekt, wobei Foucault im Gegensatz zu Heidegger den Begriff des Subjekts umdeutet und beibehält. Für Heidegger ist dieser Terminus gleichbedeutend mit dem neuzeitlichen Erkenntnissubjekt, wonach das cartesianische Verständnis des Subjekts als »(subjectum = das Untergelegte)« […] allem anderen zu Grunde liegt« (Trawny 2003: 51; vgl. SZ 114). Aus diesem Grund wird dieser Terminus nicht Teil seines eigenen Vokabulars, während Foucault eine alternative Begriffsbestimmung vorschlägt. Das französische Wort *assujetissements* verwendend, das mit »subjektivierender Unterwerfung« (Dahlmanns 2008: 75) übersetzt werden kann, verwirft er die Konzeption des Subjekts als »Universalform« (DE4/357: 906) und sinnstiftende, souveräne Entität. Stattdessen geht er davon aus, dass das Subjekt »durch Praktiken der Unterwerfung oder, auf autonomere Weise, durch Praktiken der Befreiung, der Freiheit konstituiert wird, wie in der Antike, […] ausgehend von einer gewissen Anzahl von Regeln, Stilen, Konventionen, die man im kulturellen Milieu findet.« (ebd.)

Wie im folgenden Abschnitt noch ausführlicher dargestellt wird, basiert die Ablehnung des Subjektbegriffs durch Heidegger und der Gebrauch desselben durch Foucault auf einer ähnlichen Kritik des neuzeitlichen Subjekts. Hierbei verschieben sie den Fokus vom Bewusstsein auf das praktische Selbstverhältnis. Damit steht bei Heidegger wie Foucault »die Kritik am Subjektbegriff im Zeichen einer gleichzeitigen, ja diese Kritik begründenden ›Wendung zum Selbst‹ (Thomä 1990: 132); die Kritik am Subjekt dient dem Rückgewinn des Selbst.« (Menke 2013: 321) Beide sind sich einig, dass dessen Wesen weder als eine Substanz noch durch eine bestimmte Anzahl von Eigenschaften zu bestimmen ist, sondern in seiner Existenz liegt (vgl. SZ 42; DE4/356: 888; Forst 1990: 148; Saar 2003: 159). Demnach ist »das Selbst [...] nicht etwas, das das Leben hat, sich zueignet, mit ihm behaftet ist wie der Tisch mit seiner Farbe« (GA 58: 165), sondern zeichnet sich durch Lebensvollzüge aus.

Nietzsche (vgl. 2014 [1887]: 34) folgend verweigern sich Heidegger und Foucault der Auffassung, dass es eine Täterin hinter der Tat gibt. Vielmehr konstituiert sich diese erst durch Handlungen, weshalb es sich bei den Existenzweisen weder um statische noch passive Zustände handelt. »Was ist das Selbst? Sorge um die Aktivität, nicht um die Substanz« (DE4/363: 976). Die Sorge ist demnach ebenso das »Wie des Daseins« (GA 63: 279) wie das ›Was‹. Denn das »Selbst, zu dem man in Beziehung steht, ist nichts anderes als die Beziehung selbst, [...] das ist, kurz gesagt, die Immanenz oder besser: die ontologische Gleichsetzung des Selbst mit der Beziehung« (Foucault zit. n. Gros 2009: 650f.). Heidegger und Foucault verstehen die Sorge somit als ein spezifisches Selbstverhältnis, welches das Selbst als solches erst konstituiert. Es stellt eine »Praxis« (Rentsch 1989: 128) dar, die wiederum aus einer Vielzahl konkreter Praxen besteht (vgl. Heidenreich 2008: 158). Dementsprechend kommt der Untersuchung alltäglicher Selbst-Praktiken im Werk beider Autoren ein besonderer Stellenwert zu (vgl. Rentsch 1989: 89ff.; Dreyfus 2001; Brandom 2002). Aufgrund dieser praxeologischen Konzeption des Selbst handelt es sich bei diesem um ein »Seiendes, dem es als In-der-Welt-sein um es selbst geht.« (SZ 143) »In eben diesem sorgenden Verhalten [...] [wird] zugleich immer schon das Sein des menschlichen Daseins mitbesorgt« (Gander 2006: 201). Da es sich bei diesem ›sorgenvollen‹ Verhalten um konkrete Praktiken handelt, ist das »praktisch-historische Ich« (GA 56/57: 210) stets an einen spezifischen historischen, kulturellen und lokalen Kontext gebunden.

Trotz dieser gemeinsamen praxeologischen Ausrichtung von Selbst und Sorge divergieren die Auslegungen dieser Begriffe deutlich. Heidegger erhebt den Anspruch, mit der Sorge auf existenzialer Ebene die konstitutiven Bedingungen eines jeden Menschen erfasst zu haben (vgl. SZ 317). Zwar besitzt auch Foucaults Verständnis von Sorge ontologische Implikationen. Sie sind allerdings maßgeblich auf seinen praxeologischen Subjektbegriff zurückzuführen und kaum allein durch den Begriff der Sorge um sich zu erklären. Während für Heidegger die Sorge als »apriorisch-ontologische« (ebd.: 199) Struktur die Basis für die Existenz und Historizität der

Einzelnen darstellt, handelt es sich bei der von Foucault untersuchten Sorge um sich um ein »sozialgeschichtlich verortbare[s]« (Hesse 2003: 304) Phänomen. Im Gegensatz zur Sorgekonzeption Heideggers stellt die von Foucault untersuchte Selbstsorge ein Selbstverhältnis dar, das gerade auf der Wahl beruhte, ob man es kultivieren wollte oder nicht (vgl. DE4/326: 462). Dementsprechend kann Foucault auch den Begriff der »Selbstsorge« (HS 19) als Synonym für die Sorge um sich verwenden, während Heidegger diesen Terminus als »Tautologie« (SZ 193) verwirft. Denn »Sorge kann nicht ein besonderes Verhalten zum Selbst meinen, weil dieses ontologisch schon durch das Sich-vorwegsein charakterisiert ist, [das die] [...] existenzial-ontologische Bedingung der Möglichkeit des Freiseins für eigentliche existenzielle Möglichkeiten« (ebd.) ist.

Auch wenn die Sorge-Konzeption Heideggers einen zeitlichen Charakter aufweist, handelt es sich dabei nicht wie bei Foucault um ein spezifisch historisches Selbstverhältnis, dessen Veränderungen von der Blütezeit Athens bis hin zur Spätantike anhand nachvollzogen werden könnte.[28] Während in den Frühschriften Heideggers wie in *Sein und Zeit* die Historizität (nicht die Zeitlichkeit) des Selbst eher konstatiert als nachgewiesen wird, verleiht Foucault dem historischen Moment deutlich größere Relevanz. Zur präzisen Erfassung der Lebens- und Existenzweisen dienen ihm nicht wie Heidegger phänomenologische Beschreibungen der ontisch-existenziellen Lebenswelt, sondern historische Quellen, deren Geltungsbereich maßgeblich auf den jeweilig untersuchten Zeitraum beschränkt bleibt. Dagegen will Heidegger über die Beschreibung ontisch-existenzieller Phänomene und Bedeutungen in *Sein und Zeit* die »phänomenale Vielfältigkeit der Verfassung des [ontologischen] Strukturganzen« (ebd.: 180), der Sorge, erfassen.

Gemeinsam gegen Descartes

Trotz dieser grundsätzlichen Unterschiede entwickeln beiden Autoren ihren jeweiligen Sorgebegriff und die ihm zugrunde liegende praxeologische Denkfigur in Abgrenzung zur cartesianischen Tradition. Der Analyse von Bewusstseinsprozessen setzen sie die Untersuchung von praktischen Handlungsvollzügen entgegen und wenden sich hierdurch gegen das Primat der Vernunft und Erkenntnis, das die neuzeitliche Philosophie be-

28 S.o., Kap. 1.1.2., 1.2.2.

stimmt (vgl. Gethmann 1993: 286; Brandom 2002: 77, Trawny 2003: 52).[29] Der praxeologischen Argumentation folgend stellt für beide Autoren »die Sphäre des Handelns nicht ein abgeleitetes Phänomen dar […], gewissermaßen als bloße Ausführung eines andernorts geschriebenen Drehbuchs, sondern umgekehrt die Handlungssphäre das methodische Fundament für die Begründung anderer Sphären« (Gethmann 1993: 286; vgl. Jung 2013: 16f.).

Das konstitutive Verhältnis von Selbst und Sorge kann somit als Gegenentwurf zum Begriff des Bewusstseins und der cartesianischen Fokussierung auf das ›cogito‹ verstanden werden. »Descartes, dem man die Entdeckung des cogito sum als Ausgangsbasis des neuzeitlichen philosophischen Fragens zuschreibt, […] läßt […] das *sum* völlig unerörtert, wenngleich es ebenso ursprünglich angesetzt wird wie das cogito.« (SZ 46) Foucault folgt dieser Darstellung, wenn er das antike Verhältnis von Selbstsorge und Selbsterkenntnis als ein konflikthaftes vorstellt, wobei er das »cartesianische Moment« (HS 31; 240ff.) als neuzeitliche Fortführung des sokratischen Gebots »*gnothi seauton*« (ebd.: 17) versteht.[30] Das praktische Selbstverhältnis, das zugunsten der Fokussierung auf das Gebot der Selbsterkenntnis vernachlässigt wurde, will Foucault aus der Versenkung holen und wiederholt so die anticartesianische Geste Heideggers (vgl. Balke 2008a: 288; Schneider 2001: 229; Rayner 2010: 73). Sie geht mit einer Selbstverortung im praxeologischen Lager der Philosophie als Lebensform einher, die im holzschnittartig skizzierten Feld der zwei Traditionslinien des philosophischen Denkens derjenigen des Cartesianismus entgegengesetzt ist.[31]

---

29 Habermas (1991: 190) hat diese Analogie zwischen Heidegger und Foucault schon früh erkannt, geht jedoch davon aus, dass es keinem von beiden gelingt, sich von der Subjektphilosophie zu lösen, da sie »die bloße Umkehrung der subjektphilosophischen Denkmuster propagier[en]«. Das Werk beider Autoren muss jedoch nicht notwendigerweise als Umkehrung, sondern kann auch als Verschiebung der Subjektphilosophie gelesen werden. Weder das Subjekt, noch Vernunft und Wahrheit werden demnach in ihr Gegenteil verkehrt, sondern aus dem kognitivistischen in einen praxeologischen Kontext transferiert. Heidegger und Foucault entwickeln beide »eine Perspektive, der es um das (konkrete) Werden und Gewordensein von (konkreten) Subjekten geht.« (Saar 2013b: 17) Es handelt sich somit weniger um eine Umkehrung der Subjektphilosophie als um die »Radikalisierung der Frage nach der Subjektivität des Subjekts« (Gelhard/Alkemeyer/Ricken 2013: 9; vgl. GA 27).

30 S.o., Kap. 1.2.2.

31 Heideggers verallgemeinernde Gleichsetzung des Denkens Descartes mit der Philosophie der Neuzeit wurde ebenso deutlich kritisiert wie seine zynisch-lapidare Darstellung

Allerdings vollzieht Foucault den Schulterschluss mit Heidegger auf dem philosophischen Kampfplatz nicht ohne eine Abgrenzung von dessen seinsgeschichtlichen Denken.

»Wenn also die dem abendländischen Denken eigene Form der Objektivität entstanden ist, als mit dem Niedergang des Denkens die Welt als durch eine techne manipuliert aufgefaßt wurde, dann kann man wohl folgendes sagen: Die dem abendländischen Denken eigene Form der Subjektivitätsform […] ist durch eine gegenläufige Bewegung entstanden: Sie ist an dem Tag entstanden, an dem der bios aufhörte zu sein, was er so lange für das griechische Denken gewesen war, nämlich das Korrelat einer techne.« (HS 592)

Zwar folgt Foucault Heideggers Kritik der Objektivierung der Welt, insofern »sie von einem bestimmten Moment an nicht mehr gedacht, sondern erkannt, gemessen und beherrscht wurde, und dies dank einer gewissen Anzahl von Instrumenten und Zielsetzungen« (ebd.). Durch die Hervorhebung der Selbsttechniken wendet er jedoch den praxeologischen Charakter der Sorgekonzeption, den der frühe Heidegger ähnlich stark wie Foucault betont, gegen dessen spätere Technikkritik (vgl. Milchman/Rosenberg 2003:14f.; Rayner 2010: 61). Dabei handelt es sich nicht um das Ergebnis einer ausführlichen und expliziten Auseinandersetzung, sondern vielmehr um eine implizite, unverbindliche und leicht ironische Referenz auf heideggersche Topoi, die typisch für Foucault ist. Dementsprechend besitzt zwar auch der Begriff der Sorge wie ihn Foucault verwendet Anspielungen auf denjenigen Heideggers. Sie stellen aber keinen konstitutiven und notwendigen Bestandteil seiner genealogischen Untersuchung der antiken Selbstsorge dar.[32] Nur an einer Stelle, motiviert durch eine Frage aus dem Publikum, erwähnt Foucault in der Vorlesung von 1982 Heideggers Namen.

---

der cartesianischen Subjektkonzeption (vgl. Blumenberg 1976: 208; Henrich 1976: 109ff.; Menke 2013: 325). Foucault scheint sich seiner groben Verallgemeinerung des cartesianischen Subjektbegriffs bewusst zu sein, wenn er eingesteht, dass der Ausdruck des »cartesianischen Moment[s] […] schlecht gewählt ist und allein der Konvention dient« (HS 31), die auch Heidegger bedient. S.o., Kap. 1.2.2.

32 Lettow (2001: 60) geht davon aus, »dass Heidegger mit [dem Begriff der Sorge] […] an das sokratische Konzept der ›Sorge um sich‹ […] anknüpft«. Ob Heidegger tatsächlich einen Bezug zur sokratischen Sorge um sich herstellen wollte, wird jedoch nicht abschließend geklärt werden können. Unstrittig ist, dass die Bezüge Heideggers zur sokratischen epiméleia heautoû deutlich vermittelter und vager sind als die expliziten und ausführlichen genealogischen Studien Foucaults.

»Es gibt gar nicht viele, die gefragt haben: Wie steht es mit dem Subjekt und der Wahrheit? Wie verhält sich das Subjekt zur Wahrheit? Was ist das Subjekt der Wahrheit, was ist das Subjekt, das wahr spricht u.s.w.? Ich sehe in der Tat nur zwei. Ich sehe nur Heidegger und Lacan. Was mich betrifft, das haben Sie sicher gespürt, so habe ich eher auf Heideggers Seite und von Heidegger aus über all dies zu reflektieren versucht.« (HS 240)

Mit Heidegger teilt Foucault die Auffassung, dass der Zugang zur Wahrheit und zur Welt nicht primär über theoretische Erkenntnisprozesse hergestellt wird, sondern über Existenzweisen. Ehe das Selbst über sich und seine Situation zu reflektieren beginnt, hat es die Welt und sich selbst bereits im Vollzug praktischer und konkreter »Daseinstechniken« (ebd.: 546) erfahren (vgl. Rentsch 2013: 57ff.). Zugleich dementieren beide Autoren durch das praxeologische Primat nicht die Möglichkeit oder Relevanz von reflexiven Bewusstseinsakten, sondern lediglich deren primären und konstitutiven Status für das Selbst (vgl. Gethmann 1993: 286). Heidegger geht davon aus, dass das »Seiende, das man mit ›Bewußtsein‹ treffen will, ein solches ist, das im Gestelltsein zur Welt sein eigenes Dasein mitbesorgt. Es ist nicht notwendig, daß eine ausdrückliche Reflexion auf das Ich auftrete. In der Sache, die man treibt, liegt ein Besorgen des Daseins selbst. Wo die Reflexion fehlt, zeigt sich das Phänomen in seinem eigensten Sinne.« (GA 17: 287)

Mit Heideggers Umkehrung des cartesianischen Denkens, »die das *sum* vor das cogito stellt« (Menke 2013: 321), ist eine Kritik an der Subjekt-Objektdichotomie verbunden. Ihr entspricht Foucaults Gegenüberstellung antiker Formen der Selbstsorge und der Selbsterkenntnis. Denn die Idee eines neutralen Erkenntnissubjekts, das sich vom Weltgeschehen trennt, um es objektiv zu erfassen, steht dem praxeologischen Charakter des Selbst entgegen. »Fernzuhalten ist das Schema: Es gibt Subjekte und Objekte, Bewußtsein und Sein; das Sein ist Objekt der Erkenntnis; das eigentliche Sein ist das Sein der Natur; das Bewußtsein ist ›ich denke‹, also ichlich, Ichpol, Aktzentrum, Person; Iche (Personen) haben sich gegenüber: Seiendes, Objekte, Naturdinge, Wertdinge, Güter.« (GA 63: 81)

Aufgrund der historisch-kulturellen Situiertheit der Daseinstechniken kann sich das Selbst nicht gänzlich von den konkreten und konstitutiven Bedingungen, in denen es existiert, befreien, um sie ›von außen‹ zu betrachten. Es gibt keinen isolierten, neutralen, »letzten Ichpunkt« (GA 58: 260), auf den sich das Erkenntnissubjekt zurückziehen könnte, da es sich der Sorge entsprechend stets in der Immanenz praktischer Existenzweisen befindet (vgl. Rentsch 1989: 129). Der Topos der Sorge besitzt somit epistemologische Implikationen, die gegen die Reduzierung der Frage nach der

Wahrheit auf »Objekterkenntnis« (GA 9: 36; HS 243) gerichtet sind. Beide Autoren gehen ebenso wie Wittgenstein davon aus, »dass eine Gesamtkonstellation von Praktiken diejenigen, die diese Praktiken teilen, dazu befähigt, Objekte zu bestimmen und über sie zu sprechen« (Dreyfus/Rabinow 1994a: 87). Von dieser Auffassung schließen sich Heidegger und Foucault selbst nicht aus, sondern ziehen aus dem Wissen um die eigene Kontextgebundenheit und die Unmöglichkeit einer neutralen Perspektive Konsequenzen für ihre jeweilige Methodenwahl.

Von der Erfahrung zur Methode

Wenn es keinen neutralen Standpunkt gibt, auf den man sich berufen kann, um das Leben von außen zu betrachten, stellt sich die Frage, wie sich dennoch Aussagen treffen lassen, die zwar keinen Anspruch auf Objektivität und Allgemeingültigkeit erheben, zugleich aber nicht »subjektivistisch« (GA 61: 95) sind. Diese Frage wird von Heidegger und Foucault maßgeblich über den Begriff des stets historisch aufzufassenden »Apriori« (GA 20: 215; OD 24; AW 183ff.) beantwortet.[33] Hierdurch nehmen beide eine kritische Transformation des transzendentalen Apriori Kants vor, der ebenso wie Fichte, Hegel und Husserl »von der [das Empirische] begründenden transzendentalen Erkenntnisleistung des Bewußtseinssubjekts« (Gander 2006: 252) ausgeht. Stattdessen erklärt Heidegger: »Wir müssen uns dieses eigentümliche Phänomen des In-Seins und das Eigentümliche, daß es das Dasein in seinem Sein selbst bestimmt, von Anfang an ganz klar machen und im Blick halten als Apriori jedes bestimmten Verhältnisses zur Welt.« (GA 20: 215) Gander erkennt in der ähnlichen Begriffsverwendung eine tragfähige Verbindung zwischen dem Denken von Heidegger und Foucault,

33 Nicht nur Heideggers Verständnis des Apriori ist auf seine Auseinandersetzung mit Husserl zurückzuführen. Auch Foucault nimmt diesen Ausdruck »aus den späten Schriften des Phänomenologen Edmund Husserls auf, um dieses vorgeordnete Netz einer Erfahrungs-Form der Dinge zu bezeichnen, auf die die Ordnung der wissenschaftlichen Aussagen sich zwar systematisch, aber doch blind bezieht.« (Gehring 2004: 39) Allerdings betont Foucault die Historizität des Apriori auf andere, konkretere und deutlichere Weise als Husserl und Heidegger (vgl. Oksala 2005: 103). Er geht nicht nur davon aus, dass Erfahrungen durch vorgängige historisch apriorische Muster ermöglicht und geprägt werden, sondern legt die historische Variabilität auch über die Untersuchung von konkretem sozialgeschichtlichem Material offen (vgl. OD 24; AW 183ff.; DE4/345: 778).

»sofern im hermeneutischen Aufweis der Aprioristruktur des Historischen eine in der Sache methodisch wie inhaltlich gegebene Ansatzparallele bzw. Analogie sichtbar wird zu dem, was Foucaults Begriff beschreibt. In beiden Fällen nämlich geht es um das Aufdecken der erkenntniskonstituierenden Funktion von Erfahrung, die nicht transzendental, sondern ontisch konkret, d.i. situational als historische selbst den Rahmen ihrer erkenntnismäßigen Erfassung in den hierfür kontingenten Modi wie Möglichkeiten eines historischen Bewußtseins ermöglichend vorschreibt.« (Gander 2006: 254)

Dieses (historische) Apriori bildet einen zentralen Grundstein des Denkens beider Autoren. Es findet seinen Ausdruck in ihrer jeweiligen Methodik, die sich dem Anspruch auf einen neutralen, objektiven Standpunkt verweigert und gerade hierdurch ihr kritisches Potential gewinnt.

So vermeidet Heidegger die »dem faktischen Leben gegenüberstehende selbstständig Objektivität« (GA 58: 113) und bemüht sich um eine »faktische Erfahrungsgewißheit« (ebd.). Mithilfe der formalen Anzeige, seiner methodischen »Geheimwaffe« (Kisiel 2006: 56), will er die Strukturen des »Grundwie des Lebensbezugs: Sorgen« (GA 61: 90) erfassen, in denen er sich selbst stets befindet. Im alltäglichen bedeutungsvollen Sorgen wird »die Art und Weise des Erfahrens, nicht mit erfahren« (GA 60: 12). Stattdessen ist die Sorge auf den Gehalt, den inhaltlichen Aspekt der Bezugnahme, fokussiert und stellt selbst den »Bezugsinn« (GA 61: 90) dar, das ›Wie‹, die Form, mit welcher der Gehalt erfahren wird. Diesen Sinn stellt die Sorge dar, den Heidegger mithilfe der formalen Anzeige untersuchen will. Das geschieht durch die dritte Analysekategorie, den Vollzug, der weder danach fragt, was erfahren wird (Gehalt), noch wie es erfahren wird (Bezug), sondern wie diese Erfahrung erfahren wird. Denn wer »Erfahrungen macht, macht nicht auch die Erfahrung, Erfahrungen zu machen.« (Jung 2013: 16)

Diese ›Metaerfahrung‹ der formalen Anzeige kann nicht in einem rein rationalen Bewusstseinsakt bestehen, da »das Leben [...] nichts Objektartiges« (GA 58: 236) ist, das sich von außen betrachten oder rein kognitiv erfassen ließe. Stattdessen muss die formale Anzeige im Leben selbst vollzogen werden. Auf diese Weise wird die »Subjekt-Objekt-Spaltung« (GA 9: 20), die Heidegger wie Foucault unter anderem Descartes zuschreiben, unterlaufen, da sich die philosophierende Person nun nicht als neutrales Erkenntnissubjekt versteht, sondern selbst in den Forschungsprozess miteinbezieht. So erklärt Heidegger: »Das Erfahrene drückt mich selbst irgendwie aus. In faktischer Lebenserfahrung lebe ich in einem fragmentarischen Umkreis, in dem ich mich selbst finde, habe und mir verständlich werde.« (GA 58: 161) Anstatt dem Gehaltssinn des alltäglichen Sorgens verhaftet zu bleiben, werden seine formalen Strukturen durch die Freilegung der »Grunderfahrung« (GA 9: 30) aufgedeckt, die dem unhintergehbaren Lebenszusammenhang zugrunde liegt (vgl. Jung 2013: 16). »Die Grunderfahrung aber des Mich-selbst-habens ist nicht ohne weiteres verfügbar und ist auch nicht derart, daß sie so im allgemeinen auf das ›ich‹ abzielte, sondern es muß, sofern überhaupt der spezifische Sinn des ›bin‹ in echter Zueignung soll erfahrbar werden können, der Erfahrungsvollzug in der vollen Konkretion des ›ich‹ seinen Ursprung nehmen und auf dieses in einem bestimmten Wie zurückzielen.« (GA 9: 31)

Der Ursprung, dem sich die philosophierende Person im Existenzvollzug nähert, wird nicht als »real- oder idealtranszendente Seins- oder Sinnquelle« (Gander 2006: 279) aufgefasst, sondern benennt im frühen Werk Heideggers den faktischen Lebensvollzug. Dieser wird stets in einem spezifischen Erfahrungszusammenhang praktiziert, wobei das ›Ich‹ durch den philosophischen Vollzug den ontischen Lebenszusammenhang transzendiert und hierdurch dessen formales bzw. ontologisches Fundament freilegt. »Das Ich ist hier als das volle konkrete historisch faktische Selbst zugänglich [und zugleich nicht] […] gleichbedeutend mit dem Begriff des empirischen Subjekts« (GA 9: 30). Denn nicht der individuelle Gehalt wird hierdurch erfasst, sondern der existenziale Vollzug des Lebens, das »Wie seines Erfahrenwerdens« (ebd.: 25).

Das Ziel dieser ›Selbsterfahrung‹ darf nicht als Aufforderung zu einem ethischen oder authentischen Leben verstanden werden. Vielmehr handelt es sich bei den frühen Arbeiten Heideggers um »eine transzendentale Epistemologie der ersten Person Singular« (Jung 2013: 16). Der Vollzug des »Mich-selbst-habens« (ebd.: 31) lässt sich als praxeologische Alternative zum Erkenntnissubjekt verstehen, um die ebenso formalen wie konkreten Strukturen des Selbst und des Lebens zu erfassen, ohne es zu theoretisieren. Deshalb kann die formale Anzeige auch als »gegenruinant« (GA 61: 178) bezeichnet werden, weil sie sich der Ruinanz, der Tendenz, ganz im Gehalt des alltäglichen Lebens aufzugehen, widersetzt, um aus dem faktischen Leben heraus die Faktizität zu erfassen. »Kein theoretischer Begründungszusammenhang, sondern ein Vollzugs-Zusammenhang […]. Vollzugswie gegen Sorgen (konkret), und in ihm Bekümmerung, bekümmerndes Ergreifen des schon in einem unabgehobenen Haben ›befindlichen‹ Faktischen in seinem Eigentlichen – Existenz.« (ebd.: 180)

Existenz meint nicht das Leben eines bestimmten Individuums, sondern den Vollzug, durch welchen sich das Selbst, das eben kein persönliches ist, in seinen konkret-formalen Existenzweisen erfassen kann (vgl. Jung 2013: 16). Der »prohibitive[n] Funktion« (Imdahl 1997: 151) der formalen Anzeige, die das Selbst davor bewahrt, im Gehaltssinn aufzugehen, entspricht der Begriff der Bekümmerung. Er stellt die Gegenbewegung zur Sorge dar, wodurch das Ich »in der Bekümmerung sich selbst in den Blick nehmen und damit als Ziel des aneignenden Rückgangs« (GA 62: 357) erfassen kann. Ziel der formalen Anzeige ist es also, zu den »konkreten Grunderfahrungsweisen faktisch bekümmerten Sich-selbsthabens« (GA 9: 35) zu gelangen, um den formalen Vollzug zu erfassen, der durch das alltägliche Sorgen zumeist verdeckt ist. Dabei handelt es sich nicht um eine individuelle ethische Selbsterfahrung, sondern um die Erfassung der Strukturen des faktischen Lebens, das sich der »Ordnungstendenz der Objektivierung« (GA 58: 258) entzieht. Durch die »Grunderfahrung des bekümmerten Habens seiner selbst« (GA 9: 30) wendet sich das Selbst von den inhaltlichen Gegenständen, mit denen die Sorge permanent beschäftigt ist, ab, um das konkrete aber eben nicht inhaltliche »Grundmuster des Erfahrens« (Jung 2013: 18) offenzulegen. Dem Begriff der Erfahrung kommt somit vorwiegend ein methodischer und erkenntnistheoretischer Charakter zu.

Auch Foucault zieht zur Erläuterung seines methodischen Zugangs den Begriff der Erfahrung heran und vermeidet hierdurch, Heidegger nicht unähnlich, die Trennung zwischen der philosophierenden Person als Erkenntnissubjekt und ihrem Forschungsgegenstand. So erklärt er, dass

> »es kein Buch gibt, das ich nicht, wenigstens zum Teil, aus einer unmittelbaren persönlichen Erfahrung heraus geschrieben hätte. […] Es handelt sich [dabei jedoch] keinesfalls darum, persönliche Erfahrungen ins Wissen zu übertragen. Das Verhältnis zur Erfahrung muß im Buch eine Transformation gestatten, eine Metamorphose, die nicht einfach meine ist, sondern die einen gewissen Wert, gewisse Eigenheiten hat, die anderen zugänglich sind, so daß diese Erfahrung auch von anderen gemacht werden kann.« (ME 32)

Demnach begreift sich Foucault selbst nicht als neutralen Forscher, sondern als involvierte Person, die eine bestimmte, historisch spezifische Perspektive auf den jeweiligen Gegenstand einnimmt. Hierbei kann sich das Selbst wie der von ihm eingenommene Standpunkt durch den Erfahrungsprozess des Schreibens und Lesens verändern.

Dabei stellt nicht nur das Philosophieren einen spezifischen Modus der Erfahrung dar, vielmehr hat die Philosophie auch praktische Erfahrungen zum Gegenstand. Foucault zieht wie Heidegger präzise Beschreibungen von Existenzweisen und »Daseinstechniken« (HS 546) einer theoretisierenden Analyse der Lebenswelt vor. So erklärt Heidegger in der Vorlesung vom Wintersemester 1919/20 seinen Studierenden: »Es gilt zu finden die Weise, wie Leben erfahren wird. In der faktischen Lebenserfahrung gehen wir selbst mit, und dabei haben wir sich hereindrängende erkenntnistheoretische Meinungen und starre Fassungen des Erlebnisbegriffs zu vergessen, die leicht beim ersten Schritt vom Wege abdrängen.« (GA 58: 158) Eine ähnliche Abgrenzung von fixen Theoriegebäuden vollzieht Foucault: »Ich bin ein Experimentator und kein Theoretiker. Als Theoretiker bezeichne ich jemanden, der ein allgemeines System errichtet, sei es ein deduktives oder ein analytisches, und es immer in der gleichen Weise auf unterschiedliche Bereiche anwendet. Das ist nicht mein Fall.« (ME 24; vgl. RSA 18) Anstatt eine Theorie des Subjekts zu entwickeln, beziehen sich Foucault und Heidegger auf den Begriff der Erfahrung, weil er ihrer praxeologischen Konzeption des Selbst entspricht. Demnach ist nicht das Selbst die Bedingung der Möglichkeit aller Erfahrung, stattdessen ist es »die Erfahrung, die die Rationalisierung eines selbst vorläufigen Prozesses ist, der auf ein Subjekt oder vielmehr auf Subjekte hinausläuft.« (DE4/354: 871) Beide Autoren zielen darauf ab, über die philosophische Erfahrung die Erschütterung der Vorstellung eines substanziellen, ahistorischen Wesenskerns zu evozieren, der sie eine praxeologische Konzeption des Verhältnisses von Selbst und Sorge entgegenstellen.

Trotz der Verwendung des gleichnamigen Begriffs der Erfahrung nimmt dieser im methodischen Setting Foucaults eine andere Funktion und Position ein als im Werk Heideggers. Foucault will nicht zu einer ursprünglichen Grunderfahrung vordringen, indem die Bekümmerung die formalen, ontologischen Strukturen des alltäglichen Sorgens zu erfassen versucht. Stattdessen betont er die Transformationen verschiedener, partikularer und historisch spezifischer Erfahrungen anhand von historischem Material. Dabei besteht sein Ansatz »in dem Versuch einer Analyse dessen, was man die Brennpunkte oder Matrizen der Erfahrung nennen könnte, wie etwa der Wahnsinn, die Kriminalität, die Sexualität.« (RSA 63) Dementsprechend ist auch die Sorge nicht, wie in den Frühschriften Heideggers, die Voraussetzung für die methodische ›Metaerfahrung‹ Erfahrungen zu machen, sondern schlichtweg eine unter vielen historischen Erfahrungen, die über genealogische Verfahren untersucht wird.

Genealogie vs. Fundamentalontologie

Der Begriff der Genealogie, wie ihn Foucault in Anlehnung an Nietzsche verwendet, lässt sich nicht nur allgemein »als Geschichtsschreibung oder eine historische Methode [verstehen, sondern] [...] darüber hinaus als Kritik oder Wertungsweise und schließlich als eine textuelle Praxis« (Saar 2003: 158). Durch die detaillierten Studien historischen Materials wird deutlich, dass die Erfahrung eines noch heute relevanten Phänomens wie dem Zugang zu Wissen, Wahnsinn oder der Sexualität, zu früheren Zeiten eine andere als heute war. Über diese implizite Differenz zwischen Vergangenheit und Gegenwart erzielen genealogische Verfahren den Effekt, auf die potentielle Veränderbarkeit des Bestehenden hinzuweisen, ohne diese Möglichkeit ausdrücklich zu thematisieren. Stattdessen zielt die Genealogie darauf ab, »Dokumente zum Sprechen zu bringen und dieses Sprechenlassen der Vergangenheit in einer unbestimmten Entfernung zum gegenwärtig Gültigen zu halten.« (Schneider 2004: 19) Durch »das In-Frage-Stellen des bisher Unbefragten« (Saar 2003: 163) werden scheinbar unbestreitbare Konstanten und Verhältnisse zum Kampfplatz der Auseinandersetzung. »Die Genealogie erzählt das Gewordene (das wurde, indem es für uns unumgänglich wirklich ist), und sie ist selbst das Werden von historischer Wirklichkeit (indem sie gegen das Vergessen kämpft).« (Gehring 2004: 132) Die durch genealogische Verfahren aufgewiesene Historizität der Phänomene stellt nicht deren Wirklichkeitscharakter oder Relevanz infrage, sondern lediglich ihren scheinbar substanziellen, ahistorischen Status und die damit einhergehende Unterstellung ihrer Unveränderlichkeit.

Dabei ist die Genealogie »von einem ironischen oder parodistischen Stil geprägt, der sich [nicht nur] gegen die Kontinuität der Überlieferung richtet« (Vogl 2008: 255), sondern auch gegen die der Macht- und Herrschaftsverhältnisse, die das Subjekt konstituieren. Die Macht bezeichnet nach Foucault »die Vielfältigkeit von Kräfteverhältnissen, die ein Gebiet bevölkern und organisieren; das Spiel, das in unaufhörlichen Kämpfen und Auseinandersetzungen diese Kräfteverhältnisse verwandelt, verstärkt und verkehrt« (SW 1: 93).[34] Durch diese Begriffsbestimmung wird zum einen das Bild vom Macht besitzenden Souverän zerstört und durch die Konzeption eines ubiquitären Feldes von komplexen Machtbeziehungen ersetzt. Zum anderen wird die Macht von unterdrückenden Herrschaftsformen unterschieden, weil sie weniger repressiv als produzierend wirkt (vgl. ÜS; Lemke 1997:112–117; Saar 2007a: 213–224).

Eine Entsprechung des Machtbegriffs wie ihn Foucault in Anlehnung an Nietzsche verwendet, findet sich in den frühen Schriften Heideggers und in *Sein und Zeit* nicht (vgl. u.a. Ansell-Pearson 1991; Gutmann 1998; Balke 2008b: 175f.). Dreyfus (1992; 2003) erkennt zwar Parallelen zwischen Foucaults Machtverständnis und der Seinsgeschichte, die allerdings wie Heideggers Auseinandersetzung mit Nietzsche in eine spätere, hier nicht weiter untersuchte Werkphase fällt (vgl. u.a. Casale 2010; Morat 2007; Meyer 2013; Stegmaier 2013). Im Hinblick auf den Vergleich der frühen Schriften Heideggers und der späteren Foucaults lässt sich die Macht vielmehr als Differenz denn als Parallele zwischen dem Denken beider Autoren verstehen. Denn die praxeologische Geste Heideggers wird durch Foucaults Genealogien zu einer genuin machtkritischen Figur transformiert. Die Genealogie hat nicht, wie die Fundamentalontologie, die Erforschung der alles ermöglichenden ontologischen Grundstruktur, der Sorge, zum Ziel, sondern den Ausweis der historischen Kontingenz und Variabilität bestehender Machtverhältnisse.

Auch wenn, wie weiter oben anhand der von beiden Autoren geteilten Annahme des historischen Apriori dargestellt, das praxeologische Primat die historische Spezifik von Praktiken impliziert, hebt Foucault dieses Moment sehr viel deutlicher hervor. Dies geschieht anhand der Untersuchung ›ontischer‹, sozialer und historisch spezifischer Praktiken, die in ebenso spezifischen Machtverhältnissen erst als solche erfahren und ausgeführt werden. So unterscheiden sich die Formen und der Techniken der Macht, welche Gefängnisse hervorbringen und strukturieren von jenen, die zur Regulierung der Bevölkerung dienen und diese wiederum von jenen, die die Beziehungen zwischen den Geschlechtern gestalten. Dabei ist die Wahl der jeweilig untersuchten, durch Macht strukturierten Praktiken keineswegs zufällig. Vielmehr liegt ihr »die Einschätzung zugrunde, dass sich mit Hilfe der historischen Analyse Machtverhältnisse offen legen lassen, die die Form der sozialen Beziehungen bis heute entscheidend bestim-

34 Zur ausführlichen Auseinandersetzung mit Foucaults Machtbegriff, s.u., Kap. 3.1.

men.« (Lemke 1997: 89) Damit stellt die Genealogie selbst eine, wenn auch über die historische Analyse vermittelte Intervention in gegenwärtige Machtverhältnisse und -kämpfe dar, die sich in ihrer Spezifik und Vehemenz deutlich von den allgemein gehaltenen, kulturkritischen Verweisen in *Sein und Zeit* unterscheidet.

Das Moment der Macht, das der Genealogie im Gegensatz zur Fundamentalontologie eigen ist, relativiert nicht nur die strukturellen Ähnlichkeiten der Konzeptionen des praxeologischen Selbstverhältnisses. Es verweist darüber hinaus auf die Divergenzen der jeweiligen Situierung der Methodenkonzeption im akademischen und gesellschaftspolitischen Feld. Wenn mit Foucault – und eben nicht mit Heidegger – davon ausgegangen wird, dass »die Macht überall« (SW 1: 94) ist, muss die Methode, mit der sie untersucht wird, selbst auch als Macht durchdrungene Strategie verstanden werden. Dementsprechend hat Foucault seine Schriften als Interventionen verstanden, wobei

»die Theorie nicht eine Praxis ausdrück[t], übersetz[t] oder anwende[t]: Sie ist eine Praxis. [...] Der Kampf gegen die Macht, der Kampf dafür, sie dort sichtbar zu machen und anzutasten, wo sie am unsichtbarsten und hinterhältigsten ist. Ein Kampf nicht länger für eine ›Bewusstwerdung‹ [...], sondern für die Untergrabung und Ergreifung der Macht, neben all jenen und mit all jenen, die dafür kämpfen, und nicht zurückgezogen mit dem Ziel, sie aufzuklären. Eine ›Theorie‹ das ist das regionale System dieses Kampfes« (DE2/106: 384).

Eine solch unmittelbare Verbindung von philosophischem Denken und politischem Aktivismus findet sich, wenn überhaupt, dann in Heideggers Werk erst ab Anfang der dreißiger Jahre, die nicht Gegenstand der vorliegenden Arbeit sind. Dabei ist es, wie Thomä (vgl. 2013: 122ff.) anschaulich zeigt, gerade die Sorge, die, zur Arbeit umformuliert, der nationalsozialistischen Ideologie ein philosophisches Fundament anbietet.[35] Die frühen Texte, die hier im Zentrum stehen, weisen zwar existenzphilosophische Anklänge und Denkbewegungen auf, die – dem agitatorischem Gestus

35 Viele gehen davon aus, dass bereits in Sein und Zeit die Bedingungen angelegt sind, um die Wendung zur nationalsozialistischen Rhetorik und Argumentation zu vollziehen (vgl. u.a. Farías 1987; Bourdieu 1988; Faye 2009); Zaborowski 2010; Žižek 2010: 17–31; Grosser 2011). Das Verhältnis zwischen Heideggers Philosophie und seiner aktiven Teilnahme am Nationalsozialismus stellt ein eigenes, besonders weites Forschungsfeld dar, das durch die Veröffentlichung der Schwarzen Hefte (GA 94–97) erneut Brisanz erhalten hat (vgl. David 2015; Di Cesare 2015; Nancy 2015; Noll 2016). Da Heideggers Werk in dieser Arbeit nicht in Hinblick auf sein politisches Potential und dessen Gefahren untersucht wird, kann sie diesem Themenkomplex nicht gerecht werden.

zum Trotz – allerdings nicht an politischen Fragestellungen orientiert sind, sondern an spezifisch universitären Debatten der zwanziger Jahre. Die intensive Auseinandersetzung Heideggers mit Begriffen wie Faktizität, Sorge und Existenz ist ebenso gegen die Subjekt-Objektdichotomie gerichtet, die er am Neukantianismus kritisiert, wie gegen den »Essentialismus« (Jung 2013: 14) Edmund Husserls. Damit betont Heidegger in Anlehnung an Georg Simmel und Wilhelm Dilthey die konstitutive Relevanz der konkreten Lebenswelt für das Selbst (vgl. Rentsch 1989: 18).

Zwar hat sich auch Foucault mit seinen Schriften gegen andere zeitgenössische Strömungen wie die Phänomenologie und den Existenzialismus abgegrenzt, denen Heideggers Werk häufig zugeordnet wird (vgl. Rödig 1997; Schneider 2007). Allerdings waren diese Auseinandersetzungen auf dem innerphilosophischen Feld für Foucault weder Grund noch Anlass für seine Schriften, sondern konkrete Erfahrungen von Macht- und Herrschaftsverhältnissen, die nicht primär im universitären Kosmos verortet waren (vgl. ME 32). Seine wissenschaftlichen Publikationen verstand Foucault selbst wiederum als Erfahrungen, aus denen »wir am Ende des Buches zu dem, um das es geht, in neue Beziehungen treten können« (ebd.: 29). Bei den Gegenständen dieser Philosophie der Erfahrung handelt es sich weniger um innerphilosophische als um politisch brisante, gesamtgesellschaftlich relevante und aktuelle Phänomene wie den Wahnsinn oder die Sexualität, das Gefängnis oder die Schule. Zwar lässt sich kein kausales Verhältnis zwischen dem politischen und philosophisch-akademischen Engagement Foucaults herstellen (vgl. Schneider 2008: 6). Dennoch begreift er selbst im Gegensatz zum frühen Heidegger seine philosophischen Schriften als Interventionen in aktuelle, politische Verhältnisse, die andere Effekte und Erfahrungen bei den Rezipierenden evozieren sollen als Heideggers Werk.

Von der Methode zur Erfahrung

Trotz der Divergenzen, die zwischen den Methoden und ihrer Verortung innerhalb des akademischen und politischen Feldes bestehen, dient die Genealogie Foucaults wie die formale Anzeige Heideggers einer spezifischen Form der ›Selbsterfahrung‹. Mit den detaillierten Vorführungen der konkreten Lebenswelt, die Heidegger in den frühen Freiburger Vorlesungen vor seinen Studierenden inszenierte, rief er sie teils implizit, teils explizit zur formal anzeigenden ›Metaerfahrung‹ des Erfahrungen-Habens auf.

Auch wenn Foucaults Werke durch die genealogische Quellenanalyse einen etwas nüchternen Ton anschlagen, sind sie doch ebenso auf Effekte ausgelegt, welche die Erfahrungsweise seines Publikums verändern sollen.

»Mein Problem bestand darin, selbst eine Erfahrung zu machen und die anderen aufzufordern, vermittelt über einen bestimmten historischen Inhalt an dieser Erfahrung teilzunehmen: nämlich an der Erfahrung dessen, was wir sind und was nicht nur unsere Vergangenheit, sondern auch unsere Gegenwart ausmacht; an einer Erfahrung unserer Modernität, derart, daß wir verwandelt daraus hervorgehen.« (ME 28)

Die Genealogie hat ebenso wie die formale Anzeige Heideggers nicht nur historisch-spezifische Erfahrungen der (ontischen) Lebenswelt zum Gegenstand, sondern soll als Methode der Reflexion dieser Erfahrungen selbst spezifische Erfahrungen evozieren. Diese strukturelle Ähnlichkeit gestaltet sich jedoch aufgrund der Differenzen der methodischen Zugänge, ihrer jeweiligen Verortungen und der entsprechenden Zielsetzungen anders aus. Indem Heidegger den Vollzugssinn und damit die konkret-formalen Strukturen der Sorge offenlegt, zielt er auf das Selbstverhältnis der »konkreten Grunderfahrungsweisen faktisch bekümmerten Sich-selbsthabens« (GA 9: 35) ab. Dabei sollen die Praktiken des Selbst transzendiert und die Faktizität des Lebens als solche erfasst werden. In der Praxis hinterließ Heideggers Lehre häufig Ratlosigkeit bei den Studierenden. So erklärt Löwith (2007: 31) humorvoll: »Ich bin entschlossen, nur weiß ich nicht wozu«. Diese Reaktion entspricht der offenen Frage nach der Stellung der (empirisch-ontischen) Individuen im Werk Heideggers.

Nach Thomä (vgl. 2013: 108ff.) erwächst hieraus eine Aporie von der sich Heidegger nach 1927 losgesagt und dem Nationalsozialismus zugewandt habe. Die Eigentlichkeit des Daseins, die in den frühen Vorlesungen bereits mit dem Begriff der Existenz beschrieben wird, kann demnach in zweierlei Weise ausgedeutet werden. In einer ersten enthüllt die Eigentlichkeit nichts anderes als »das eigene Sich-zu-sich-Verhalten, die Form des ›In-der-Welt-seins‹ selbst, die sonst hinter den Inhalten ›in der Welt‹ verschwindet.« (ebd.: 111) Diese von jedem Gehaltssinn befreite Erfahrung ist der Effekt, den Heidegger in den frühen Freiburger Vorlesungen bei den Zuhörenden erzielen will und was ihm, der Beschreibung Löwiths gemäß, auch tatsächlich zu gelingen scheint, – die Studierenden zugleich aber ratlos zurücklässt: Hat das Selbst die formal-konkrete Struktur der Sorge erfasst und sich zur Erfahrung der Existenz als solcher befähigt, bleibt dem empirischen Subjekt nichts weiter übrig als sich wieder in den Sog des alltäglichen, inhaltlich spezifischen Sorgens ziehen zu lassen. Als Alternative dazu wird nach Thomä in *Sein und Zeit* und den Folgeschriften ein »Eingehen in ein übergreifendes Geschehen [identifiziert, das], […] die Zerstreuung, die das Dasein von sich selbst abbringt, von vornherein« (ebd.) vermeiden soll. Hierdurch wird das Selbst wiederum nicht als handelndes Individuum begriffen, sondern geht im Walten des Geschicks oder des Volkes auf. Thomä zufolge wird diese Aporie des Selbst zwischen abstrakter solipsistischer Eigentlichkeit und einem »›Walten‹ jenseits des Vollzugs des einzelnen Daseins« (ebd.) von Heidegger um 1933 mithilfe der Begrifflichkeiten von Volk und Arbeit zugunsten der zweiten Alternative vereindeutigt.

Foucaults Bücher haben hingegen weder zu einer solchen Aporie noch zu einer Ratlosigkeit bei den Studierenden geführt. Schließlich verstand die Mehrzahl der Leserschaft – im Gegensatz zu manchen Mitgliedern der philosophischen Disziplin – die Schriften und Vorlesungen »als Beiträge zu einer Kritik gegenwärtiger Verhältnisse auf dem Hintergrund konkreter Gewordenheit.« (Saar 2003: 167) Auch wenn die genealogische Analyse historischer Quellen keine Gründe für Proteste gegen das Bestehende liefert, besitzen die detaillierten Studien normative Implikationen, die für verschiedene politische Bewegungen zu Referenzpunkten wurden.[36] Die heideggersche ›Metaerfahrung‹ des »bekümmerten Habens seiner selbst« (GA 9: 30) dient hingegen vorwiegend dazu, die formal-konkreten Strukturen der Sorge aufzudecken, aus denen sich trotz aller existenzphilosophischer Anklänge keine Konsequenzen für die alltägliche Praxis ziehen lassen (sollen). Seine Kritik an abstrakter Theoriebildung, die durch ein bewusstes Erfahren der Lebensvollzüge ersetzt werden soll, läuft dabei Gefahr, durch die explizite Distanz zu ethisch-politischen Fragestellungen und der Fokussierung auf universitäre Diskussionszusammenhänge unterlaufen zu werden. Wenn Theorie jedoch tatsächlich Praxis ist, hat sie sich auch in konkreten Praxiszusammenhängen zu realisieren, die vielfach politische Implikationen besitzen. Gerade dieser Konsequenz verweigert sich die heideggersche Philosophie bis 1927, um sie im Zuge der folgenden Jahre in Form

36 Neben der Anti-Gefängnis- und Antipsychiatriebewegung (vgl. Polat 2011) hat sich auch die Kritik an der Sicherheits- und Biopolitik (vgl. Lemke 2007) sowie der Pädagogik (vgl. Besley/Peters 2007) und des Neoliberalismus (vgl. Biebricher 2012; Brown 2015) maßgeblich auf Foucault bezogen. Gleiches gilt für (queer-)feministische Strömungen (vgl. Sawicki 1991: 19–32; Engel 2002; Kerner 2009: 20–43), um nur einige politische Bewegungen zu nennen.

von nationalsozialistischen Begriffen und Argumentationsweisen zu ziehen.

Auch wenn die foucaultsche Untersuchung des ethischen Selbstverhältnisses der Sorge um sich keine unmittelbaren moralischen Handlungsanweisungen bietet, ist sie, wie seine Schriften im Allgemeinen, von einer Kritik an bestimmten gegenwärtigen Verhältnissen geprägt. Zwar halten die Genealogien und der ihnen eigene kritische Impuls keine klare Antwort auf die Frage bereit, was zu tun ist. Sie legen aber nahe, welche Phänomene der Gegenwart abschaffungswürdig sind und verweisen durch die detaillierte Beschreibung der Genese bestehender Verhältnisse auf die Möglichkeit ihrer Veränderung. Anstatt wie Heidegger durch die Philosophie eine Grunderfahrung zu machen, die den Ursprung des alltäglichen Erlebens erfasst, besteht die Philosophie der Erfahrung nach Foucault darin, sich von gewohnten Formen des Erlebens zu lösen, um andere zu ermöglichen. Diese Differenz wird besonders in einem Zitat deutlich, in dem er sich explizit von der Phänomenologie ab- und Nietzsche zuwendet. »Darüber hinaus bemüht sich die Phänomenologie, die Bedeutung der alltäglichen Erfahrung zu erfassen, umherauszufinden, inwiefern das Subjekt, das ich bin, in seinen transzendentalen Funktionen tatsächlich grundlegend ist für diese Erfahrung und diese Bedeutungen. Dagegen dient die Erfahrung bei Nietzsche, Blanchot, Bataille dazu, das Subjekt von sich selbst loszureißen, derart, daß es nicht mehr es selbst ist.« (ME 27)

In den antiken Schriften zur Ethik erkennt Foucault ein Selbstverhältnis, das die Möglichkeit zur ständigen Selbsttransformation kultiviert und eine Arbeit an der eigenen Existenz wie an den Grenzen dessen praktiziert, was innerhalb einer historischen Situation möglich und akzeptabel erscheint. Er teilt mit Heidegger zwar die Kritik am Humanismus (vgl. GA 9: 313ff.; Spanos 2003: 238ff.), gibt dabei aber im Gegensatz zu diesem den kritischen Anspruch der Aufklärung nicht auf (vgl. Milchman/Rosenberg 2003: 17). Stattdessen stellt er seine genealogischen Studien in deren Namen (vgl. WK; RSA; DE4/339). Die Kritik an wissenschaftlicher Objektivierung und humanistischen Konstatierungen »hat Foucaults philosophische Produktivität nicht im gleichen Maße wie Heidegger gefesselt. Er konnte sie zeigen und sich doch davon lösen, auch weil er aus Nietzsche mehr subversive Energie als Heidegger gezogen haben scheint, eine Energie des *gegen*, die ihn von Anfang an stärker aus dem Problemfeld der Philosophie herauszog« (Schneider 2001: 232).

Eine solche Energie, die sich gegen eine Reduzierung des Denkens auf philosophieinterne Debatten wendet, weil ihre (Wirkungs-)Kraft nicht in der Kritik der Akademie, sondern der bestehenden gesellschaftlichen Verhältnisse besteht, findet sich auch bei Arendt. Doch anders als Foucault ist ihre kritische Aneignung der heideggerschen Geste nicht der Sorge um sich, sondern der Sorge um die Welt unterstellt.

1.4.2. Sorge und Welt bei Heidegger und Arendt

Das »Motiv der Abkehr« (Vollrath 1988: 358) bestimmt Arendts Verhältnis zu Heideggers Philosophie. Eine Abkehr setzt Nähe voraus, die durch eine abwendende Bewegung verringert wird. Sie besteht im Falle Arendts in einer intensiven und lebenslangen Auseinandersetzung mit Heideggers Werk. Als Studentin besuchte sie seine Veranstaltungen in Marburg und war in dieser Zeit vielmehr an Philosophie denn an Politik interessiert, erfuhr deren Relevanz jedoch durch den Nationalsozialismus auf brutale und direkte Weise. Das mag ein Grund dafür sein, weshalb in »den Jahren 1931 und 1932 […] ihr Denken zusehends politischer« (Young-Bruehl 1991: 148; vgl. AG 47) wurde. Sie musste erkennen, dass es insbesondere die Gebildeten waren, die sich nicht gegen, sondern für den Nationalsozialismus aussprachen (vgl. Rentsch 1989: 72f.). Im Interview mit Günter Gaus stellt Arendt einen deutlichen Zusammenhang zwischen der Bereitschaft zur Kollaboration mit dem Naziregime und der Intelligenz her. »Ich lebte in einem intellektuellen Milieu, ich kannte aber auch andere Menschen. Und ich konnte feststellen, daß unter den Intellektuellen die Gleichschaltung sozusagen die Regel war. Aber unter den andern nicht. Und das hab' ich nie vergessen. Ich ging aus Deutschland, beherrscht von der Vorstellung […]: Nie wieder! Ich rühre nie wieder irgendeine intellektuelle Geschichte an.« (AG 58)

Die Enttäuschung über das Versagen der Intellektuellen im Allgemeinen und Heideggers im Besonderen lässt Arendt eine skeptische Haltung zur Philosophie einnehmen, die in ihrer Sorge um den politischen Zustand der Welt begründet ist. Zugleich stellt ihr Verständnis von Sorge und Welt ein Resultat der kritischen Auseinandersetzung mit Heideggers Werk dar. Hierfür vollzieht sie seine anticartesianische Geste nach, transferiert die praxeologische Konzeption des wechselseitig konstitutiven Verhältnisses von Welt und Selbst jedoch aus dem fundamentalontologischen in den politischen Kontext.

Praktisches Sorgen statt Bewusstseinsprozess

Obwohl sich Heidegger und Arendt mit Descartes und zeitgenössischen subjektphilosophischen Ansätzen auseinandersetzen, lassen sie sich in ihren zentralen Werken nicht auf eine differenzierte Auseinandersetzung mit ihnen ein. Stattdessen nutzen sie die cartesianische Tradition primär als Kontrastfolie. Sie wenden sich gegen ein mit ironischen Paraphrasen beschriebenes Bild des rationalen Subjekts, das die Welt im Sinne einer Ansammlung isolierter Objekte über Bewusstseinsprozesse zu erkennen versucht. Gegen diese Vorstellung bringen sie eine praxeologische Konzeption von Welt und Sorge in Stellung. Der Begriff der Welt kann dabei als »Schlüssel« (Thomä 2000: 198) bezeichnet werden, durch den Arendt das politische Potential des heideggerschen Werks extrapoliert (vgl. u.a. Benhabib 1994: 74; Jaeggi 1997a: 69ff.; Thomä 2000: 198ff.). Während der Sorgebegriff den zentralen Gegenstand von *Sein und Zeit* darstellt, handelt es sich bei der »Sorge um die Welt« (VA 325; WP 24) um einen von Arendt eher selten verwendeten Topos. Er bezeichnet die Haltung, die Arendt zur Philosophie im Allgemeinen und zu Heideggers Werk im Besonderen einnimmt. Sie wird von ihr durch die kritische Auseinandersetzung mit seinem Denken entwickelt, indem sie nach dem Krieg in Sorge um die Welt seine fundamentalontologische Konzeption der Sorge angreift. »Das Dasein ist also dadurch charakterisiert, daß es nicht einfach ist, sondern daß es ihm in seinem Sein um sein Sein selbst geht. Diese Grundstruktur heißt ›Sorge‹, welche allem täglichen Besorgen in der Welt zugrunde liegt. Das Besorgen hat in Wahrheit einen rückbezüglichen Charakter; es richtet sich nur scheinbar auf das, womit es gerade beschäftigt ist; in Wahrheit tut es alles im modus des Um-willen.« (WE 33)[37]

Auch wenn diese Darstellung dem heideggerschen Verständnis von Welt und Sorge kaum gerecht wird, zeigt sich hier besonders deutlich Arendts Kritik an dem Selbstbezug des Daseins und der Negierung des politischen Charakters der Welt (vgl. Taminiaux 1997: 10; Marchart 2005: 38).[38] Dieser Fixierung auf die einzelne Existenz stellt sie die Tatsache

---

37 Zwar räumt Arendt später ein, dass es sich dabei um ihre vergangene Auffassung während des Nationalsozialismus handle und sie diese nicht mehr in dieser Schärfe vertrete, hält sie dennoch an ihr im Kern fest (vgl. AG 58).

38 Das heideggersche Bonmot über das Dasein, dem es »in seinem Sein um dieses Sein selbst geht« (SZ 12), ist nicht mit einer egozentrischen oder gar egoistischen Haltung zu verwechseln. Stattdessen ist es Ausdruck der praxeologischen und von Arendt geteilte

gegenüber, dass es »zum Begriff des Menschen gehört, daß er mit anderen, die seinesgleichen sind, die Erde zusammen bewohnt« (WE 38). Damit setzt sie der philosophischen Fokussierung auf die Singularität des Selbst, die sie in dem Aufsatz *Was ist Existenzphilosophie?* von 1948 unter anderem anhand von *Sein und Zeit* aufzuzeigen versucht, die menschliche Grundbedingung der Pluralität entgegen. »The extraordinary salience of plurality in Arendt's thought raises an immediate question. If this notion distinguishes her from an overly ›Platonic‹ tradition of political philosophy in general, does it not also distinguish her from her teacher, Heidegger, in particular? The answer to this question is assuredly ›yes‹.« (Villa 2010: 107)

Wenige Jahre später dient ihr jedoch gerade Heideggers Weltbegriff zur Erläuterung der Pluralität, wobei sie nun davon ausgeht, dass er mit seinem Verständnis von Mitdasein die Relevanz der Mitmenschen für die Einzelnen zu fassen versucht (vgl. CPPT 25; SZ 116ff.). Ihre zuvor in Bezug auf Heidegger geäußerte Kritik an der Fokussierung auf das Selbst wendet sie nun gegen Descartes. »Was die Philosophie der Neuzeit seit Descartes von aller anderen Philosophie unterscheidet [...], ist die Herausstellung und Analyse des Selbst [...] und demgemäß der Versuch, alle Erfahrungen in der Welt wie der Mitwelt auf Bewußtseinserlebnisse zu reduzieren, die in einem Selbst verlaufen.« (VA 325) Eine ähnliche Kritik an Descartes formuliert Heidegger in seiner Vorlesung von 1928/29. »Mit [...] der Entwicklung des Subjektbegriffs seit Descartes [...] beginnt eigentlich das Verhängnis der neuzeitlichen Philosophie, weil bei ihm das ego, das Ich derart verarmt, daß es überhaupt kein Subjekt mehr ist. Ego sum ist bei Descartes ohne Sein bei..., ohne Miteinandersein.« (GA 27: 118f.) Heidegger und Arendt lehnen somit die Vorstellung eines isolierten Erkenntnissubjekts ab, das die Mitmenschen und die Umwelt lediglich als Erkenntnisobjekte begreift.

Mit der Kritik an der cartesianischen Subjekt-Objekt-Dichotomie wird zudem von beiden die Konzeption der Welt als vom Selbst klar zu trennende res extensa dekonstruiert (vgl. Tugendhat 1993: 198ff.; Benhabib 1994: 76; Lee 2001: 16ff.). Ihr stellen sie einen Begriff von Welt entgegen, der diese nicht als Ansammlung von Erkenntnisobjekten, sondern als Praxiszusammenhang beschreibt. Demnach entsteht die Welt erst durch historisch, kulturell und lokal spezifische Praktiken der Menschen, die wiederum ihr eigenes Wesen innerhalb der Welt hervorbringen (vgl. SZ 63; VA

Annahme, dass die Menschen kein substanzielles, ewiges oder natürliches Wesen besitzen, sondern dieses selbst durch ihre Praktiken konstituieren. S.o., Kap. 1.1.

65–68). Dieser praxeologischen Figur gemäß befinden sich die Einzelnen nicht außerhalb der Welt, die sie aus der Distanz durch kognitive Verfahren erkennen. Vielmehr sind sie vor jedem Bewusstseinsakt bereits innerhalb der Welt situiert, die sie über praktische Vollzüge ebenso hervorbringen wie erfassen (vgl. Dreyfus 2001: 77ff.; Schatzki 2000: 55; Brandom 2002). Die Abgrenzung von rationalistischen und kognitivistischen Argumentationsweisen zugunsten der Untersuchung von Praktiken war bereits im geistigen Klima der zwanziger Jahre vorhanden. Doch Heidegger war »der erste, der sich mit der These vom Primat des In-der-Welts-eins grundsätzlich von der Idee eines fundierenden Bewußtseins verabschiedet.« (Gethmann 1993: 286) Welt wird von Heidegger in seiner »existenziellen Bedeutung« (SZ 65) verstanden, insofern sie, Arendt entsprechend, als das bestimmt wird ›worin‹ ein faktisches Dasein als dieses ›lebt‹.« (ebd.; vgl. VA 224) Die »heideggersche Figur –, daß [die Welt] zwar einerseits von Menschen hergestellt ist, gleichzeitig uns aber als von uns unabhängige, nämlich vorgängige Welt entgegentritt« (Jaeggi 1997a: 55), ist ebenso für Arendts Denken zentral.

Die praxeologische Denkfigur Heideggers dient ihr nicht nur dazu, die Konzeption der Welt als Erkenntnisobjekt anzugreifen, sondern auch die Reduktion von Erfahrung auf Bewusstseinsprozesse. Mit Heidegger geht sie davon aus, dass Bedeutungen nicht vorrangig über kognitive Verfahren des Subjekts generiert werden, das über die (Außen-) Welt als res extensa reflektiert. Stattdessen entsteht Bedeutsamkeit im Zuge des praktischen »In-der-Welt-sein[s]« (SZ 125), wobei sie das Moment darstellt, das »die Struktur der Welt, dessen, worin Dasein als solches je schon ist, ausmacht.« (ebd.: 87) Nach Heidegger ist die Erschlossenheit der Welt »die Grundart des Daseins, gemäß der es sein Da ist. […] Die Struktur der Sorge als Sich-vorweg-schon sein in einer Welt-als Sein bei innerweltlichem Seienden birgt in sich Erschlossenheit des Daseins.« (ebd.: 220) Demnach ermöglicht die Sorge, dass das Dasein sich selbst und die Welt erfasst. Ehe etwas bewusst und kognitiv verstanden wird, versteht sich das Dasein bereits aufgrund der Sorgestruktur darauf, in praktischen Existenzweisen sein Leben innerhalb der Welt zu führen und sie als bedeutsamen Zusammenhang zu erschließen. Durch die Fundierung der Erfahrung von Realität innerhalb der Sorgestruktur ist es Heidegger möglich, der erkenntnistheoretischen Fragestellung nach den Möglichkeitsbedingungen von Wissen und Wirklichkeit eine praxeologische Antwort als Alternative zur cartesianischen zu bieten.

Arendt begegnet rationalistischen Argumentationen dagegen mit der politischen »Sorge für die Welt« (VA 325). Demnach lassen sich weltliche Phänomene deshalb nicht »auf Bewußtseinserlebnisse reduzieren« (ebd.), weil sie erst über die öffentliche, intersubjektive Auseinandersetzung Bedeutung gewinnen (vgl. ebd.: 222ff.). Nur innerhalb des Erscheinungsraums, der durch die politische Praxis entsteht, können die Menschen sich sprechend und handelnd die Bedeutsamkeit und gesellschaftliche Relevanz von Gegenständen wie historischen Ereignissen erschließen.

»Menschlich und politisch gesprochen, sind Wirklichkeit und Erscheinung dasselbe, und ein Leben, das sich, außerhalb des Raumes, in dem allein es in Erscheinung treten kann, vollzieht, ermangelt nicht des Lebensgefühls, wohl aber des Wirklichkeitsgefühls, das dem Menschen nur dort ersteht, wo die Wirklichkeit der Welt durch die Gegenwart einer Mitwelt garantiert ist, in der eine und dieselbe Welt in den verschiedensten Perspektiven erscheint. Denn nur ›was allen als glaub- und meinungswürdig erscheint, nennen wir Sein‹ […], und was immer sein mag, ohne sich in solchem Erscheinen für alle zur Geltung zu bringen, kommt und geht wie ein Traum, bleibt realitätslos« (ebd.: 250f.).

Arendt begründet die Erschlossenheit der Welt somit nicht innerhalb der Sorge des Daseins, sondern in der politischen Sorge um die Welt. Auf diese Weise teilt sie Heideggers anticartesianische, praxeologische Antwort auf die epistemologische Frage nach der Wirklichkeit, legt sie jedoch nicht fundamentalontologisch, sondern politisch aus.

Ding- und Mitwelt

Die beschriebene Abgrenzung gegenüber der cartesianischen Tradition dient Arendt wie Heidegger zur Erläuterung des konstitutiven Praxiszusammenhangs der Welt innerhalb dessen die Einzelnen ihr Wesen entwickeln. Entsprechend des praxeologischen Primats gehen beide davon aus, dass die Welt über Praktiken hervorgebracht wird, wobei sie die gegenständlich-räumliche und die intersubjektive Dimension der Welt über divergierende Praxisformen differenzieren. Nach Arendt ist es das Herstellen, die zweite Grundtätigkeit der Vita activa, welche die Welt in ihrem gegenständlichen Charakter hervorbringt (vgl. ebd. 33).[39] Wie in *Sein und Zeit* wird die Welt nicht als Ansammlung von Objekten verstanden, sondern ist durch den praktischen Zugang zu ihr bestimmt. Sie wird durch

39 S.o., Kap. 1.3.1.

Handlungsvollzüge erfasst, die Arendt aufgrund des gegenständlichen Charakters der Welt Homo Faber zuschreibt. Er zielt durch den Herstellungsprozess darauf ab, dass in »dieser Dingwelt […] menschliches Leben zu Hause« (VA 16) sein kann, indem er Gegenstände schafft, die eine Lebensdauer überschreiten und so Kontinuität vermitteln. Auch nach Heidegger wird die Welt nicht primär über kognitive Erkenntnisprozesse als isolierte Dinge erkannt. Vielmehr ist sie durch den praktischen Gebrauch bereits vertraut und durch das »Besorgen« (SZ 68) in ihrer Spezifik erfasst.[40] Dabei ist der Umgang mit Gegenständen nach Heidegger ebenso wie das Herstellen bei Arendt maßgeblich durch die Zweck-Mittel-Relation bestimmt (vgl. VA 161ff.; Villa 1996: 138). So erklärt Heidegger: »Zeug ist wesenhaft ›etwas, um zu …‹.« (SZ 68)

Diese zweckdienliche Praxis der Zuhandenheit und des Herstellens grenzen Heidegger und Arendt explizit vom Umgang mit den Mitmenschen ab, durch welchen die »*Mitwelt*« (ebd.: 118; VA 231) entsteht.[41] Wenn das Dasein immer schon in einer Welt lebt, ehe es sich dessen bewusst wird, dann befindet es sich auch stets unter Anderen. »Die Klärung des In-der-Welt-seins zeigte, daß nicht zunächst ›ist‹ und auch nie gegeben ist ein bloßes Subjekt ohne Welt. Und so ist am Ende ebensowenig zunächst ein isoliertes Ich gegeben ohne die Anderen.« (SZ 116) Arendt schließt sich dieser Auffassung an, wenn sie konstatiert, dass »kein Seiendes, sofern es erscheint, für sich allein existiert« (LG 29). Allerdings wählt Heidegger in *Sein und Zeit* zur Beschreibung des Mitseins Beispiele, in denen das Dasein gerade im Zuge des Besorgens und im Umgang mit Zeug auf die anderen stößt (vgl. SZ 117f.). Diese Darstellung evoziert entgegen seiner Differenzierung von Ding- und Mitwelt den Eindruck, dass das Dasein zu den anderen vorwiegend in zweckdienlichen Beziehungen steht (vgl. Pocai 2001: 55, Kołtan 2012: 112f.; Grosser 2013a: 305f.). Arendt kritisiert Hei-

40 Diesen Grundsatz teilen Heidegger und Arendt mit Wittgenstein (vgl. Rentsch 2013: 70; Matzner 2013).

41 Benhabib (2006: 188) geht davon aus, »daß Hannah Arendt die philosophische Bedeutung der Unterscheidung zwischen ›praxis‹ (Handeln) und ›poiesis‹ (Herstellen) […] durch Heideggers Vorlesungen klar geworden ist«. Taminiaux (vgl. 1997: 35ff.) erkennt zudem in Heideggers Interpretation der Aristotelischen Trennung von Praxis und Poiesis die darauf aufbauende Spannung zwischen der Verfallenheit an die Öffentlichkeit und der Eigentlichkeit. Anders als Heidegger bezieht Arendt das Aristotelische Verständnis von Praxis jedoch nicht auf die eigentliche Existenzweise der Einzelnen, sondern auf das gemeinsame Handeln, das durch die Pluralität ebenso ermöglicht wird wie sie bestätigt (vgl. Villa 1996: 212).

deggers Verständnis des Mitseins deshalb in ihrer ersten öffentlichen Auseinandersetzung mit seinem Werk als »realistischen Funktionalismus« (WE 32), der einen spontanen, zweckfreien Austausch zwischen Menschen unmöglich erscheint lässt.

Obwohl sich in *Sein und Zeit* auch Stellen finden, an denen Heidegger diese Lesart seines Werks bereits antizipiert und sich bemüht, diese Kritik im Vorhinein zu entkräften, findet sich dort keine ausführliche Beschreibung einer gelungenen Form intersubjektiver Beziehungen. Vielmehr ist »das Thema zwischenmenschlicher Gemeinschaft wenn auch nicht komplett ausgeklammert, so doch vielfach unterbestimmt« (Grosser 2013a: 305), auch wenn Heidegger es durch den Begriff der Fürsorge abzudecken meint.[42] Denn selbst die Fürsorge besteht nicht in der gemeinsamen Sorge um eine ebenso gemeinsame Welt. Stattdessen dient sie der Hinführung zur Ergreifung der je eigenen Existenz, die als »eigenste, unbezügliche, unüberholbare Möglichkeit seines Seins« (SZ 256) durch das Vorlaufen zum Tode erlangt werden kann.[43] »Das Leitbild […] ist Individualität im Sinne einer strengen Unteilbarkeit des Daseins. […] Der eine […] befreit den Anderen, aber – und das ist der springende Punkt – für dessen eigenes Selbstsein.« (Kołtan 2012: 119) Kołtan geht deshalb wie Arendt und viele andere davon aus, dass »[i]nnerhalb eines solchen Horizontes […] von keinem echten Miteinander die Rede sein« kann (vgl. u.a. Habermas 1993: 178ff.; Grosser 2013a: 305).

Neben dieser Lesart, die Heideggers Denken solipsistische Tendenzen zuschreibt, wird auch die Position vertreten, dass er durch die fundamen-

42 Die Ahnung eines »gemeinsame[n] Geschick[s] oder Mit-Geschick[s]« (Nancy 2004: 161) findet sich lediglich in dem Begriff des Volkes. Dieser Umstand wird von Arendt und vielen anderen als Konsequenz des Fehlens einer Konzeption tatsächlicher intersubjektiver Auseinandersetzung angesehen (vgl. u.a. Thomä 2013: 112; Nancy 2004: 162ff.). In Arendts Beschreibung der heideggerschen Denkbewegung vom Selbst zum Volk findet auch ihre Entrüstung über sein nationalsozialistisches Engagement seinen Ausdruck, wenn sie schreibt: »Heidegger hat dann später in Vorlesungen versucht, seinen isolierten Selbsten in mythologisierenden Unbegriffen wie Volk und Erde wieder eine gemeinsame Grundlage nachträglich unterzuschieben. […] Wenn es nicht zum Begriff des Menschen gehört, daß er mit anderen, die seinesgleichen sind, die Erde zusammen bewohnt, bleibt nur eine mechanische Versöhnung, in der den atomatisierten Selbsten eine ihrem Begriff wesentlich heterogene Grundlage gegeben wird. Dies kann nur dazu dienen, die nur sich wollendenden Selbste in einem Über-selbst zu organisieren, um die in der Entschlossenheit ergriffene grundsätzliche Schuld irgendwie in die Praxis abzuleiten.« (WE 38)

43 S.o., Kap. 1.1.2.

talontologische Ausrichtung des Mitseins als Existenzial die zentrale Bedeutung der anderen für das Dasein vielmehr hervorhebt als negiert (vgl. u.a. Luckner 2001b: 167; Michalski 1997: 144ff.; Nancy 2004: 153ff.; Schatzki 2005). Auch für diese Interpretation lassen sich Belege in *Sein und Zeit* finden. »Das eigene Dasein ist nur, sofern es die Wesensstruktur des Mitseins hat, als für Andere begegnend Mitdasein. Wenn das Mitsein für das In-der-Welt-sein existenzial konstitutiv bleibt, dann muß es ebenso wie der umsichtige Umgang mit dem innerweltlich Zuhandenen [...] aus dem Phänomen der *Sorge* interpretiert werden, als welche das Sein des Daseins überhaupt bestimmt wird« (SZ 121).

Ob der Mitwelt durch die Einbettung in der Sorge eine besondere Relevanz zugestanden, oder gerade deren Spezifik durch die Rückführung auf das Dasein unterminiert wird, ist seit dem Erscheinen von *Sein und Zeit* eine kontrovers diskutierte Frage.[44] Anstatt für eine dieser Postionen Partei zu ergreifen, soll die »Spannweite des heideggerschen Mitseins im Auge behalten« (Greisch 2013: 101) werden. Sie ist maßgeblich auf die Spezifik des fundamentalontologischen Ansatzes zurückzuführen. Weil die Sorge als ontologische Grundstruktur die Einzelnen erst ermöglicht, ist auch die ontologische Konzeption des Daseins nicht mit der des Selbst identisch, sondern impliziert alle Menschen. Als »transzendental-ontologische[r] Begriff« (Gethmann 1993: 75) ist die Sorge nicht genuin oder notwendig solipsistisch, sondern bietet vielfältige Realisierungsmöglichkeiten auf ontischer Ebene. Auf diese geht Heidegger nicht ausführlich ein, weil deren ontologisches Fundament Gegenstand seines Forschungsvorhabens in *Sein und Zeit* ist. Hierdurch bleibt die Relevanz der Mitwelt jedoch in der Schwebe.

44 Allerdings müssen selbst diejenigen, die Heideggers Betonung der Mitwelt hervorheben zugeben, dass die Konzeption einer (gelungenen) Sozialität und intersubjektiven Auseinandersetzung in Sein und Zeit unterbestimmt ist (vgl. u.a. Luckner 2001b: 167; Nancy 2004: 166). Daraus werden hochgradig unterschiedliche Schlüsse für die eigene Arbeit gezogen. Während einige das heideggersche Denken für systematische oder normative Projekte gänzlich ablehnen (vgl. u.a. Habermas 1991: 158ff), eignen sich andere den Topoi des Mitseins trotz ihrer deutlichen Kritik an Heidegger an. So hebt Löwith (vgl. 1981: 43ff.) die Relevanz der Ich-Du-Beziehung für die Einzelnen hervor, Levinas (1995: 51) hingegen die »Situation des Von-Angesicht-zu-Angesicht mit dem anderen«. Arendt legt den Schwerpunkt hingegen nicht auf die dualen, sondern die pluralen Beziehungen, die zwischen Menschen innerhalb der öffentlichen Sphäre entstehen (vgl. Taminiaux 1997: 16ff.).

»So sehr Heidegger, und zwar mit besonderer Dringlichkeit, die Ursprünglichkeit des Mit in seiner Notwendigkeit wahrgenommen hat (er ist wohl der erste, der seit dem Verhältnis der begründenden Bewußtseine im Hegelschen Subjekt diesen Punkt so klar gesehen hat), so sehr hat er die Möglichkeit, die er erschlossen hat, selbst unterdrückt: das Mit genau seinem Hinweis entsprechend zu denken, sprich weder äußerlich, noch innerlich. Weder Masse noch Subjekt. Weder anonym noch ›je-meinig‹. Weder uneigentlich noch eigentlich. Grenze, Sackgasse und Umleitung finden sich also genau am Ort eingeschrieben, und zugunsten einer Öffnung von Sein und Zeit selbst.« (Nancy 2004: 166)

Diese Öffnung nutzt Arendt, um die Ambivalenz, die nicht nur durch den fundamentalontologischen Ansatz, sondern auch durch die Opazität des heideggerschen Vokabulars evoziert wird, in eine eindeutig politische Konzeption des Mitseins zu transformieren. Hierbei übernimmt sie die ontologische Ausrichtung der (Mit-)Welt und unterzieht sie einer Reformulierung, die dem Primat der Pluralität unterstellt ist. Anstatt die Mitwelt auf die Grundstruktur des Daseins zurückzuführen, hebt sie deren intersubjektiven Gehalt hervor, den Heidegger unterminiert (vgl. u.a. Villa 1996: 141; Jaeggi 1997a: 70; Thomä 2000: 205; Benhabib 2006: 171ff.). Sie ist demnach nicht eine Seinsweise des Daseins, sondern meint die konkreten Mitmenschen, die, der menschlichen Grundbedingung der Pluralität entsprechend, ebenso gleich wie verschieden sind.

Die Pluralität wurde oftmals der heideggerschen Fokussierung auf die Singularität des Daseins entgegengestellt (vgl. u.a. Bellardinelli 1990: 134; Benhabib 1994: 79; Taminiaux 1997: 17; Thomä 2000: 201). Auch wenn diese Darstellung möglich ist, wird die klare Dichotomie von Singularität und Pluralität weder dem fundamentalontologischen Ansatz noch Arendts Heidegger-Rezeption gänzlich gerecht. »Arendts eigene Auffassung von Politik als ursprünglicher Pluralität ist ohne Rücksicht auf […] Heideggers Behauptung vom ontologischen Primat der Praxis über die Theorie« (Esposito 1997: 553) nicht zu denken. Die fundamentalontologische Ausrichtung der praxeologischen Denkfigur eröffnet Arendt gerade durch die weitgehende Vermeidung der inhaltlichen Bestimmung von ontischen Praktiken die Möglichkeit, diese als öffentliches Handeln und Sprechen zu bestimmen. Während die Existenzweisen des Daseins die ontologische Voraussetzung jeder ontischen Tätigkeit darstellen, handelt es sich bei der politischen Praxis um eine ontische, die zugleich ontologische Relevanz besitzt: Nur durch sie werden die Menschen Arendt zufolge ihrem eigensten Wesen als unvergleichbare und gleichberechtigte Individuen gerecht, was in der modernen Gesellschaft jedoch kaum der Fall ist. Dementsprechend handelt es sich bei der durch die politische Praxis entstehende Einzigartigkeit der Person und der Welt im Sinne des öffentlichen Erscheinungsraums nicht um eine »unhintergehbare anthropologische Grundtatsache, sondern eine nicht immer realisierte und bedrohte Möglichkeit« (Jaeggi 2011: 334). Da Person und Welt ein Potential und kein Existenzial darstellen, gewinnen sie politischen Gehalt, weil um ihre Realisierung und ihren Erhalt mit politischen Mitteln, gemeinsam mit anderen gekämpft werden muss. »Auf diese Weise wird Hannah Arendts Umdeutung der ›Welt‹ als einer im fundamentalen Sinne ›gemeinsamen Welt‹ zum Hebel ihrer philosophisch-politischen Transformation der heideggerschen Ontologie« (Jaeggi 1997b: 153), die Heidegger stets vermied. »It is almost impossible to render a clear account of those thought of Heidegger which may be of political relevance without an elaborate report on his concept [...] of ›world‹. This is all the more impossible as Heidegger himself has never made articulate the implications of his philosophy in this direction.« (CPPT 25)

Diese Aufgabe übernimmt Arendt, indem sie sich Heideggers praxeologische Ausrichtung des Weltbegriffs aneignet, um sie aus dem fundamentalontologischen Raster in den politischen Bereich zu transferieren. Auf gleiche Weise verfährt sie mit seinem Verständnis von Dasein.

Da- und Personsein

Ebenso wie sich Heidegger und Arendt in anticartesianischer Manier darin einig sind, dass die Welt keine Summe von Erkenntnisobjekten darstellt, verwehren sie sich einer Reduktion der Menschen auf Erkenntnissubjekte. Stattdessen gehen beide davon aus, dass die Einzelnen ihr Wesen über konkrete Praktiken innerhalb des weltlichen Praxiszusammenhangs entwickeln, den sie mit anderen teilen. Aufgrund des wechselseitig konstitutiven Verhältnisses von Selbst und (Mit-)Welt hat der Zustand der letzteren unmittelbare Auswirkungen auf die Einzelnen und vice versa. Dabei erkennen Heidegger und Arendt eine zentrale Gefahr in der »Einebnung« (SZ 127) von Bedeutungsunterschieden weltlicher Phänomene, die mit einer Homogenisierung der Menschen einhergeht.

Im krassen Kontrast zu Arendt verortet Heidegger diese Bedrohung jedoch in der Öffentlichkeit. Ihm zufolge ist es eine Tendenz des Mitseins, in der »Sorge der Durchschnittlichkeit« (ebd.) zu leben und dabei alle Unterschiede der Einzelnen, ihre Sicht- und Seinsweisen zu negieren. Als

Ergebnis dieser Nivellierung regelt die Öffentlichkeit nicht nur »alle Welt- und Daseinsauslegung« (ebd.), sondern bietet den Einzelnen zudem die Chance, sich ihrer Verantwortung gegenüber sich selbst zu entziehen. Anstatt die Herausforderung der praxeologischen Existenz anzunehmen und das eigene Wesen durch eigentliche Existenzweisen zu erfassen und zu gestalten, denken und agieren die Einzelnen nicht selbst, sondern das »Man ›war‹ es immer« (ebd.). Ehe sich das Selbst seiner Existenz bewusst werden kann, vollzieht es sein Leben bereits in dieser öffentlichen Mitwelt, weshalb das »Wer des alltäglichen Daseins« (vgl. ebd.: 128) das »Niemand« (ebd.) ist. Dabei ist das Man »*ein Existenzial und gehört als ursprüngliches Phänomen zur positiven Verfassung des Daseins.*« (ebd.: 129) Somit ist die Seinsweise des Man nicht zu hintergehen. Die Einzelnen befinden sich vorgängig in der bestehen Öffentlichkeit und ihren entsprechenden (Auslegungs-) Regeln, ehe sie ihre jeweilige Existenz ergreifen können.

Arendt wendet diese Darstellung der Öffentlichkeit in zweierlei Hinsicht ins Politische: Zum einen stellt sie seiner Definition dieses Begriffs eine affirmative Deutung gegenüber und behält hierbei seine ontologischen Implikationen bei. Zum anderen vermeidet sie die fundamentalontologische Ausrichtung des heideggerschen Verständnisses von Öffentlichkeit, indem sie seine Beschreibung als zeithistorische Analyse der Moderne reformuliert. Heidegger zufolge verdunkelt die Öffentlichkeit alles, weil sie durch Konventionen gewöhnliche Auslegungen weltlicher Phänomene vorgibt und damit ihre jeweilige Besonderheit verdeckt (vgl. ebd.: 127). Dagegen erscheinen weltliche Phänomene Arendt zufolge erst im Licht der Öffentlichkeit (vgl. VA 64). Diese wird von ihr nicht als konstitutiver Aspekt der fundamentalontologischen Sorgestruktur aufgefasst, sondern als Effekt der politischen Sorge um die Welt. Die Öffentlichkeit ist somit wie die Welt kein Existenzial, sondern ein Potential, das realisiert wird, wenn sich die Menschen sprechend und handelnd begegnen und es vergeht, sobald die politische Interaktion endet (vgl. ebd.: 251ff.). Zugleich besitzt auch Arendts Verständnis von Öffentlichkeit ontologische Implikationen, denn erst innerhalb des mit anderen geteilten öffentlichen Raums realisiert sich das einzigartige Wesen der Person durch die politische Praxis des Sprechens und Handelns.[45] Somit verortet Arendt nicht die uneigentliche Existenzweise des »Man« in der Öffentlichkeit, sondern die eigentliche Lebensweise, in der sich die Menschen in ihrer absoluten Individualität als

45 S.o., Kap. 1.3.1.

»Jemand« (ebd.: 217) offenbaren. Diese deutlichen und offensichtlichen Unterschiede wurden vielfach betont und Heidegger für die Zuschreibung der »gleichmacherische[n] Tendenz« (Thomä 2000: 201) der Öffentlichkeit kritisiert (vgl. Habermas 1991: 167ff.; Benhabib 2006: 103, 189ff.).

Allerdings wendet Villa (1996: 141) ein: »However, the vast difference between them concerning the ›place‹ of authentic disclosedness should not lead us to assume – as some have – that Heideggers ›publicness‹ and Arendt's ›public realm‹ have precisely the same referent.« Vielmehr stimmt sie Heideggers Darstellung der Öffentlichkeit in gewisser Hinsicht zu. »Der entscheidende Punkt in unserem Zusammenhang ist, daß die sarkastische, widersinnig klingende Feststellung: Das Licht der Öffentlichkeit verdunkelt alles, die Sache im Kern trifft, ja nichts anderes ist als die prägnanteste Zusammenfassung bestehender Bedingungen.« (MfZ 9) Arendt lehnt die Ontologisierung der öffentlichen Sphäre als den Raum der uneigentlichen Seinsweise ab und versteht sie stattdessen als eine zeithistorische Beschreibung. Durch sie formuliert Heidegger »eine gängige Kritik der modernen Massengesellschaft« (Rentsch 2013: 58), wie sie in der Weimarer Zeit verbreitet war und als eben solche wird sie auch von Arendt geteilt (vgl. Benhabib 2006: 103).

Auf diese Weise verfährt sie mit dem Begriff der Öffentlichkeit wie mit demjenigen der Welt. Sie unterzieht die heideggerschen Topoi einer politischen Reformulierung, indem sie sie aus dem fundamentalontologischen Kontext löst, ohne deren ontologische Relevanz für das Verhältnis von Selbst und Welt aufzugeben. Vielmehr zieht sie die politischen Konsequenzen aus der mit Heidegger geteilten praxeologischen Figur, indem sie die Praktiken, die das Selbst und die Welt konstituieren nicht als fundamentalontologische Seinsweisen, sondern als politische Tätigkeiten bestimmt. Ebenso teilt sie mit Heidegger die Auffassung, dass sich die Einzelnen der Herausforderung, sich ihrer praxeologischen Existenz zu stellen, zumeist entziehen. Ihr verleiht sie politische Bedeutung, indem sie diese Beobachtung nicht als ontologische Konstante, sondern als konkreten Missstand der modernen Gesellschaft begreift, der durch das gemeinsame Handeln verändert werden kann.

Heidegger zufolge ist eine Loslösung vom Man dagegen nicht durch eine Veränderung der ontischen Welt, sondern durch die Entschlossenheit (temporär) möglich, die das »Sich-aufrufen-lassen aus der Verlorenheit in das Man« (SZ 299) bezeichnet. Durch sie öffnet sich das Dasein für sein »*eigentliches Selbstsein*« (ebd.: 298). Dabei bezieht sich die Entschlossenheit nicht auf eine konkrete Existenzweise, sondern bleibt inhaltlich unbestimmt und hat zugleich ihre »*existenziale Bestimmtheit*« (ebd.), die sich im »*Vorlaufen* zum Tode« (ebd.: 302) realisiert. Indem sich das Dasein durch die Vorwegnahme des Todes und die damit einhergehende Angst aus allen alltäglichen Bezügen löst, macht die Vereinzelung »offenbar, daß alles Sein bei dem Besorgten und jedes Mitsein mit Anderen versagt, wenn es um das eigenste Seinkönnen geht. Dasein kann nur dann *eigentlich es selbst* sein, wenn es sich von ihm selbst her dazu ermöglicht« (ebd.: 263), indem es sich den bestehenden Deutungsweisen der Welt entzieht und seine Existenz als solche erfährt.[46]

Der existenziellen Erfahrung der Angst stellt Arendt den Mut entgegen, den die Einzelnen brauchen, um im öffentlichen Erscheinungsraum über das politische Sprechen und Handeln vor den Augen der anderen »zu zeigen, wer [sie] […] eigentlich« sind (VA 232). Dieser Mut, der aufgebracht werden muss, um sich in der Hoffnung auf Anerkennung in der Öffentlichkeit als unverwechselbares Wesen zu exponieren, erscheint vorerst komplementär zu Heideggers Begriff der Angst, die das Dasein isoliert, anstatt es in den Kreis der Mitwelt *einzubinden* (vgl. SZ 184ff.). Doch ebenso wie der von Arendt hervorgehobene Mut führt auch die Angst vor dem Tod zu einem eigentlichen Umgang mit sich selbst und der (Mit-)Welt (vgl. Villa 1996: 133). In beiden Fällen entwickelt das Selbst über konkrete Praktiken sein eigenes Wesen, ohne sich hierbei auf bestehende Auslegungen seiner Selbst oder der Welt zu stützen. Entsprechend ihres divergierenden Sorgebegriffs legen Heidegger und Arendt jedoch auch diesen geteilten Gedanken unterschiedlich aus. Während es des Mutes bedarf, um über die politische Sorge um die Welt die eigene unverwechselbare Erscheinung in der Öffentlichkeit zu offenbaren, führt die Angst und das Vorlaufen zum Tode zur existenziellen Erfahrung der existenzialen Bedingungen und damit zur Sorge.

Statt dem Tod ist für Arendt die Geburt der Bezugspunkt, an dem sich das »ausgezeichnete […] Seinkönnen« (SZ 252) der Menschen aufweisen lässt (vgl. u.a. Belardinelli 1990: 137; Benhabib 2006: 175ff.; Marchart 2005: 31ff.). »Handeln als Neuanfang entspricht der Geburt des Jemand, es realisiert in jedem Einzelnen die Tatsache des Geborenseins; Sprechen wiederum entspricht der in dieser Geburt vorgegebenen absoluten Verschiedenheit, es realisiert die spezifisch menschliche Pluralität, die darin besteht,

46 S.o., Kap. 1.1.2.

daß Wesen von einzigartiger Verschiedenheit sich von Anfang bis Ende immer in einer Umgebung von ihresgleichen befinden« (VA 217).

Mit diesem Verständnis von Geburt als Natalität distanziert sich Arendt nicht nur von der Philosophie im Allgemeinen, die zwar den Tod, aber nur selten die Geburt zum Gegenstand ihrer Überlegungen macht, sondern auch von Heidegger im Besonderen. Während das Vorlaufen in den Tod nur durch die Ablösung von der Mitwelt im Sinne des Man möglich wird, ist die Geburt des Jemand unmittelbar und notwendig an die Gegenwart der anderen gebunden. Denn die einzigartige Person erblickt nach Arendt nur durch die politische Sorge um die Welt, die durch das gemeinsame Handeln und Sprechen praktiziert wird, das Licht der Welt (vgl. ebd.).

Durch die Reformulierung der heideggerschen Topoi von Sorge und Welt wendet Arendt die Geste Heideggers nicht nur ins Politische, sondern letztlich auch gegen ihn selbst. Der praxeologischen Figur ist eine Ambivalenz von Reproduktion und Transformation immanent, die Arendt in dezidierter Abgrenzung von Heidegger zugunsten der Möglichkeit und Dringlichkeit von Veränderung auflöst. Heidegger verweist durch die Begriffe der Geworfenheit und des Man darauf, dass die Einzelnen gar nicht umhinkönnen als sich in den Praktiken zu üben, die ihnen von den bestehenden Verhältnissen vorgegeben werden. Arendt nimmt diesen Gedanken auf, wendet ihn aber gegen Heidegger, indem sie erklärt, dass »die Menschen nicht von ungefähr in die Welt geworfen werden, sondern von Menschen in eine schon bestehende Menschenwelt geboren werden« (ebd.: 226). Ebenso wie sich die Einzelnen innerhalb bestehender weltlicher Zusammenhänge konstituieren und verorten, transformieren sie diese permanent, weil auch die Welt erst über menschliche Handlungen entsteht. Arendt zufolge kommt es darauf an, sie auf eine Weise zu verändern, die für ihren Bestand sorgt, anstatt sie zu zerstören. Dass sich Heidegger wenige Jahre nach der Veröffentlichung von Sein und Zeit mit Verweis auf sein Werk denjenigen anschloss, die die Welt als Erscheinungsraum vernichteten, hinterließ bei Arendt ein tiefes Misstrauen gegenüber der Philosophie, das zugleich Anstoß ihres originellen Denkens wurde. Indem sie die der Sorge immanente praxeologische Geste Heideggers zu einer Sorge um die Welt transformiert, stellt sie sich gegen eine Philosophie, die die Welt zum Gegenstand ihrer Analyse macht, ohne für sie Sorge zu tragen.

2. Wahrheit und Philosophie

Wie im vorherigen Kapitel gezeigt, vollziehen Arendt und Foucault die Geste Heideggers nach, indem sie auf der Kontrastfolie des cartesianischen Erkenntnissubjekts eine praxeologische Konzeption des Selbst entwickeln. Mit der gleichen Strategie dekonstruieren sie auch das Pendant des erkennenden Ichs, das Erkenntnisobjekt, und das mit der Subjekt-Objekt-Dichotomie assoziierte Verständnis von Wahrheit als *adaequatio rei et intellectus*. Die Kritik an diesem Wahrheitsbegriff und ihre eigene Auffassung von Wahrheit und Wirklichkeit stellt den Gegenstand des zweiten Kapitels dar.

Im Anschluss an die werkimmanente Rekonstruktion des Wahrheits- und Philosophieverständnis von Heidegger (2.1.), Foucault (2.2.) und Arendt (2.3.) stehen die nichtidentischen Wiederholungen der Geste Heideggers im Zentrum der vergleichenden Analyse (2.4.). Hierbei wird zuerst die Bewegung nachvollzogen, mit der Foucault die praxeologische Ausrichtung des heideggerschen Wahrheitsbegriff übernimmt, um ihn über die Verbindung mit seiner Machtkonzeption entscheidend zu verändern. Die Kategorie der Macht wurde bereits im Vergleich des Sorgebegriffs von Heidegger und Foucault als eine zentrale Differenz hervorgehoben (1.4.1.). Diese Argumentation wiederholt sich nun anhand des Verständnisses von Wahrheit und Philosophie beider Autoren. Auch wenn Foucault in seinen letzten Vorlesungen die Philosophie mit Heidegger als Praxis bestimmt, reformuliert er sie zugleich als eine Lebensform der Sorge um sich, die bestehende Wahrheitsregime angreift. Auf diese Weise weicht er deutlich von Heideggers Philosophie(-begriff) ab (2.4.1.).

Auch Arendt eignet sich Heideggers Wahrheits- und Philosophiekritik an. Allerdings nutzt sie diese nicht wie Foucault zur Beschreibung einer machtkritischen Lebensweise des ethischen Subjekts. Stattdessen kritisiert sie die Philosophie für die Tendenz, die politische Sphäre über den Glauben, im alleinigen Besitz der Wahrheit zu sein, beherrschen zu wollen. Aus der Perspektive der Sorge um die Welt, die Arendt wiederum aus der politischen Aneignung des heideggerschen Weltbegriffs gewinnt, greift sie die Philosophie für ihre Fokussierung auf das einzelne Selbst an (1.4.2.). Dieser Vorwurf trifft nicht nur die cartesianische Traditionslinie, sondern auch diejenige, die Philosophie als Lebensform versteht und in die sich Foucault mit Verweis auf Heidegger stellt. Die Spannung zwischen Selbst und Welt, Singularität und Pluralität, Philosophie und Politik, die durch Arendts politische Aneignung des heideggerschen Denkens entsteht, prägt auch den Vergleich zwischen ihrem Werk und demjenigen Foucaults (3.). Das Potential, das dieser Spannung inhärent ist, wird abschließend genutzt, um für eine kritische Haltung zu plädieren, welche die philosophische Selbstsorge und die politische Sorge um die Welt verbindet.

2.1. Martin Heidegger: Aletheia und Philosophie

Ehe auf die nichtidentischen Wiederholungen eingegangen werden kann, durch die Foucault und Arendt die praxeologische Denkfigur übernehmen, die Heideggers Wahrheitsverständnis prägt, gilt es, dieses selbst darzustellen. Mit großer Geste wendet er sich gegen die platonische, christliche und cartesianische Wahrheitsauffassung, um auf dieser Kontrastfolie sein praxeologisches Verständnis von Wahrheit als Erschlossenheit zu entwickeln (2.1.1.). Die Philosophie, wie er sie um 1927 affirmiert, hat nicht nur die Erschlossenheit des Daseins zum Gegenstand, sondern zielt zugleich auf die Erfahrung von Entschlossenheit ab, durch die das Selbst die Wahrheit seiner eigenen Existenz erfasst (2.1.2.).

2.1.1. Aletheia als Erschlossenheit

Aussagewahrheit: Weder Abbild noch ewig

Der Begriff der Wahrheit findet sich in den frühen Freiburger Vorlesungen Heideggers kaum. Und wenn, dann dient er lediglich zur Abgrenzung von »Wahrheit im Sinne von ›Richtigkeit‹« (GA 58: 244) und der damit einhergehenden »Idealsetzung von Erkenntnis und Wahrheit« (GA 61: 162).[47] Ab

47 Allerdings beschäftigt sich Heidegger bereits in seinen frühen Freiburger Jahren anhand der Dissertation von Brentano und den Logischen Untersuchungen Husserls mit dem ontologischen Charakter der Wahrheit (vgl. Rentsch 2013: 48). Demnach »ist die Ent-

der ersten Marburger Vorlesung verwendet Heidegger diesen Terminus jedoch nicht mehr ausschließlich als Abgrenzungsfolie von Konzeptionen, die davon ausgehen, dass »Wahrheit [...] Gültigkeit [sei oder] [...] sich durch theoretische Deduktion beweisen« (GA 17: 97) lasse. Vielmehr erklärt er nun, dass der Frage nach der Wahrheit und dem Verhältnis der Einzelnen zu ihr nur durch die »Erforschung des Seins des menschlichen Daseins« (ebd.) nachgegangen werden könne. Über diesen Weg versucht er ihren ontologischen Gehalt zu erfassen. Dass die explizite und ausführliche Auseinandersetzung mit dem Wahrheitsbegriff im Zuge der ontologischen Ausdeutung des Daseins stattfindet, verweist bereits auf das zentrale Merkmal der Wahrheitskonzeption Heideggers: Wahrheit ist kein Phänomen, das unabhängig vom Dasein besteht, sondern unmittelbar mit ihm verbunden ist.

»Wahrheit ist kein vorhandenes Verhältnis zwischen zwei Seienden, die vorhanden sind – als psychisches und physisches etwas, auch keine Zuordnung, wie man neuerdings zu sagen liebt. Wenn überhaupt ein Verhältnis, dann ein solches, das gar keine Analogie hat mit irgendeiner Beziehung zwischen Seiendem. Es ist – wenn man überhaupt so sagen kann – ein Verhältnis des Daseins als Dasein zu seiner Welt selbst, die Weltoffenheit des Daseins, dessen Sein zur Welt selbst, die in und mit diesem Sein zu ihr aufgeschlossen, entdeckt ist.« (GA 21: 164)

Indem Heidegger im Wintersemester 1925/26 die Wahrheit als Weltoffenheit des Daseins bestimmt, entwickelt er ein Wahrheitsverständnis, das sich deutlich von theologischen, bild- und urteilstheoretischen Konzeptionen unterscheidet. Die Ablehnung der Dichotomie von Erkenntnissubjekt und -objekt, die schon seine frühen Vorlesungen kennzeichnen, legt nahe, dass ihm zufolge nicht nur die Welt, sondern auch die Wahrheit in einer wechselseitig konstitutiven Beziehung zum Dasein steht (vgl. u.a. GA 58: 236; Yun 1996: 92; Frede 2013: 308).

Aus dieser Auffassung, die im folgenden Abschnitt ausführlicher behandelt wird, folgt, dass nicht von unvergänglichen Wahrheiten auszugehen ist, gegen die Heidegger unzweideutig polemisiert: »Daß es ›ewige Wahrheiten‹ gibt, wird erst dann zureichend bewiesen sein, wenn der Nachweis gelungen ist, daß in alle Ewigkeit Dasein war und sein wird.« (SZ 227) Wenn vorausgesetzt ist, dass Wahrheit nicht unabhängig vom »Dasein (als dem Sein des konkreten Menschen)« (Brasser 1997: 161) vorkommt,

---

wicklung der Konzeption der Wahrheit als ›Unverborgenheit‹ Ergebnis seiner Bemühung um eine Lebensphilosophie während der Freiburger und Marburger Jahre.« (Frede 2013: 308)

das sterblich ist, dann kann auch die Wahrheit keine ewige sein. Mit dieser Auffassung ist eine harsche Kritik an »den längst noch nicht radikal ausgetriebenen Resten von christlicher Theologie innerhalb der philosophischen Problematik« (SZ 229) verbunden, die sich auf ewige, von einer vom Dasein unabhängigen göttlichen Macht geschaffenen Wahrheiten beruft.[48] Neben der »religiösen Wahrheit« (GA 21: 8) kritisiert Heidegger zudem den Status der »theoretisch wissenschaftliche[n] Wahrheit« (ebd.), der in der neuzeitlichen Philosophie der »Charakter des idealen Seins« (ebd.: 54) zu gesprochen wurde. »Daß aber gerade die Wahrheit des theoretischen Erkennens und gar die der Aussage die Grundform der Wahrheit überhaupt sei, ist gar nicht einsichtig.« (ebd.: 11)

Heideggers Auseinandersetzung mit der Aussagewahrheit dient dem Nachweis, dass »der primäre ›Ort‹ der Wahrheit« (SZ 226) nicht der Satz, sondern die Erschlossenheit des Daseins ist (vgl. GA 21: 128). Das Phänomen der Wahrheit lässt sich demnach nicht auf die »objektive Gültigkeit« (SZ 156) eines wahren Satzes reduzieren, vielmehr soll das ontologische Fundament der Satzwahrheit frei gelegt werden (vgl. Martel 2008: 4, 47). Ganz der phänomenologischen Grundprämisse entsprechend, gilt es, zu den »Sachen selbst« (SZ 27) vorzudringen. Sie stellen die Voraussetzung für wahre Aussagen und logische Schlussfolgerungen dar, sind aber als solche bis dato durch eine »ontologische Ungeklärtheit« (ebd.: 155) gekennzeichnet. Ohne die Aussagewahrheit per se anzuzweifeln, soll durch die Thematisierung des »Vorthematische[n]« (Dahlstrom 1994: 29) deren epistemische und ontologische Bedingungen offen gelegt werden.

Im Zuge seiner Auseinandersetzung mit dem aristotelischen Logos-Begriff beschreibt Heidegger die Aussage als »eine Sonderart des Redens […] mit Rücksicht auf Wahrheit« (GA 20: 129). Ihre Spezifik erhält sie dadurch, dass sie im Gegensatz zu anderen sprachlichen Äußerungen, wie zum Beispiel der Bitte, ebenso wahr wie falsch sein kann, was Heidegger als »Entdecken und Verdecken« (ebd.: 133) der Aussage bezeichnet.[49] »Das Wahr-

---

48 Trotz dieser deutlichen Kritik an der Theologie lassen sich gerade im Kontext der Wahrheit der Existenz religiöse und theologische Momente finden, weshalb Habermas (1981: 77) Heideggers Darlegung der eigentlichen Existenz auch als »Protestantismus auf dem Nullpunkt der Säkularisierung« bezeichnet.

49 An dieser Definition der Aussagewahrheit als »entdeckend-sein« (SZ 218) hat sich die renommierte Kritik Tugendhats entzündet, die ebenso heftig kritisiert wie verteidigt wurde (vgl. Lafont 1994: 153–165). Demnach unterminiere Heidegger die für das Wahrheitskriterium zentrale ›so-wie‹-Relation, die von ihm in Anlehnung an Husserl anfangs noch aufgegriffen, dann aber fallen gelassen werde. »Um den Zusatz ›so wie es selbst ist‹

sein des λόγος als ἀπόφανσις ist das in der Weise des ἀποφαῖνεοναι: Seiendes – aus der Verborgenheit herausnehmend – in seiner Unverborgenheit (Entdecktheit) sehen lassen.« (SZ 219) Heidegger betont durch diese Darstellung, dass das, was die wahre Aussage bezeichnet, das Seiende, die benannte Sache selbst ist und verdeutlicht diese Auffassung anhand eines Beispiels in der Vorlesung von 1925/26. »Wenn ich jetzt – zu Ihnen sprechend über Erkennen – jemanden bitte, die Tafel auszuwischen, so rede ich von der Tafel hinter mir; jetzt sehe ich sie nicht, ich nehme sie nicht wahr; man pflegt zu sagen: ich habe nur eine Vorstellung von der Tafel. Was heißt das? Etwa: daß ich jetzt auf die Vorstellung der Tafel gerichtet bin und bitte, die Vorstellung möchte ausgewischt werden. Offenbar nicht!« (GA 21: 101)

Hiermit ist jeder »Bildtheorie« (Brasser 1997: 94) eine Absage erteilt, die davon ausgeht, dass eine Vorstellung oder ein »conceptual sheme« (Okrent 1992: 148) zwischen dem Akt des Erkennens und dem Erkannten vermittelt. Stattdessen bedeutet Wahrheit, »ἀλήθεια, die von Aristoteles nach den oben angeführten Stellen mit πϱαγμα, φαιμόμενα gleichgesetzt wird, […] die ›Sachen selbst‹, das, was sich zeigt, das *Seiende im Wie seiner Entdecktheit.*« (SZ 219) Es ist das Seiende und nicht, wie der Urteilstheorie zufolge, der Satz bzw. das Urteil, das eine wahre Aussage zu einer solchen werden lässt. Heideggers Wahrheitsverständnis besteht somit nicht in der Entsprechung von ›richtigen Erkenntnissen‹ mit einer ontologisch zuvor unterstellten objektiven »Wirklichkeit an sich« (Rentsch 2013: 60). Dennoch gibt er die adäquationstheoretische Auffassung, dass die Aussagewahrheit als Übereinstimmung zu verstehen ist, nicht per se auf, sondern bemüht sich um »eine phänomenologische Vertiefung der Bestimmung der Wahrheit als ›adäquatio‹« (Brasser 1997: 108; vgl. Martel 2008: 307). Dabei wird die wahre Aussage mit Bezug auf Aristoteles und Husserl als die Erfüllung der Aussageintention verstanden, die sich anhand des Seienden zu bewähren hat.

---

ist [aber] […] bei der Charakteristik des wahren Aussagens nicht herumzukommen« (Tugendhat 1970: 334). Denn die wahre Aussage orientiere sich nicht daran, wie sich das Seiende zeige, sondern wie es selbst tatsächlich sei. »Diese Differenz innerhalb der ›Unverborgenheit zwischen einem unmittelbaren, gleichsam vordergründigen Gegebensein […] und der Sache selbst wird von Heidegger nicht berücksichtigt.« (ebd.: 335) So werde die für das Wahrheitsphänomen konstitutive Differenzierung von wahrer und falscher Aussage nicht ausreichend erfasst. Eine Kritik dieser Darstellung formulieren unter anderem Pöggeler (1968: 380) Gethmann (1993: 118), Brasser (1997: 117ff.) und Martel (2008: 137ff.).

Auch wenn dieses Wahrheitsverständnis auf den ersten Blick naiv scheinen mag, steckt dahinter eine ungewöhnliche Konzeption von Wahrheit als »Bewährung« (SZ 218) und »Phänomenwerdung« (Brasser 1997: 98). Denn als wahr gilt die Aussage nur, wenn das Seiende, zum Beispiel die Tafel, nicht als vom Dasein unabhängiger Gegenstand verstanden wird, sondern als Phänomen. Dieser Begriff des Phänomens »besagt [...] nichts über das Sein der betreffenden Gegenstände, sondern bezeichnet nur ihre Begegnisart« (GA 20: 118). Im Kontext der Aussagewahrheit beschreibt er »die Art und Weise [...], wie sich das Ausgesagte zeigt, wenn die Aussage wahr ist.« (Brasser 1997: 63) Das Phänomen wird durch die Aussage der Verborgenheit entrissen und so »das Seiende in Selbigkeit« (SZ 218) entdeckt (vgl. Brasser 1997: 108; Martel 2008: 307). Der Begriff der aletheia, der »Unverborgenheit« (SZ 219), verweist darauf, dass die Wahrheit nicht einfach vorhanden ist, sondern stets errungen werden muss.[50] Indem die Phänomene der Sphäre der Verborgenheit, des Unbekannten und Nichtgesehenen entrissen werden, erscheinen sie in ihrem Sein, so wie sie tatsächlich sind. Die wahre Aussage befindet sich demnach in einem unmittelbaren Verhältnis zum Seienden, weil dieses erst durch den aletheologischen Prozess entdeckt wird (vgl. Brasser 1997: 62). Zugleich entsteht die Wahrheit der Aussage in eben diesem Prozess. Allerdings handelt es sich bei der Aussagewahrheit lediglich um eine spezifische Form von Wahrheit, die Heidegger als Ausgangspunkt dient, um ein ontologisches Wahrheitsverständnis in den Vordergrund zu rücken, in dem sie fundiert ist.

Wahrheit als Erschlossenheit

Wenn Heidegger in seiner Vorlesung vom Wintersemester 1925/26 die wahre Aussage trifft, dass die Tafel vollgeschrieben ist, setzt das voraus, dass er sich bereits im Vorlesungssaal befindet, die Tafel als solche erfasst hat, weiß, wozu und als was sie üblicherweise gebraucht wird. Gerade dieser selbstverständliche Umgang mit den Dingen in ihrer spezifischen Bedeutung »*als*« (SZ 149; vgl. Schatzki 1992: 84) etwas macht viele unserer alltäglichen Praktiken aus, ohne dass wir darüber in einen expliziten Austausch treten (vgl. Stern 2000: 53). »To inhabit a world is to take each thing in that world as something.« (Brandom 1992: 48) Dieses »Als« (SZ 149)

50 Heidegger erhebt für seine Übersetzung des griechischen Begriffs der aletheia den Anspruch der ›etymologischen Faktizität‹, wobei sich seine Auslegung dieses Begriffs im Laufe der Jahrzehnte deutlich verändert (vgl. Helting 1997: 98ff.).

wird von Heidegger durch die Begriffe des apophantischen Als der Aussage und dem umfassenden »existenzial-*hermeneutische*[n] ›Als‹« (ebd.: 158) des existenzialen Verstehens weiter ausdifferenziert, wobei ersteres letzteres impliziert (vgl. Dreyfus 1991: 114f.; Martel 2008: 307). Demnach setzt jede Aussage nicht nur eine Welt voraus, auf die sich bezogen werden kann, sondern auch ein Dasein, das die Welt in permanenten Auslegungsprozessen entdeckt und in praktischen Vollzügen die »*Bedeutsamkeit*« (SZ 87) der Welt erschließt. »Wahrsein als entdeckend-sein ist eine Seinsweise des Daseins. Was dieses Entdecken selbst möglich macht, muß notwendig in einem noch ursprünglicheren Sinne ›wahr‹ genannt werden. *Die existenzial-ontologischen Fundamente des Entdeckens selbst zeigen erst das ursprünglichste Phänomen der Wahrheit.*« (ebd.: 220)

Dieses ursprünglichste Phänomen der Wahrheit, welches die Bedingung der Aussagewahrheit darstellt, ist die Erschlossenheit, die von Heidegger wiederum als »die Grundart des Daseins« (ebd.) bezeichnet wird.[51] Demnach steht die Wahrheit in einem wechselseitig konstitutiven Verhältnis zum Dasein, das ebenso »*in der Wahrheit ist*« (ebd.: 221) wie es »*Wahrheit* [...] *nur* [gibt], *sofern und solange Dasein ist.*« (ebd.: 226) Offensichtlich ist sich Heidegger der streitbaren Wirkung dieser Aussagen bewusst und verstärkt diesen Effekt durch die gewählten Beispiele: »Die Gesetzte *Newtons*, der Satz vom Widerspruch, jede Wahrheit überhaupt sind nur solange wahr, als Dasein *ist.* Vor dem Dasein überhaupt nicht war, und nachdem Dasein überhaupt nicht mehr sein wird, war keine Wahrheit und wird keine sein, weil sie als Erschlossenheit, Entdeckung und Entdecktheit dann *nicht* sein *kann.*« (ebd.)

Ihren provokanten Impetus verlieren diese Bemerkungen, sobald der Begriffsbestimmung der Wahrheit als Erschlossenheit Rechnung getragen wird. Demnach liegt die Wahrheit ja gerade nicht in der Entsprechung von

51 Allerdings bezeichnet Heidegger mit dem Begriff der Erschlossenheit vieles und es ist nicht immer klar, worauf er an der jeweiligen Stelle referiert. Von den mehreren Facetten des Begriffs, die Haugeland (vgl. 1992: 27) vorstellt, ist an dieser Stelle vor allem diese zentral: »Disclosedness is a primordial truth; and as such, it is the condition of the truth of assertions.« (ebd.) Die Erschlossenheit stellt somit die ontologische Voraussetzung für die Aussagewahrheit dar. Gethmann (1993: 159) weist darauf hin, dass »Heideggers Begriff der Erschlossenheit [...] die Schließ-Metaphorik zugrunde[liegt], zu der auch das Bild vom ›Passen‹ des Schlüssels zum Schloß gehört. Mit der Erschlossenheit meint Heidegger eine apriorische Struktur, dergemäß zwischen Mensch und Welt eine apriorische Passung wie zwischen Schlüssel und Schloß besteht. Der Wahrheitsbezug der Aussage kann nur hergestellt oder verfehlt werden auf Basis und im Rahmen dieser apriorischen Passung.«

Aussage und außersprachlichem Gegenstand, sondern stellt eine Seinsweise des Daseins dar. Dass es unabhängig vom Dasein Materie, Bedingungen und Wirkungsmechanismen gibt, wird demnach nicht bestritten, sondern lediglich konstatiert, dass diese für das Dasein stets *als* solche erscheinen. Dieses hermeneutische Als kann nicht hintergangen werden, um dahinter eine für immer gültige Wahrheit zu erkennen. Die Wirkungsmacht der Newtonschen Gesetze wird somit nicht infrage gestellt oder dem Dasein zugeschrieben, wohl aber die Auffassung, dass sie auch unabhängig von Menschen *als* Newtonsche Gesetze gegeben sein würden. Dementsprechend wird jede Hoffnung auf eine »absolute[…] Wahrheit« (GA 61: 164) enttäuscht, weil »[*a*]*lle Wahrheit* […] *gemäß deren wesenhaften daseinsmäßigen Seinsart relativ auf das Sein des Daseins*« (SZ 227) ist. Wie Heidegger, eine Kritik an seinem Wahrheitsbegriff vorwegnehmend, unmittelbar hinzufügt, besagt diese Auffassung jedoch nicht, dass Wahrheit subjektiv und damit der Willkür der Einzelnen ausgesetzt ist. Das, was erschlossen wird, ist gerade keine zufällige Idee oder eine Konstruktion, sondern das Seiende, welches das Dasein im Falle von Wahrheit so erschließt, wie es an ihm selbst ist. Somit ist das Dasein »seinerseits von der Begegnungsweise des Sich-Zeigenden abhängig.« (Frede 2013: 311) Die Voraussetzung für diese Abhängigkeit des Daseins von Seiendem ist jedoch wiederum der Umstand, dass die Wahrheit als Erschlossenheit eine Seinsweise des Daseins ist, weil auch diese Abhängigkeit ausschließlich vom Dasein als solche erfahren wird.

Diese Auffassung wird auf der Kontrastfolie der Konzeption des Erkenntnissubjekts entwickelt, das die Außenwelt als Objekt erfasst. Stattdessen ist »*Dasein* […] *in der Wahrheit*« (SZ 221) Dieser Satz ist nur verständlich, wenn Wahrheit hier nicht als Wahrheit der Aussage, sondern als ontologische aufgefasst wird, deren Fundament die »Grundverfassung des In-der-Welt-seins« (ebd.: 219) ist. Ebenso wie die Welt nicht vorrangig Erkenntnisobjekt ist, ist die Wahrheit nach Heidegger nicht primär Aussagewahrheit. Vielmehr bildet die Wahrheit im Sinne der Erschlossenheit den Ort und die Möglichkeit des Daseins, um das Seiende überhaupt als wahres zu entdecken und wahre Sätze zu formulieren. Die Aussage setzt eine Welt voraus, die vom Dasein vor jeder Aussage bereits durch konkrete, praktische Vollzüge des In-der-Weltseins, d.h. durch die »konstitutiven Weisen, das Da zu sein« (ebd.: 133), erschlossen worden ist. Ehe Heidegger zu der Aussage kommt, dass die Tafel gewischt werden muss, ist er in den Hörsaal gegangen, in der sich die Tafel befindet und den er in einer bestimmten Stimmung (Befindlichkeit) erfährt.[52] Er weiß, was für einen Zweck die gegebene Räumlichkeit hat, wie er sich in ihr bewegen und zurechtfinden kann und versteht sich somit auf sie (Verstehen). Er hat die Tafel als Tafel wahrgenommen, ihren Sinn erfasst (Rede) und ist erst nach all diesen Voraussetzungen dazu in der Lage, den Satz ›Die Tafel muss gewischt werden‹ sinnhaft auszusprechen.

Anhand dieses Beispiels lässt sich erläutern, weshalb Heideggers Bestimmung der Erschlossenheit als »situativ-holistische[r] Wahrheitsbegriff[…]« (Rentsch 2013: 59; vgl. Dreyfus 1980) bezeichnet werden kann. Das Prädikat mutet ebenso ungewöhnlich an wie es vollkommen Gewöhnliches beschreibt. Ehe eine wahre Aussage über die Tafel getroffen werden kann, hat sich das Selbst bereits innerhalb einer konkreten Situation befunden, die es über Praxisvollzüge erschlossen hat. Der holistische Charakter der Wahrheitskonzeption von Erschlossenheit resultiert somit aus dem Primat dieses vorgängigen In-der-Welt-seins, das nicht nur die Voraussetzung für wahre Aussagen darstellt, sondern die ontologische Bedingung jedes einzelnen Selbst. Da das Dasein vor der jeder bewussten Erkenntnis innerhalb der Welt sein eigenes Wesen über praktische Seinsweisen konstituiert, kann es nicht einfach aus ihr heraustreten, sondern ist stets von ihr umgeben. Dreyfus (1980: 7) spricht hierbei von »*practical* holism. […] Although practical understanding – everyday coping with things and people – involves explicit beliefs and hypotheses, these can only be meaningful in specific contexts and against a background of shared practices.«

Das Primat der Praxis ist wiederum der Grund dafür, weshalb sich die Erschlossenheit als situativ bezeichnen lässt. Denn die praktischen Vollzugsweisen über die das Dasein sich selbst und die Welt erfährt, sind stets historisch, kulturell und lokal spezifisch (vgl. ebd.; Gander 2006: 244ff.). Dementsprechend ist auch das Wissen und die Wahrheit stets kontextabhängig, weshalb der Satz, »Die Tafel muss gewischt werden«, nur in ganz bestimmten räumlichen und sozialen Situationen als wahr bezeichnet werden kann, in anderen dagegen als falsch oder zumindest als unangebracht. Heidegger sieht gerade die Selbstverständlichkeit, mit der wir die Erschlossenheit voraussetzen, als Grund dafür an, dass dieses »*ursprünglichste* Phänomen der Wahrheit« (SZ 220) bislang nicht ausreichend erfasst worden ist und macht sich dessen Analyse zur Aufgabe. Hierdurch folgt er dem phä-

52 Zur Erläuterung von Befindlichkeit, Verstehen und Rede s.o., Kap. 1.1.2.

nomenologischen Anspruch, diejenigen menschlichen Bedingungen und Praktiken zu explizieren, die aufgrund ihrer ontischen Nähe, der Selbstverständlichkeit mit der unser alltägliches Leben auf ihnen basiert, nicht beachtet werden und deshalb ontologisch fern sind (vgl. ebd.: 15, 225; Luckner 2001a: 21).

Auch wenn dem ontologischen Wahrheitsbegriff zufolge das Dasein in der Wahrheit ist, geht damit nicht die Unterstellung einher, dass es sich immer und ausschließlich in ihr befindet. Stattdessen ist es »gleichursprünglich in der Wahrheit und Unwahrheit« (SZ 223). Diese Aussage besitzt viele verschiedene Implikationen, wobei der Unwahrheit in Sein und Zeit im Kontext der Verfallenheit eine zentrale Bedeutung zukommt. »Das Aufgehen im Man bedeutet die Herrschaft der öffentlichen Ausgelegtheit. Das Entdeckte und Erschlossene steht im Modus der Verstelltheit und Verschlossenheit durch das Gerede, die Neugier und die Zweideutigkeit. [...] Das Seiende ist nicht völlig verborgen, sondern gerade entdeckt, aber zugleich verstellt; es zeigt sich – aber im Modus des Scheins.« (ebd.: 222)

Das Dasein ist auch und vor allem in der Unwahrheit, weil es die Welt und sich selbst in der uneigentlichen Seinsweise der Verfallenheit an das Man erfährt.[53] Durch das Sein zum Tode kann das Dasein jedoch in einer eigentlichen Seinsweise existieren und hierdurch die »eigentlichste Erschlossenheit« (ebd.: 221) erfahren, die Heidegger als »Wahrheit der Existenz« (ebd.) bezeichnet.

2.1.2. Philosophie und die Wahrheit der Existenz

Die Wahrheit der Existenz

Die Entschlossenheit stellt die »ursprünglichste, weil eigentliche Wahrheit des Daseins« (SZ 297) dar, die als existenzielle Möglichkeit die ontologisch-existentiale Wahrheit der Erschlossenheit zur Voraussetzung hat (vgl. ebd.: 303; Schönleben 1987: 269). Letztere verweist auf die grundsätzliche Möglichkeit des Daseins, sein ›Da‹ zu sein, d.h. sich selbst und die Welt zu erfahren, während die Entschlossenheit den modifizierten Modus der Erschlossenheit darstellt. Über dieses »explizite praktische Selbstverhältnis« (Rentsch 2013: 67) öffnet sich das Dasein auf existenzieller Ebene der

53 S.o. Kap. 1.1.2.

existenzialen Bedingung der Erschlossenheit und ist sich hierdurch nicht mehr ver- sondern ›ent‹-schlossen. Die Entschlossenheit ist erstens »durch die Identität von Erschließen und Erschlossenem aus[ge]zeichnet, so daß das Dasein ist, was es ist [...]. [Z]weitens ist der eigentliche Modus dadurch charakterisiert, daß dieses Sein von dem Dasein selbst ermöglicht ist, so daß das Dasein selbst sein Sein ist und so existenziell eigentlich ist.« (Heinz 2001: 175f.) Es selbst, sein Sein, zu sein bedeutet wiederum das eigentlich zu sein, was das Dasein ohnehin schon ist: ein »geworfener Entwurf« (SZ 223). Es lebt stets schon in einer konkreten, ihm vorgängigen Welt (Faktizität) und verhält sich zu ihr, indem es sich auf Möglichkeiten hin entwirft (Existenzialität) (vgl. Merker 2001: 123).

Im Gegensatz zur uneigentlichen Seinsweise beruft sich das Dasein in der Entschlossenheit jedoch nicht auf bestehende Regeln und Sitten, um seine Existenz zu bewältigen (vgl. Luckner 2001b: 155). Stattdessen handelt es sich dabei um das »existenzielle Wählen der Wahl eines Selbstseins« (SZ 270), das weder in der Entscheidung zwischen verschiedenen Handlungsoptionen noch zwischen eigentlicher und uneigentlicher Existenzform besteht.[54] Die Entschlossenheit verweist nicht auf einen rigorosen Entscheidungswillen, sondern auf die Negation der Verschlossenheit und damit auf die Offenheit für das Selbst, seine konstitutive Möglichkeit, Möglichkeiten zu haben.[55] Das Dasein entscheidet sich in der Entschlossenheit somit nicht für eine bestimmte Tätigkeit, sondern formal dafür, es selbst zu sein, für das »Selbstseinkönnen« (ebd.: 294), »das heißt [für] das Freisein für die Freiheit des Sich-selbst-wählens und -ergreifens« (ebd.: 188).

Auch wenn oder gerade weil das Selbstseinkönnen nicht inhaltlich determiniert ist, ist der Begriff der Entschlossenheit ebenso wie die Konzeption des Vorlaufens in den Tod mit der »Freilegung radikaler Verantwortlichkeit und praktischer Freiheit« (Rentsch 2013: 67) verbunden. In der Entschlossenheit erfasst das Dasein die ihm zugrunde liegende praxeologische Grundstruktur der Sorge. Es begreift, dass es sich stets selbst über

54 Luckner (vgl. 2001b: 155) weist darauf hin, dass die Uneigentlichkeit gar nicht gewählt werden kann, weil sie gerade in der Vermeidung der existenziellen Wahl besteht und sich stattdessen am Man, an den üblichen Moralvorstellungen und Gewohnheiten orientiert.

55 Der Begriff der Entschlossenheit hat Heidegger den Vorwurf des Dezisionismus eingebracht, wobei diesem Schlagwort oftmals eine unterschiedlich gelagerte Kritik zugrunde liegt (vgl. u.a. Krockow 1990: 76; Lettow 2001: 169; Kołtan 2012: 149). Diese wurde wiederum von verschiedener Seite infrage gestellt (vgl. u.a. Luckner 2001b: 158; Thomä: 2013: 111ff.).

konkrete Existenzweisen hervorbringt und ihm deshalb die existenzielle Freiheit zukommt, sein Wesen selbst zu gestalten. Dieser Herausforderung stellt es sich gerade dann, wenn es sich nicht in bestimmte Handlungen und Lebensentwürfe vertieft, sondern sich ganz auf diese inhaltlich nicht näher zu spezifizierende Erfahrung der Wahrheit der Existenz einlässt. Diese Wahrheit besteht in formaler Hinsicht maßgeblich darin, die Sorge im eigentlichen Modus zu leben und sie so als diejenige Grundstruktur zu erfahren, die das Selbst erst ermöglicht (vgl. Luckner 2001a: 135). »*Die Entschlossenheit aber ist nur die in der Sorge gesorgte und als Sorge mögliche Eigentlichkeit dieser selbst.*« (SZ 301)

Diese praxeologische Konzeption des Selbstseins steht konträr zu dem »reflexive[n] Modell von Identität, wie es etwa von Kant und Fichte vertreten wird« (Luckner 2001a: 135; vgl. u.a. Dreyfus 1991; Haugeland 1992; Schatzki 1992). Die Identität kommt dem Subjekt demnach nicht als substanzielle Eigenschaft zu, die es durch Reflexion erfassen kann, sondern wird über historisch und situativ spezifische Praktiken konstituiert. Mit dem Primat der Praxis richtet sich Heidegger nicht nur gegen kognitivistische Bestimmungen von Wahrheit und substanzielle Subjektkonzeptionen, sondern entwickelt zudem ein entsprechend praxeologisches Verständnis von Philosophie.

Wahrheit und Philosophie

Auch wenn Heidegger in Sein und Zeit auf eine Definition von Philosophie verzichtet, steht die Publikation im Kontext von Vorlesungen, in denen ausführliche Auseinandersetzungen mit diesem Begriff stattfinden. Sie entsprechen der Grundintention des Hauptwerks und erläutern unter anderem das Verhältnis von Philosophie und Wahrheit, wobei Heidegger mal mehr mal weniger explizit eine Verortung seines eigenen Ansatzes vornimmt.

»Ἀλήθεια heißt: nicht mehr verborgen sein, aufgedeckt sein. Dieser private Ausdruck deutet an, daß die Griechen ein Verständnis davon hatten, daß das Unverdecktsein der Welt erst errungen werden muß, daß es etwas ist, was zunächst und zumeist nicht verfügbar ist. […] So bewegt sich das alltägliche Dasein in einer doppelten Verdecktheit: zunächst in der bloßen Unkenntnis, sodann aber in einer viel gefährlicheren Verdecktheit, insofern das Entdeckte durch das Gerede zur Unwahrheit wird. Mit Bezug auf diese doppelte Verdecktheit ist eine Philosophie vor die Aufgabe gestellt, einmal positiv erstmalig zu den Sachen vorzubrechen, zum anderen gleichzeitig den Kampf gegen das Gerede aufzunehmen.« (GA 19: 16)

Diese beiden Aufgaben der Philosophie bedingen einander, weil es die wahre Rede – das Gegenteil und die Gegnerin des Geredes – ist, die zu den Sachen vordringt und sie hierdurch erst »offenbar [...] und zugänglich« (SZ 32) macht (vgl. GA 19:17; Brasser 1997: 57). Im Anschluss an Aristoteles bezeichnet Heidegger die Wahrheit als »eine *Seinsbestimmung des menschlichen Daseins selbst*« (GA 19: 23), welche die »Sachen, die πραγματα« (ebd.: 24) im praktischen Umgang, maßgeblich durch das wahre Sprechen, erschließt (vgl. ebd.: 17).

Eine Wissenschaft, die diesem Wahrheitsbegriff verpflichtet ist, bemüht sich nicht primär um »Allgemeingültigkeit [...], [da] etwas allgemeingültig, allverbindlich und doch nicht wahr sein« (ebd.: 24) kann. Vielmehr ist sie an der Unverborgenheit orientiert, die »eine Bestimmung des Seienden [ist], sofern es begegnet.« (ebd.: 19: 17) Die Frage, wie es der Philosophie gelingen kann, »zu den Sachen selbst« (SZ 27) vorzudringen, beschäftigt Heidegger bereits seit seinen ersten Vorlesungen. Und schon 1920 ist klar, dass die Beantwortung dieser Frage zu einem Philosophieverständnis führt, das deutlich von herkömmlichen Vorstellungen dieser Disziplin abweicht. »Philosophie ist kein Sachgebiet, das einen objektiven Zusammenhang darstellt, keine Gegenständlichkeit in einem theoretischen Bezug, dessen Vollzugscharakter nur mitvorhanden ist, aber nicht ernstlich in Frage kommt.« (GA 59: 171) Vielmehr handelt es sich bei der Philosophie um eine Praxis, die weder der »Forderung eines standpunktfreien Betrachtens« (GA 63: 82) entspricht noch aus einem »System von Sätzen und Begründungszusammenhängen« (ebd.: 72) besteht. Gegen die Bewusstseinsphilosophie und den erkenntnistheoretisch ausgerichteten Neukantianismus bringt Heidegger ein Philosophieren in Anschlag, das die Wahrheit nicht in Bewusstseinsprozessen und Urteilen verortet, sondern in der Existenz (vgl. Brach 1996: 115ff.; Imdahl 1994: 30; Jamme 2013: 39). Weil es keine Wahrheit ohne Dasein gibt und kein Dasein ohne Wahrheit, ist es Aufgabe der philosophischen Suche nach Wahrheit, »*uns selbst in den Grundlagen des Daseins zu verstehen.*« (GA 19: 278)

Eine solche Philosophie nimmt für sich in Anspruch, nicht lediglich eine Wissenschaft unter anderen zu sein, sondern versteht sich Heidegger zufolge als die »*ursprünglichste und eigentliche Wissenschaft schlechthin*« (GA 22: 4). Während wissenschaftliche Disziplinen für gewöhnlich mit Begrifflichkeiten handeln, deren ontologische Basis sie nicht erforschen, soll diese in

Sein und Zeit durch die »*existenziale*[…] *Analytik*« (SZ 13) erfasst werden. Nicht einzelne Aspekte des menschlichen Lebens sind Gegenstand dieser Untersuchung, sondern das Leben in einem grundsätzlichen und umfassenden Sinn als »Dasein, [im Sinne von] in und durch Leben ›*Sein*‹.« (GA 61: 85) Die »Philosophie ist ›Ontologie‹, und zwar radikale, und zwar als solche phänomenologische« (ebd.: 60), weil sie die verdeckte und doch stets präsente ontologische ›Wurzel‹ einer jeden Wissenschaft freilegt. Sie hat nicht wie andere Disziplinen ausschließlich das Seiende zum Gegenstand, sondern das »Sein als das philosophisch Prinzipielle jedes Seienden« (ebd.: 61: 58), das durch die philosophische Praxis erschlossen werden soll. Mit ironischem Unterton und in Abgrenzung zur Kritischen Theorie bezeichnet Heidegger im Jahr 1926 eben diese Form der Philosophie, die seine eigene ist, als kritische Wissenschaft:

»Kritische: κρίνειν – ›scheiden‹, ›unterscheiden‹, im Unterscheiden von etwas gegen etwas beides, das Unterschiedene und seinen Unterschied, sichtbar machen. […] Wenn demnach Philosophie kritische Wissenschaft ist, so daß ›kritisch‹ den auszeichnenden Charakter ausmacht, dann ist es ein ausgezeichnetes Unterscheiden. […] An ihm [dem Seienden] aber das Sein zu sehen und zu erfassen und gegen Seiendes zu unterscheiden, ist Aufgabe der unterscheidenden Wissenschaft, der Philosophie.« (GA 22: 7)

Dieser Herausforderung, am Seienden das Sein zu erfassen, will sich Heidegger »auf dem Wege der phänomenologischen Methode« (GA 24: 28) stellen. Die Phänomenologie als Philosophie und »Wie der Forschung« (GA 63: 72) erfasst die Gegenstände »wie sie sich an sich selbst zeigen. d.h., wie sie für ein *bestimmtes Hinsehen* begegnen« (ebd.: 74).

Da es ausschließlich das Dasein ist, das als »ἀληθευειν, […] aufdeckend-sein, die Welt aus der Verschlossenheit und Verdecktheit« (GA 19:17) holt, ist es eine zentrale Aufgabe der Philosophie, dieses Dasein selbst zu erfassen. Ihr widmet sich Heidegger in *Sein und Zeit*. »Sofern der Mensch selbst Gegenstand des ἀλήθευειν […] ist, muß es so um den Menschen stehen, daß er sich selbst verdeckt ist, sich selbst nicht sieht, so daß es eigens eines ἀ- ἀλήθευειν bedarf, um sich selbst durchsichtig zu werden.« (ebd.: 51) Hierbei stellen die Philosophierenden keine Ausnahme dar, auch sie haben ein existenzielles Verständnis der eigenen Existenz zu entwickeln. Es stellt die Voraussetzung für das »theoretische Fragen nach dem Sein des Seienden« (SZ 12) dar, welches Aufgabe der Philosophie als »universale[r] phänomenologische[r] Ontologie« (ebd.: 38) ist. Einer solch theoretischen Auseinandersetzung widmet sich kaum jemand, auch nicht das Selbst, das gemäß der eigentlichen Seinsweise lebt. Dieser Herausforderung setzt sich allein der Philosoph, das heißt Heidegger, aus, der die ontologischen Bedingungen, die Existenzialien als »die zu analysierenden Strukturen der Existenz« (Luckner 2001a: 20) offenzulegen versucht. Da die existenzielle Seinsweise die ontische Voraussetzung für die Philosophie ist, kann sie sich nicht auf einen objektiven Standpunkt zurückziehen, um von dort aus die Existenz wie einen Gegenstand betrachten. Vielmehr erfasst sie als phänomenologische Ontologie aus dem jeweils eigenen, ontischen Lebensvollzug die Grundstrukturen des Daseins.[56]

»Die existenziale Analytik ihrerseits aber ist letztlich *existentiell*, d.h. *ontisch* verwurzelt. Nur wenn das philosophisch-forschende Fragen selbst als Seinsmöglichkeit des je existierenden Daseins existenziell ergriffen ist, besteht die Möglichkeit einer Erschließung der Existenzialität der Existenz und damit die Möglichkeit der Inangriffnahme einer zureichend fundierten ontologischen Problematik überhaupt.« (SZ 13)

Dieses unmittelbare Verhältnis zwischen der Philosophie und den Philosophierenden findet seinen Ausdruck in der Hermeneutik des Daseins. »Die Beziehung zwischen Hermeneutik und Faktizität ist [...] nicht die von Gegenstandserfaßung und erfaßtem Gegenstand, dem jene sich lediglich anzumessen hätte, sondern das Auslegen selbst ist ein mögliches ausgezeichnetes Wie des Seinscharakters der Faktizität.« (GA 63: 15) Das besagt zweierlei. Zum einen befindet sich das Selbst stets schon in praktischen Auslegungsprozessen, durch die es sich selbst und die Welt als Bedeutungszusammenhang erschließt. Es existiert gerade in der Weise, in der es ihm um sich selbst geht als einem auslegenden Selbstverhältnis. Zum anderen handelt es sich bei der Hermeneutik nicht um eine abstrakte Denk- sondern um eine praktische Seinsweise, welche die Existenz der Philosophierenden bestimmt. Das Philosophieren selbst stellt somit ein Handeln dar (vgl. Imdahl 1994: 50). »In der Hermeneutik bildet sich für das Dasein eine Möglichkeit aus, für sich selbst verstehend zu werden und zu sein« (GA 63: 15). Durch sie begreift es sich selbst in seiner Faktizität als auslegend-verstehendes Wesen, dem es in »seinem Sein *um* dieses Sein selbst geht (vgl. SZ 12). Philosophie als Hermeneutik des Daseins bietet somit die Möglichkeit zu einer Selbsterfahrung »als Auslegung des Seins des Daseins« (ebd.: 37f.). Heidegger zufolge ist es die Aufgabe der Philosophierenden aus dem eigenen, existenziellen Lebensvollzug durch die philosophische

56 S.o., Kap. 1.4.1.

Praxis die existenzialen Strukturen des Daseins zu analysieren, die alle Menschen konstituieren. »Philosophie ist universale phänomenologische Ontologie, ausgehend von der Hermeneutik des Daseins, die als Analytik der *Existenz* das Ende des Leitfadens alles philosophischen Fragens dort festgemacht hat, woraus es entspringt und wohin es *zurückschlägt*« (ebd.: 38): im Dasein selbst.

Philosophie, wie sie in *Sein und Zeit* praktiziert wird, hat die phänomenologische Wahrheit der Erschlossenheit zum Gegenstand und ist ihr verpflichtet. Diese Wahrheit, die im Enthüllen des Seienden in seinem Sein besteht, wird im Prozess des Philosophierens vollzogen. Dagegen kann die Wahrheit der Existenz als Entschlossenheit zwar von der Philosophie theoretisch erfasst, aber nicht durch den philosophischen Prozess der phänomenologischen Ontologie selbst praktiziert werden. Denn diese Wahrheit kann in der »Weise des Ergreifens […] [der Frage der Existenz] nur vom jeweiligen Dasein selbst entschieden« (ebd.: 12) werden. Niemand und nichts kann den Einzelnen die Frage nach der eigenen Existenz abnehmen, weil sie ein »*existenzielles*« (ebd.) Verständnis ihrer selbst nur durch ihren jeweiligen praktischen Lebensvollzug, durch die Art und Weise, wie sie leben, gewinnen können. Die Philosophie von *Sein und Zeit* deckt somit die ontologischen Bedingungen der Wahrheit der Existenz auf und konfrontiert die Lesenden hierdurch mit der existenziellen Möglichkeit, die Wahrheit der Existenz zu erfahren. Sie entlastet sie jedoch nicht von dem Ergreifen der Frage der Existenz, sondern fordert sie hierzu heraus.

2.2. Michel Foucault: Aletheia und Philosophie

Indem Heidegger die Philosophie als praktischen Lebensvollzug beschreibt, der die ontologischen Grundbedingungen der menschlichen Existenz offenlegt, lässt er sich in die lange Tradition einordnen, die Philosophie als Lebensform versteht und praktiziert. Zu ihr wird neben Sokrates, Marc Aurel, Montaigne und Nietzsche auch Foucault gezählt (vgl. u.a. Nehamas 2000: 249–298; Hadot 2002: 177–181; Cremonesi 2015: 205). Dieser greift für seine Auseinandersetzung mit ethischen Selbstpraktiken der Antike auf Begriffe und Motive zurück, die in der neueren Philosophiegeschichte mit Heidegger assoziiert werden (vgl. Milchman/Rosenberg 2003; Saar 2013a: 452f.). Darüber hinaus liegt Foucaults Untersuchung des antiken Verständnisses der philosophischen Existenz (2.2.2.) eine praxeologische Ausrichtung seines Wahrheitsbegriffs (2.2.1.) zugrunde, die er mit Heidegger teilt (2.4.1.).

2.2.1. Eine Geschichte der Wahrheit

Wahrheitsspiele

Foucault entwickelt die Konzeption eines situativ-holistischen Wahrheitsbegriffs, die auf das Primat der Praxis zurückgeführt werden kann. Demnach ist Wahrheit nicht einfach vorhanden. Stattdessen wird sie über Praktiken erst hervorgebracht, die abhängig von Zeit und Raum variieren. Entsprechend ist auch die Wahrheit stets historisch, lokal und kulturell spezifisch und weder ewig noch universal. Während in diesem Abschnitt der situative Charakter der Wahrheitskonzeption Foucaults im Zentrum steht, soll im nächsten über die Auseinandersetzung mit dem Verhältnis von Wahrheit und Macht auf den holistischen Aspekt verwiesen werden.

Obwohl die Wahrheit in verschiedenen Werkphasen Foucaults einen zentralen Stellenwert einnimmt, wurde ihm nicht selten vorgeworfen, dass er die Vorstellung von Wahrheit grundsätzlich infrage stellen, oder unzulässig relativieren würde (vgl. u.a. Putnam 1982: 205; Habermas 1991: 313–343; Taylor 1986: 93f.).[57] Dagegen erklärt er im Interview mit Alessandro Fontana 1984: »Ich glaube zu sehr an die Wahrheit, um nicht zu unterstellen, dass es verschiedene Wahrheiten und verschiedene Weisen, sie zu sagen, gibt.« (DE4/357: 907) Foucault bezweifelt demnach nicht die Existenz von Wahrheit, sondern die Vorstellung, dass sie nur eine Form und Funktion besitzen kann und widmet sich in verschiedenen Werkphasen der Problematisierung dieses Phänomens (vgl. Lemke 1997: 339–343).

Während der Begriff in Foucaults frühen Schriften eher selten auf der Textoberfläche zu finden ist, gewinnt er in späteren Schaffensphasen zentrale Bedeutung.[58] Hierbei bestimmt er Wahrheit »als etwas Hervorgebrachtes« (Schneider 2000: 5) und legt den Fokus dementsprechend auf die historisch spezifischen Praktiken, durch die sie entsteht (vgl.

57 Eine Darstellung der verschiedenen Formen der Kritik an Foucaults Wahrheitsverständnis und deren Widerlegung findet sich u.a. bei Schäfer (1995: 88–102), Lemke (1997: 334f.) und Prado (2010: 101–106).

58 Einen Einblick in die werkgeschichtliche Entwicklung des foucaultschen Umgangs mit der Wahrheit bieten u.a. Lemke (1997: 327–346), Seitter (2001) und Günzel (2008).

Dreyfus/Rabinow 1994: 234–237; Prado 2006: 80f.). »Unter Produktion von Wahrheit verstehe ich [...] nicht die Produktion wahrer Aussagen, sondern die Einrichtung von Bereichen, in denen die Praktik von wahr und falsch zugleich reguliert und gültig sein kann.« (DE4/278: 34) Die Frage nach der Wahrheit wird von Foucault also nicht durch die Unterscheidung von wahren und falschen Äußerungen beantwortet, sondern durch die Untersuchung der historisch spezifischen Regeln, die eine solche Differenzierung überhaupt ermöglichen.

Der Verschiebung des Fokus vom Inhalt der Wahrheit auf den Prozess ihrer Entstehung entspricht der Begriff des Wahrheitsspiels.[59] Er bezieht sich nicht auf

»die Entdeckung wahrer Sachverhalte, sondern die Regeln, nach denen mit Bezug auf bestimmte Dinge das, was ein Subjekt sagen kann, der Frage des Wahren und des Falschen untersteht. Alles in allem ist die kritische Geschichte des Denkens weder eine Geschichte der Erlangung noch eine Geschichte der Verdunklung der Wahrheit; es ist die Geschichte des Auftauchens der Wahrheitsspiele: Es ist die Geschichte der ›Veridiktionen‹, verstanden als die Formen, nach denen sich über ein Sachgebiet Diskurse gestalten, die wahr oder falsch genannt werden können« (DE4/345: 777f.).

Foucault erhebt hierbei weder den Anspruch, die eine richtige Konzeption von Wahrheit zu besitzen noch andere als Illusionen zu entlarven. Anstatt eine allgemeine Definition von Wahrheit zu geben, schreibt er eine »Geschichte der Wahrheit« (SW 2: 13). Sie dient der Untersuchung von Regeln, über die Wahrheit in früheren Zeiten produziert wurde sowie deren Wirkung auf Institutionen, gesellschaftliche Zusammenhänge und Subjektivierungsformen (vgl. O'Leary 2002: 98; Saar 2007a: 217ff.). So legt Foucault über seine detaillierten Studien unter anderem offen, dass die Generierung von medizinischem (vgl. OD 46ff.) und psychiatrischen (vgl. WG) Wissen ebenso spezifische Subjekte hervorbringt wie die Wahrheit über adäquate Straf- (vgl. ÜS) und Sexualpraktiken (SW 1).[60]

---

59 Dabei wird unter Spiel die »Gesamtheit von Regeln zur Herstellung der Wahrheit« (DE4/357: 897) verstanden. Die Verwendung des Begriffs des Spiels lässt sich als Anspielung auf das Sprachspiel nach Wittgenstein verstehen, da beide Konzeptionen die Relevanz von Praktiken für die Entstehung von Bedeutung hervorheben (vgl. Schäfer 1995: 91f.).

60 Die Begriffe Wissen und Wahrheit lassen sich in der Verwendungsweise Foucaults nicht konsequent trennen (vgl. u.a. DE4/304: 258ff.; SW 1: 59). Wenn Wissen als ein »Prozess [beschrieben wird], der es gestattet, das Subjekt zu verändern und gleichzeitig das Objekt zu konstruieren« (DE4/281: 71), dann lässt sich hierin der produktive Charakter deut-

Damit stellt er zwar den absoluten Geltungsstatus von Wahrheitskonzeptionen infrage, nicht aber deren Wirkungsmacht auf die Subjekte. Relativistisch ist dieser Begriff von Wahrheit insofern, als sie in Abhängigkeit von historisch spezifischen epistemischen Techniken variiert, nicht aber im Sinne einer arbiträren und willkürlich veränderbaren oder beliebigen Kategorie (vgl. Lemke 1997: 335f.). Auch wenn Foucault den ahistorischen und universalen Charakter von Wahrheit angreift, stellt er nicht deren Gültigkeit und Relevanz innerhalb einer historischen Epoche infrage.

Wahrheit und Macht

Ein Grund für die Koexistenz von historischer Variation und Stabilität von Wahrheit liegt in der Tatsache begründet, dass sie Foucault zufolge stets im Zusammenhang mit Macht auftritt.

> »Das Wichtige ist meines Erachtens, dass die Wahrheit weder außerhalb der Macht noch ohne Macht ist [...]. Die Wahrheit ist von dieser Welt; sie wird in ihr dank vielfältiger Zwänge hervorgebracht. Und sie hat in ihr geregelte Machtwirkungen inne. Jede Gesellschaft hat ihre Wahrheitsordnung, ihre allgemeine Politik der Wahrheit: das heißt Diskursarten, die sie annimmt und als wahr fungieren lässt; die Mechanismen und Instanzen, die es gestatten, zwischen wahren und falschen Aussagen zu unterscheiden; die Art und Weise, wie man die einen und die anderen sanktioniert; die Verfahren, die wegen des Erreichens der Wahrheit aufgewertet werden: die rechtliche Stellung derjenigen, denen es zu sagen obliegt, was als wahr fungiert.« (DE3/192: 210f.)

Wahrheit ist demnach keine neutrale oder objektive Kategorie. Vielmehr evoziert die Differenzierung von Wahrheit und Falschheit ebenso Machteffekte wie sie selbst Resultat der Macht ist (vgl. Dreyfus/Rabinow 1994: 234ff.; Prado 2010: 103). Denn Macht ist nicht genuin repressiv, sondern produktiv und bringt somit auch Wahrheit vielmehr hervor als dass sie diese verschleiert.[61] Was als wahr gilt und wer darüber entscheiden kann, hängt somit von historisch variablen Machtverhältnissen ab. Zugleich wird durch Wahrheit Macht ausgeübt, um zum Beispiel zwischen gesunden und

---

lich erkennen, der auch der Wahrheit zugeschrieben wird. Foucault fasst Wahrheit und Wissen als »diskursinterne« (Kammler 2008b: 306) Phänomene auf, die zentrale Momente der Subjektkonstitution darstellen und nicht »den Normen allgemeiner Erkenntnis- und Wahrheitstheorien« (ebd.) unterstehen. Er untersucht die Topoi von Wahrheit und Wissen in ihrer historischen Spezifik und hebt hierbei die Transformationsprozesse hervor, die sie im Laufe der Geschichte erfahren.

61 S.u., Kap. 3.1.

kranken, rechtschaffenden und delinquenten Subjekten zu unterschieden. »Foucault sieht das Verhältnis von Wahrheit und Macht […] [also] nicht […] als ein einseitiges Begründungsverhältnis […] [sondern vertritt die] Einsicht in die wechselseitige Verwobenheit von Wahrheit und Macht« (Schäfer 1995: 101).[62]

Diese unmittelbare Beziehung zwischen Wahrheit und Macht ist Foucault zufolge konstitutiv für die Einzelnen, weil sie erst innerhalb dieser Relation den Status eines Subjekts, eine bestimmte Identität und damit die Möglichkeit einer (sozialen) Existenz gewinnen. »Anhand welcher Wahrheitsspiele gibt sich der Mensch sein eigenes Sein zu denken, wenn er sich als Irren wahrnimmt, wenn er sich als Kranken betrachtet, wenn er sich als lebendes, sprechendes und arbeitendes Wesen reflektiert, wenn er sich als Kriminellen beurteilt und bestraft? Anhand welcher Wahrheitsspiele hat sich das Menschenwesen als Begehrensmensch erkannt und anerkannt?« (SW 2: 13)[63]

Mit dieser Aufzählung historischer Subjektivierungsweisen von Kranken über Kriminelle bis hin zum begehrenden Subjekt beschreibt Foucault nicht nur verschiedene Untersuchungsgegenstände seines eigenes Werks, sondern auch eine der zentralen Grundnahmen, auf denen es basiert: Wahrheit bildet Wirklichkeit nicht primär ab, sondern bringt sie im Zusammenspiel mit Machtstrukturen vor allem erst hervor, weshalb sie konstitutiv für Subjekte ist. Was für die Wahrheit gilt, gilt auch für das menschliche Wesen: Es ist nicht einfach vorhanden und kann entdeckt werden, sondern wird über historisch spezifische Praktiken konstituiert. »[T]he objects of his analyses are, in the most general terms, ways of dividing the true from the false – it being understood that these are intimately related to practices which have ›real effects‹ on the individuals.« (O'Leary 2002: 98) Die Unterscheidungen zwischen wahr und falsch, die über histo-

62 Eine Kritik an der Konzeption des konstitutiven Verhältnisses von Wahrheit und Macht haben unter anderem Habermas (1991) und Taylor (1994, 1995) angebracht, die wiederum von verschiedener Seite kritisiert und relativiert wurde (vgl. u.a. Lemke 1997: 97ff.; Allen 2010b).

63 Der Begriff des Denkens hat in Foucaults Werk eine spezifische Bedeutung, die nicht als Synonym für kognitive Prozesse zu verstehen ist, sondern vielmehr auf praktische Erfahrungen und Transformationsprozesse abhebt (vgl. u.a. DE4/342; DE4/344). Ausführlichere Auseinandersetzungen mit Foucaults Verständnis des Denken finden sich u.a. bei Rajchmann (1988), Schmid (1991), Veyne (2003) und Holme (2016). Ein Vergleich zwischen dem Begriff des Denkens im Werk Foucaults, Heideggers und Arendts wäre möglich, wird aber in dieser Arbeit nicht unternommen.

risch spezifische Wahrheitsspiele vorgenommen werden, sind somit keine rein epistemologischen Angelegenheiten, sondern auch ontologische. Durch sie werden Subjektivationsformen und Existenzweisen ebenso ermöglicht wie begrenzt.[64] So wird zum Beispiel mithilfe psychiatrischer Verfahren nicht nur das Wesen einer Krankheit bestimmt, sondern auch dasjenige der Patientin (vgl. MP; Han 2002: 125). Dass weder die Wahrheit über die Erkrankung noch das Wesen der Kranken unveränderbar ist, wird spätestens dann deutlich, wenn eine Diagnose aus dem Register für psychische Erkrankungen gestrichen wird und im Zuge dessen ihre Wirkungsmacht verliert.

Auch wenn sich die Formen und Inhalte der konstitutiven Beziehungen von Wahrheit und Macht im Laufe der Zeit verändern, lassen sie sich nicht an sich abschaffen, weil die Einzelnen erst durch diese Relationen zu intellegiblen Subjekten werden. Es gibt kein Außerhalb der Wahrheit, weil das Selbst stets schon »in der Wahrheit« (ODis 24) ist, um eine Formulierung Heideggers aufzugreifen (vgl. SZ 221; Schäfer 1995: 101). Aufgrund der ontologischen Effekte, welche die Wahrheit im Zusammenspiel mit Macht evoziert, lässt sie sich als holistisch bezeichnen. Ebenso wenig wie es Subjekte ohne Subjektivierungsprozesse gibt, gibt es eine Welt außerhalb des Zusammenspiels von Wahrheit und Macht, durch das die Einzelnen regiert werden oder sich selbst regieren. Vor jeder bewussten Entscheidung über die Frage, wer oder was sie sein und werden wollen, sind die Subjekte bereits zu etwas geworden, was innerhalb des bestehenden Wahrheitsregimes denkbar und möglich war.

»Was waren die Bedingungen für dieses Auftauchen [von Diskursen, die wahr und falsch genannt werden können], der Preis der gewissermaßen dafür zu entrichten war, seine Auswirkungen auf das Wirkliche und die Art und Weise, wie es durch die Verbindung einer bestimmten Objektart mit bestimmten Modalitäten des Subjekts für eine Zeit, für ein Gebiet und für gegebene Individuen das historische Apriori einer möglichen Erfahrung konstituierte.« (DE4/345: 778)

---

64 Häufig wurde das Prädikat des Ontologischen als Antonym zur Beschreibung von Foucaults Wahrheitskonzeption verwendet (vgl. Lemke 1997: 332; Prado 2010: 102). Die Differenz zwischen dieser Darstellung und der hier vertretenen besteht lediglich in der Verwendung des Ontologiebegriffs, der in der vorliegenden Arbeit nicht als Synonym für Essentialismus oder Idealismus, sondern im praxeologischen Sinn gebraucht wird. Demnach konstituieren die Subjekte ihr eigenes Wesen erst über Praktiken innerhalb eines situativ-holistischen Praxiszusammenhangs.

Die konstitutiven Voraussetzungen für jedes mögliche Selbst- und Weltverhältnis, das die Einzelnen entwickeln können, stellen somit die ihnen vorgängigen Wahrheitsspiele dar, auf deren Historizität und Kontingenz Foucault über seine Geschichten der Wahrheit verweist (vgl. O'Leary 2002: 99ff.). Anhand der Klinik und des Gefängnisses des 18. und 19. Jahrhunderts hebt er maßgeblich den repressiven Charakter der Beziehungen von Wahrheit und Macht hervor. Im Zuge der Auseinandersetzung mit der antiken (Sexual-)Moral beschäftigten Foucault jedoch zunehmend die Möglichkeiten des Subjekts, sich gerade aufgrund seiner Konstitution innerhalb von Macht-Wissensrelationen zu diesen in ein freieres Verhältnis zu setzen (vgl. SW 2).[65] In seinen letzten beiden Vorlesungen stellt er anhand der *parrhesia* eine antike Sprech- und Lebensweise vor, über welche die Einzelnen zu Fürsprechenden einer kritischen Wahrheit werden und bestehende Spielarten von Wahrheit und Macht infrage stellen oder gar angreifen.

2.2.2. Wahrheit und Philosophie

Die Philosophie als Prüfung der Wahrheit und des Selbst

Obwohl Foucaults letzte Vorlesung den Titel *Der Mut zur Wahrheit* trägt, wird der Begriff der Wahrheit in dieser und der vorherigen Vorlesung deutlich seltener verwendet als der des Wahrsprechens. Dieser Umstand lässt sich als Ausdruck der zuvor beschriebenen praxeologischen Ausrichtung seines Wahrheitsbegriffs verstehen. Der Fokus liegt auf den Praktiken, durch die Wahrheit generiert und verkörpert wird und nicht, wie es

65 Die Fokusverschiebung von der Regierung des Subjekts durch machtvolle Diskurse zur Selbstregierung des antiken Moralsubjekts löste langwierige Diskussionen über die Frage aus, ob es sich dabei um eine kategorische Wende im foucaultschen Denken handle. Einen Überblick über die Debatte bieten u.a. Schneider (2004: 186ff.) und Fink-Eitel (1992: 97ff.). Dabei wurden Foucaults frühere Schriften nicht selten als Proklamation des ›Todes des Subjekts‹ aufgefasst, wohingegen die späten eine Rückkehr zum Subjekt darstellten. Menke geht hingegen berechtigterweise davon aus, dass »das disziplinäre und das ästhetisch-existentielle Subjekt […] eine Kippfigur [darstellen], die zwei Gesichter eine Januskopfes« (Menke 2003: 285) sind. Demnach stehen Früh- und Spätwerk weder in einem widersprüchlichen Verhältnis noch lässt sich eine fundamentale Wende zwischen den Schaffensphasen erkennen. Vielmehr findet im Werk Foucaults »so etwas wie eine Verlagerung statt: Die Spiele der Wahrheit beziehen sich nicht mehr auf eine Zwangspraxis, sondern auf eine Praxis der Selbstformierung des Subjekts.« (DE4/356: 887)

dem Verständnis von Wahrheit als Richtigkeit entsprechen würde, auf dem Inhalt der Aussage. »Was für die *parrhesia* entscheidend ist, das ist nicht der Wahrheitsgehalt selbst. Die *parrhesia* ist eine bestimmte Weise, die Wahrheit zu sagen.« (RSA 78) Und tatsächlich wird der Inhalt des parrhesiastischen Sprechakts von Foucault in den letzten Vorlesungen von 1983 und 1984 weder bestimmt noch problematisiert. Stattdessen lenkt er den Fokus auf eine andere, zweite Ebene des Wahrsprechens: »[D]ie erste Ebene ist die der Äußerung der Wahrheit selbst [...]; dann gibt es eine zweite Ebene des parrhesiastischen Akts, [...], die in der Behauptung besteht, daß man die Wahrheit, die man sagt, auch wirklich selbst für wirklich wahr hält.« (ebd.: 91) Ob jemand die Wahrheit sagt, entscheidet sich somit nicht primär durch den Wahrheitsgehalt der Aussage, sondern den Bund, den das Subjekt mit der Wahrheit über bestimmte parrhesiastische Praktiken geschlossen hat. Die zentrale Frage lautet also nicht: Handelt es sich um eine wahre Aussage, sondern: Hat sich das Subjekt tatsächlich der Wahrheit verschrieben?

Die parrhesiastische Beziehung zur Wahrheit wird im Laufe der Geschichte auf unterschiedliche Weise entwickelt und ist verschiedenen Zielen verpflichtet, was Foucault anhand verschiedener philosophischer Figuren illustriert. Während Perikles die politische *parrhesia* repräsentiert, steht Sokrates für ein Wahrsprechen, das der ethischen »Bildung einer bestimmten Seinsweise, einer bestimmten Handlungsweise« (MW 93) des Individuums dient. Anders als die politische *parrhesia* hat sie nicht primär die Transformation politischer Meinungs- und Machtverhältnisse zum Ziel, sondern die Veränderung des Subjekts und seiner Lebensform. Hierfür muss »ein gut geschützter und gesicherter Ort für das Erscheinen der Wahrheit eingerichtet werden.« (ebd.: 176) Denn die Wahrheit ist vor dem Dialog nicht bekannt, sondern wird erst im Laufe eines intimen Gesprächs von zwei sich gegenseitig vertrauenden Menschen erschlossen. »Damit die Rede eine wahre Rede sein kann, darf die Erkenntnis des Wahren nicht schon vorher dem Redner gegeben sein, sondern die Wahrheit muß eine stetige und beständige Funktion der Rede sein.« (RSA 414) Die Ermittlung der Wahrheit hat somit prozessualen und praktischen Charakter. Sie ist nicht schlichtweg vorhanden, sondern wird sukzessive im sokratischen Dialog erschlossen, dessen Aufgabe es ist, der Wahrheit im Zuge des gemeinsamen Sprechens näher zu kommen.

Dies geschieht nicht durch den Abgleich von Aussage und außersprachlicher Realität oder durch logische Ableitungen, sondern durch den

»*logos etymos*« (ebd.: 395), die einfache, schmucklose und deshalb wahrhaftige Rede. Zu deren Erläuterung zieht Foucault das griechische Wort heran, das in der jüngeren Philosophiegeschichte mit Heideggers Wahrheitsverständnis verbunden wird »Der *logos etymos* als Verbindungspunkt zwischen der *aletheia*, die sich in ihr ausspricht, und der *pistis* (dem Glauben, dem Vertrauen) dessen, der ihn äußert, kennzeichnet die philosophische Seinsweise der Sprache.« Der Begriff der *aletheia*, den Heidegger mit Unverborgenheit übersetzt, impliziert den praktischen, explorativen Charakter der Wahrheitserfahrung, der den Irrtum und die Verborgenheit als konstitutives Moment der Unverborgenheit mit einschließt.

Indem Foucault den Glauben an das Gesagte als zentralen Aspekt der wahren Rede hervorhebt, wird das antike Wahrheitsverständnis einmal mehr von modernen Wahrheitskonzeptionen abgegrenzt. Glaube und Wissen bilden im Fall der *parrhesia* keinen Gegensatz, vielmehr ist die subjektive Bindung ein Kriterium von Wahrheit und nicht Neutralität und Objektivität. Ganz offensichtlich genügt diese Form der Wahrheit nicht den Kriterien eines logischen oder korrespondenztheoretischen Wahrheitsbegriffs und erhält gerade hierdurch ihre philosophische Spezifik.[66]

»Das Wahrheitskriterium des philosophischen Diskurses ist also nicht […] in einer Art innerer Verbindung zwischen dem Denkenden und der gedachten Sache zu suchen. Die Wahrheit des philosophischen Diskurses wird also keineswegs in der Form dessen erlangt, was später die Evidenz sein wird, sondern sie wird durch etwas erreicht, was homologia genannt wird, nämlich die Identität des Diskurses zwischen zwei Personen.« (ebd.: 465f.)

Wahrheit ist somit zwar an dem Kriterium der Identität orientiert, aber nicht im Sinne der Entsprechung des Wahrheitsgehalts einer Aussage mit

66 Das von Foucault anhand der parrhesia dargestellte Wahrheitsverständnis wird wohl verschiedene kritische Fragen provozieren. So liegt der Einwand nahe, dass hierdurch der Wahrheitsbegriff völlig der Beliebigkeit individueller Überzeugungen unterstellt und jede Möglichkeit der Überprüfung von Wahrheit durch subjektexterne Kriterien, wie Logik oder außersprachliche Wirklichkeit, preis gegeben wird. Doch ebenso wenig wie Genealogien sagen, was gut ist oder wie etwas besser werden kann, geben sie vor, alles zu sagen. Stattdessen handelt es sich dabei um Studien partikularer, historisch spezifischer Phänomene, die die Existenz anderer nicht ausschließen. Bei der Wahrheit der parrhesia handelt es sich dementsprechend um eine dezidiert politische, ethische oder kritische Wahrheit, deren Analyse nicht den Anspruch erhebt, jede andere Form von Wahrheit zu ersetzen oder über die Wahrheit im Allgemeinen Aussagen zu treffen. Die Untersuchung dieser oppositionellen Wahrheit stellt somit nicht das Bestehen und die Wirkmächtigkeit anderer Wahrheiten wie der logischen oder korrespondenztheoretischen infrage.

der außersprachlichen Wirklichkeit, sondern der Übereinstimmung, die dadurch entsteht, dass dasjenige, »was der eine sagt, vom anderen auch gesagt werden kann« (ebd.). Dieser Wahrheit wird sich über die Freundschaft genähert. Denn die geteilten Auffassungen und Wahrnehmungen stellen zentrale Voraussetzungen der Verifikation dar, die gerade nicht dem Anspruch auf Allgemeingültigkeit genügen, sondern der Individualität der Beteiligten entsprechen.

Bei der ethischen *parrhesia*, die an dem Kriterium der *homologia* orientiert ist, handelt es sich um »ein Spiel der Prüfung zu zweit durch die Wesensverwandtschaft und die Manifestation der Wahrhaftigkeit« (ebd.). Mithilfe der sokratischen Wahrheitsfindung werden somit die Wahrhaftigkeit der wahrsprechenden Person und der ethische Gehalt ihrer Lebensform auf die Probe gestellt. Dabei wird untersucht, ob ihr Denken, ihre Handlungen und ihre Haltung zu sich auch der im Dialog erfahrenen Wahrheit entspricht. Ebenso wie die Wahrheit im Sinne der aletheia erst im Dialog erfahren wird, entsteht auch das ethische Selbstverhältnis im praktischen Vollzug. Die

> »Hervorbringung seiner selbst als ethisches Subjekt impliziert […] ein anderes Spiel der Wahrheit: Nicht mehr das Spiel des Erlernens, des Erwerbs wahrer Propositionen, […] sondern das der auf sich selbst bezogenen Aufmerksamkeit, der Aufmerksamkeit auf das, was man zu tun fähig ist, […] auf die Fortschritte, die man unternehmen muß und die zu tun bleiben; und diese Spiele der Wahrheit […] sind Übungen, die man an sich selbst vornimmt: Selbstprüfung; […] die Dimension der askesis.« (MW 436)

Über das Training bestimmter asketischer Praktiken gewinnt das Selbst ebenso einen ethischen Bezug zu sich wie einen Zugang zur ethischen Wahrheit. Der weiter oben erläuterte Begriff des Wahrheitsspiels gewinnt im Kontext der Auseinandersetzung mit der antiken Philosophie in der Vorlesung von 1984 eine spezifische Bedeutung. Zugleich basiert diese ethische Form des Wahrheitsspiels auf dem zuvor dargestellten foucaultschen Verständnis von Wahrheit, Macht und Subjekt.

Der praxeologische und subjektkonstituierende Charakter, der allen Wahrheitsspielen zukommt, kennzeichnet demnach auch die Philosophie, die in der Tradition der *parrhesia* steht. Ebenso wie das Subjekt keine unveränderliche Substanz besitzt und die Wahrheit keine universal oder kognitive Kategorie darstellt, handelt es sich auch bei der Philosophie nicht um das Erlernen von ewigen Wahrheiten über den Menschen und die Welt. Stattdessen stellt sie eine Praxis dar, durch die sich das Subjekt verändert. In diesem spezifisch ethisch-philosophischen Spiel geht die Prüfung der Wahrheit mit der Prüfung des Selbst einher, da hierbei gerade die Wahrheiten zur Diskussion stehen, die das Selbst als Subjekt konstituieren (vgl. RSA 309). Während bei anderen von Foucault untersuchten Wahrheitsspielen das Wahrheitsregime die Subjektivationsformen über spezifische Machttechniken maßgeblich bestimmt, wird durch die philosophische *parrhesia* Wahrheit und Selbst einer kritischen Prüfung unterzogen. Die Philosophie der Lebensform, wie sie Foucault in seinen letzten Vorlesungen vorstellt, impliziert nicht nur ein kritisches Verhältnis zu sich selbst, sondern auch zu den gegebenen gesellschaftlich anerkannten Wahrheiten und Machtverhältnissen (vgl. Oksala 2014: 103). Ebenso wenig wie die Wahrheit der *parrhesia* an wissenschaftlichen Standards orientiert ist, entspricht diese Form der antiken Philosophie der philosophischen Disziplin im Sinne einer universitären Einrichtung. Stattdessen betrachtet Foucault »die antike Philosophie […] als eine Art von parrhesiastischer Praxis« (RSA 433; vgl. Oksala 2014: 106f.) und als eine ethische Lebensform, die zu einem kritischen Selbst- und Weltverhältnis befähigt. »Nun, es geht einfach um das Subjekt selbst. Das bedeutet, daß die Wirklichkeit der Philosophie sich in der Selbstbeziehung, in der Arbeit an sich selbst, im Modus der Selbsttätigkeit bezogen auf sich selbst zeigt und bestätigt wird.« (RSA 309) Philosophie wird also als eine ethische Arbeit des Individuums an sich selbst bestimmt, mithilfe derer es die Wahrheit im Dialog erfasst und seine gesamte Existenz nach ihr ausrichtet.

Obwohl die Philosophie als Lebensform im Laufe der Geschichte zugunsten der wissenschaftlichen Ausrichtung der Philosophie vernachlässigt wurde, blieb sie doch im Werk einzelner Denker, wie Montaigne oder Spinoza, präsent und wird von Foucault wieder in Erinnerung gebracht (vgl. MW 279, 307).[67] Diejenige »Philosophie […] [die] als freier Mut bestimmt [wird], die Wahrheit zu sagen, um Einfluß auf die anderen zu nehmen, sie richtig zu führen unter dem Risiko der Lebensgefahr, das ist […] die Tochter der *parrhesia*.« (RSA 428) Sokrates fungiert für diese Form der Philosophie als Beispiel und Sinnbild, weil er der Wahrheit, die er im Dialog geprüft und angenommen hat, durch seine ethische Lebensform entspricht (vgl. Scott 1996: 107). Er beschränkt sich weder darauf, die Wahrheit zu sagen noch bemüht er sich darum, sie in theoretischen Schriften zu veröffentlichen. Stattdessen ist er derjenige Philosoph, der »die Wahrheit

67 Detaillierte Untersuchungen der Tradition der Philosophie als Lebensform finden sich bei Nehamas (2000) und Hadot (2002).

durch das, was er ist, genauso sehr verkörpert, wie durch das, was er sagt« (RSA 404). Indem sich Sokrates »der Bewährungsprobe der Philosophie« (ebd.: 314) unterzieht und sein Leben ganz nach den im Dialog erfahrenen Erkenntnissen ausrichtet, lässt er »eine Wahrheit glänzen« (ebd.: 401), die sich in jeder seiner Handlungen manifestiert. Das setzt voraus, dass er den »philosophischen Willen« (ebd.: 300) besitzt, sich mit seiner gesamten Existenz auf die ethische Selbstprüfung einzulassen und das eigene Leben für die Wahrheit zu gefährden oder gar zu verlieren. Diese Bereitschaft teilt Sokrates mit dem Kynismus, dessen *parrhesia* und Wahrheit zugleich deutlich von der seinen abweicht.

Das andere Leben als die wahre Philosophie?

Während die ethisch-philosophische *parrhesia* der Sorge um sich gewidmet ist, die Sokrates ebenso praktiziert wie andere dazu anleitet, wird die »Sorge um die Wahrheit« (MW 263) von Foucault allein der kynischen *parrhesia* zugeordnet. Die Kyniker sind

> »Märtyrer der Wahrheit, verstanden im Sinne von ›Zeuge der Wahrheit‹: ein Zeugnis, das durch eine Existenz, eine Lebensform im konkretesten und materiellsten Sinne dieses Ausdrucks gegeben, offenbart und beglaubigt wird, ein Zeugnis der Wahrheit, das durch den und im Körper, durch die Kleidung, das Benehmen, die Handlungsweise, die Art zu reagieren und sich zu verhalten gegeben wird. Der Körper der Wahrheit selbst wird durch einen bestimmten Lebensstil sichtbar […] gemacht.« (ebd.: 229)

Während Sokrates die Wahrheit im Zuge des Dialogs ermittelt, ist der kynische Ort der Wahrheit nicht das Gespräch, sondern der Körper, an dem sich Wahrheit realisiert. Das äußere Erscheinungsbild, der Habitus und die irritierenden Selbstpraktiken der kynischen Lebensform stellen die »Manifestation […], die Geste der Wahrheit« (ebd.: 226) unmittelbar dar. Der extreme und provokante Lebensstil dient dem »Hervorbringen […] der Wahrheit in der Form des Lebens selbst« (ebd.: 285) und ist nicht wie bei Sokrates Ausdruck und Ergebnis eines philosophischen Dialogs.

Nicht nur das Verhältnis von Wahrheit und Lebensform verändert sich im Zuge der Transformation von der sokratischen zur kynischen Wahrheitspraxis, sondern auch das Wahrheitsverständnis und seine Funktionen. Hatte Foucault den Begriff der *aletheia* bislang nur selten erwähnt, erläutert er ihn im Kontext des Kynismus ausführlicher. Das »*alethes bios*« (MW 290) ist Foucault zufolge kein spezifisch kynischer Topos, sondern war für die antike Philosophie im Allgemeinen zentral. Dabei galt das wahre Leben als »das Unverborgene« (ebd.: 286), das keine Interessen und Absichten verbirgt, sondern sich dem Blick der anderen offenbart, ausschließlich an der Wahrheit ausgerichtet ist und ohne Veränderung und Unterbrechung an ihr festhält (vgl. ebd.: 290ff.). Dieses wahre Leben, das auch für Sokrates und Platon zentrale Bedeutung besitzt, wird in der kynischen Lebensführung in so extremer Form realisiert, dass sich ein paradoxer Effekt einstellt: Gerade die radikale Umsetzung des zentralen philosophischen Topos vom wahren Leben treibt den Kynismus an den Rand der Philosophie und der Gesellschaft.

Die Spezifik der kynischen Form des unverborgenen wahren Lebens besteht in der Transformation der Wahrheit in Gegenwahrheit und der damit einhergehenden Umwertung herrschender Normen. »Das kynische Spiel offenbart, daß dieses Leben, das wirklich die Prinzipien des wahren Lebens umsetzt, ein anderes ist als dasjenige, das die Menschen im allgemeinen und die Philosophen im besonderen leben.« (ebd.: 319) Bei der Wahrheit, die im kynischen Leben realisiert wird, handelt es sich inhaltlich nicht um eine für die Mehrheit fremde oder willkürlich gesetzte Meinung, sondern um diejenige Wahrheit, von der die Allgemeinheit behauptet, ihr zu folgen. Durch die absolute, radikale und unverborgene Identität der kynischen Lebensform mit der Wahrheit, der alle scheinbar verpflichtet sind, erscheint diese Lebenspraxis jedoch als das Andere, Randständige und Komische. Grund hierfür ist die schlichte Tatsache, dass die Mehrheit der Philosophierenden und der Gesellschaft kein wahres Leben führt. Es handelt sich somit um eine Umkehrung von Identität und Alterität, Richtig und Falsch, Wahr und Unwahr, die stets eine Umwertung der Werte impliziert, die der Wahrheit immanent sind.

Gerade durch die kynische Andersartigkeit, die durch die radikale Umsetzung des Gleichen – der bekannten und allgemein akzeptierten Wahrheit – zelebriert wird, offenbart sich die (Gegen-)Wahrheit, derzufolge das gewöhnliche Leben das unwahre und uneigentliche Leben ist. Mit dieser epistemologischen und zugleich normativen Umkehrung zeigt sich, dass ein

> »wahres Leben […] nur als anderes Leben möglich [ist], und vom Gesichtspunkt dieses anderen Lebens wird man das gewöhnliche Leben der gewöhnlichen Leute gerade als etwas anderes als das wahre Leben erscheinen lassen. […] Und das wahre Leben – das zugleich Lebensform, Selbstverwirklichung, Plastik der Wahrheit ist, […] hat die Funktion zu zeigen, daß, obwohl es anders ist, es die anderen sind, die sich in der Andersheit, im Irrtum, dort befinden, wo sie nicht sein sollen.

[…] Und dadurch taucht zwangsläufig eine ganz andere Welt auf, die jedenfalls im Horizont der kynischen Praxis sein und deren Ziel ausmachen muß. […] Es handelt sich um einen anderen Zustand der Welt, […] um einen Stadtstaat der Weisen, wo für den kynischen Aktivismus kein Bedarf wäre.« (ebd.: 405f.)

Die kynische *parrhesia* bietet keine positive Vision der Gesellschaft, sie gibt nicht vor, wie eine bessere Welt konkret aussehen könnte. Aber durch die Tatsache, dass die konsequente Praktizierung der allgemein anerkannten Wahrheit eine vollkommen andere Lebensform im Vergleich zur Mehrheitsgesellschaft und der philosophischen Disziplin annimmt, verweist die kynische *parrhesia* ex negativo darauf, dass die Welt anders werden muss, um wahrhaftig zu sein. Die kynische Gegenwahrheit impliziert somit den utopischen Verweis auf eine andere Welt, ein anderes Leben und eine andere Philosophie, ohne diese inhaltlich präzise zu bestimmen.

Der Zärtlichkeit, mit der sich Foucault der Darstellung der kynischen Lebensform widmet, scheint das ungewöhnlich klare Statement zu entsprechen, mit dem das Manuskript der letzten Vorlesung endet: »Aber was ich zum Abschluß hervorheben möchte, ist folgendes: Es gibt keine Einsetzung der Wahrheit ohne eine wesentliche Setzung der Andersheit; die Wahrheit ist nie dasselbe; Wahrheit kann es nur in Form der anderen Welt und des anderen Lebens geben.« (ebd.: 438) Die Versuchung, diesen von Foucault vorgesehenen Schluss seiner letzten Vorlesung vor seinem frühen Tod als Selbstverortung, als *parrhesia*, als eine letzte Manifestation seines eigenen, wahren Lebens zu verstehen, ist groß und zugleich zu meiden.[68] Auch wenn einige in Foucaults Erscheinung Aspekte der *parrhesia* wiedererkannten, würde die Stilisierung Foucaults zum Kyniker seinem Leben und Werk nicht gerecht (vgl. Bülow von 1991: 131; Flynn 1991: 116).[69]

68 Dieses recht pathetische Ende des Manuskripts steht in krassem Kontrast zu den Sätzen, die Foucault tatsächlich in seiner letzten Sitzung aussprach, nachdem er die Umkehrung von der antiken zur christlichen Askese skizziert hatte: »Nun also, hören Sie, ich hatte vor, Ihnen einige Dinge zum allgemeinen Rahmen dieser Analyse zu sagen. Aber jetzt ist es zu spät. Also dann, dankeschön.« (MW 435) Die Leichtigkeit, mit der Foucault von seinem geplanten Schlusswort absieht, mag ein weiteres Indiz dafür sein, dass es sich dabei nicht um einen zentralen Sprechakt handelt, der als eindeutige Parteinahme für die kynische Philosophie oder gar als Offenbarung seiner eigenen philosophischen Existenz zu verstehen sei.

69 Auch Falzon/O'Leary (2010: 7ff.) mahnen im Hinblick auf Foucaults emphatische Auseinandersetzung mit der kynischen Lebensform zur Vorsicht. »To what extent dos he admire the single-minded pursuit of the ›true life‹ that the Cynics embodied, their cultivation of a ›philosophical militancy‹? Is he recommending a contemporary cultivation of parrhesia? (but, in what sense?) in order to forge a more effective critical prac-

Nicht nur seine Verweigerungshaltung gegenüber eindeutigen Identitätszuschreibungen und der explorative wie experimentelle Charakter der Vorlesungen lassen eine solche Auslegung der letzten Worte als Selbstbekenntnis und Testament zweifelhaft erscheinen. Vielmehr verweist auch der Kontext, für den die Vorlesungen geschrieben worden sind, auf eine konstitutive Ambivalenz zwischen Identität und Alterität, zwischen Macht und Machtkritik.

Foucault schreibt dieses Manuskript als ordentlicher Universitätsprofessor für ein akademisches Publikum und zugleich endet nach seinen eigenen Angaben das philosophische Leben mit eben dieser Profession. »Natürlich würde diese Geschichte der Philosophie als Ethik und Heldentum ab dem Zeitpunkt [...] zum Ende kommen, da die Philosophie zum Beruf eines Professors geworden ist, d.h. zu Beginn des 19. Jahrhunderts.« (MW 279) Denn »Jedermann weiß, und ich am besten, daß niemand mutig zu sein braucht, um zu lehren« (ebd.: 43). Da niemand mutig sein muss, um die Wahrheit vom Katheder aus zu sprechen, lässt sich auch die abschließende Äußerung, die er für seine letzte Vorlesung vorgesehen hatte, nicht als Akt der *parrhesia* verstehen. Die Universitätsprofessorin ist als solche keine Parrhesiastin und die Universität von Haus aus kein Ort des wahren und anderen Lebens. Zugleich nutzt Foucault die akademische Institution und die Macht, die sie ihm verleiht, um auf die herrschaftskritische Praxis der *parrhesia* aufmerksam zu machen. Innerhalb der universitären Philosophie und durch sie verweist Foucault auf die »Dimension der Alterität als Zeichen des Wahren« (Gros 2010: 459) und damit auf eine andere Praxis der philosophischen Suche nach Wahrheit. »Einer der wesentlichen Punkte der kynischen Praxis hat gerade damit zu tun, daß der Kyniker, indem er [...] die traditionellsten Themen der klassischen Philosophie wiederaufnimmt, [...] offenbar macht, daß das wahre Leben im Vergleich mit dem traditionellen Leben der Menschen, einschließlich der Philosophen, nur ein anderes Leben sein kann.« (MW 405)

Ohne selbst als Lehrstuhlinhaber einer der renommiertesten Universitäten Frankreichs Parrhesiast zu sein, vollzieht Foucault diese kynische

---

tice? No doubt these questions will attract sustained consideration now that his late courses are being published, but for the moment we can at least note Foucaults ›excitement‹ while lecturing on the Cynics and we can speculate that they, along with the Socratic tradition that the Stoics also continued, offered Foucault way of linking his own central concerns with those of an admittedly marginal but important stream of philosophy.«

Praxis in seinen letzten beiden Vorlesungen nach. Entgegen all seiner vorherigen Forschungsgegenstände inszeniert er die traditionellen Topoi der Philosophiegeschichte auf drastische Weise, um sie als eine Genealogie des Wahrsprechens zu reformulieren. Gerade weil Foucault in seiner Funktion als Universitätsprofessor und nicht als Kyniker auf der Straße spricht, ist es ihm möglich, diese Randfiguren der Philosophiegeschichte aus der Versenkung zu holen, um eine andere Geschichte der Philosophie, eine Geschichte des philosophischen Lebens, zu skizzieren. Die Alterität gewinnt somit ihre Konturen auf der Basis und Kontrastfolie des Normalen, Hegemonialen und Altbekannten. Im Rahmen der Universität verweist Foucault als Philosophiegelehrter darauf, dass die Philosophie einmal nicht in der Exegese von Texten bestand, sondern als Lebensform praktiziert wurde. Über die der Genealogie eigenen implizite und stilistische Kritik vollzieht er selbst die kynische Technik der Umkehr nach. Durch seine emphatische Darstellung der kynischen Lebensform als der eigentlichen, wahren Philosophie evoziert er den Effekt, dass die gegenwärtige akademische Philosophie als uneigentlich und falsch erscheint, ohne dies je explizit zu behaupten. Auf diese Weise bleibt Foucaults akademisches Wirken der Affirmation der Alterität verpflichtet, ohne selbst in einem anderen Leben zu bestehen.

2.3. Hannah Arendt: Wahrheit und Politik

Arendt teilt mit Foucault und Heidegger die Skepsis gegenüber der akademischen Philosophie, die alle drei trotz ihrer Lehrtätigkeit an Universitäten kultivieren. Wie die beiden anderen setzt sie die Wahrheit in ein enges Verhältnis zur Philosophie, stellt diese Beziehung allerdings aus einer gänzlich anderen Perspektive dar. »Vom Standpunkt der Politik gesehen ist die [philosophische] Wahrheit despotisch« (ZVZ 12: 341), weil sie nicht der Pluralität der Menschen und der Kontingenz des politischen Geschehens gerecht wird, die den öffentlichen Raum kennzeichnen. Anstatt der cartesianischen Tradition eine praxeologische Ausrichtung des Selbst, der Wahrheit und der Philosophie entgegenzusetzen, greift Arendt die gesamte Philosophie für ihre Fokussierung auf den Einzelnen und die Negierung der politischen Praxis an (2.3.2.). Aus der Perspektive der Sorge um die Welt stellt sie der Singularität des Selbst und der philosophischen Wahrheit die Pluralität der Menschen und ihrer politischen Meinungen entgegen (2.3.1.)

2.3.1. Wahrheit in Politik und Philosophie

Vernunft- und Tatsachenwahrheit

Arendt setzt sich mit dem Verhältnis von Wahrheit und Philosophie bereits in den frühen Veröffentlichungen vor *Vita activa* auseinander. Dagegen sind ihre Bemühungen um eine begriffliche Differenzierung von Wahrheit und Politik mit dem historischen Ereignis des Eichmann-Prozesses und der darauffolgenden Debatte verbunden (vgl. Young-Bruehl/Kohn 2007: 1063). Hierbei musste sie erfahren, dass die Verbrechen des Nationalsozialismus nicht nur ihren Status als unbezweifelbare Tatsachen verlieren und zur Ansichtssache verkommen könnten, sondern auch bewusste Falschmeldungen zur Bekräftigung bestimmter Meinungen eingesetzt wurden (vgl. ZVZ 12: 345). Die Auseinandersetzung mit dem Verhältnis von Politik und Wahrheit »ergab sich aus der erstaunlichen Zahl an Lügen, von denen in der ›Kontroverse‹ Gebrauch gemacht wurde – Lügen, einerseits über das, was ich geschrieben, und andererseits über die Tatsachen, die ich berichtet hatte.« (ebd.: 429) Arendts Bemühen um definitorische Klarheit der Begrifflichkeiten von Meinung, Vernunft- und Tatsachenwahrheit lässt sich als einen Beitrag zu einer spezifischen politischen Debatte verstehen, um diese produktiver zu gestalten.

Zur Differenzierung von Tatsachen- und Vernunftwahrheit greift sie auf die philosophischen Schriften von Leibniz zurück und entspricht hierbei ganz ihrem eigenwilligen Umgang mit der philosophischen Tradition. Die philosophischen Termini werden hierbei unter dem Verzicht auf eine Positionierung innerhalb fachinterner Diskussionen aus ihrem ursprünglichen Kontext gelöst, um mit ihrer Hilfe genuin politische Phänomene zu problematisieren. So übernimmt Arendt die Unterscheidung von Leibniz zwischen Tatsachen- und Vernunftwahrheit, »ohne [s]ich um ihre Legitimität weiter zu kümmern, […] da es sich ja nur darum handelt, ausfindig zu machen, welchen Gefahren jede Art von Wahrheit im politischen Bereich ausgesetzt ist« (ebd.: 330). Während sich die Tatsachenwahrheit auf konkrete Tatbestände bezieht, hat die Vernunftwahrheit analytische Zusammenhänge von Begrifflichkeiten zum Gegenstand, wozu neben mathematischen auch philosophische Wahrheiten gezählt werden (vgl. ebd.:

351; Magiera 2007: 67). Trotz der gravierenden Unterschiede, die sich zwischen den Varianten der Vernunftwahrheit finden lassen, haben sie alle gemein, dass sie »notwendig [sind], und ihr Gegenteil unmöglich [ist]; die Tatsachenwahrheiten dagegen sind zufällig, und ihr Gegenteil ist möglich.« (LG 68, vgl. ZVZ 12: 330; DT 707f.)

Die Kontingenz der Tatsachenwahrheit entspricht Arendts Politikverständnis. »[W]eil alles, was im [politischen] [...] Bereich geschieht, vom Zufall abhängt« (ZVZ 12: 344), ist die Tatsachenwahrheit ebenso kontingent wie die Tatsachen selbst, die durch das politische Handeln der Menschen geschaffen werden. Allerdings führt das Merkmal der Zufälligkeit nicht zur Relativierung der Tatsachenwahrheit, stattdessen besitzt sie ebenso wie die Vernunftwahrheit »den Anspruch zwingender Gültigkeit.« (ebd.: 340) Auch wenn historische Ereignisse durch andere Referenzsysteme legitimiert werden als logische Schlussfolgerungen und mathematische Gleichungen ist ihre Faktizität nach Arendt ebenso evident und unhintergehbar wie jede Vernunftwahrheit. Im Gegensatz zu vernunftgeleiteten Denkbewegungen, die nach Arendt von allen Menschen mit gleichen physiologischen Voraussetzungen durchgeführt werden können, ist die sinnliche Wahrnehmung eines Ereignisses jedoch ortsgebunden und deshalb nicht allgemeingültig. Die Tatsachenwahrheit ist deshalb im Gegensatz zur Vernunftwahrheit »beschränkt stringent« (LG 68), ohne dass diese Beschränkung als Manko zu bewerten ist. Vielmehr resultiert hieraus die politische Aufgabe, die unzweifelhafte Faktizität von Geschehnissen anzuerkennen, auch wenn sie stets aus verschiedenen Perspektiven betrachtet wird. Denn die Tatsachenwahrheit »betrifft Ereignisse und Umstände, in die viele Menschen verwickelt sind, und ist abhängig davon, daß Menschen Zeugnis ablegen; selbst wenn es sich um rein ›private‹ Tatbestände handelt, macht sich ihre Wirklichkeit erst geltend, wenn sie bezeugt und Gegenstand einer Kundgebung geworden sind. Die Tatsachenwahrheit ist von Natur politisch.« (ZVZ 12: 338) Historische Ereignisse, auf die sie sich bezieht, sind nicht nur Gegenstand des Sprechens und Handelns, sondern gewinnen ihren Wirklichkeitscharakter erst dadurch, dass sie durch diese politischen Tätigkeiten bewahrt werden.

Der genuin politische Charakter der Tatsachenwahrheit verdeutlicht, dass diese Form der Wahrheit nicht gleichbedeutend mit einem korrespondenztheoretischen Wahrheitsverständnis ist, wie Arendt nicht selten unterstellt wurde: »Das Kriterium für die Wahrheit ist schlicht die empirische Übereinstimmung mit den Tatsachen, die Korrespondenz mit der

Wirklichkeit« (Nanz 2006: 69). Mit einer solchen Behauptung wird die Spezifik der arendtschen Wahrheitskonzeption unterschlagen, die weder einem korrespondenztheoretischen noch einem konstruktivistischen Ansatz zugeordnet werden kann. »Für Arendt existiert keine Wahrheit außerhalb und unabhängig menschlicher Wahrnehmung, sie bestreitet eine objektive Welt, die die Bedingungen zu ihrer Erkenntnis vorgibt und zunächst den Menschen unzugänglich ist.« (Magiera 2007: 67; vgl. ZVZ 12: 367) Während die korrespondenztheoretische Konzeption davon ausgeht, dass sich der außersprachliche Referent, auf den sich die wahre Aussage bezieht, auch existiert, wenn die Menschen ihn negieren, hängt der Bestand von Fakten nach Arendt »von uns ab. So wie es von uns abhängt, ob Wahrheit in der Welt ist oder nicht.« (DT 39) Eine Tatsachenwahrheit zu verleumden wird von Arendt als »wirkliche Vernichtung« (ebd.) des Ereignisses verstanden. Denn diese Wahrheit besteht, wie das Geschehen, das sie erfasst, nicht in der Entsprechung von Aussage und außersprachlicher Realität, vielmehr wird sie erst durch das Sprechen und Handeln der vielen und verschiedenen Menschen hervorgebracht (vgl. Grunenberg 2001: 27; Magiera 2007: 153). Da die Tatsachenwahrheit auf das politische Handeln angewiesen ist, das sich stets wandeln kann, hat sie nie einen absolut gesicherten Status. »Tatsachen stehen immer in Gefahr, nicht nur auf Zeit, sondern möglicherweise für immer aus der Welt zu verschwinden.« (ZVZ 12: 331) Damit wird nicht behauptet, dass die Tatbestände in einem solchen Fall nicht tatsächlich stattgefunden hätten, sondern dass sie der Welt, im Sinne des intersubjektiven Bedeutungszusammenhangs, nicht mehr zugänglich sind. Da nach Arendt »Sein und Erscheinen dasselbe« (LG 29) sind, ist diese Differenzierung jedoch in ihrer praktischen Konsequenz oftmals gleichbedeutend – was konsequent verleumdet wird, erscheint nicht und existiert demnach auch nicht mehr (vgl. ZVZ 12: 331).

Trotz der konstitutiven Abhängigkeit der Tatsachenwahrheit von den politischen Tätigkeiten des Sprechens und Handelns stellt sie keine diskursive Konstruktion dar, weil »Tatsachen […] außerhalb aller Übereinkunft und aller freiwilligen Zustimmung« (ebd.: 341) liegen. Diese rigide Trennung zwischen Fakten und den Urteilen, die über sie gefällt werden können, hat Arendt den Vorwurf eingebracht, einem »positivistische[n] Mythos [zu unterliegen], der in der modernen Geschichtswissenschaft zu Recht in Frage gestellt worden ist.« (Nanz 2006: 69) Tatsächlich ist sich Arendt der Schwierigkeit einer solchen Differenzierung jedoch durchaus bewusst:

»Aber gibt es überhaupt reine Tatsachen, die von Meinung und Interpretation unabhängig sind? [...] Diese ganze Problematik ist in der Tat von den Geschichtswissenschaften nicht zu trennen, aber sie beweist keineswegs, daß es Tatbestände überhaupt nicht gibt [...]. Wir haben es hier mit elementaren Daten [...] zu tun, und ihre Unumstößlichkeit haben auch die extremsten und überzeugtesten Vertreter des Historismus immer als selbstverständlich vorausgesetzt.« (ZVZ 12: 339)

Die Trennung zwischen Fakten und deren Interpretation ist nicht mit naivem Positivismus zu verwechseln, sondern stellt die Voraussetzung einer sachlichen politischen Debatte im öffentlichen Raum dar. Hierbei gibt »die Tatsachenwahrheit [...] der Meinungsbildung den Gegenstand vor und hält sie in Schranken« (ebd.: 343). Der Umstand, dass die Erfüllung dieser Bedingung in politischen Auseinandersetzungen oftmals nicht gegeben ist, wird von Arendt nicht übersehen, sondern stellt den Anlass ihrer Analyse des Verhältnisses von Wahrheit und Politik dar. Ihr liegt die brutale Erfahrung zugrunde, dass »[u]nbequeme geschichtliche Tatbestände, wie daß die Hitlerherrschaft von einer Mehrheit des deutschen Volkes unterstützt wurde [...], behandelt [werden], als seien sie keine Tatsachen, sondern Dinge, über die man dieser oder jener Meinung sein könne.« (ebd.: 336) Wenn die Tatsachenwahrheit im öffentlichen Raum zur Ansichtssache verkommt, dann steht hier »die faktische Wirklichkeit selbst [auf dem Spiel], und dies ist in der Tat ein politisches Problem allererster Ordnung.« (ebd.: 337) Aus diesem Grund hat nicht nur die Tatsachenwahrheit genuin politischen Charakter, sondern auch Arendts Bemühung, streng zwischen Wahrheit und Meinung zu unterscheiden. Diese begriffliche Differenzierung lässt sich als Kritik an der öffentlichen Auseinandersetzung über den Nationalsozialismus und als Appell verstehen, die historischen Taten und Tatsachen als solche anzuerkennen. Die strikte Trennung von Wahrheit und Meinung betrifft jedoch nicht nur die Tatsachenwahrheit, sondern auch die philosophische Wahrheit, die Arendt zeit ihres Lebens beschäftigt hat.

Philosophische Wahrheit im Singular und die Pluralität der Meinungen

Anders als die Tatsachenwahrheit steht die philosophische Wahrheit in einem dichotomen Verhältnis zur Meinung, das der konfliktträchtigen Beziehung von Philosophie und Politik entspricht (vgl. Enaudeau 2007: 1029). Sie wird von Arendt auf Platon zurückgeführt, der ihr zufolge aus der Verurteilung des Sokrates den Schluss, dass die richtige Meinung, von der Sokrates das Gericht zu überzeugen versuchte, nicht genügte, um die

Menschen Wahrheit erfahren zu lassen. »Das Schauspiel, wie Sokrates seine eigene doxa den unverantwortlichen Meinungen der Athener unterwarf und von einer Mehrheit überstimmt wurde, veranlaßte Plato, Meinungen zu verachten und sich nach absoluten Maßstäben zu sehnen« (vgl. PP 382). Diese fand er im Reich der ewigen Ideen, dem Ort der Wahrheit des Seins. Diese Wahrheit unterscheidet sich deutlich von den Meinungen, die weltliche Erfahrungen zum Gegenstand haben und ebenso wie diese Zufällen und unerwarteten Wechseln unterworfenen sind. Während die Meinungen nach Arendt in der aktiven, verbalen Auseinandersetzung mit den Mitmenschen entstehen, ist der passive Akt des philosophischen Staunens nicht durch Worte zu beschreiben und dementsprechend auch nicht zu vermitteln oder zu erlernen (vgl. LG 119, 143). »Thaumadzein, das Staunen über das, was ist, wie es ist, ist Plato zufolge ein pathos, etwas, das Bestand hat und sich als solches ganz von doxadzein, der Bildung einer Meinung über etwas, unterscheidet. Das Staunen, das der Mensch erleidet oder das ihm widerfährt, kann nicht mit Worten erzählt werden, weil es für Worte zu allgemein ist.« (PP 396)

Diese Teilhabe an der ewigen Wahrheit hat zugleich eine Trennung der Philosophierenden von den Mitmenschen zur Folge. Denn hierbei handelt es sich um Zustände, die nur von den Einzelnen erfahren werden, ohne darauffolgend durch Sprache und Reflexion in den Bereich menschlicher Angelegenheiten integriert werden zu können. Die Fähigkeit des Sprechens ist nach Arendt jedoch gerade die Voraussetzung der Politik, da die Menschen durch sie den öffentlichen Raum erst gemeinsam konstituieren (vgl. VA 11). Die politischen Tätigkeiten des Sprechens und Handelns, die nur in der Auseinandersetzung mit anderen sinnhaft praktiziert werden können, stehen somit der nonverbalen Ideenschau entgegen, die nur den Einzelnen zugänglich ist. »Da philosophische Wahrheit den Menschen im Singular betrifft, ist sie ihrem Wesen nach unpolitisch« (ZVZ 12: 348). Die »Einsamkeit des Philosophen […] [schließt] das politische Engagement, das Eintreten für eine Sache aus« (ebd.: 364), weil politische Bestrebungen in der Auseinandersetzung mit anderen entstehen und nur mit ihrer Hilfe Wirkung erzielen können.

Zwar ist die philosophische Wahrheit nach Arendt genuin unpolitisch. Einen explizit antipolitischen Charakter gewinnt sie jedoch erst, wenn auch innerhalb der politischen Sphäre auf ihrem unwiderlegbaren Status beharrt wird. Denn »innerhalb des Bereichs menschlicher Angelegenheiten [bedeutet] jeder Anspruch auf absolute Wahrheit, die von den Meinungen der

Menschen unabhängig zu sein vorgibt, die Axt an die Wurzeln aller Politik« (ebd.: 333) zu legen. Der Pluralität entsprechend sind die Meinungen wie die Menschen, die sie vertreten, ebenso gleichberechtigt wie verschieden, weil jede einzelne Person die Welt aus der ihr je eigenen Perspektive wahrnimmt. »Diese δὁξα, dieser partikulare Aspekt, der sich mir bietet in der Partikularität, die ich bin, verglichen und zusammen mit allen Anderen, kann sich nur in der Mitteilung, dem Verstandenwerden und der Auseinandersetzung mit Anderen entwickeln.« (DT 402) Gerade die divergierenden Perspektiven und das Fehlen ewiger Wahrheit bieten den Anlass, um sich auszutauschen und die vielen Facetten der Welt im öffentlichen Raum hervorzuheben. Indem Platon die absolute Wahrheit, die er durch die Schau der ewigen Ideen erfahren hatte, auf den politischen Bereich bezog, entwickelte er nach Arendt »seine Tyrannei der Wahrheit, in der nicht das, was weltlich gut ist und von dem die Menschen überzeugt werden können, die Stadt regieren soll, sondern ewige Wahrheiten« (PP 384). Die Handlungen der Menschen stellen aus der Perspektive Platons keinen Zweck an sich, sondern ein Mittel dar, um ein höheres philosophisches Ziel zu erreichen.

Die Tendenz, den genuinen Selbstzweck der Politik, der im Handeln und Sprechen besteht, zum Mittel für apolitische Ziele zu nutzen, erstreckt sich nach Arendt von der Antike über das Mittelalter bis hin zur Neuzeit (vgl. VA 278ff.). Auch »der größte Teil der politischen Philosophie seit Plato [...] [ließe sich] mühelos als eine Geschichte von Versuchen und Vorschlägen darstellen [...], die theoretisch und praktisch darauf hinauslaufen, Politik überhaupt abzuschaffen.« (ebd.: 281) Es ist naheliegend, eine solche Darstellung der Philosophiegeschichte als zu pauschal und das entsprechende Philosophieverständnis als antiquiert zu bezeichnen. Allerdings ist sich Arendt durchaus bewusst, dass die »Kontemplation, das Anschauen oder Betrachten eines Wahren« (ebd.: 370) nicht mehr dem aktuell gängigen Wahrheitsverständnis entspricht. Dementsprechend sind in »der heutigen Welt [...] die letzten Spuren dieses uralten Gegensatzes von philosophischer Wahrheit und bloßer Meinung verschwunden« (ZVZ 12: 335). Wenn Arendt dennoch aktuelle politische Probleme – wie zum Beispiel das technokratische Verständnis von Politik (vgl. VA 278ff.) – auf den uralten Streit zwischen Philosophie und Politik zurückführt, handelt es sich dabei nicht um ein historiografisches Vorgehen. Vielmehr lässt sich diese Narration als Strategie verstehen, um das politische Geschehen der Gegenwart und aktuelle philosophische Strömungen zu kritisieren.

2.3.2. Philosophie als Feindin der Politik?

Geschichten über Philosophie statt Philosophiegeschichte

Die »tiefe[…] Politikfeindlichkeit unserer philosophischen Tradition« (ZVZ 10: 299) zeigt sich Arendt zufolge in der konsequenten Negierung der Pluralität, die Arendt auch bei zeitgenössischen Philosophen wie Merleau-Ponty, Sartre, Heidegger und Jaspers erkennt. »The limitations of Jasper's philosophy with respect to politics are essentially due to the problem which has plagued political philosophy almost throughout its history. It lies in the nature of philosophy that it deals with man in the singular whereas politics could not even be conceived of if men did not exist in the plural.« (CPPT 25) Die Pluralität, »die Tatsache, daß nicht ein Mensch, sondern viele Menschen […] die Welt bevölkern« (VA 17), steht der philosophisch-solipsistischen Erfahrung der Ideenschau ebenso entgegen wie zentralen Strömungen der Gegenwartsphilosophie, die stets vom einzelnen Individuum ausgeht (vgl. WE). »Die Pluralität also schneidet in der Tradition nicht gut ab, gleichgültig, welcher Ausschnitt untersucht wird.« (Villa 2011: 250) Ob die Philosophie nun in der Schau ewiger Ideen, der Subjektphilosophie oder dem formalen Denken besteht – die philosophische Haltung gegenüber dem politischen Bereich bleibt zumeist eine von scheinbar unbeteiligten Beobachtenden, die sich im Besitz der Wahrheit wähnen. Diese Darstellung Arendts wurde nicht selten als einseitig kritisiert.

»Sicherlich wollten Platon und ein ›anti-politischer‹ Strang der abendländischen Philosophietradition den Tücken der öffentlichen Belange und den der menschlichen Pluralität eigentümlichen Ungewissheiten entfliehen. […] Aber die Tradition als Ganze, von Platon bis Marx? Wie kann Arendt eine derart ›totalisierende‹ Behauptung aufstellen? Hier muss berücksichtigt werden, dass Arendt unter dem Einfluss von Nietzsches und Heideggers großen Erzählungen der abendländischen Philosophie der Vorstellung erlag, dass die Philosophie gleichbedeutend mit Platonismus sei.« (Villa 2010: 325; 2011: 250)

Zwar ähnelt der Darstellungsmodus, den Arendt zur Ausgestaltung ihrer Erzählung nutzt, im Hinblick auf dramatische Formulierungen, verallgemeinernde Aussagen und der hyperbolischen Charakterisierungen philosophischer Figuren demjenigen Nietzsches und Heideggers.[70] Inhaltlich weicht ihre Narration der Philosophiegeschichte jedoch deutlich von der-

70 Definition d. Philosophischen Figur

jenigen der beiden Philosophen ab. Indem sie die Philosophie aus politischer Perspektive betrachtet, kann sie die blinden Flecken von Pluralität und Politik aufzeigen, die sie auch im Werk Heideggers vorfindet.[71]

Die Eindeutigkeit und Drastik, mit der Arendt die Geschichte von der über Jahrtausende gewachsenen, politikfeindlichen Tendenz der Philosophie erzählt, dient dazu, auf deren Kontinuität und Brisanz hinzuweisen. Die Kritik, Arendt habe bei ihrer Darstellung des uralten Streits von Philosophie und Politik stark übertrieben (vgl. Villa 2011: 250), oder werde einzelnen philosophischen Werken nicht gerecht (vgl. Abensour 2007: 959ff.), verfehlt somit das Ziel ihres Umgangs mit der philosophischen Tradition. Die Geschichten, die sie erzählt, sind weder der Chronologie und korrekten Darstellung (philosophie-)historischer Prozesse noch philosophischen Schriften verpflichtet, sondern der Relevanz, die das Erzählte für aktuelle öffentliche Zusammenhänge hat. Die Narration der Beziehung von Politik und Philosophie soll keinen Beitrag zur Philosophiegeschichte, sondern zur Analyse und Kritik der politischen Gegenwart liefern. Sie verweist darauf, dass die Politikfeindlichkeit der philosophischen Tradition solange aktuell bleibt, bis die Philosophie die Politik als eigenständigen Bereich und als würdigen Untersuchungsgegenstand anerkennt (vgl. PP 400; CPPT 28).

Um diese Funktion der Narration von der spannungsreichen Beziehung von Philosophie und Politik zu erfassen, ist es hilfreich, den Fokus von den inhaltlichen Aspekten dieser Erzählung auf die methodischen zu lenken. Arendts Art des Geschichten-Erzählens weist eine »liebenswürdige Verachtung für bloße Fakten« (Young-Bruehl 1979: 319) auf. Sie erhebt dementsprechend nicht den Anspruch, philosophiegeschichtliche Ereignisse und Topoi akkurat wiederzugeben (vgl. Zhang 2014: 32ff.; Straßenberger 2015: 83f.).[72] Diese Haltung entspricht ihrer Auffassung von Geschichtsschreibung. »Ich hielt mich von der historischen Schriftstellerei im engen Sinne fern, weil ich den Eindruck habe, daß diese Kontinuität nur dann gerechtfertigt ist, wenn der Historiker seinen Gegenstand bewahren, der Sorge und Erinnerung zukünftiger Generationen anempfehlen möchte.« (zit.n. Young-Bruehl 1991: 286) Eine solch bewahrende Erzählung kann für Arendt nicht die Philosophie zum Gegenstand haben, weil

71 S.o., Kap. 1.4.2., s.u., Kap. 2.4.2.

72 Arendts Methode des Geschichenerzählens haben unter anderem Young-Bruehl (1979: 319ff.), Disch (1993: 665ff.), Benhabib (1995: 99ff.; 2006: 153ff.) und Saavedra (2001: 45ff.) genauer untersucht.

die endgültige Zerstörung der Tradition durch die totalitären Regime jede unmittelbare Bezugnahme auf traditionelle Denkmuster verunmöglicht hat (vgl. Benhabib 1988: 156ff.). Die »totalitäre Herrschaft als ein Ereignis, [...] dessen ›Verbrechen‹ mit den traditionellen Maßstäben nicht beurteilt [...] werden können, hat die in der Überlieferung so lange gesicherte Kontinuität abendländischer Geschichte wirklich durchbrochen.« (ZVZ 1: 35) Umso dringlicher erscheint es Arendt, die Fähigkeit auszubilden, »ohne Leitung jedweder Autorität, gleichsam ganz und gar ohne Geländer, zu denken« (ebd.: 37). Sie selbst stellt Übungen in »diese[r] Art von Denken« (ebd.: 17) über das Erzählen von Geschichten an, die nicht die verlorengegangene Tradition wiederherstellen, sondern über sie hinaus gehen wollen.

»[I]ch bin eindeutig denen beigetreten, die jetzt schon einige Zeit versuchen, die Metaphysik und die Philosophie mit allen ihren Kategorien [...] zu demontieren. Eine solche Demontage ist nur möglich, wenn man davon ausgeht, daß der Faden der Tradition gerissen sei und wir ihn nicht erneuern können. [...] Verlorengegangen ist die Kontinuität der Vergangenheit [...]. Man hat dann immer noch eine Vergangenheit, aber eine zerstückelte Vergangenheit, die ihre Bewertungsgewissheit verloren hat.« (LG 207f.)

Die hierdurch gewonnene Offenheit für die Erzählung und Einschätzung vergangener Ereignisse ist die Bedingung für Arendts eigene »Methode« (ebd.), über die sie nur ungern sprach (vgl. Vollrath 1997: 60ff.). Lapidar nannte sie sie »my old fashioned storytelling« (zit. n. Disch 1994: 666; vgl. Bluhm 1999: 915). Weil kein unmittelbares Anknüpfen an den Faden der Geschichte möglich ist, ergeben sich verschiedene Stränge, die aufgenommen und in verschiedenen Konstellationen zusammengefügt werden können. Die Geschichten, die hierbei entstehen, sind nicht das Ergebnis einer chronologischen Aneinanderreihung von historischen Ereignissen, »sondern ein konfigurierter Zusammenhang [...]. Die Ereignisse stellen keine natürliche Einheit dar.« (Nordmann 1994: 36) Weil die Kontinuität der Tradition gebrochen ist, wird die »Darstellung [zu] ein[em] Akt der Wahl« (ebd.: 53), durch den das immer noch Aktuelle, »Reiche und Merkwürdige« (LG 208) der Vergangenheit hervorgehoben wird. Dementsprechend gilt es zu fragen, welche »Bruchstücke« (ebd.) Arendt aus Theoremen, tradierten Denkmustern und historischen Ereignissen herausgreift, um mit ihnen auf gegenwärtige Problemlagen hinzuweisen.

Auf den ersten Blick ist nicht unmittelbar einsichtig, weshalb der uralte »Bürgerkrieg« (ebd.: 86) zwischen Philosophie und Politik noch eine Bedeutung für Arendts Gegenwart haben soll. Schließlich betont sie mehrfach, dass die philosophische Tradition als solche nicht mehr besteht. Allerdings ist sie der Auffassung, dass deren Ende nicht gleichbedeutend mit dem Ende ihrer Wirkung ist, weshalb die Politikfeindlichkeit der Philosophie auch nach dem Traditionsbruch fortbestehen kann. Auf eben diese Kontinuität will Arendt meiner Einsicht nach durch die über Jahrzehnte hinweg »frappierend« (Opstaele 1999: 35) gleichbleibende Geschichte vom Streit zwischen Philosophie und Politik verweisen.

»Das Ende der Tradition muß nicht notwendigerweise bedeuten, daß das traditionelle Begriffsgerüst seine Macht über die Gedanken der Menschen verloren hat. Diese Macht kann im Gegenteil gerade dann tyrannisch werden, wenn die Tradition ihre lebendige Kraft verloren hat, wenn die Begriffe abgenutzt und die Kategorien platt geworden sind und die Erinnerung an den Anfang ganz und gar verblaßt ist. Es kann sogar vorkommen, daß gerade das spezifisch Zwingende einer Überlieferung sich erst dann zeigt, wenn ihr Ende so endgültig ist, daß die Menschen nicht einmal mehr gegen sie rebellieren. Dies scheint jedenfalls die Lehre zu sein, die wir aus der Verbreitung jenes formalistisch-logischen Denkens im 20. Jahrhundert mit seiner Verwechslung von Wahrheit und [...] Zwangsläufigkeit ziehen können« (ZVZ 1: 35).

Indem Arendt die Geschichte vom Anfang der Tradition wiederholt erzählt, zeigt sie die historischen Wurzeln des Denkens auf, das davon ausgeht, im Besitz der Wahrheit zu sein und hierdurch seinen Herrschaftsanspruch über den politischen Bereich ableitet. Was die platonische Schau der ewigen Ideen mit den neuzeitlichen Kriterien von Wissenschaft und dem formalistischen Denken gemein hat, ist der dem jeweiligen Wahrheitsbegriff inhärente absolute Geltungsanspruch. Wird dieser an die politische Sphäre angelegt, die gerade nicht durch absolute Gesetzmäßigkeiten, sondern durch die Spontanität des Handelns konstituiert wird, handelt es sich dabei um die Wiederholung des Jahrhunderte alten Versuchs, den politischen Bereich mit ihm fremden Kategorien zu erfassen und gefügig zu machen. Auch wenn die Platonische Philosophie der Vergangenheit angehört, finden sich zentrale Aspekte dieses Denkens, das Arendt als herrschaftsförmig kritisiert, auch in der Neuzeit und der Gegenwart des 20sten Jahrhunderts wieder (vgl. VA 330; CPPT 27f.). Hierzu gehören auch »solche[...] geistigen Prozesse[...] wie [...] Deduzieren, Induzieren und logische[s] Schlußfolgern, deren Regeln der Widerspruchslosigkeit und der inneren Konsistenz« (ZVZ 1: 17) unpolitisch sind. Sie nehmen antipolitische Züge an, sobald sie auf den politischen Bereich angewendet werden. Die Funktion der wiederholten Erzählung von der Jahrtausende alten Politikfeindlichkeit der Philosophie kann somit in der Aufdeckung der

Herkunftsgeschichte gegenwärtiger Gefahren eines Denkens gesehen werden, das der Spezifik der politischen Sphäre nicht Rechnung trägt und den Anspruch erhebt, über diesen Bereich bestimmen zu können.

Die Möglichkeit einer wahren politischen Philosophie

Auch wenn Arendt ihre Philosophiekritik mit drastischen Worten und Vehemenz vorbringt, ist sie nicht vernichtend und absolut. Vielmehr liegt ihr die Hoffnung zugrunde, dass eine »wahre[…] politische[…] Philosophie« (PP 400) doch noch möglich ist. Das Ende der philosophischen Tradition birgt nicht nur das Risiko ihres unbemerkten Fortwirkens, sondern auch Möglichkeiten, den Konflikt zwischen Philosophie und Politik aufzulösen, ohne die Unterschiede beider Bereiche zu nivellieren. »Unsere Situation nach dem Abtreten der Metaphysik und Philosophie könnte […] einen doppelten Vorteil bieten. Wir könnten, unbelastet und ungeleitet von jeder Tradition, die Vergangenheit mit neuen Augen sehen […] ohne an irgendwelche Behandlungsvorschriften gebunden zu sein.« (ZVZ 1: 17) Eben das tut Arendt, wenn sie ein Bild der philosophischen Tradition zeichnet, das deren Topoi unverkennbar abbildet und zugleich in einem ganz anderen Licht erscheinen lässt, indem sie diese aus einer politischen Perspektive betrachtet.

Dabei kritisiert sie die »uralte Unterscheidung zwischen den vielen und den ›Denkern von Gewerbe‹, die sich auf das angeblich Höchste spezialisieren, dessen der Mensch fähig ist […]. [Diese Dichotomie] leuchtet nicht mehr ein, und das ist der zweite Vorteil unserer heutigen Situation.« (LG 23) Weil die metaphysische Differenzierung zwischen sinnlicher und übersinnlicher Sphäre mit dem Ende der Tradition obsolet geworden ist, erscheint die Welt der Erscheinungen nicht mehr als schlechte Kopie eines ideellen Originals, dessen Wesen ausschließlich von der Philosophie erkannt werden kann (vgl. Schmitz 2001: 23). »In dieser Welt, in […] der […] Sein und Erscheinen dasselbe« (LG 29) sind, sind es die vielen und verschiedenen Menschen, die durch ihre verschiedenen Perspektiven den Raum erst schaffen, in dem das Sein erscheinen kann. Arendt nutzt das Ende der metaphysischen Tradition, um die Sinn-, nicht aber die Wahrheitssuche in den politischen Bereich zu verlagern (vgl. ebd.: 22). Dies ist nicht nur die Voraussetzung für ihre originelle Konzeption von Politik als Sorge um die Welt, sondern auch für eine bestimmte philosophische Denkpraxis des Politischen, die sie selbst etabliert, ohne sie zu explizieren.

Auch wenn die Frage, ob Arendts Denken als politisches oder philosophisches zu bezeichnen ist, in der Forschung kontrovers diskutiert wurde, besteht kein Zweifel daran, dass es deutlich von der Philosophie geprägt ist.[73] Schließlich sind die Begriffe und Denkmuster, mit denen sie die politische Sphäre und die sie ermöglichende Pluralität der Menschen zu erfassen versucht, genuin philosophische (vgl. Ludz 2007a: 151). Das Aristotelische Verständnis von Praxis, der heideggersche Begriff der Welt und die teils von Nietzsche, teils von Benjamin inspirierte Methode des Geschichten-Erzählens sind nur einige Beispiele für den unverkennbaren Einfluss der Philosophie auf Arendts Denken. So erklärt sie in einem Brief an Gerhard Scholem im Juli 1963: »Wenn ich überhaupt aus etwas ›hervorgegangen‹ bin, so aus der deutschen Philosophie.« (AS 31) Dass sie diese dennoch fortwährend kritisiert, liegt in der Tendenz der Philosophie begründet, den politischen Bereich in seiner Spezifik zu negieren, anstatt ihn zum Objekt des staunenden Blicks werden zu lassen.

»An authentic political philosophy […] can spring only from an original act of thaumazein whose wondering and thence questioning impulse this time […] must grasp directly the realm of human affairs and human deeds. To be sure, for the performance of this act the philosophers, with their vested interest in being undisturbed by others and their professional experience with solitude, are not particularly well equipped. But who else is likely to succeed if they should fail us?« (CPPT 28)

Diesem Aufruf scheint in den 1950er Jahren niemand gefolgt zu sein – außer Arendt selbst. Vier Jahre nach ihrem Appell an die Philosophie erscheint Vita activa, das Buch, das nicht nur als ihr Hauptwerk, sondern auch als das Ergebnis dessen verstanden werden kann, was sie als »wahre politische Philosophie« (PP 400) bezeichnet.

---

73 Viele verstehen Arendts Werk als Beitrag zur politischen Philosophie und verweisen dabei häufig auf die große Bedeutung, die Philosophen wie Aristoteles, Augustinus, Nietzsche oder Heidegger auf ihr Denken hatten (vgl. u.a. Cooper 1979: 137ff.; Disch 1994: 666). Andere Stimmen tragen Arendts fundamentaler Kritik an der Philosophie und ihrer Ablehnung der Selbstbezeichnung als Philosophin (vgl. AG 46) Rechnung und bezeichnen ihre Arbeiten als der Politischen Theorie zugehörig (vgl. u.a. Bernstein 1977: 141ff.; Vollrath 1979: 19ff.; Canovan 1992: 273). Im Gegensatz zu den üblichen politischen Theorien, wie sie zum Beispiel Rawls vertritt, weist Arendts Werk allerdings einen deutlich geringeren Grad an Systematik auf (vgl. Bluhm 2001: 6). Dieser Umstand kann auf ihren praxeologischen Politikbegriff zurückgeführt werden. Denn die Spontanität des Handelns und die entsprechende Unvorhersehbarkeit des politischen Verlaufs lässt sich ebenso wenig kategorisieren wie durch das Erstellen von Theorien beeinflussen.

»Wenn die Philosophen trotz ihrer notwendigen Entfremdung von dem Alltagsleben der menschlichen Angelegenheiten jemals zu einer wahren politischen Philosophie gelangen sollten, müßten sie die Pluralität des Menschen, aus dem der ganze Bereich der menschlichen Angelegenheiten entsteht – in ihrer Größe und ihrem Elend – zum Gegenstand ihres thaumadzein machen.« (ebd.)

Anstatt darauf zu warten, dass die Philosophie die öffentliche Welt als ihren Gegenstand anerkennt, nutzt Arendt ihre philosophische Ausbildung, um die Pluralität als genuin politische Bedingung der Menschen ins Zentrum ihres Werks zu stellen. Auf diese Weise wird die Politik und die menschliche Fähigkeit zu Handeln zum Gegenstand der philosophischen Erfahrung des Wunderns. Arendts eigenes Denken lässt sich mit den ihr eigenen Kategorien als eine gelungene Verbindung von Philosophie und Politik bezeichnen. Schließlich dienen ihr die philosophischen Topoi und Denkbewegungen dazu, den politischen Bereich in seiner Spezifik zu erfassen, ohne über ihn herrschen oder der Philosophie angleichen zu wollen.

Diese Darstellung stellt eine Alternative zu zwei Perspektiven auf Arendts Konzeption von Philosophie und Politik dar. Die eine Position erkennt in Arendts nicht vollendeten Ausführungen zum Urteilen das Potential, eine Brücke zwischen den früheren, politischen und den späten, philosophischen Schriften zu schlagen. Auf diese Weise wird die unerfüllbare Hoffnung auf eine Synthese von Denken und Handeln durch ein ungeschriebenes Buch kultiviert und Arendts Bemühungen um eine Verbindung der politischen und philosophischen Sphäre als unabgeschlossen aufgefasst (vgl. Canovan 1992: 273; Beiner 2012: 130).[74] Eine solche Beschreibung wird Arendts Denken ebenso wenig gerecht wie die Bemühung, in ihr Werk nachträglich eine eindeutige Systematik zu installieren, wie es im Zuge der Aufwertung ihres Spätwerks zuweilen geschehen ist.[75] In dieser Arbeit sollen Arendts Bemühungen um eine gelungene Beziehung von Philosophie und Politik weder als missglückt bezeichnet noch von einer im Verborgenen wirkenden Systematik ausgegangen werden, die alle Probleme der arendtschen Abhandlungen löst. Stattdessen wird durch die hier vorgeschlagene Darstellung der Fokus von der Textebene auf die

---

74 Zur Kritik an Beiners Darstellung des arendtschen Werks im Allgemeinen und des Urteilens im Besonderen vgl. von Redecker 2013: 85ff.

75 So behauptet zum Beispiel Opstaele (vgl. 1991: 21), dass Arendts Abhandlungen zum Verhältnis von Philosophie und Politik ohne eine von Opstaele selbst entwickelte implizite Differenzierung von theoretischer und praktischer Philosophie nicht zu verstehen sind, obwohl Arendt eine solche nie erwähnte.

philosophische Denkpraxis gelenkt, die Arendt dazu dient, die Politik in ihrer Spezifik zu erfassen. Gerade weil Arendt keine abschließende Konzeption für eine gelungene Beziehung zwischen Philosophie und Politik vorgelegt hat, lässt sich ihr durch die Philosophie geschultes Denken des Politischen als eine implizite Antwort auf dieses Problem verstehen.

2.4. Auswirkung und Auseinandersetzung

Auch wenn Arendts philosophisch gestützte Problematisierung des Politischen und ihre der Politik verpflichtete Distanz gegenüber der Philosophie deutlich von den Ansätzen Heideggers und Foucaults abweicht, teilt sie deren Wahrheitskritik. Der Vorstellung von ewigen Wahrheiten und der Reduktion von Wahrheit auf Richtigkeit liegt demnach eine Zwei-Welten-Theorie zugrunde, derzufolge die Sphäre der Ideen und der Vernunft das Maß darstellt, mithilfe dessen die Erscheinungswelt erfasst und beurteilt wird. Wenn Foucault konstatiert: »Die Wahrheit ist von dieser Welt« (DE3/192: 210; vgl. Schneider 2000: 6), dann verweist er damit auf die von Heidegger und Arendt geteilte Auffassung, dass Wahrheit durch Praktiken hervorgebracht wird. Foucault legt den heideggerschen Topos der Wahrheit im Sinne der aletheia machtkritisch aus und stellt ihn in den Kontext des ethisch-philosophischen Selbstverhältnisses der Sorge um sich (2.4.1.). Dagegen nimmt Arendt aufgrund der Sorge um die Welt eine politische Reformulierung der Unverborgenheit vor. Auf diese Weise wendet sie sich gegen die Fokussierung auf das Selbst, die ihr zufolge symptomatisch für die Philosophie im Allgemeinen und diejenige Heideggers im Besonderen ist (2.4.2.). Diese Kritik trifft auch Foucault, der wie Heidegger das philosophische Verhältnis von Wahrheit und Selbst untersucht, ohne dabei darauf einzugehen, wie die »Politik der Wahrheit« (DE3/192: 210; MW 51) durch gemeinsames Handeln bestimmt und verändert werden könnte. So wiederholt sich die Spannung zwischen Philosophie und Politik, Singularität und Pluralität, Selbst- und Weltsorge, die im ersten Kapitel (1.4.) anhand der praxeologischen Ausrichtung des Selbst dargestellt wurde, nun anhand des Wahrheitsbegriffs.

2.4.1. Heidegger und Foucault: Philosophie und der Mut zur Wahrheit

Foucault betont wie Heidegger, dass es keine Wahrheit ohne Dasein gibt und wendet sich wie dieser gegen die Auffassung, dass sich Wahrheit gerade durch die Unabhängigkeit von den Einzelnen, die sie erfassen oder aussprechen, auszeichnet. Die mit einer solchen Konzeption einhergehende Trennung von Wahrheit und Selbst greift Foucault in seiner Vorlesung von 1982 an und stellt sich dabei explizit auf die Seite Heideggers (vgl. HS 240). Wie er verfolgt er das Projekt der Untersuchung eines alternativen Wahrheitsverständnisses, das gerade auf der unmittelbaren Verbindung von »Sein und Wahrheit« (SZ 183; MW 435) beruht. Der ontologischen Ausrichtung des Wahrheitsphänomens entsprechend, lassen sich beide Aspekte, Wahrheit und Sein, als zwei Seiten einer Medaille beschreiben: Keine Wahrheit ohne Dasein und kein Dasein ohne Wahrheit.

Keine Wahrheit ohne Dasein

Die Auseinandersetzung mit dem Wahrheitsbegriff prägt das Werk beider Autoren von seinen Anfängen, auch wenn Heidegger diesen Begriff in seinen frühsten Vorlesungen ebenso vermeidet wie Foucault in seinen ersten Veröffentlichungen (vgl. Frede 2013: 308; Günzel 2008: 296). Ein Grund hierfür ist ihre geteilte Kritik an der Objekterkenntnis und die Ablehnung der bewusstseinsphilosophischen Vorstellung eines rationalen Subjekts (vgl. HS 240ff.; SZ 89ff., 153ff.). »In seiner frühen Phase steht Wahrheit unter einem Generalverdacht, den Foucault dem rationalistischen Denken entgegenbringt« (Günzel 2008: 297). Gleiches kann von Heidegger behauptet werden, der in der frühen Freiburger Zeit ganz auf den Wahrheitsbegriff verzichtet und sich erst im Zuge der Entwicklung einer ontologischen Konzeption des Daseins auch mit dem antiken Verständnis von Wahrheit auseinandersetzt.

Die Entwicklung einer ontologischen Wahrheitskonzeption basiert in beiden Fällen auf der zuvor dargestellten Subjekt- und Rationalitätskritik, die das Denken beider Autoren von Beginn an prägt.[76] Demnach impliziert die rationalistische Reduktion von Wahrheit auf »Objekterkenntnis« (GA 9: 36; HS 243) eine klare Trennung zwischen Erkenntnissubjekt und -objekt, durch die Neutralität und Objektivität gewährleistet werden soll. Diese Möglichkeit einer von der Welt und der jeweiligen Situation unabhängigen

76 S.o., Kap. 1.4.1.

Erkenntnisposition widerspricht dem praxeologischen Primat, von dem Heidegger und Foucault ausgehen. Da das Sein des Selbst vor jedem bewussten Akt bereits durch vorgängige Existenzweisen innerhalb einer konkreten Welt konstituiert wurde, ist jede Annahme einer objektiven, von jeder Subjektivität befreiten Erkenntnis eine Illusion (vgl. Rentsch 2013: 57ff.). Mit der Subjektkritik geht somit unmittelbar eine Wahrheitskritik einher. Die Hegemonie eines rationalistischen Wahrheitsbegriffs führen beide Denker auf eine lange (philosophie-)historische Entwicklung zurück, die sie in nietzscheanischer Manier der gesamten abendländischen Kultur zuschreiben.

Heidegger und Foucault erklären Platon zu demjenigen Philosophen, dessen Denken maßgeblich zur Reduzierung des Wahrheitsphänomens auf Aussagewahrheiten beitrug (vgl. u.a. SZ 159; ODis14). Zuvor war »von Alters her Wahrheit mit Sein zusammengestellt« (SZ 212f.) worden, was Foucault unter anderem anhand von griechischen Sagen wie Ödipus erläutert (vgl. DE2/139: 669ff.). Doch bereits im Laufe des antiken Zeitalters wurde Wahrheit als »Angleichung von Vorstellung und Gegenstand« (SZ 217) verstanden und auf »eine äußerliche ›Urteilstheorie‹« reduziert (ebd.: 159). Seit dieser Zeit sei die Dominanz des korrespondenztheoretischen Wahrheitsverständnisses über die verschiedenen Epochen hinweg ungebrochen und werde von Thomas von Aquin über Descartes bis hin zu bewusstseinsphilosophischen Strömungen in der gegenwärtigen Philosophie propagiert (vgl. HS 31; SZ 214ff.; Rayner 2007: 125ff.). Im Kampf gegen die Reduzierung von Wahrheit auf Richtigkeit und dem damit einhergehenden rationalistischen Menschenbild vollzieht Foucault den Schulterschluss mit Heidegger und dessen ontologischer Wahrheitskonzeption (vgl. HS 240). »Aufgrund seiner Kritik der auf Aussagenwerten beruhenden abendländischen Wahrheitsvorstellung wurde Foucault in die Nähe Heideggers gerückt« (Günzel 2008: 300). Beiden dient der Entwurf dieser großen philosophie- und kulturgeschichtlichen Narration dazu, auf der Kontrastfolie der Jahrtausende alten Hegemonie der (Objekt-)Erkenntnis auf den ihr vorgängigen Praxiszusammenhang aufmerksam zu machen, der sie erst ermöglicht.

Das Apriori jeder Erkenntnis besteht demnach nicht in vor aller Erfahrung liegenden Kategorien, die von »empirische[n] Tatsachen« (SZ 229) gereinigt sind, vielmehr sind die transzendentalen Bedingungen empirisch-praktische. Für Foucault ist hierbei der Begriff des »historischen Apriori« (OD 24; AW 183ff.; DE4/345: 778) zentral. Er verweist darauf, dass die

»Bedingungen, [unter denen] eine Sache zum Objekt für eine mögliche Erkenntnis werden kann« (DE4/345: 778) ebenso historisch variieren wie die Bedingungen der Differenzierung von wahren und falschen Aussagen. Diese Fokusverschiebung von der Aussagewahrheit hin zu den sie ermöglichenden Bedingungen vollzieht auch Heidegger. Dabei spricht er nicht vom historischen Apriori, sondern vom »Apriori des faktischen Subjekts, [der] [...] Faktizität des Daseins« (SZ 229). Die Bedingung jeder bewussten Erfahrung und Erkenntnis ist demnach die Faktizität, das »Schon-sein-in-(der-Welt-)« (ebd.: 92). Heidegger und Foucault stimmen somit darin überein, dass die Bedingungen für Aussagewahrheiten in konkreten Praxiszusammenhängen bestehen, die sie als empirisch-praxeologisches Apriori erst ermöglichen. Dementsprechend lehnen beide jede »Behauptung ›ewiger Wahrheiten‹ ebenso ab wie die Vermengung der phänomenal gegründeten ›Idealität‹ des Daseins mit einem idealisierten absoluten Subjekt« (ebd.: 229). Dabei wird nicht das Bestehen oder die Wirkmächtigkeit von Aussagen, Wahrheiten und Phänomenen infrage gestellt, wohl aber ihr universaler oder ahistorischer Charakter. »Das Universelle [...] zurückzuweisen, bedeutet nicht, dass es das, worauf sich [...] Begriffe beziehen, nicht gebe oder dass sie nur zu einem zweifelhaften Zweck erfundene Trugbilder seien« (DE4/345: 788). Selbst universelle, ewige oder logische Wahrheiten werden von beiden Autoren nicht schlichtweg negiert, sondern über die Situierung innerhalb eines spezifischen epistemologischen, pragmatischen und historischen Kontextes dekonstruiert.

Hierfür greift Foucault nicht nur in seiner letzten, sondern auch in seiner ersten Vorlesung am Collège de France auf ein Vokabular zurück, das an Heidegger erinnert. »Bevor ein Satz als wahr oder falsch bezeichnet werden kann, muß er [...] ›im Wahren‹ sein.« (ODis 24)[77] Mit diesem Postulat kontextualisieren beide Denker Aussagewahrheiten innerhalb eines ebenso holistischen wie situativ spezifischen Wahrheitsbegriffs. Nach Foucault ist »Wahrheit [...] ein Ensemble von Regeln, nach denen das Wahre vom Falschen geschieden wird« (WM 53). Dieser Begriff von Wahrheit ist einerseits holistisch, weil das Wesen der Einzelnen innerhalb

77 Allerdings nimmt Foucault an dieser Stelle nicht explizit auf Heidegger, sondern auf Canguilhem Bezug (vgl. ODis 24). Auch wenn Canguilhem sich vor allem mit Wissenschaftsgeschichte auseinandersetzte, betont er wie Heidegger die Situationalität von Bedingungen der Aussagewahrheit. »What Foucault took from these two theorists was first, the notion that what people could know was always limited by their contexts, and second – and relatedly – that what constituted truth and rationality was not inevitable [...] and changed across history.« (Danaher/Schirato/Dill 2000: 7)

des regelhaften »Wahrheitsspiel[s]« (SW 2: 13) entsteht und wahre Aussagen nur im Kontext dieser Spiele getroffen werden können. Andererseits besitzt dieser holistische Wahrheitsbegriff zugleich situativen Charakter, weil sich das holistische Wahrheitsphänomen im Laufe der Geschichte transformiert und das Wahrheitsspiel an verschiedenen Orten unterschiedlichen Regeln unterliegt (vgl. DE4/345: 780). Heidegger vertritt einen ebenso »situativ-holistischen« (Rentsch 2013: 59) Wahrheitsbegriff. Situativ ist demnach jede Wahrheit, selbst »die Behauptung ewiger Wahrheiten« (SZ 229), weil sie »dem Geschehen des Entdeckens ausgeliefert sind [...]. Als Wahrheit [...] sind immer gleichbleibende Sachverhalte gerade nicht ewig-zeitenthoben, sondern zeitgebunden.« (Brasser 1997: 139) Aussagewahrheit besteht somit – ebenso wie jede ewige, logische oder universale Wahrheit – nur solange, wie sie als solche erfahren wird, weshalb Wahrheit situations- und zeitabhängig ist.

Diese situative Wahrheitserfahrung wird von Heidegger anders hergeleitet und beschrieben als von Foucault. Letzterer untersucht anhand von sozialgeschichtlichem Material die »Produktion von Wahrheit« (DE4/278: 34). Hierdurch rekonstruiert er, wie zu unterschiedlichen Zeiten »die Einrichtung von Bereichen [vorgenommen wird], in denen die Praktik von wahr und falsch zugleich reguliert und gültig sein kann.« (ebd.) Heidegger begründet die »Situativität« (Brasser 1997: 138) von Wahrheit dagegen nicht durch ihre »geschichtliche[...] Konstitution« (DE4/345: 780), sondern durch das »Geschehen der Phänomenwerdung« (Brasser 1997: 139). Ob »ein Satz als wahr oder falsch bezeichnet werden kann« (ODis: 24), hängt also nicht davon ab, wie Wahrheit innerhalb von spezifischen Wahrheitsspielen produziert wird, sondern davon, ob die Aussage »das Seiende an ihm selbst« (SZ 218) entdeckt. Die Situativität von Wahrheit ist weniger in der Historizität begründet als in dem Phänomencharakter, den das Seiende annimmt, wenn die Aussage das Seiende so entdeckt, »wie es an ihm selbst ist« (ebd.).[78] Während Foucault die Aussagewahrheit auf historisch variierende Produktionsprozesse von Wahrheit zurückführt, entsteht die

78 So ist zum Beispiel die Aussage, »Das ist ein Hexenkessel« nach Foucault dann wahr, wenn das jeweilige Wahrheitsspiel die Existenz von Hexen und ihrer Utensilien ermöglicht. Nach Heidegger ist die Aussage hingegen dann wahr, wenn sie mit dem Seiendem, dem Hexenkessel, übereinstimmt und dieser eben nicht der Kochtopf eines Hausmannes oder ein Kinderspielzeug, sondern der Kessel einer Hexe ist und sich als solcher zu erkennen gibt.

Aussagewahrheit nach Heidegger durch die phänomenadäquate Entdeckung von Seiendem.[79]

Ebenso wie die Autoren den situativen Aspekt von Wahrheit unterschiedlich begründen, leiten sie auch deren holistischen Charakter auf verschiedene Weise her. Nach Heidegger ist das »Wahrsein (Wahrheit) der Aussage« (SZ 218) im »ursprünglichste[n] Phänomen der Wahrheit« (ebd.: 220), der Erschlossenheit, begründet. Dass wahre Aussagen über die Welt getroffen werden können, setzt voraus, dass sich die Einzelnen innerhalb einer Welt befinden, die sie vorgängig über existential-hermeneutische Auslegungsprozesse erschlossen haben. »Erschlossenheit wird durch Befindlichkeit, Verstehen und Rede konstituiert« (ebd.) und stellt so ein zentrales Element der Sorgestruktur dar.[80] Die Rede von »ursprüngliche[n]« (ebd.), jeder Aussagewahrheit vorgängigen praxeologisch-hermeneutischen Auslegungsprozessen ist Foucault hingegen fremd (vgl. Schneider 2001: 227).

Die Kritik an der Hegemonie der Aussagewahrheit, die beide Autoren bereits seit ihrer frühen Schaffensphase teilen, gründet somit auf verschiedenen Zugängen. Heidegger beschreibt mit phänomenologischen Anklängen die propositionale Wahrheit aus (fundamental-)ontologischer Perspektive als »abkünftige[...]« (SZ 253), die auf das »ursprünglichste Phänomen der Wahrheit« (ebd.: 220), die Erschlossenheit, verweist. Foucault verweigert sich dagegen der tiefenhermeneutischen Herangehensweise (vgl. Deryfus/Rabinow 1994a: 24, 153). Stattdessen vollzieht er in seinen archäologischen Schriften eine diskursanalytische Destruktion der Aussagewahrheit, die dem Bild des Ursprungs das der Oberfläche entgegensetzt. In seinen genealogischen Arbeiten legt er den Fokus auf die Historizität von Wahrheit, die in einer konstitutiven Beziehung zur Macht steht. Anstatt nach einer alles konstituierenden Grundstruktur des Daseins, der Sorge, zu suchen, verweist Foucault anhand des historischen Materials auf die historische Variabilität und Kontingenz jeder Aussagewahrheit. Trotz dieser Differenzen hat auch der situativ-holistische Wahrheitsbegriff Foucaults »eine weitreichende ontologische Dimension« (Saar 2013a: 451). Deshalb können beide Autoren, wenn auch aus unterschiedlichen Gründen, der Auffassung zustimmen können, dass ebenso wenig Wahrheit ohne Dasein sein kann wie Dasein ohne Wahrheit.

79 S.o., Kap. 2.1.1., 2.2.2.

80 S.o., Kap. 1.1.1.

Kein Dasein ohne Wahrheit

Nicht nur die Aussagewahrheit, sondern auch das Dasein ist nach Heidegger und Foucault »in der Wahrheit« (ODis 24; SZ 221). »Diese Aussage hat ontologischen Sinn. Sie meint nicht, daß das Dasein ontisch immer oder auch nur je in ›alle Wahrheit‹ eingeführt sei, sondern daß zu seiner existenzialen Verfassung Erschlossenheit seines eigensten Seins gehört.« (SZ 221) Diese unmittelbare Verbindung von Wahrheit und Sein ist dasjenige Thema, das Foucault mit explizitem Bezug auf Heidegger als seinen zentralen Forschungsgegenstand bestimmt (vgl. HS 240; GL 13). Beide Autoren gehen davon aus, dass das Wesen des Daseins in seiner Existenz liegt, wobei es sich darauf versteht, sein eigenes Sein durch konkrete, praxeologische Seinsweisen hervorzubringen. Diese das Sein konstituierenden Existenzweisen finden nicht in einem luftleeren Raum statt, sondern innerhalb einer konkreten Welt, die durch die Seinsweisen ebenso gestaltet wird wie das Wesen selbst. Das Dasein ist also deshalb in der Wahrheit, weil es den situativ, kulturell und historisch spezifischen »Lebenszusammenhang« (Gander 2006: 194) durch konkrete Praktiken erschließt und diese Erschlossenheit wiederum sein Wesen und seine Möglichkeiten bestimmt. Die praxeologische, antisubstanzielle Konzeption des Selbst, dem es in seinem Sein um dieses selbst geht, impliziert demnach einen situativholistischen Wahrheitsbegriff, innerhalb dessen das Dasein sein Wesen konstituiert.

In diesem Sinn ist auch Foucaults Beitrag zu einer »Geschichte der Wahrheit« (SW 2: 13) zu verstehen, die erforscht »[a]nhand welcher Wahrheitsspiele […] sich der Mensch sein eigenes Sein zu denken gibt« (ebd.). Diese ontologische Bedeutung der Wahrheitsspiele für das historisch spezifische Sein wird nicht durch die Tatsache gemindert, dass sich der Ort der Wahrheit im Laufe der Geschichte verschiebt. Denn das Wissen um die historische Variabilität von Wahrheit relativiert nicht deren Wirkungsmacht. Foucault geht mit Heidegger davon aus, dass das Selbst vor jedem bewussten Reflexionsprozess bereits innerhalb der Wahrheit existiert, durch sie konstituiert wird und sich selbst über sie erschließt. Aus diesem Grund ist »die Wahrheit nicht eine beliebige Eigenschaft des Menschen […], sondern [macht] den Grund seines Existenz aus« (GA 34: 118). Die Existenzweisen, durch die das Selbst sein Wesen, seine Möglichkeiten, Gefühle und Handlungen verstehen und entwerfen kann, sind innerhalb des erschlossenen, historisch spezifischen Lebenszusammenhangs relativ fix. Ein Ausstieg aus ihm ist aufgrund des holistischen und ontologischen Charakters der Wahrheit kaum möglich.

Diese deutlichen Übereinstimmungen haben zuweilen dazu geführt, »in Foucaults materialen Studien eine historisch-kritische Umsetzung« (Schäfer 1995: 93f.) des heideggerschen Begriffs der Erschlossenheit zu erkennen. Hierdurch werden jedoch zentrale Differenzen zwischen ihren Ansätzen unterschlagen. Foucault verweist zwar in seiner Analyse des Verhältnisses von Sein und Wahrheit auf Heidegger, vermeidet aber dessen fundamentalontologische Rahmung. Stattdessen bezieht er eine dritte Kategorie mit ein, die das ontologische Wahrheitsverständnis, wie es Heidegger in Sein und Zeit beschreibt, nicht impliziert: die Macht (vgl. Schmid 2000: 204; Schneider 2011: 177).[81] Foucaults Forschungsgegenstand ist nicht das Sein des Daseins im Allgemeinen, sondern »das [...] Sein [des] Irren, [...] Kriminellen [oder des] Begehrenssubjekts« (SW 2: 13) und damit das Wesen von konkreten Subjekten innerhalb historisch spezifischer Machtverhältnisse. Der Fokus seiner Untersuchungen liegt somit auf den Subjektivationsprozessen, durch die Wahrheitsregime Individuen als ausgeschlossene, pathologisierte und verdammte Existenzen produzieren. Hierdurch wird ebenso auf die Brutalität von Wahrheit hingewiesen wie auf die konstitutive Bedeutung, die der Rand für die Mitte, das Kranke für das Gesunde oder die Delinquenz für die Ordnung hat.

Anders als Heidegger bemüht sich Foucault nicht darum, das Verhältnis von Wahrheit und Sein von jeglichen ethischen oder politischen Implikationen frei zu halten. Stattdessen hebt er die ethische Beziehung zur Wahrheit anhand des antiken Selbstverhältnisses ebenso hervor wie die politische Brisanz von Wahrheitsregimen, in denen bestimmte Subjekte weniger in der Wahrheit sind als an deren Rand existieren (vgl. DE4/306: 273). Die von beiden Autoren geteilte Auffassung, dass nicht nur Aussagen, sondern auch das Selbst ›in der Wahrheit‹ (SZ 221; ODis 24f.) ist, impliziert für Foucault eine ›Politik der Wahrheit‹ (DE3/192: 210; MW 51). Sie bestimmt, welche Sätze innerhalb eines Wahrheitsspiels als wahr

81 Dreyfus (vgl. 1992: 81f.) wendet sich deshalb den in dieser Arbeit nicht behandelten Schriften nach der Kehre zu, um die Ähnlichkeiten zwischen Foucaults Macht- und Heideggers Seinsverständnis hervorzuheben. Demnach teilt Heideggers Verständnis der Lichtung mit Foucaults Auffassung von Macht das Moment der Intellegibilität. Durch diese Begriffe erläutern die Autoren, wie die Erfahrung von Wirklichkeit und damit die Existenz und Eigenart von Menschen und Phänomenen erfasst wird. Eine ausführlichere Auseinandersetzung mit der Argumentation von Dreyfus findet sich im Zwischenfazit.

und welche Existenzweisen als authentisch, akzeptabel und realisierbar gelten. Zwar ist es »immer möglich, daß man im Raum eines wilden Außen die Wahrheit sagt; aber im Wahren ist man nur, wenn man den Regeln einer diskursiven ›Polizei‹ gehorcht, die man in jedem seiner Diskurse reaktivieren muß.« (ODis 25) Dass Foucault die zumeist mit Heidegger assoziierte Formulierung des In-der-Wahrheit-seins unmittelbar an die repressiven Regeln des Wahrheitsregimes bindet, verweist auf die politische Brisanz, die er dem Verhältnis von Sein und Wahrheit zuspricht. »Der Begriff ›im Wahren sein‹ bezeichnet [...] in diesem Rahmen nicht [...] ein neutrales [...] Faktum. Die macht-analytisch arbeitende genealogische Geschichtsschreibung soll vielmehr zeigen, daß die Situationen, in denen die Fundamente unserer Denksysteme oder Rationalitätsformen entstanden sind, politisch – als Kräfteverhältnisse – analysiert werden müssen.« (Schäfer 1995: 101; vgl. WM 51)

Gerade weil der ontologische Wahrheitsbegriff, den Foucault in Anlehnung an Heidegger hervorhebt, unter machtkritischen Vorzeichen gewahrt bleibt, verweisen Foucaults Studien auf die existenzielle Bedeutung, die Wahrheitsregime für Individuen haben. Da Wahrheit und Sein unmittelbar miteinander verbunden sind, ist der »Kampf um Wahrheit« (WM 53; vgl. MW 169) für diejenigen, die nicht in der Wahrheit sind, sondern ihr konstitutives Außen darstellen, ein Kampf um Anerkennung und um die eigene Existenz. Diese Kämpfe und Widerstände gegen herrschende Wahrheitsregime sind der »Ausgangspunkt« (DE4/306: 273) von Foucaults Untersuchungen, um vom konstitutiven Rand der Gesellschaft und der Wahrheit zu erfassen, was es bedeutet »in der Wahrheit« (vgl. ebd.) zu sein. Aufgrund der unmittelbaren Verbindung von (ontologischer) Wahrheit und Macht ist die »politische Frage [...] die Wahrheit selbst« (DIMA 54.). Diese Frage zielt darauf ab, »eine andere Politik der Wahrheit zu konstituieren« (ebd.), die es ermöglicht, das Sein der Subjekte über eine Veränderung der Regeln, unter denen Wahrheitsspiele gespielt werden, freier zu gestalten. Ein historisches Beispiel für den Kampf um eine andere Politik der Wahrheit findet Foucault in der kynischen Lebensform.

Die Wahrheit der Existenz

In seiner letzten Vorlesung beschreibt Foucault die Kyniker als diejenigen, die als »Märtyrer [...] der Wahrheit« (MW 228) den Kampf um sie auf sich nehmen. Für die Beschreibung dieser randständigen Figuren der Philosophiegeschichte verwendet er Termini, die mit Heideggers Werk in Verbindung stehen. So übersetzt er den Begriff der aletheia wie Heidegger mit »Wahrheit« (SZ 219; MW 286) und »Unverborgenheit« (ebd.), bezieht sich hierbei aber nicht auf den identischen Referenten. Heidegger zufolge bezeichnet »ἀλήθεια, […] die ›Sachen selbst‹, das, was sich zeigt, das Seiende im Wie seiner Entdecktheit.« (SZ 219). Sie steht im Kontext seiner phänomenologisch-hermeneutische Ausdeutung der Aussagewahrheit, die in der ontologischen Wahrheit der Erschlossenheit und damit in der Sorge fundiert ist. Selbst wenn Foucault die »Unverborgenheit [als] […] Folge der ontologischen Struktur des menschlichen Wesens« (MW 327) beschreibt, ist sie trotz des identischen Wortlauts nicht gleichbedeutend mit der Sorge als »ontologische[r] Struktur des Daseins« (SZ 179), die Heidegger in Sein und Zeit vorstellt. Stattdessen versteht Foucault »das alethes [als] das Unverborgene, das Nicht-Verheimlichte […] das nicht-verborgene Leben, das Leben, das keines seiner Teile verbirgt, und zwar deshalb, weil es keine schädliche Handlung begeht.« (MW 326) Es handelt sich um ontische und historisch spezifische Lebenspraktiken, die nicht vor dem kritischen Blick anderer versteckt werden müssen, weil sie keinen Grund zum moralischen Anstoß bieten. Foucaults sozialhistorische Reformulierung fundamentalontologischer Topoi, die im vorherigen Kapitel anhand des Sorgebegriffs nachvollzogen wurde, wiederholt sich somit anhand des heideggerschen Wahrheitsverständnisses im Sinne der Unverborgenheit.[82]

Gleiches gilt für den Topos der Wahrheit der Existenz, dessen praxeologische Ausrichtung Foucault übernimmt und zugleich aus dem fundamentalontologischen Setting löst. Wie zuvor dargestellt, bringen die Einzelnen ihr Wesen innerhalb der situativ-holistischen Wahrheit über konkrete, situativ spezifische und historisch variable Existenzweisen hervor. Zu dieser praxeologischen Wahrheit setzt sich das Selbst durch die Wahrheit der Existenz in ein eigentliches Verhältnis, indem es anerkennt, dass sein Wesen durch seine eigenen Existenzweisen gestaltet wird und an dieser Wahrheit sein eigenes Leben ausrichtet. Wie Heidegger anhand der Entschlossenheit und Foucault über die Analyse der kynischen Lebensform erläutert, geschieht dies allerdings nur selten.[83] Zumeist wird der praxeologische Charakter von Wahrheit und Existenz negiert, Wahrheit auf Objekterkenntnis reduziert und das Wesen der Einzelnen nicht als Resultat ihrer eigenen Praktiken erkannt, sondern als unveränderbare Essenz be-

82 S.o., Kap. 1.4.1.

83 S.o., Kap. 2.1.2., Kap. 2.2.2.

trachtet. Auf diese Weise wird die Verpflichtung gegenüber sich selbst, die mit dem ontologischen und »explizit[...] praktische[n] Selbstverhältnis« (Rentsch 2013: 67) verbunden ist, abgewehrt. Beiden Autoren zufolge sind die Einzelnen zwar stets und notwendig in der Wahrheit, führen aber zumeist kein Leben der wahren Existenz. So findet sich in Foucaults letzten Vorlesungen eine ähnliche Gegenüberstellung der kynischen Figur und der Mehrheitsgesellschaft wie sie Heidegger über die Differenzierung von Eigentlichkeit und uneigentlichem Man-Selbst beschreibt.

Trotz dieser Analogien unterscheidet sich die »wahre Existenz« (MW 318) der kynischen Lebensform deutlich von der »Wahrheit der Existenz« (SZ 221), die Heidegger als die »Entschlossenheit, die ursprünglichste, eigentliche Wahrheit des Daseins« (ebd.: 297) beschreibt. Bei letzterer handelt es sich gerade nicht, wie in Foucaults Darstellung, um die »materielle[...] Existenz« (MW 411) des Individuums, das die Wahrheit durch seinen Lebensstil, seine äußere Erscheinung und seine Körperpraktiken inkorporiert. Ein solches Verständnis der Wahrheit der Existenz würde Heidegger als einen ontischen Fehlschluss bezeichnen, weil sich das Dasein in der Entschlossenheit gerade nicht für einen bestimmten Lebensentwurf – und somit auch nicht für ein wahres Leben – entscheidet. »Der Entschluß ist gerade erst das erschließende Entwerfen und Bestimmen der jeweiligen faktischen Möglichkeit. Zur Entschlossenheit gehört notwendig die Unbestimmtheit, die jedes faktisch-geworfene Seinkönnen des Daseins charakterisiert.« (SZ 298) Nicht für eine bestimmte ontische Existenzweise, wie die kynische, wird sich Heidegger zufolge im Entschluss entschieden. Stattdessen wird deren ontologische Bedingung erfasst. Nicht eine bestimmte ontische Wahl wird getroffen, sondern das »Wählen dieser Wahl« (ebd.: 268). Das »Kriterium für die Wahrheit der Existenz besteht darin, dass Dasein sich so versteht, wie es ist [...], als jemand [...], der wählen kann.« (Martel 2008: 282f.) Dagegen ist das Wahrheitskriterium der wahren Existenz, die Foucault in der kynischen Lebensform realisiert sieht, die »Umwertung« (MW 328) einer von der Gesellschaft anerkannten Wahrheit. Es handelt sich dabei um die paradoxe Figur, durch die konsequente und kompromisslose Umsetzung einer allgemein anerkannten Wahrheit ein anderes Leben als die Mehrheit zu führen und hierdurch deren Leben als das unwahre und uneigentliche zu entlarven (vgl. ebd.: 319).[84]

84 S.o., Kap. 2.2.2.

Diese Differenzen lassen sich wiederum auf die unterschiedlichen Ansätze der Autoren zurückführen. Der existenzphilosophisch anmutende Topos der Wahrheit der Existenz besitzt für Heidegger methodische Funktion. Über die »vorlaufende Entschlossenheit« (SZ 304) wird der Sinn der Sorge erfasst, der in der Zeitlichkeit besteht. Foucault unterstellt die Beschreibung der wahren Existenz dagegen nicht dem fundamentalontologischen Projekt, sondern bringt die Begriffe von Wahrheit und Sorge auf ganz eigene Weise in Verbindung. Demnach ist die kynische Wahrheit der »Sorge um die anderen« (MW 404), um die »gesamte Menschheit« (ebd.) unterstellt. Das wahre Leben, das gerade deshalb ein anderes ist, weil die Mehrheit kein wahres Leben führt, zielt auf die Veränderung der »moralischen Einstellungen« (ebd.: 364ff.) und Konventionen aller Menschen ab. Indem die kynische Existenz bestehende Regeln des Wahrheitsspiels in ihr Gegenteil verkehrt, bewirkt sie, wenn auch nur temporär und punktuell, eine Umkehrung der Machtverhältnisse. Heidegger hat sich solchen ethischen und politischen Implikationen des Sorge- und Wahrheitsbegriffs stets verwehrt. Wie der Sorgebegriff wird also auch die existenzielle Wahrheit des Selbst von Foucault nicht fundamentalontologisch, sondern genealogisch und machtkritisch ausgedeutet. Diese methodische Differenz geht auf ein unterschiedliches Philosophieverständnis zurück, wobei Foucault das seine in der letzten Vorlesung mit Verweis auf Heidegger stark macht.

Ontologie als kritische Philosophie

»Jedenfalls möchte ich einfach zu bedenken geben, daß, wenn es stimmt, daß die abendländische Philosophie die Frage nach dem Sein vergessen hat und daß dieses Vergessen die Metaphysik ermöglichte, daß dann vielleicht auch die Frage nach dem philosophischen Leben, ich würde zwar nicht sagen, vergessen, aber doch beständig vernachlässigt wurde« (MW 308). Mit dieser Rede von der Vergessenheit des Seins evoziert Foucault in seiner letzten Vorlesung eine deutliche Nähe zu Heideggers Denken. Die Seinsvergessenheit manifestiert sich demnach unter anderem in der cartesianischen Tradition, deren rationalistisches Subjektverständnis und Substanzdenken beide Autoren angreifen. Ihr stellen sie eine praxeologische Konzeption von Sein Wahrheit und Philosophie entgegen.[85] Wenn das Wesen des Selbst nicht in einer Substanz besteht, die sich durch »Objekti-

85 S.o., Kap. 1.4.1.

vität« (GA 59: 171), wahre Sätze und »Begründungszusammenhänge« (GA 63: 72) erforschen lässt, dann bedarf es auch keiner Philosophie im Sinne einer »institutionalisierte[n] Wissenschaft« (MW 306). Stattdessen ist ein Denken gefragt, das sich den ontologischen Selbstpraktiken ohne Anspruch auf »Wissenschaftlichkeit und Objektivität« (GA 63: 82) widmet und dem praktischen, situativen Charakter der Existenzweisen Rechnung trägt. Auch der scheinbar objektive Standpunkt der Wissenschaft ist selbst »etwas Historisches, d.h. dem Dasein verhaftet (Verantwortung, wie Dasein zu ihm selbst steht), kein außerzeitliches chimärisches Ansich.« (ebd.: 83) Da es keine Position außerhalb des Lebens gibt, auf die sich die philosophierende Person zurückziehen könnte, um es nach objektiven Kriterien zu analysieren, gilt es, die »Philosophie als Existenzweise« (Deleuze 1991: 166) und als »self-transformative activity of thought« (Rayner 2007: 5) zu verstehen.

Diesem existenzphilosophischen Topos des philosophischen Lebens entsprechen Heidegger und Foucault durch einen »hyperbolischer Stil« (Saar 2003:172ff.), mithilfe dessen ein »Maximum an philosophischer Intensität« (DE4/330: 540f.) erreicht werden soll. Zudem wird durch die Einführung von bislang in der Philosophie nicht beachteten Themen, »die Grenzen zwischen dem Philosophischen und dem Nicht-Philosophischen durchlässig – und damit letztlich lächerlich« (Rajchman 1991: 207) gemacht. Auch wenn ein Spaziergang im Schwarzwald auf den ersten Blick nichts mit Sexualpraktiken im antiken Zeitalter gemein zu haben scheint, kommt doch beiden Tätigkeiten innerhalb des jeweiligen Werks die Funktion zu, die Relevanz von alltäglichen Existenzweisen für das Verhältnis von Wahrheit und Sein hervorzuheben.

Zugleich divergiert das jeweilige »understanding of philosophy as a way of living« (Milchman/Rosenberg 2008: 108) drastisch, weil die methodischen Zugänge von Genealogie und Fundamentalontologie unterschiedlichen Zielen unterstellt sind. »Philosophie kann man nicht und darf man sogar nicht definieren, Philosophie kann man nur ›erleben‹« (GA 61: 14), erklärt Heidegger in seiner Vorlesung von 1921/22. Im Gegensatz zu Foucault versteht er unter dem philosophischen Leben jedoch gerade nicht eine ethische Lebensform. Stattdessen bezeichnet der philosophische Lebensvollzug ihm zufolge die Metaerfahrung der formalen Anzeige. Indem sich Heidegger der »Erfahrung [aussetzt], Erfahrungen zu machen« (Jung 2013: 16), zielt er in den zwanziger Jahren darauf ab, die ontologischen Bedingungen einer jeden Erfahrung, hervorzuheben, die er als Sorge bezeichnet. Dementsprechend kommt der Philosophie ein besonderer Statuts gegenüber anderen Wissenschaften zu (vgl. Gethmann 1993: 177). Als Fundamentalontologie erforscht sie die ontologischen Strukturen des Wesens, das die »ontisch-ontologische Bedingung der Möglichkeit aller Ontologien« (SZ 13) bezeichnet.[86]

Dagegen besitzt das philosophische Leben Foucault zufolge keinen Sonderstatus als »Ursprungswissenschaft« (GA: 58: 1ff.), sondern stellt eine mögliche Form unter anderen (philosophischen) Wahrheitsspielen dar. »Ob es sich nun um eine Philosophie des begründenden Subjekts handelt oder um eine Philosophie der ursprünglichen Erfahrung oder um eine Philosophie der universellen Vermittlung – der Diskurs ist immer nur ein Spiel« (ODis 32). Das bedeutet nicht, dass diese Spiele relativ, willkürlich oder bedeutungslos wären. Vielmehr wird jede Form der Philosophie zu einer Strategie innerhalb eines durch Wissen und Macht strukturierten Kampfes um Wahrheit (vgl. WM 54; Vogelmann 2013b: 228f.). Das gilt auch für die ursprüngliche Wissenschaft Heideggers, die beansprucht, die ontologischen Grundlagen jeder anderen Disziplin erfasst zu haben und hierdurch ein Sein in Erinnerung zu rufen, das längst vergessen war. Foucault erklärt dagegen: »Nichts ist mir fremder als die Vorstellung, daß die Philosophie zu einem bestimmten Zeitpunkt auf Abwege geraten ist, daß sie etwas vergessen hat, daß sie irgendwo in ihrer Geschichte ein Prinzip, eine Begründung existiert und wiederentdeckt werden müßte.« (Foucault zit.n. Schmid 2000: 202) Stattdessen verpflichtet sich Foucault einer Philosophie, die jeden Anspruch auf Gewissheit und damit auch den eigenen Boden unter den Füßen untergräbt. Hierdurch gewinnt sein Denken einen experimentellen und spielerischen Gestus, der Heidegger fremd ist, ohne seinen existenziellen Charakter zu verlieren. »Doch was ist dann die Philosophie heute – ich meine die philosophische Aktivität –, wenn nicht die kritische Arbeit des Denkens an sich selbst? Und besteht sie nicht darin, anstatt das zu legitimieren, was man bereits weiß, herauszufinden versuchen, wie und bis wohin es möglich wäre, anders zu denken?« (DE4/338: 664)

Die Rede von kritischer Philosophie ist auch in Heideggers Gegenwart präsent. Hierauf reagiert er in ironischer Weise, indem er über einen etymologischen Verweis ausschließlich seine eigene als solche bezeichnet.

86 S.o., Kap. 1.4.1.

»Kritisch: κρίνειν – ›scheiden‹, ›unterscheiden‹ im Unterscheiden von etwas gegen etwas beides, das Unterschiedene und seinen Unterschied, sichtbar machen. [...] Wenn demnach Philosophie kritische Wissenschaft ist, so daß ›kritisch‹ den auszeichnenden Charakter ausmacht, dann ist es ein ausgezeichnetes Unterscheiden. Aber was kann von Seiendem unterschieden werden anderes als Seiendes? [...] Es ist und nur Seiendes ist. Es ist, *es hat Sein.* Vom Seienden und am Seienden ist unterscheidbar das Sein. [...] In der Tat, der gemeine Verstand und die gemeine Erfahrung versteht und sucht nur Seiendes. An ihm aber das Sein zu sehen und zu erfassen und gegen Seiendes zu unterscheiden, ist Aufgabe der unterscheidenden Wissenschaft, der Philosophie. Sie hat zum Thema das Sein und nie das Seiende.« (GA 22: 7)

Die griechische Bedeutung von Kritik als Trennen und (Unter-)scheiden wird somit von Heidegger in der Marburger Vorlesung von 1926 auf die ontologische Differenz von Sein und Seiendem bezogen. Dieser Definition zufolge gilt diejenige Philosophie als »kritische Wissenschaft« (ebd.), die zwischen ontischer und ontologischer Ebene zu unterscheiden weiß und die keinen anderen Namen als den der Fundamentalontologie trägt. Darüber hinaus bestimmt Heidegger Philosophie als ›Ontologie‹, und zwar radikale, und zwar als solche phänomenologische« (GA 61: 60). Wird radikal hier entsprechend seiner etymologischen Herkunft vom lateinischen Wort radix verstanden, zielt die heideggersche Philosophie auf die ontologische ›Wurzel‹, auf den Ursprung einer jeden ontischen Erfahrung und damit auf die Sorge ab (vgl. Kluge 2002: 740).

Foucault differenziert dagegen nicht zwischen ontischer und ontologischer Sphäre, sondern verweist über die Genealogien auf die Kontingenz und Historizität einer jeden Ontologie. Dabei zieht er »den Titel der Ontologie für seine eigene Arbeit heran, um die Problematisierung eines bestimmten Seins vorzunehmen« (Schmid 2000: 203), das sich innerhalb spezifischer Macht-Wissens-Relationen konstituiert. Diese »kritische Ontologie« (DE4/339: 703) besteht nach Oksala auf zwei Denkschritten. »After th[e] initial step whereby ontology is denaturalized – made arbitrary or at least historically contingent – the way is open for explanations that treat the alternative and competing ontological frameworks as resulting from historical, linguistic and social practices of power. The second key move is thus the exposure of power relations and their constitutive role in our conception of reality.« (Oksala 2010: 445)

Mit diesem zweiten Schritt, der durch den Begriff der Machtbeziehungen eingeführt wird, wiederholt sich die zentrale Differenz zwischen dem Denken Heideggers und Foucaults, die bereits anhand der Sorge und der

Wahrheit hervorgehoben wurde, in Hinblick auf das Ontologie- und Philosophieverständnis: Die Differenz zwischen Fundamentalontologie und Genealogie, zwischen Ursprung und Macht. Um das Verhältnis von Sein und Wahrheit zu untersuchen bezieht sich Foucault zwar explizit auf Heidegger, stellt aber zugleich fest, »dass Nietzsche über ihn hinausgegangen ist.« (DE4/354: 868) »Ich würde […] sagen, dass ich bei Nietzsche eine Fragestellung historischer Art gefunden habe, die nicht Bezug auf das Ursprüngliche nimmt, wie das eine Vielzahl von Untersuchungen des abendländischen Denkens tut. Husserl und Heidegger stellen alle unsere Erkenntnisse infrage, aber sie tun es von dem her, was ursprünglich ist.« (DE2/109: 465). Dementsprechend erforscht Foucault die »historisch-kritischen Analysen« (DE4/339: 705) der Regierungs- und Selbstpraktiken nicht ausschließlich über das Verhältnis von Wahrheit und Sein, sondern anhand von »drei Achsen, deren spezifischer Charakter und deren Verbindung zu analysieren ist: die Achse des Wissens, die Achse der Macht und die Achse der Ethik.« (ebd.) Weil Sein und Wahrheit unmittelbar mit einander verbunden sind, ist das Sein ebenso historisch spezifisch wie die Wahrheit, die zugleich »weder außerhalb der Macht steht noch ohne Macht ist« (WM 51).

Kritisch ist eine solche Ontologie nicht, weil sie zwischen Sein und Seiendem zu unterscheiden weiß, sondern weil sie eine Kritik an konkreten Machtverhältnissen darstellt, welche die Möglichkeiten des Seins restringieren. Das Ziel einer solchen kritischen Ontologie ist nicht die Erfahrung eines ontologischen Ursprungs des Daseins, sondern die Veränderung der gegenwärtigen Macht-Wissensrelationen und damit des Subjekts. Diese Transformationsprozesse geschehen nicht durch die existentielle Entscheidung für ein eigentliches Selbstsein, sondern unter Berufung auf die »rechtmäßige Andersheit« (René Char zit.n. Eribon 1991: 13), durch die das Subjekt die bestehenden Grenzen des Tolerier- und Erfahrbaren überschreitet. »Die kritische Ontologie […] muss […] als eine Haltung, als ein *ethos*, als ein philosophisches Leben [begriffen werden] […], bei dem die Kritik dessen, was wir sind, zugleich historische Analyse der uns gesetzten Grenzen und Probe auf ihre mögliche Überschreitung ist.« (DE4/339: 706f.)

Heideggers Fratze

In seiner letzten Vorlesung beschreibt Foucault die Angehörigen des Kynismus als diejenigen, die an den gesellschaftlichen Grenzen ein solches »philosophische[s] Leben« (MW 378) führen. Ausgerechnet für die Beschreibung dieser randständigen Figuren der Philosophiegeschichte, die nichts mit dem heideggerschen Denken zu tun zu haben scheinen, bedient sich Foucault verstärkt eines Vokabulars, das zwar auf die antike Philosophie zurückgeht, in der neueren Philosophiegeschichte aber mit Heidegger verbunden ist (vgl. Rayner 2007: 5). Gerade dieser Umstand macht es möglich, dass Foucault über »den Begriff der Wahrheit im Ausgang von der griechischen Philosophie [...] einen geheimen Dialog mit dem Denken Heideggers« (Gros 2010: 459) führen kann, ohne ihn explizit zu erwähnen. Dass Begriffe wie Sorge und aletheia ebenso in den antiken Schriften wie in Heideggers Werk vorkommen, stellt die Bedingung dafür dar, dass sich Foucault auf beide Quellen zugleich beziehen kann, ohne die jeweilige Referenz offen legen zu müssen.

Zugleich entsteht durch die Beschreibung der kynischen Lebensform mittels heideggerscher Termini eine merkwürdig kontrastive Konstellation, die durch folgende These eine mögliche, aber nicht notwendige Erklärung erhält: Foucault beschreibt das philosophische Leben nicht nur mithilfe heideggerianisch anmutender Termini, sondern vollzieht hierdurch zugleich die kynische Figur anhand des heideggerschen Denkens. Nicht nur der »Kynismus erscheint [...] als das Universale der Philosophie, als ihr Universale [sic!] und wohl auch als ihre Banalität« (MW 266), sondern auch Foucaults Gebrauch des heideggerschen Vokabulars. Der Kynismus löst die großen Topoi der Philosophie aus ihrem theoretischen Kontext und bricht sie auf brutale Weise auf das reale und einfache Leben herunter. »Denn diese Philosophie scheint eine ganz allgemeine und eine ganz natürliche zu sein, und nicht die geringste fachmännische Behandlung zu erheischen.« (ebd.: 265) Im Gegensatz dazu muss man »eine Unzahl von Büchern aufschlagen« (ebd.), um Heideggers Werk zu verstehen. Schließlich versteckt sich hinter dem normalsprachlichen Anschein der heideggerschen Topoi – wie Sorge, Wahrheit der Existenz, Sein und Wahrheit, Entschlossenheit und Tod – eine komplexe Systematik, die sich einem intuitiven Zugang verwehrt.

Indem Foucault diese Begriffe auf den Kynismus anwendet, evoziert er einen ironischen Effekt, der durch den Kontrast zwischen fundamentalontologischer Abstraktion und körperlicher Konkretion des kynischen

Lebens entsteht. So lässt sich Foucaults Heidegger-Referenz in seiner letzten Vorlesung weniger als »Dialog« (Gros 2010: 459) denn als eine abweichende Wiederholung heideggerscher Figuren verstehen, die durch den gezielten ontischen Fehlschluss einen »ironischen Charakter« (MW 161) gewinnt. Diese Form der Aneignung bricht nicht mit zentralen Topoi aus Sein und Zeit und denjenigen der Philosophiegeschichte im Allgemeinen, sondern entspricht der kynischen Haltung zur philosophischen Tradition. Foucaults Umgang mit dem philosophischen Vokabular lässt sich ebenso wie der kynische als »eine Rückkehr dieser Themen in eine Art von Figur betrachten, die mit dem Vorbild des wahren Lebens übereinstimmt, ihm zugleich aber auch eine Fratze schneidet.« (ebd.: 299) Foucault kehrt nach vielen Jahren, in denen er philosophische Themen konsequent gemieden hatte, zu diesen zurück und beantwortet die philosophische Frage nach dem Verhältnis von Sein und Wahrheit über das philosophische Leben. Dass er die von Heidegger mühevoll gezogenen Grenzen zwischen existenzialer Analyse und Existenz, philosophischer Erfahrung und ethischem Leben negiert, kann als Verweis darauf verstanden werden, dass eine Philosophie der Existenz ein philosophisches Leben fordert. Indem er die heideggerschen Begriffe auf die nackte, körperliche und sexuelle Existenz bezieht, wird die Trennung zwischen der Analyse von Existenzialien und dem existenziellen Leben leichtfüßig überschritten. Hierdurch schneidet er nicht nur der universitären Philosophie, sondern auch Heideggers Denken und Sprache eine Grimasse. In diesem »zerbrochenen Spiegel[...]« (ebd.: 302) erscheinen die Angehörigen der (akademisch-)philosophischen Disziplin als diejenigen, die zwar von der Wahrheit und der wahren Existenz sprechen, sie aber in ihrem eigenen Leben nicht realisieren.

2.4.2. Heidegger und Arendt: Politik und die Liebe zur Welt

Wie Foucault löst auch Arendt heideggersche Topoi aus dem fundamentalontologischen Rahmen, transferiert sie jedoch nicht in den ethisch-philosophischen, sondern in den politischen Kontext, der an der Sorge um die Welt ausgerichtet ist. Hierfür vollzieht sie die große Geste nach, mit der sich Heidegger von der abendländischen Philosophie im Allgemeinen und dem platonischen Wahrheitsverständnis im Besonderen abgrenzt. Indem sie seine Interpretation des Höhlengleichnisses Platons politisch auslegt, wendet sie seine Philosophie- und Wahrheitskritik zugleich gegen ihn selbst. Auf diese Weise gewinnt sie aus der Nähe, die durch die Aneignung der Denkfigur Heideggers entsteht, die Kraft, um sich von ihm zu distanzieren.

Das Höhlengleichnis und die lange Tradition des richtigen Blicks

Das Höhlengleichnis Platons versteht Heidegger als das Sinnbild für den »Wesenswandel der ›Wahrheit‹« (GA 9/7: 218) von der Unverborgenheit zur Richtigkeit. Obwohl Karl Jaspers diese Interpretation für »etwas lächerlich« (AJ 321) hält, bekundet Arendt ihre Wertschätzung für diese Auslegung und verteidigt sie: »Heidegger, scheint mir, hat [...] recht, daß in der Darstellung des Höhlengleichnisses sich Wahrheit unter der Hand in Richtigkeit verwandelt und die Ideen demzufolge in Maßstäbe.« (ebd.: 325; vgl. ZVZ 6: 407) Arendt hält an der heideggerschen Interpretation des Gleichnisses trotz Jaspers harscher Verurteilung fest, weil sie mit Heidegger die Skepsis gegenüber dem hegemonialen Wahrheitsverständnis teilt. Dessen Beginn verorten beide im Denken Platons. Wahrheit besteht demnach »für das abendländische Denken seit langer Zeit [...] [in der] Übereinstimmung des denkenden Vorstellens mit der Sache: adaequatio intellectus et rei« (GA 9/7: 218). Die Hegemonie dieses Wahrheitsbegriffs unterminiert eine alternative, im antiken Zeitalter noch bekannte Wahrheitserfahrung der Unverborgenheit. »Wie Heidegger dachte Arendt, dass die traditionelle Philosophie eine fremde Metaphorik auf die Lebenssphäre [...] übertragen hatte« (Villa 2011a: 250), in der die Wahrheit eigentlich verortet war.

Indem beide gegenwärtige Denkmuster auf ihren Entstehungshorizont zurückführen, zielen sie nicht nur auf deren Kritik ab. Darüber hinaus holen sie eine durch die Tradition verdeckte »faktische Lebenserfahrung« (GA 60: 10) ans Licht. Diese Erfahrung der Unverborgenheit scheint demnach im Höhlengleichnis ein letztes Mal auf, um durch die Ideenlehre auf Richtigkeit reduziert zu werden. Das platonische Sinnbild dient Heidegger ebenso dazu, sein eigenes Verständnis von Wahrheit als Unverborgenheit zu illustrieren wie eine Kritik an hegemonialen Auffassungen von Wahrheit zu formulieren. Arendt folgt dieser großen philosophiehistorischen wie -kritischen Narration und greift hierfür auf die Techniken der Demontage und des Geschichtenerzählens zurück, die durch Heideggers antiplatonische und post-nietzscheanische Denkweise geprägt sind (vgl.

Villa 1996: 151; Rosenmüller 2011b: 189).[87] Dementsprechend ähnelt Arendts szenische Darstellung des Höhlengleichnisses an vielen Stellen derjenigen Heideggers, mit der sie sich intensiv auseinandersetzte (vgl. PP 382ff.; VA 286ff.). Im Denktagebuch lässt sich nachvollziehen, wie ihr Exzerpt seiner Auslegung des Gleichnisses textgetreu beginnt, um fließend in eine politische Relektüre überzugehen (vgl. DT 454f.). Dabei bezieht sie sich maßgeblich auf den Vortrag Platons Lehre von der Wahrheit, den sie als »großartige [...] Interpretation des Höhlengleichnisses« (ZVZ 6: 407) bezeichnet. Diese explizite Verpflichtung gegenüber Heideggers Auslegung und die unveränderte Übernahme zentraler Aspekte seiner Darstellung lässt es zu, ihre Interpretation des Sinnbildes im Kontext der seinen vorzustellen.

Arendts Beschreibung des Gleichnisses beginnt wie diejenige Heideggers, der über Jahrtausende tradierten Geschichte gemäß, innerhalb der Höhle (vgl. Platon 2012: 325ff.). Deren Insassen sind auf eine Weise gefesselt, dass sie nur die Schatten der Dinge erkennen können, die durch ein Feuer außerhalb ihres Blickfeldes an die Mauer geworfen werden. Diese Schatten erscheinen ihnen als das »Wirkliche« (GA 9/7: 214), weil sie, von Kindheit an gefesselt, niemals etwas anderes gesehen haben. Das Spiel von Licht und Schatten, das durch das Feuer in der Höhle evoziert wird, ist für Heidegger ein Sinnbild für das vorplatonische Wahrheitsverständnis der Unverborgenheit. Dieser Begriff, dem er in Sein und Zeit eine fundamentalontologische Ausrichtung verleiht, fügt sich in seiner wörtlichen Bedeutung in das Gleichnis ein. Schließlich leben die Gefesselten nicht in vollständiger Dunkelheit; nicht alles ist ihnen verborgen. Auch wenn ihre Wahrnehmung nicht ›richtig‹ ist, weil sie die sich bewegenden Bilder nicht als Schatten der hinter ihnen liegenden Dinge erkennen, nehmen sie doch etwas – die sich bewegenden dunklen Umrisse – wahr, die sie für wirkliche Gegenstände halten.

In dieser Darstellung wird die weiter oben beschriebene Auffassung Heideggers, wonach Wahrheit im ursprünglichen und praxeologischen Sinn der Erschlossenheit nicht ohne Irrtum und Unwahrheit zu erfahren ist, veranschaulicht.[88] Wahrheit im Sinne von Erschlossenheit und Unverborgenheit beschreibt den Umstand, dass die Menschen die Welt

87 Arendts Methode des Geschichtenerzählens haben unter anderem Young-Bruehl (1979: 319ff.), Disch (1993: 665ff.) und Benhabib (2006: 153ff.) eingehender untersucht.

88 S.o., Kap. 2.1.1.

stets über praktische Existenzweisen als etwas erschließen.[89] Dabei erfassen sie mal mehr mal weniger adäquat ihre Um- und Mitwelt. Der Aussagewahrheit, die durch den Abgleich von Aussage und außersprachlichem Gegenstand zumeist eindeutig verifiziert werden kann, geht die Wahrheit im Sinne der Erschlossenheit der Welt voraus. »Die Wahrheit als Richtigkeit gründet in der Wahrheit als Unverborgenheit« (GA 34: 34), weil die Welt bereits als etwas erschlossen sein muss, ehe über sie wahre Aussagen getroffen werden können. Dieses Verhältnis von (vorgängiger) Unverborgenheit und (nachfolgender) Richtigkeit sehen Heidegger und Arendt im Höhlengleichnis versinnbildlicht.

Damit die bewegten Bilder in der Höhle richtigerweise als Schatten erfasst werden können, bedarf es der Erschlossenheit der Höhle, dem Spiel aus Licht und Schatten und einem Menschen, der sich von den Fesseln löst, um das Feuer als dessen Ursache zu erkennen. Diese Szene, in der die befreite Person einen graduellen Anstieg der Lichtintensität von den Schatten zur Lichtquelle des Feuers erfährt, bezeichnen beide als »erste Umkehr« (GA 34: 31ff.; ZVZ 1: 47). Sie verweist darauf, dass Wahrheit im praxeologischen Sinne der Unverborgenheit weder ewig noch für alle Menschen gleich ist, sondern in Abhängigkeit von Situation, Perspektive und Wahrnehmungsfähigkeit der Einzelnen variiert. ›Wahrheit‹ und ›wahr‹ ist nicht etwas an sich für jedermann in jeder Hinsicht unveränderlich Gleichbleibendes, Gleich-gültiges, Gemeines. Es hat nicht jeder ohne weiteres zu jeder Wahrheit das gleiche Recht und die gleiche Kraft, und jede Wahrheit hat ihre Zeit.« (GA 34: 32) Erschlossenheit hängt von zeitlichen, situationalen und individuellen Bedingungen ab, die verschiedene Grade von Unverborgenheit evozieren. Somit weicht sie deutlich von der Richtigkeit ab, die gerade durch die Unabhängigkeit von individuellen Standpunkten garantiert wird.

Arendt beschreibt das Verständnis im Sinne von Richtigkeit in deutlicher Anlehnung an Heidegger anhand der zweiten Umkehr, »die aus der Höhle unter den klaren Himmel führt, an dem die Ideen als die ewigen und wahren Urbilder der Dinge in der Höhle erscheinen, beleuchtet von der Sonne der Idee der Ideen, die einmal alle anderen Ideen beleuchtet und andererseits den Menschen befähigt, dies Leuchtende in ihrem Licht zu

89 Heidegger verwendet die Begriffe der Erschlossenheit und der Unverborgenheit zumeist synonym (vgl. Brachtendorf 2011: 192). Anders als in Sein und Zeit wird in Platons Lehre von der Wahrheit jedoch deutlich häufiger der Begriff der Unverborgenheit genutzt.

sehen.« (ZVZ 1: 47; vgl. GA 9/7: 221) Das Konzept der Richtigkeit setzt eine das Seiende konstituierende Ursache, die höchste Idee voraus, die im Gleichnis anhand der Urbilder am Himmel veranschaulicht wird und auf die die Erscheinungen zurückgeführt werden können. Wahrheit wird nicht mehr als durch das Seiende und die ihm eigene Unverborgenheit hervorgebracht erfahren. Stattdessen sind es die Einzelnen und die ihnen eigene visuelle und kognitive Leistung, die von den vielfältigen Erscheinungen Rückschlüsse auf deren wahre Ursache ziehen. Wahrheit wird demnach nicht mehr der Verborgenheit entrungen, sondern im Sinne der evidentia schlichtweg erkannt (vgl. Magiera 2007: 88).

Die Reduzierung des Wahrheitsphänomens auf Richtigkeit und die Annahme einer Trennung zwischen dem Reich der Ideen und der Erscheinungswelt, die durch das Bild der Höhle dargestellt wird, hängen Heidegger und Arendt zufolge unmittelbar zusammen. Aufgrund der Trennung von Seiendem, das innerhalb der Erscheinungswelt situiert wird und dem es begründenden Sein, das als Ursprung und Wesen des Seiendem im Reich der ewigen Ideen verortet ist, bedarf es der Erkenntnisleistung des Subjekts, das beide Sphären in eine richtige Verbindung bringt und so Wahrheit im Sinne von Richtigkeit herstellt. Wahrheit wird demnach schon im Höhlengleichnis als adäquate Relation zwischen Idee und Erscheinung, Original und Kopie, Allgemeinem und Besonderen vorgestellt (vgl. GA 34: 1). Mit dieser Wahrheitsauffassung geht die Negierung der Erscheinungswelt zugunsten des Ideenreiches sowie die Privilegierung der Einzelnen einher, die in der Lage sind, eine Verbindung zwischen dem ewigen Ur- und dem temporären Abbild in der (Erscheinungs-)Welt herzustellen. Wahrheit erscheint somit als Produkt der Erkenntnisleistung, was im Gleichnis durch den Weg des befreiten Menschen aus der Höhle ins Reich der Ideen symbolisiert wird. Die Frage lautet nicht mehr, welchen Grad an Unverborgenheit das Seiende zulässt, sondern ob das Erkenntnissubjekt das Wesen, die Idee, eines Seienden richtig erkannt und eine korrekte Verbindung zwischen ihm und seinem Abbild in der Erscheinungswelt hergestellt hat. »Zufolge dieser Angleichung des Vernehmens als eines ἰδεῖν an die ἰδέα besteht eine ὁμοίωσις, Übereinstimmung des Erkennens mit der Sache selbst.« (GA 9/7: 230f.) Das korrespondenztheoretische Wahrheitsverständnis im Sinne der »Übereinstimmung des denkenden Vorstellens mit der Sache: adaequatio intellectus et rei« (ebd.: 218) wird auf diese Weise von Heidegger und Arendt bis auf Platon zurückgeführt.

Die Ideenlehre erscheint so als ein Vorläufer des neuzeitlichen Theorie-, Wissenschafts- und Wahrheitsverständnisses, das an deduktiven Verfahren, Logik und Objektivität orientiert ist. Von der Antike über das Christentum bis zum Beginn der Neuzeit war die göttliche Idee die Größe, die durch »Kontemplation, das Anschauen oder Betrachten eines Wahren« (VA 370) ermöglichte. Im Zug der Säkularisierung wurde Wahrheit zwar nicht mehr durch Kontemplation, sondern durch Rationalität erlangt; aber es blieben feste Größen, durch die das Seiende erfasst wurde und wird (vgl. ebd.: 338ff.). »Die Einrichtung in dieses Sichrichten auf die Ideen bestimmt das Wesen der Vernehmung und in der Folge dann das Wesen der ›Vernunft‹« (GA 9/7: 226). Die »Tyrannei der Wahrheit« (PP 384), die alles Besondere unter eine allgemeine Idee subsumiert und hierdurch negiert, bleibt Arendt und Heidegger zufolge in Form von »Mathematik« (GA 19: 24; VA 338) und »Logik« (GA 55: 113) bis in die heutige Zeit wirkmächtig.

Die alles begründende Idee etabliert die Trennung zwischen dem Erkennenden und dem Erkannten und das damit einhergehende Subjekt-Objekt-Verhältnis. Dabei wird das Erkenntnissubjekt von Platon über Descartes bis hin zu neueren philosophischen Strömungen als von seiner Umwelt isoliert vorgestellt, gerade weil es als solches konstitutiv auf Erkenntnisobjekte angewiesen ist (vgl. GA 20: 215ff.; PP 389; ZVZ 12: 338). »Die Idee, und gar die Höchste Idee, ist weder etwas objektiv Vorhandenes noch etwas nur subjektiv Erdichtetes; andererseits ist sie gerade das, was alle Objektivität und alle Subjektivität zu dem ermächtigt, was sie sind, indem es das Joch zwischen Subjekt und Objekt spannt, unter welchem Joch sie überhaupt erst Subjekt und Objekt werden; denn Subjekt ist nur solches, was auf ein Objekt sich bezieht.« (GA 34: 111)

Durch diese Konzeption wird die konstitutive Situiertheit des Selbst innerhalb der (Mit-)Welt negiert, die der Subjekt-Objekt-Trennung stets vorgelagert ist (vgl. u.a. LG 55ff.; GA 58: 113; SZ 123). Ehe sich das Erkenntnissubjekt über rationale Akte von der Erscheinungswelt durch deren Objektivierung distanziert, hat es sich bereits in einem weltlichen Praxiszusammenhang befunden, der einen zentralen Stellenwert im Denken Arendts und Heideggers einnimmt. »Arendt's construction of a phenomenology of […] the public realm […] reflects fundamental ontology's attempt to delve behind a reified subject/object distinction in order to articulate the structure of our pretheoretical being-in-the-world.« (Villa 1996: 114) Nicht das Reich der Ideen, sondern die Erscheinungswelt stellt demnach die konstitutive Voraussetzung für die Wahrheit und die Einzelnen dar. »In platonischen Worten ausgedrückt gibt es nur die Welt der Höhle, aus der man nicht heraus kann. Ist aber erst der Raum des Seins oder der Bedeutung jenseits der Erscheinung verschwunden, hört auch die Höhle auf, eine Höhle zu sein« (Villa 2011a: 230; vgl. LG 33) und wird zur Welt. Als solche kennt sie kein Außerhalb, weil die Einzelnen erst in ihr Wirklichkeit, Wahrheit und sich selbst erfahren.

Soweit mit Heideggers Lesart Platons einig, distanziert sich Arendt deutlich von seiner Interpretation der dritten Umkehr, mit der das Gleichnis endet. Diese Wendung ereignet sich, wenn die befreite Person, erschöpft von der Helligkeit, in der die Ideen erstrahlen, in die Höhle zurückkehrt, um den anderen ihre Erfahrungen mitzuteilen. Hierbei gerät sie in Gefahr, die Heidegger zufolge von den Gefesselten ausgeht. Diese fühlen sich durch die Weisheit des philosophischen Subjekts bedroht und würden es, falls es den Versuch unternähme, sie von den Fesseln zu befreien, »töten« (GA 9/7: 213). Arendt vollzieht eine Umkehrung dieser Interpretation, indem sie die Gefahr im Ideenreich und nicht in der Höhle lokalisiert. Letztere versteht sie als Metapher für die öffentliche Sphäre, in der die vielen und verschiedenen Menschen über die Gestalt der Welt diskutieren und sie hierdurch als »Bezugsgewebe menschlicher Angelegenheiten« (VA 225) erst konstituieren. Auf diese Weise sorgen sie über die politische Praxis für die Entstehung und den Bestand der Welt. Durch den Aufstieg ins Ideenreich gewinnen die Einzelnen zwar Zugang zur Wahrheit, verlieren hierdurch aber zugleich diejenige Fähigkeit, die sie zu einem unter vielen Menschen macht und sie in die öffentliche Welt einfügt. »Die Philosophen können nicht mehr in der Dunkelheit der Höhle sehen, sie haben ihren Orientierungssinn verloren, sie haben verloren, was wir als ihren Gemeinsinn bezeichnen würden.« (PP 395) Gerade weil das philosophische Subjekt im Besitz der Wahrheit ist, verliert es Arendt zufolge den Bezug zur Wirklichkeit, die nur über die Auseinandersetzung mit den divergierenden Meinungen über weltliche Erscheinungen erfahren werden kann.

Diese Darstellung steht in deutlichem Kontrast zur Bemerkung Heideggers, demzufolge die weise Person nach ihrer Erfahrung des Ideenreichs »nun wieder mit den ständig dort Gefesselten sich abgeben müßte im Aufstellen und Behaupten von Ansichten über die Schatten« (GA 9/7: 213). Arendt versteht diese Interpretation als Ausdruck der Ignoranz der Philosophie gegenüber dem politischen Bereich, die sie nicht nur Platon, sondern auch Heidegger attestiert. »Heidegger erwähnt ausdrücklich die

Gefahr, in die der Philosoph gerät, wenn er in die Höhle der Menschen zurückkehren muß, bringt aber diese Gefahr und das aus ihr entstehende negative Interesse des Philosophen an Politik nicht in Zusammenhang mit seinen Ausführungen.« (ZVZ 1: 407) Deshalb verkennt er den politischen Gehalt seiner eigenen Philosophie- und Wahrheitskritik, den Arendt extrapoliert. Zwar folgt sie seiner Einschätzung, dass der von Platon formulierte Anspruch auf »Allgemeingültigkeit [und] Allverbindlichkeit« (GA 19: 24) zu einer »Unterjochung [des Seienden] unter die Idee« (GA 9/7: 234) führt. Doch anders als Heidegger bezieht Arendt diesen allgemeingültigen und deshalb herrschaftsförmigen Charakter des platonischen Wahrheitsbegriffs auf die Missachtung der Autonomie und Spezifik des Politischen, die ihr zufolge die gesamte philosophische Tradition kennzeichnet.

In Heideggers Interpretation soll »[d]as Höhengleichnis [...] nicht so sehr darstellen, wie die Philosophie vom Standpunkt der Politik aussieht, sondern wie die Politik, der Bereich der menschlichen Angelegenheiten, vom Standpunkt der Philosophie aussieht.« (PP 395) Arendt vollzieht den Perspektivwechsel, indem sie das Gleichnis aus der Perspektive der Sorge um die Welt betrachtet. Hierfür hebt sie das politische Primat »Pluralität statt Selbstbezug« (Zhang 2014: 53) hervor. Es steht im Kontrast zur Singularität des philosophischen Subjekts, das sich durch die philosophische Erfahrung von den Mitmenschen und den öffentlichen Angelegenheiten separiert. »Nur diese Wenigen werden die wahren Maßstäbe allen Lebens verstehen, einschließlich der politischen Angelegenheiten, an denen als solche sie aber nicht länger interessiert sein werden.« (LG 320) Die philosophische Liebe zur Weisheit, der Arendt die politische Liebe zur Welt entgegenstellt, geht nicht nur mit einer Verachtung der öffentlichen Angelegenheiten einher, sondern wird zuweilen auch als Legitimation herangezogen, um über die Politik zu herrschen. Diese Kritik bringt Arendt ebenso gegen Platon wie gegen Heidegger vor, weil beide der Versuchung erlegen seien, politische Ereignisse als einzelne Philosophen lenken zu wollen. Auf diese Weise wendet Arendt die Philosophie- und Wahrheitskritik Heideggers, die er anhand des Höhlengleichnisses illustriert, ins Politische und kehrt sie damit gegen ihn selbst.

Unverborgenheit zwischen Wahrheit und Meinung

Diese Figur wiederholt sich in Arendts kritischer Aneignung des heideggerschen Wahrheitsverständnisses, das ihrer politischen Auslegung seiner

Interpretation des Höhlengleichnisses entspricht. In einem Brief von 1967 drückt sie ihren Respekt für seine Abhandlungen zur Unverborgenheit aus, die er unter anderem in der von ihr besuchten Sophistes-Vorlesung entwickelt (vgl. GA 19). »Dein Wahrheitsbegriff ist einzig, weil er eben mit Notwendigkeit nichts zu schaffen hat.« (AH 163)[90] Der zwingenden Dichotomie von Richtig und Falsch setzen beide die Ambivalenz von Sein und Schein entgegen. Heidegger zufolge ist »ἀλήθεια […] ein eigentümlicher Seinscharakter des Seienden« (GA 19: 17) und besteht nicht im Abgleich einer metaphysischen Idee mit ihrem irdischen Abbild. Deshalb sind Richtig und Falsch nicht die passenden Kriterien, durch die sich Wahrheit bestimmen lässt. Nicht die korrekte Entsprechung von Ur- und Abbild oder Aussage und Wirklichkeit evoziert Wahrheit. Vielmehr besteht sie aus dem Spiel von Unverborgenheit und Verborgenheit, das Arendt in ihrer Auseinandersetzung mit der Vita contemplativa thematisiert. »[J]edes Erscheinende erhält kraft seiner Erscheinungshaftigkeit eine Art Schleier, der es durchaus verbergen oder entstellen kann, aber nicht muß« (LG 31).

Diese Konzeption von Wahrheit, die das Irren, Scheitern und Fehlgehen impliziert, hat vor allem Heidegger, zuweilen aber auch Arendt den Vorwurf eingebracht, die konstitutiven Merkmale dieses Begriffs aufzugeben und damit den eigenen Ansatz zu untergraben. So vermutet Wolin, dass die Schwächen von Arendts politischer Philosophie auf ihre heideggerschen Wurzeln zurückgeführt werden können. Er fragt sich, »ob das von Arendt vorgeschlagene dramaturgische Handlungsmodell dezisionistisch ist, das heißt, ob ihr Verständnis des Wesens des Politischen in Begriffen des Sichzeigens oder Darstellens in der Öffentlichkeit zwischen legitimen und illegitimen Weisen der Darstellung unterscheiden kann, oder auf welcher normativen Grundlage solche Unterscheidungen getroffen werden könnten.« (Wolin 1991: 235)

Arendts Konzeption von Politik verweigert sich jedoch gerade dem Anspruch, normative Grundlagen festzulegen, anhand derer auf theoreti-

90 Die affirmative Haltung Arendts gegenüber dem heideggerschen Wahrheitsbegriff wird allerdings durch den Kontext, aus dem dieses Zitat stammt, relativiert. Während sie ihre Kritik an Heideggers Werk und Person im Briefwechsel mit ihm selbst zurückhält, äußert sie sie im Austausch mit Karl Jaspers (vgl. AJ 177, 484), Dolf Sternberger (vgl. Tömmel 2013: 40) und Heinrich Blücher (AB 223) deutlich. Unter anderem wirft sie Heidegger vor, Sinn und Wahrheit als Synonyme zu bezeichnen und hierdurch den »Grundirrtum [zu begehen], dem alle speziellen metaphysischen Trugschlüsse nachgeordnet sind« (LG 25). Nähere Erläuterungen zum Verhältnis von Sinn und Wahrheit bei Arendt finden sich bei von Redecker (2013: 58ff.) und Zhang (2014: 111).

scher Ebene zwischen richtigen und falschen Meinungen und Handlungen differenziert werden könnte. Stattdessen entwickelt sie ein agonales Handlungsmodell, das den Streit um die richtige Meinung in der politischen Praxis des Sprechen und Handelns verortet, die von keiner Philosophie vorweggenommen werden kann. Villa kritisiert, dass diesem und ähnlichen Ansätzen, die Alternativen zum gegeben Wahrheits- und Politikverständnis bieten, der Vorwurf der Willkür und der Irrationalität entgegengebracht wird, anstatt die spezifische Rationalität politischer Praxis und Meinungen anzuerkennen. »From Arendt's point of view, the scandal of the Western tradition of political thought is the way it consistently ignores the specific rationality of these faculties, reserving the honorific ›rational‹ for discourse whose object is truth.« (Villa 1996: 156)

Im Gegensatz zur Wahrheit, der allzu oft der Charakter allgemeiner Gültigkeit zugesprochen wird, kultiviert der Begriff der aletheia das von Arendt geschätzte »Bewusstsein, dass Wahrheit wesentlich partikular ist, nämlich das, was sich mir zeigt in seiner Unverborgenheit.« (DT 420) Dieses Moment der Situiertheit integriert Arendt in ihre politische Konzeption der Meinung, was sie in einer Notiz im Denktagebuch anhand einer Art Gleichung illustriert: »[Δ]όξα = δοκεῖ μοι = mir scheint es so = dies ist, was an Welt mir in meiner Partikularität auf- und einleuchtet = Meinung« (ebd.: 406). Da sich die Unverborgenheit nicht durch Allgemeingültigkeit auszeichnet, sondern von Ort, Zeit, Kultur und anderen Faktoren abhängt, wird ein Austausch über sie notwendig. Das geschieht durch die politische Praxis des Handelns und Sprechens, die der Sorge um die Welt verpflichtet ist, weil sie diese als öffentlichen Erscheinungsraum erst hervorbringt und hierdurch zugleich die Menschen in ihrer Gleichheit und Verschiedenheit bestätigt. Die »Wirklichkeitsempfindung, die der Mensch gegenüber der Erscheinung mit anderen gemeinsam hat, ist nicht Unverborgenheit für den Menschen, sondern Entbergung für die Menschen.« (Magiera 2007: 260) Auf diese Weise führt Arendt die Partikularität der Unverborgenheit auf die politische Grundbedingung der Pluralität zurück und weicht hierdurch deutlich von Heideggers Konzeption ab. Demnach kann weder das einzelne Erkenntnissubjekt noch das Selbst allein die Wahrheit der Unverborgenheit entreißen. Stattdessen sind es die vielen und verschiedenen Menschen, die über das Sprechen und Handeln im öffentlichen Raum ihre partikularen und fehlbaren Meinungen austauschen, um gemeinsam den politischen Ereignissen und Phänomenen näher zu kommen.

Nicht nur das Moment der Partikularität unterzieht Arendt einer politischen Reformulierung, sondern auch die praxeologische Ausrichtung, die Heideggers Verständnis von aletheia zukommt. Beide betonen, dass Unverborgenheit nicht wie eine ewige Idee schlichtweg vorhanden ist und angesehen werden kann, sondern »Gegenstand eines Umgangs ist« (GA 19: 24). Im Gegensatz zur Subjektphilosophie wird die Wahrheitserfahrung somit nicht als geistige Erkenntnisleistung, sondern als praktische »Seinsweise des In-der-Welt-seins« (SZ 220) aufgefasst. »[Ἀ]λήθεια heißt: nicht mehr verborgen sein, aufgedeckt sein. Dieser privative Ausdruck deutet an, daß die Griechen ein Verständnis davon hatten, daß das Unverdecktsein der Welt erst errungen werden muß, daß es etwas ist, was zunächst und zumeist nicht verfügbar ist.« (GA 19: 16) Arendt bestimmt die Tätigkeit des Erringens jedoch nicht als Entbergen, sondern als gemeinsames Handeln und Sprechen in der Öffentlichkeit.

Trotz dieser divergierenden Auffassung von Praxis geht die praxeologische Ausrichtung der Unverborgenheit in beiden Fällen mit einem agonalen Charakter einher. Heidegger zufolge ist ›Wahrheit‹ [...] niemals ›an sich‹, von selbst vorhanden, sondern [wird] erstritten.« (GA 54: 25) Arendt teilt diese Auffassung, reformuliert den Streit um Wahrheit jedoch als einen »Wettkampf« (ebd.) im politischen Sinn, durch den sich die Einzelnen darum bemühen, die anderen von ihrer Meinung zu überzeugen und so politische Handlungsmacht zu gewinnen. Dieser »agonale Geist [...], dies leidenschaftliche Sich-an-Anderen-Messen« (VA 243), das in der Polis vorherrscht, bringt demnach die politische Sphäre hervor, in der Unverborgenheit der Welt durch das Licht der Öffentlichkeit erscheint. Auf diese Weise transferiert Arendt das Moment der Agonalität, das Heidegger im epistemologischen Kontext situiert, in den politischen.

Obwohl dieser eine solche Deutung der Unverborgenheit widerstrebt, beschäftigt er sich im Zuge seiner Auseinandersetzung mit der aletheia auch mit der doxa, die er wie Arendt mit »Ruhm [...] [und] Glanz« (GA 34: 256; vgl. PP 385) übersetzt. In seiner Lektüre des Theätet bringt Heidegger diesen Begriff mit dem Erscheinen des Selbst in Verbindung, das sich und seine Meinung den anderen »offenbart« (GA 34: 254; DT 399). Im Wortlaut mit Arendts Ausführungen fast identisch, beschreibt er doxa als »ich zeige mich, und zwar entweder mir selbst oder anderen. Das Wort ist also in gewissem Sinne genau der Gegenbegriff zu λαμβάνω, ich bin verborgen (verberge mich) anderen oder mir selbst. [...] Dieses Mir-und-anderenvorkommen hat die Bedeutung: [...] Es zeigt sich, d.h. es erscheint« (GA 34: 254; vgl. DZ 399f.).

Doch Arendt zufolge ist das Phänomen der doxa »[a]ls solches [...] mit dem politischen Bereich verbunden, in dem jeder erscheinen und zeigen kann, wer er ist.« (PP 385) Demnach erringen die Einzelnen über den kompetitiven Meinungsaustausch ihre unverwechselbare Persönlichkeit, die durch den agonalen Wettstreit in der Polis in Erscheinung tritt. Dagegen ist Heideggers Auslegung der doxa der »Absicht auf die Frage nach dem Wesen der Unwahrheit« (GA 34: 149ff.) verpflichtet. Die Meinung besitzt demnach »die Möglichkeit des Schwankens zwischen ›verkehrt‹ und ›nicht verkehrt‹« (ebd.: 261). Während dieses Merkmal Arendt zufolge von der Philosophie stets als Makel aufgefasst wurde, stellt es für die Politik kein Problem, sondern deren Voraussetzung dar. Es ermöglicht die Offenheit des Wettstreits, bei dem erst noch herausgefunden werden muss, welche Meinung »›verkehrt‹ und welche ›nicht verkehrt‹« (ebd.) ist. Dagegen erkennt Heidegger eine zerstörerische Kraft in den Meinungen, weil sie allzu oft Verdeckungen verursachen statt Unverborgenheit ermöglichen.

»[G]erade das, was im natürlichen Bewußtsein in gewissen Grenzen vielleicht ursprünglich erschlossen war, wird zumeist wieder verdeckt und verstellt durch das Sprechen. Meinungen verfestigen sich in Begriffen und Sätzen, und diese werden nachgesprochen, so daß das, was ursprünglich erschlossen war, wieder verborgen wird. So bewegt sich das alltägliche Dasein in einer doppelten Verdecktheit: zunächst in der bloßen Unkenntnis, sodann aber in einer viel gefährlicheren Verdecktheit, insofern das Entdeckte durch das Gerede zur Unwahrheit wird.« (GA 19: 16)

Nach Heidegger stellen die Meinungen zumeist eine Bedrohung für die Wahrheit dar, während Arendt das Wahrheitsverständnis der Philosophie als Gefahr für die vielen und verschiedenen Meinungen auffasst. Die Philosophierenden, die sich qua ›berufsbedingter‹ Suche nach der Wahrheit voreilig in ihrem Besitz wähnen, nutzen diese Arendt zufolge allzu oft zur Legitimation, um sich über die Meinungen der Vielen zu erheben. »Also ein ›Glück‹ – scheinbar – für die Philosophen, die Experten der Wahrheit werden, ein Unglück auf jeden Fall für die Menge, die ohne allen Zugang zu Wahrheit verbleibt, weil sie aus dem δοκεῖ μοι nur im Zusammen die δόξα entwickeln kann.« (DT 420)

Dieser nahezu konträren Darstellung des Verhältnisses von Wahrheit und Meinung entspricht die divergierende Auffassung des Verhältnisses von Dialektik und Rhetorik, die Heidegger und Arendt im Rückgriff auf

Sokrates und Platon entwickeln. Heidegger zufolge ist die Philosophie angesichts des Geredes »vor die Aufgabe gestellt, einmal positiv erstmalig zu den Sachen vorzubrechen, zum anderen gleichzeitig den Kampf gegen das Gerede wieder aufzunehmen. Beide Tendenzen sind die eigentlichen Antriebe der geistigen Arbeit des Sokrates, Platos und Aristoteles. Ihr Kampf gegen Rhetorik und Sophistik ist das Zeugnis dafür.« (GA 19: 16) Arendt ergreift dagegen Partei für die Rhetorik, weil sie die politische Praxis des öffentlichen Sprechens bestimmt, durch welche die Menschen für die Welt sorgen. Sie bezeichnet Sokrates als den einzigen Philosophen des antiken Zeitalters, der die Rhetorik und die Pluralität der Meinungen in ihrer Bedeutung für die Polis anerkannte (vgl. u.a. DT 408; PP 386). Ihm stellt sie Platon gegenüber, der sowohl zu einer »Auffassung von Wahrheit als dem direkten Gegenteil von Meinung als auch zu[m] […] Begriff einer spezifisch philosophischen Form der Rede; dialegesthai, als Gegenteil von Überredung und Rhetorik« (PP 384; vgl. ZVZ 12: 333) kam.

Mit Platon bestimmt Heidegger die Dialektik als diejenige Praxis, die »[d]as Sehen der Wahrheit« (GA 19: 329) ermöglicht, während das, »[w]as […] an der Rhetorik echt sein könnte, […] in das Gebiet der Dialektik« (ebd.: 319) gehört.[91] Die Affirmation der Dialektik und die Kritik an der Rhetorik prägt Arendt zufolge den politikfeindlichen Impetus der philosophischen Tradition. Platons »Verurteilung der doxa« (PP 381) findet sich demnach bei Heidegger wider, wenn er Meinungen auf alltägliches Gerede reduziert, die der Wahrheitsfindung entgegenstehen, anstatt sie vorzubereiten. Die Bewegung der Abkehr, die Arendt durch die politische Wendung zentraler heideggerscher Topoi vollzieht, erreicht das größte Ausmaß an Entfernung in ihrer Kritik an dieser für die Philosophie so typischen Ignoranz gegenüber dem politischen Bereich. »Thus we find the old hostility of the philosopher toward the polis in Heideggers' analyses of average everyday human life in terms of the man, the rule of public opinion, as opposed to the ›self‹, in which the public realm has the function to hide the true realities and to prevent even the appearance of truth.« (CPPT 15)

Weil Heidegger die Dichotomie zwischen der Wahrheit der Philosophie und den verfehlten Meinungen der Masse beibehält, ist auch seinem alternativen Wahrheitsverständnis die herrschaftsförmige Tendenz inhärent, die Arendt der philosophischen Tradition im Allgemeinen zuschreibt (vgl.

91 Zugleich finden sich in Heideggers Auseinandersetzung mit Aristoteles wiederum vielfältige Anschlussmöglichkeiten für Arendt, um die Rhetorik und damit den politischen Bereich aufzuwerten (vgl. GA 18: 134, 119).

Villa 1996: 154). Indem sie den Begriff der aletheia durch die Verschiebung des Moments der Unverborgenheit von der Wahrheit zu den Meinungen politisch auslegt, richtet sie Heideggers Kritik am hegemonialen Wahrheitsverständnis gegen ihn selbst. Heidegger sah ihr zufolge 1933 die eigentliche Wahrheit in der »Entschlossenheit der Studentenschaft« (GA 16/51: 112) realisiert, die er im »Wissenschaftsdienst« (ebd.: 113) anführen wollte (vgl. Taminiaux 1997: 20).

Um Heideggers Engagement für den Nationalsozialismus in ihrer Rede zu seinem achtzigsten Geburtstag zu erklären, greift Arendt auf das zuvor dargestellte Höhlengleichnis zurück.

»Nun wir wissen alle, daß auch Heidegger einmal der Versuchung nachgegeben hat, seinen ›Wohnsitz‹ zu ändern und sich in die Welt der menschlichen Angelegenheiten ›einzuschalten‹ – wie man damals so sagte. [...] Wir, die wir die Denker ehren wollen, wenn auch unser Wohnsitz mitten in der Welt liegt, können schwerlich umhin, es auffallend und vielleicht ärgerlich zu finden, daß Plato wie Heidegger, als sie sich auf die menschlichen Angelegenheiten einließen, ihre Zuflucht zu Tyrannen und Führern nahmen. Dies dürfte [...] dem geschuldet sein, was die Franzosen eine ›déformation professionelle‹ nennen.« (MfZ 193f.)

Indem sie Heideggers zeitweiligen Anspruch auf die Lenkung des öffentlichen Bereichs auf die berufsbedingte Unkenntnis des Politischen zurückführt, ehrt sie Heidegger als Philosophen und entschuldigt zugleich seine politischen Entscheidungen.[92] Wie Thomä pointiert feststellt, wird Heideggers politischer Fehler durch diese Darstellung nicht mehr als Ausdruck für die Mangelhaftigkeit seiner Philosophie, sondern als Beweis für deren Erhabenheit verstanden. »In Hannah Arendts theoretischen Texten zu Heidegger ist ein dramatischer Wandel zu verzeichnen: Sie beginnen kritisch und enden affirmativ.« (Thomä 2000: 191, vgl. Wolin 2001: 49) Doch auch wenn sich die harsche Kritik an Heideggers Sympathie für den Nationalsozialismus im Laufe der Jahrzehnte zur Nachsicht wandelt, bleibt Arendts Kritik an der Ignoranz der Intellektuellen gegenüber dem politischen Geschehen erhalten, die auch Heidegger trifft (vgl. AG 58). Dabei ist sie »nicht einfach eine Kritikerin seines politischen Denkens, sondern ihre Antwort auf sein philosophisches Denken ist die Politik.« (Tömmel 2013: 40) Hierdurch begegnet sie der Feindschaft der Philosophie gegenüber dem öffentlichen Bereich mit einer »Liebe zur Welt« (Thomä 2013a: 412),

92 Von Redecker (vgl. 2013: 81) weist allerdings zurecht darauf hin, dass es sich hierbei um eine Laudatio handelt, die nicht als Arendts aufrichtige Meinung über Heideggers aktive Teilnahme am Nationalsozialismus verstanden werden kann.

indem sie Heideggers Sorge um die Wahrheit in eine Sorge um die Welt transformiert.

Zwischenfazit: Neu beginnen nach Heidegger mit Foucault und Arendt

Von der Sorge zur Selbst- und Weltsorge

Indem nachvollzogen wurde, wie Arendt die praxeologische Geste Heideggers durch die Aneignung seines Sorge- und Wahrheitsbegriffs aus dem fundamentalontologischen in den politischen, Foucault hingegen in den ethischen Kontext transferiert, ist das erste Ziel der vorliegenden Arbeit erreicht. Alle drei setzen der in der philosophischen Tradition fest verankerten Subjekt-Objekt-Trennung eine Konzeption des Selbst- und Weltverhältnisses entgegen, derzufolge das Selbst Wahrheit und Wirklichkeit in Praxiszusammenhängen erfährt und in diesen sein Wesen über ebenso praktische Seinsweisen gestaltet.

Der Sorgebegriff Heideggers impliziert wie derjenige Foucaults eine praxeologische, wechselseitig konstitutive Beziehung zwischen Sorge und Selbst. Das Selbst ist einerseits Resultat der Sorge, weil es erst durch das praktische Selbstverhältnis, das durch die Sorge hervorgebracht wird, zu einem bestimmten Individuum wird. Andererseits ist die Sorge Gegenstand des Selbst, weil es das Verhältnis zu sich in gewissen Grenzen über die Variation von (Selbst-)Praktiken gestalten kann. Trotz dieser geteilten Grundannahme weisen die Begriffe der Sorge, des Selbst und der Existenz, die für Foucaults Spätwerk wie für Heideggers Frühschriften bis zu Sein und Zeit einen zentralen Stellenwert besitzen, eine deutlich divergierende Bedeutung auf. Während Sorge nach Heidegger die fundamentalontologische Grundstruktur eines jeden ontischen Selbst darstellt, versteht Foucault unter der Sorge um sich eine ethische Grundhaltung, die einzelne Angehörige der Aristokratie im antiken Zeitalter kultivierten. Foucault übernimmt zwar die praxeologische Ausrichtung des Sorgebegriffs, variiert sie jedoch deutlich durch den Transfer in den ethischen Kontext, weshalb die Aneignung dieses Topos als nichtidentische Wiederholung der Denkfigur Heideggers bezeichnet werden kann.

Der Differenz zwischen der fundamentalontologischen Sorgekonzeption und dem (sozial-)historischen Phänomen der ethischen Selbstsorge entsprechen unterschiedliche Auffassungen von Philosophie, die zugleich auf gemeinsamen Grundprämissen basieren. Beide Ansätze folgen dem praxeologischen Primat, demzufolge die philosophierende Person den von ihr untersuchten Praxiszusammenhang nicht als ihr gegenüberstehendes Objekt analysiert, sondern sich selbst stets in ihm situiert und durch ihn konstituiert weiß. Nach Heidegger hat die Philosophin die Aufgabe, die praktischen Existenzweisen des Daseins, die das Selbst erst ermöglichen, in der philosophischen Praxis nachzuvollziehen und zu transzendieren. Foucault teilt zwar die Auffassung, dass die Philosophie als Lebensform und nicht als Rückzug aus der Welt oder als objektivierende Erkenntnis zu verstehen ist. Allerdings zieht er hieraus nicht den Schluss, dass die Philosophin zum ontologischen Ursprung der Sorge vorzudringen hat, sondern legt das Primat der Praxis und Situiertheit mithilfe der Genealogie machtanalytisch aus. Demnach ist der Praxiszusammenhang, in dem das Subjekt erst zu einem solchen wird, durch historisch spezifische Machtbeziehungen bestimmt, die als verzweigte und fluide Netzwerke Körper, Subjekte und Institutionen erst hervorbringen.

Den divergierenden Konzeptionen der Sorge und den Differenzen zwischen daseinsanalytischer und genealogischer Methode entsprechen ebenso unterschiedliche Zielsetzungen. Während die Genealogie auf eine Kritik und Veränderung bestehender Machtverhältnissen abzielt, ist das fundamentalontologische Vorhaben trotz kulturkritischer Implikationen maßgeblich durch die Eruierung der ontologischen Strukturganzheit der Sorge bestimmt. Das kritische Potential der Genealogie besteht dagegen nicht in der Differenzierung von Sein und Seiendem, sondern in der Historisierung eines bestimmten, durch Machtstrukturen konstituierten Seins, auf dessen Transformation sie abzielt.

Auch in Arendts Werk lässt sich eine abweichende Wiederholung der praxeologischen Geste Heideggers feststellen, die zu ebenso gravierenden inhaltlichen und methodischen Differenzen führt wie diejenige Foucaults, zugleich aber gänzlich anders ausgerichtet ist. Zwar ist allen dreien die große Geste gemein, mit der sie sich von der cartesianischen Subjekt-Objekt-Dichotomie distanzieren. Ihr stellt Arendt jedoch im Gegensatz zu Heidegger und Foucault nicht die praxeologische Ausrichtung des Selbst entgegen. Stattdessen greift sie die gesamte Philosophie und nicht nur eine bestimmte philosophische Traditionslinie für ihre Fokussierung auf das einzelne Subjekt an – eine Kritik, die ebenso Heidegger wie Foucault trifft. Auch wenn beide Autoren Arendt ohne Zweifel zustimmen würden, dass »zum Begriff des Menschen gehört, daß er mit anderen, die seinesgleichen sind, die Erde zusammen bewohnt« (WE 38), findet diese nur scheinbar simple Tatsache kaum eine Entsprechung in ihrer jeweiligen Terminologie. Die Negierung der menschlichen Grundbedingung der Pluralität wirft Arendt Heidegger nach dem Krieg vehement vor, um wenige Jahre später seinem Weltbegriff ein politisches Potential zu attestieren, das sie selbst in Vita activa extrapoliert.

Hierfür folgt sie der praxeologischen Ausrichtung der Begriffe von Welt und Dasein, die Heidegger auf der Kontrastfolie der cartesianischen Philosophie entwickelt, um sie im Namen einer Sorge um die Welt auszulegen. Mit ihm wendet sie sich gegen die Vorstellung eines isolierten Subjekts, das die Welt auf eine Ansammlung von ebenso isolierten Erkenntnisobjekten reduziert. Der Trennung von Subjekt und Objekt stellen beide die Konzeption einer wechselseitig konstitutiven Beziehung von Selbst und Welt entgegen. Demnach wird die Welt erst durch konkrete Praxis als ein sinnhafter Bedeutungszusammenhang erzeugt, in dem die Einzelnen über praktische Vollzüge ihr Wesen gestalten. Diese Praktiken bestimmt Heidegger jedoch als Existenzweisen des Daseins, während Arendt hierunter die politischen Tätigkeiten des Sprechens und Handelns versteht, die der Sorge um die Welt verpflichtet sind. Entsprechend dieser divergierenden Auffassungen von Praxis sind Welt und Dasein Arendt zufolge keine ontologische Voraussetzung des Selbst. Die öffentliche Welt stellt kein Existenzial, sondern ein Potential dar, da sie als »eine (immer bedrohte) Möglichkeit« (Jaeggi 1997: 29) nur durch das politische Handeln realisiert werden kann. Gleiches gilt für die Person, die in ihrer Einzigartigkeit nur im Vollzug der politischen Praxis erscheint. Anstatt die Sorge als die ontologische Voraussetzung von Welt und Selbst zu bestimmen, beschreibt Arendt Welt und Person als Effekt der politischen Sorge um die Öffentlichkeit. Auf diese Weise transferiert sie die Denkfigur Heideggers nicht wie Foucault aus dem fundamentalontologischen in den ethischen, sondern in den politischen Kontext.

Die praxeologische Geste impliziert aufgrund ihres anticartesianischen Zugs nicht nur eine Kritik an der Konzeption des Selbst als Erkenntnissubjekt sondern auch eine Ablehnung der Reduzierung von Wahrheit auf Objekterkenntnis. Die praxeologische Ausrichtung dieses Verhältnisses übernimmt Foucault mit explizitem Verweis auf Heidegger »Es gibt gar nicht viele, die gefragt haben: Wie steht es mit dem Subjekt und der Wahrheit? […] Ich sehe nur Heidegger und Lacan. […] [I]ch [habe] eher auf Heideggers Seite und von Heidegger aus über all dies zu reflektieren versucht.« (HS 240) Foucault scheut ebenso wenig wie Heidegger vor der großen Narration zurück, derzufolge Wahrheit und Sein in der Antike noch eine Einheit darstellten, mit Platons Ideenlehre jedoch Wahrheit auf Richtigkeit reduziert wurde und über Descartes bis hin zur Gegenwart primär als Aussagewahrheit verstanden wird. Der Identifikation von Wahrheit und Richtigkeit setzen beide Autoren ein praxeologisches Wahrheitsverständnis entgegen, das sich gleichermaßen als holistisch und situativ beschreiben lässt. Weil das Selbst innerhalb der Wahrheit sein Wesen konstituiert, besitzt sie als unhintergehbarer, holistischer Praxiszusammenhang ontologische Relevanz. Und da das Selbst die Wahrheit stets über konkrete Praktiken innerhalb einer historisch, kulturell und lokal spezifischen Welt erschließt, ist die Wahrheit von diesen variablen Faktoren abhängig und entsprechend situativ.

Doch auch wenn beide Denker hierdurch eine Alternative zum Verständnis von Wahrheit als Richtigkeit eröffnen, tun sie dies auf unterschiedliche Weise und verfolgen hierdurch divergierende Ziele. Heidegger kontextualisiert die Aussagewahrheit innerhalb eines »ursprünglichen Vollzug[s] der Auslegung« (SZ 157), der jedem richtigen Satz und jedem logisch korrekt gezogenen Schluss vorgängig ist. Hierdurch situiert er den korrespondenztheoretischen Wahrheitsbegriff innerhalb des ontologischen, »urspünglichste[n]« (ebd.: 202) Wahrheitsverständnisses der Erschlossenheit. Unter Ursprung versteht er maßgeblich den jedem Selbst vorgängigen Praxiszusammenhang, sodass durch die Hervorhebung der Praxis die Nähe zu Foucaults Wahrheitsverständnis gewahrt bleibt. Doch im Gegensatz zu Heidegger lässt Foucault »den Anspruch auf Wahrheit oder Ernsthaftigkeit« (Dreyfus/Rabinow: 1994: 126) in Hinblick auf seine eigene Arbeit fallen. Die Vorstellung, als Philosoph zu einer ursprünglichen Wahrheitserfahrung vordringen zu können, ist ihm fremd. Nicht die Situierung der Wahrheit innerhalb der ursprünglichen Sorge ist das Ziel seiner genealogischen Studien, vielmehr verweisen sie auf die der Wahrheit eigene historische Variabilität und Kontingenz sowie ihre konstitutive Beziehung zur Macht. Die Differenz zwischen Fundamentalontologie und machtkritischer Genealogie, die bereits in der vergleichenden Analyse des Sorgebegriffs von Heidegger und Foucault hervorgehoben wurde, wiederholt sich somit in Hinblick auf ihr unterschiedliches Verständnis von Wahrheit.

Das gilt auch für ihre jeweilige Darstellung der Wahrheit der Existenz, welche die zuvor beschriebenen Konzeptionen des praxeologischen Wahrheitsbegriff voraussetzen. Durch die existenzielle Wahrheit wird das Selbst der Tatsache gerecht, dass es sein Wesen selbst innerhalb der situativ-holistischen Wahrheit konstituiert, indem es sich der damit verbundenen Aufgabe stellt, sein Leben tatsächlich als das eigene zu führen und zu gestalten. Doch während das Kriterium für die Wahrheit der Existenz nach Heidegger darin besteht, dass das Dasein seine Fähigkeit zu wählen als solche wählt, stellt es Foucault zufolge die Umwertung der hegemonial anerkannten Wahrheit dar. Diese Inversion realisiert sich ihm zufolge in der kynischen Lebensform, die als Manifestation der oppositionellen Wahrheit dem herrschenden Wahrheitsregime und den bestehenden Machtverhältnissen entgegensteht. Auf diese Weise nutzt Foucault heideggerianisch anmutende Figuren und Topoi für eine genealogische Kritik von Machtverhältnissen, ohne die fundamentalontologische Ausrichtung, die diesen Begriffen im Werk Heideggers eigen ist, zu übernehmen.

Arendt betreibt ebenso wenig wie Foucault Fundamentalontologie. Vielmehr vollzieht sie mit ihm und Heidegger die große Geste, mit der sie sich gegen die gesamte philosophische Tradition von Platon über Descartes bis hin zu gegenwärtigen philosophischen Strömungen wenden. Wie die beiden Autoren kritisiert auch sie die Reduzierung von Wahrheit auf Richtigkeit, deren Beginn Heidegger im platonischen Höhlengleichnis versinnbildlicht sieht, legt es aber an entscheidender Stelle politisch aus. Während er im Wandel von der Unverborgenheit zur Richtigkeit die Domestizierung eines ursprünglichen Wahrheitsverständnisses durch das metaphysische Denken erkennt, wird diese Veränderung von Arendt als Beginn der philosophischen Herrschaft gegenüber der Polis aufgefasst. Demnach werden die Ideen von der Philosophie als absolute Wahrheit und unbedingter Maßstab genutzt, um hieraus die Legitimation zur Regierung der öffentlichen Welt abzuleiten. Eine solche politische Auslegung des Höhlengleichnisses ist Heidegger fremd. Bedroht ist seiner Auffassung nach nicht der öffentliche Raum, der ihm zufolge vielmehr eine Gefährdung für die eigentliche Existenz des Selbst darstellt, sondern das Seiende, das durch die philosophische Tradition auf ein Erkenntnisobjekt reduziert wird. Arendt zufolge kann das Seiende jedoch nur aufgrund der politischen Sorge um die Welt als solches erfahren werden, weil sie den entscheidenden Faktor für die Wahrheit im Sinne der Wirklichkeitserfahrung darstellt. Nur durch das politische Handeln und den öffentlichen Austausch der Menschen über ihre verschiedenen Perspektiven auf die Welt erhalten Dinge, Geschehnisse und Personen ihren Realitätscharakter und werden so im Licht der Öffentlichkeit erst eigentlich zu Erscheinungen.

Zwar geht Arendt mit Heidegger davon aus, dass Wahrheit sehr viel eher über situative Praktiken als über kognitive Bewusstseinsprozesse erfasst wird, wendet die mit dieser Auffassung einhergehende Kritik an der cartesianischen Tradition jedoch ins Politische und damit auch gegen ihn selbst. Aus ihrer Perspektive der Sorge um die Welt, die wiederum Resultat der Aneignung heideggerscher Topoi ist, bleibt der herrschaftsförmige Charakter des philosophischen Wahrheitsbegriffs, den Heidegger an demjenigen Platons und Descartes kritisiert, auch in seinem eigenen Denken erhalten. Demnach leitet auch er aus seiner philosophischen Beschäftigung die Legitimation für autoritäre Interventionen in politische Prozesse ab, indem er sich darum bemüht, seine Philosophie mithilfe der nationalsozialistischen Bewegung zu verwirklichen. Wie die meisten anderen »Denker von Gewerbe« (LG 13) ist er Arendt zufolge nicht in der Lage oder willens die Politik als eine Sphäre anzuerkennen, in der jeder Anspruch, im Besitz der Wahrheit zu sein, zur Gefährdung der Gleichheit der Meinungen und damit des öffentlichen Prozesses führt. Anstatt das philosophische Denken zur Legitimation der Lenkung öffentlicher Angelegenheiten zu nutzen, fordert Arendt die philosophische Disziplin dazu auf, Politik und Pluralität als ihren eigenen Untersuchungsgegenstand anzuerkennen. Diesem Appell kommen jedoch Heidegger und Foucault nicht in Arendts Sinne nach, stattdessen bleibt ihr Denken und ihr Philosophieverständnis auf das einzelne Selbst gerichtet. Aus diesem Grund lässt sich Arendts politische Sorge um die Welt nicht nur als Antipodin zu Heideggers Philosophie, sondern auch zu derjenigen Foucaults inszenieren.

(Macht-)Kritik mit Kant, nicht mit Heidegger

Die Sorge um sich und die Sorge um die Welt, wie sie im Werk von Foucault und Arendt zu finden sind, wurden in den ersten beiden Kapiteln in Hinblick auf Heideggers Verständnis von Sorge rekonstruiert und mit diesem verglichen. Im Folgenden kommt der ethischen Selbst- und der politischen Weltsorge eine andere Bedeutung und Funktion zu. Sie sind selbst nicht mehr Gegenstand des hermeneutischen Vergleichs, stattdessen dienen sie als Analysekategorien, um das zweite Ziel des vorliegenden Projekts zu erreichen: Mithilfe ihrer Sorgebegriffe, die nun als komplementäre Perspektiven und Haltungen vorgestellt werden, lässt sich erklären, wie Foucault und Arendt auf der identischen Textbasis zu hochgradig divergierenden Darstellungen philosophischer Topoi der Antike und der Aufklärung kommen. Auch ihr divergierendes Macht- und Kritikverständnis kann auf die komplementären Sorgeweisen zurückgeführt werden. Arendt versteht unter machtgenerierenden Praktiken die der politischen Sorge um die Welt verpflichteten kollektiven Tätigkeiten des Sprechens und Handelns, die ebenso zur Kritik wie Veränderung der Welt beitragen können. Dagegen untersucht Foucault anonyme Machtrelationen und interpersonale machtimmanente Praktiken, welche die Subjekte als solche erst hervorbringen. Seine letzten Vorlesungen haben dagegen die *parrhesia* als philosophische Praxis und Lebensform zum Gegenstand, welche die Einzelnen dazu befähigt, die Macht zu kritisieren und ihr entgegenzutreten.

Die divergierenden Macht- und Sorgebegriffe von Foucault und Arendt stehen in einem unmittelbaren Verhältnis zu ihren Konzeptionen von Philosophie und Politik, die sie anhand der antiken Polis und Philosophie entwickeln und in Bezug zu Kants Verständnis von Kritik und Aufklärung setzen. In seinen letzten Vorlesungen treibt Foucault eine Frage um, die für Arendt zeit ihres Lebens zentrale Bedeutung hat: Wie sieht ein gelungenes Verhältnis von Politik und Philosophie aus? Wie muss philosophische Kritik gestaltet sein, um in einem produktiven Verhältnis zu den politischen Machtverhältnissen zu stehen, anstatt sie für die eigenen Zwecke zu instrumentalisieren? Zur Beantwortung dieser Frage nehmen beide auf Sokrates und Kant Bezug, nicht auf Heidegger. Hierfür gibt es sicherlich mehrere Gründe. Einer besteht darin, dass die Begriffe von Kritik und Macht, die für die Auseinandersetzung von Foucault und Arendt mit dem Verhältnis von Philosophie und Politik relevant sind, in Heideggers Schriften keine zentrale Stellung einnehmen.

Allerdings werden unter anderem von Dreyfus und Spanos deutliche Parallelen zwischen den Schriften Foucaults und dem hier nicht näher behandelten Spätwerk Heideggers hervorgehoben, indem ihnen ein gemeinsames kritisches Begehren zugesprochen wird. So erkennt Dreyfus deutliche Parallelen zwischen Heideggers Technikkritik und Foucaults Untersuchungen der Biomacht: »Heidegger and Foucault agree that [our modern Western practices have] […] reached a final phase in this century. […] Our culture is facing the greatest danger in its history, for, while previous clearings were static and partial […] our current understanding is progressively taking over every aspect of the natural and social world.« (Dreyfus 1992: 89) Diese Darstellung wird vielleicht Heidegger, nicht aber Foucault gerecht. Die im 17. Jahrhundert aufkommenden politischen Technologien zur Bevölkerungsregulierung sind Foucault zufolge nicht Teil eines metaphysischen Denkens, das bereits in der Antike seinen Anfang nahm und in der modernen Naturwissenschaft seinen Höhepunkt und sein größtes Bedrohungspotential erreicht. Auch wenn Foucault wie Heidegger nicht vor großen Narrationen zurückschreckt, sind die Genealogien nicht mit der allgemein gehaltenen Seinsgeschichte identisch. Stattdessen stellen sie historisch spezifische Untersuchungen konkreter sozialer und materieller Praktiken dar, deren Geltungsspektrum sich auf eben diese bestimmten Zeiträume beschränkt. Zwar wendet Spanos gegen dieses von ihm vorweggenommene Argument ein, dass die den historisch spezifischen Machttechniken zugrunde liegenden Denkfiguren bereits zuvor der westlichen Kultur inhärent waren und bis heute sind (vgl. Spanos 2003: 262). Und tatsächlich gewinnen die historischen Analysen Foucaults gerade deshalb ihren kritischen Gehalt, weil sie in gewisser Hinsicht auch heute noch aktuell sind und somit einen Bezug zur Gegenwart besitzen.

In Hinblick auf das politische und kritische Potential der Werke beider Autoren ist allerdings entscheidend, dass Foucault die Beziehung zwischen seinen akribischen historischen Untersuchungen sozialer Praktiken und der Kritik aktueller Machtverhältnisse selbst nicht zieht. In welcher Beziehung die Überwachungstechnologien des 17. Jahrhunderts oder die staatlichen Regulierungsstrategien der Bevölkerung des 19. Jahrhunderts zu heutigen Machtverhältnissen stehen, wird durch die Genealogien gezielt offengelassen. Genealogische Kritik nimmt den Einzelnen die Aufgabe, sich selbst als Effekt historisch spezifischer Macht-Wissensrelationen zu begreifen und gegen bestimmte Machtverhältnisse Widerstand zu leisten nicht ab, sondern fordert hierzu implizit heraus. Die kritische Frage nach der eigenen Gegenwart beantworten weder historische Quellen noch kulturkritische Bemerkungen, wie sie in Heideggers Technikkritik zu finden sind, sondern diejenigen, die sich aktuellen Machtverhältnissen widersetzen. Ihnen gehört auch Foucault selbst an, wenn er Demonstrationen mitorganisiert, Auseinandersetzungen mit der Polizei eingeht oder sich bei Pressekonferenzen für die Rechte von Geflüchteten einsetzt (vgl. u.a. Ewald 1991b: 199ff.; Mauriac 1991; Brieler 2008). Dabei erhebt er nicht den Anspruch, durch seine Beschäftigung mit historischen Machtbeziehungen ein präziseres Urteil über die bestehenden abgeben zu können als jede andere Person, mit der er den Widerstand gegen spezifische politische Verhältnisse organisiert. Stattdessen handelt es sich bei der Rolle des politischen Aktivisten und der des Genealogen um zwei verschiedene, auch wenn sie oft miteinander einhergehen. Foucault bringt Philosophie und Politik im Sinne konkreter, inhaltlich spezifischer und aktueller Machtverhältnisse in thematischer, methodischer, aber auch in biographischer Hinsicht in ein deutlich engeres Verhältnis als Heidegger. Auch wenn beide Autoren eine Kritik an der Gegenwart formulieren, wird die These, dass es sich dabei um dieselbe handelt, nur um den Preis der Negierung zentraler Differenzen ihrer methodischen und politischen Einsätze erkauft. Aus diesem Grund wird im folgenden Kapitel das Kritikverständnis von Foucault nicht mit demjenigen Heideggers, sondern mit demjenigen Arendts verglichen.

Kritik, da ist sich Foucault mit Arendt einig, bezieht sich auf die Gegenwart und damit auf ganz konkrete Machtbeziehungen und politische Verhältnisse. Beide nehmen auf Kant – und eben nicht auf Heidegger – Bezug, um ihr jeweiliges Kritikverständnis zu entwickeln. Foucault zufolge besteht sie in der »Kunst, nicht auf diese Weise und um diesen Preis regiert zu werden [...], das heißt auch, diese Gesetze da nicht mehr annehmen zu wollen, weil sie ungerecht sind« (WK 12f.). Diese erste Definition legt nahe, dass es stets bestimmte Regierende, inhaltlich spezifische Machttechniken und konkrete Formen ihrer Ausübung sind, gegen die sich Kritik wendet. Zwar bezieht sich Arendt von Foucaults Kant-Lektüre abweichend auf den Begriff der Urteilskraft, um näher zu bestimmen, was Kritik bedeutet. Dennoch sind es auch ihr zufolge stets konkrete politische Lagen und Phänomene, die das kritische Urteil zum Gegenstand hat, wobei es verschiedene Standpunkte zu dem jeweilig spezifischen Thema bei der Urteilsfindung berücksichtigt. Zugleich haben Arendt und Foucault es stets vermieden, in ihren theoretischen Schriften inhaltliche Bestimmungen des Objekts der Kritik vorzunehmen. Der Grund hierfür ist der selbe. Die Aufgabe der Philosophie und philosophiefundierter politischer Theorie ist es nicht, der politischen Praxis zu sagen, was zu tun ist oder in politischen Bewegungen die vermeintliche Realisierung der eigenen philosophischen Auseinandersetzung zu erkennen.

Eben diesen Fehler begeht Heidegger Arendt zufolge während des Nationalsozialismus. In seiner Antrittsrede ermahnt er die Studierenden, die Treue zum deutschen Volk durch den »Wissenschaftsdienst« (GA 16/51: 113) unter Beweis zu stellen. In seiner Funktion als Universitätsrektor bestimmt er die Universität als diejenige Institution, welche die »Führer und Hüter des Schicksals des deutschen Volkes in die Erziehung und Zucht nimmt« (vgl. ebd.: 114) und damit aktiv auf die Politik Einfluss ausübt. Zugleich erscheint ihm die nationalsozialistische Bewegung – wenn auch nur für kurze Zeit – als die praktische Realisierung seines theoretischen Schaffens. So erklärt er 1933: »Meine philosophische Arbeit muß jetzt ruhen und sich im ›Praktischen‹ bewähren.« (Heidegger zit. n. Łuczak/Häberlin/Biswanger 1997: 381). Eine solche Beziehung von philosophischer und politischer Sphäre, die Arendt ebenso bei Heidegger wie bei Platon erkennt, stellt ihr zufolge ein Herrschaftsverhältnis dar. Denn hierdurch wird die Politik in ihrer Spezifik und Autonomie negiert und zum ausführenden Organ der Philosophie degradiert.

Auch wenn Arendt zentrale Momente ihres originellen Politikverständnisses durch die Aneignung heideggerscher Topoi gewinnt, findet sie nicht in seinem Leben und Werk die Antwort auf die Frage nach einem gelungenen Verhältnis von Philosophie und Politik, sondern in demjenigen von Sokrates und Kant. Auch Foucault wendet sich mit der selben Frage diesen Philosophen zu, findet bei ihnen jedoch deutlich andere Antworten als Arendt. Grund hierfür, so die These des folgenden Kapitels, sind die komplementären Perspektiven der foucaultschen Sorge um sich und der arendtschen Sorge um die Welt, die in den vorherigen Teilen der Arbeit auf divergierende Aneignungen der praxeologischen Geste Heideggers zurückgeführt wurden. Auf diese Weise bleibt sein Denken in der folgenden Auseinandersetzung implizit präsent, auch oder gerade weil es wie in den Schriften von Arendt und Foucault auf der Textebene nicht erscheint.

3. Die Macht von Philosophie und Politik

Der Topos der Macht wurde in den vorherigen Kapiteln als zentrales Moment der Differenz dargestellt, durch das sich Foucault Heideggers Geste aneignet ohne sie zu imitieren. Dieser Begriff ist auch für Arendts originelles Politikverständnis von Bedeutung, wobei er in beiden Fällen durch eine praxeologische Ausrichtung gekennzeichnet ist. Demnach wird die Macht durch konkrete Praktiken hervorgebracht und bildet zugleich die Sphäre, in der die Einzelnen ihr Wesen entwickeln. Aus dieser geteilten Annahme resultieren zugleich die zentralen Unterschiede der Ansätze von Arendt und Foucault, weil ihre Auffassung von Praxis deutlich divergiert. Während Foucault die Relevanz von praktischen Machtrelationen für die Konstitution des einzelnen Subjekts untersucht (3.1.), versteht Arendt unter machtgenerierenden Praktiken die politischen Tätigkeiten des Sprechens und Handelns (3.2.). Den verschiedenen praxeologischen Ausrichtungen des Machtbegriffs entsprechend unterscheidet sich auch ihr jeweiliges Freiheitsverständnis. Während Freiheit Arendt zufolge in der gemeinsamen Sorge um die Welt besteht, verortet sie Foucault innerhalb der ethischen Sorge um sich (3.3.1.) Auf diese komplementären Formen der Sorge können die divergierenden Darstellungen des antiken Verhältnisses von Philosophie und Politik zurückgeführt werden, das Arendt und Foucault anhand der identischen Stellen bei Thukydides und Platon entwickeln (3.3.2.) Auf gleiche Weise lässt sich mit ihren Charakterisierungen von Sokrates und Kant verfahren, denen ebenso komplementäre Konstellationen von Kritik, Macht und Sorge zugrunde liegen (3.3.3.). Diese werden extrapoliert, um sie abschließend in Hinblick auf eine kritische Haltung zu verbinden, die Selbst- und Weltsorge zugleich ist.

3.1. Foucault: Macht und Philosophie

Foucault hat mehrfach betont, keine Theorie der Macht entwickeln zu wollen (vgl. DE2/156: 931f.; SW 1: 84). Allgemeingültigen, ahistorischen und staatsrechtlichen Konzeptionen setzt er eine praxeologische entgegen, derzufolge Macht in Abhängigkeit von historisch spezifischen Praktiken variiert, die er mithilfe genealogischer Verfahren analysiert (3.1.1.). (Handlungs-)Freiheit stellt hierbei nicht das Gegenteil, sondern die Voraussetzung von Macht dar, weil sie nur über handlungsfähige Subjekte ausgeübt werden kann (3.1.2.) Während dieses Verständnis von Freiheit Foucaults Machtanalyse implizit ist, erwähnt er in der Auseinandersetzung mit der Antike explizit eine Form der Freiheit, die der Handlungsfreiheit eine ethische Gestalt verleiht. Sie verweist auf ein Verständnis von Philosophie als Praxis der Freiheit, der auch Foucaults Werk verpflichtet ist.

3.1.1. Die Macht und das Regieren

Praxis statt Eigentum

Die Kontrastfolie, auf der Foucault sein Verständnis von Macht entwickelt, ist das Bild des Souveräns, der rechtlich legitimiert im Besitz der Macht und befugt ist, über andere zu herrschen (vgl. Loick 2012: 199-201). Diese Vorstellung von Macht hat sich demnach trotz vielfältiger historischer Veränderungen von der monarchischen Institution über die Machttheorien des 18. Jahrhunderts bis hin zur marxistischen Kritik an der herrschenden Klasse erhalten (vgl. DE3/192: 199; DE3/193: 224). Anstatt Macht als Besitz und Substanz zu verstehen, wird sie von Foucault als Kräfteverhältnis beschrieben, das »nur in actu existiert« (DE3/193: 226) und somit nicht besessen, sondern ausgeübt wird. »Foucaults ›Analytik der Macht‹ zielt darauf ab, die vielfältigen Machtbeziehungen in den Praktiken sichtbar zu machen, in denen sie etabliert, konfrontiert, transformiert, akzeptiert, gefeiert und erlitten werden.« (Vogelmann 2013a: 52) Da er Macht nicht als Gut, sondern »als Handlung« (DE4/306: 285) bestimmt, distanziert er sich ebenso von juridischen Konzeptionen, die das Recht als die zentrale Kategorie für die Konstitution der Macht ansehen wie von Theorien, die sie auf ökonomische Bedingungen zurückführen (vgl. u.a. VG 312; DE4/306:

270; Richter 2011: 322).[93] Damit einher geht die Abgrenzung von Gesellschaftsmodellen, die diesen Machtbegriffen entsprechen. Wenn die Macht keine Substanz und kein Gegenstand ist, kann sie weder von einem Herrscher oder einer herrschenden Klasse besessen noch im Sinne Hobbes von den Einzelnen an eine staatliche Instanz abgegeben werden. Dementsprechend lässt sich die Macht weder durch (verfassungs-) rechtliche Regelungen zum Wohle der Bürgerschaft verteilen noch durch die grundlegende Umwälzung der Produktionsverhältnisse abschaffen.

Anstatt Macht auf juridische oder ökonomische Bedingungen zurückzuführen, geht Foucault davon aus, dass sie »allen Verhältnissen […] immanent« (SW 1: 94) ist und somit nicht auf eine bestimmte gesellschaftliche Sphäre beschränkt werden kann. Vielmehr wird ihr ein »strikt relationaler Charakter« (SW 1: 96) zugeschrieben, wobei jeder Bestandteil des Gefüges mit anderen in Beziehung steht, auf die er einwirkt und von denen er beeinflusst wird (vgl. Gehring 2004: 109; Saar 2007a: 208). Macht erscheint nicht als eine monumentale Struktur, die von oben nach unten organisiert ist, sondern als komplexes, dezentriertes und dynamisches Netzwerk, das alle Praktiken und Beziehungen durchdringt und sich stets verändern kann. Mit einer solchen »Mikrophysik der Macht« (ÜS 40) lässt sich eine Vielfalt von Machtbeziehungen präzise beschreiben, die außerhalb des Fokus eines institutionellen Machtbegriffs liegen (vgl. u.a. Fraser 1994: 43; Schneider 2004: 170; Saar 2008: 209).[94] Die Macht befindet sich demnach nicht in den Händen weniger, sondern lässt sich in vielen Prakti-

93 Da Foucault das ökonomische Machtmodell primär als Abgrenzungsfolie dient, wird er der Vielfalt und Komplexität der marxistischen Theorien nicht gerecht, was vielfach kritisiert wurde (vgl. Poulantzas 1980: 146–153; Jessop 2005:18–26; Schärer 2008: 227). Der geringfügige Stellenwert, den er in seinen Schriften dem Marxismus in politisch-strategischer Absicht zukommen lässt, ist jedoch nicht mit einer reduzierten Kenntnis des marxschen Werks gleichzusetzen. Vielmehr stellt Das Kapital für Foucault eine zentrale Orientierung bei der Entwicklung seines eigenen Machtbegriffs dar (vgl. DE4/297: 229). Seine Kritik bezieht sich nicht primär auf das Marxsche Denken selbst, sondern auf das in den 1970er Jahren weitverbreitete Verständnis des Kapitalismus als einer von der Macht separierten Kategorie, die dieser die »Sekundärposition« (DE3/193: 225) zukommen lasse, das Bestehen der Produktionsverhältnisse zu sichern (vgl. Lemke 1997: 102ff.). Das Verhältnis von marxistischer Herrschaftskritik und foucaultscher Machtanalyse haben unter anderem Balibar (1991: 39–65), Demirović (2008: 182–194) und Marti (2008: 298–304) eingehender untersucht.

94 Deshalb wurde Foucaults Machtbegriff gerade auch für feministische und antirassistische Analysen und Argumentationen relevant, die sich mitunter der Untersuchung von Formen der Diskriminierung widmen, welche nicht juristischer oder institutioneller Art sind (vgl. u.a. Sawicki 1991: 19–32; Kerner 2009: 20–43).

ken, Gesten und Blicken finden, die in (sozialen) Interaktionen ausgetauscht werden. Gerade aufgrund des allgemeinen und relativ unbestimmten Charakters des Machtbegriffs kann er zur Erfassung von verschiedensten, kleinteiligen und situationsspezifischen Handlungen dienen (vgl. Saar 2007a: 209).

Der vage Charakter, der den verstärkt systematisch angelegten Kommentaren Foucaults über Macht eigen ist, lässt sich zuteilen auf die situativ-holistische Konzeption dieses Begriffs zurückführen, der wiederum Resultat seiner praxeologischen Ausrichtung ist. Macht ist partikular und an konkrete Situationen gebunden – nicht im Sinne von willkürlichen, vereinzelt auftretenden Objekten –, sondern im Sinne von historisch, kulturell und lokal spezifischen Praktiken, denen sie immanent ist (vgl. u.a. DE3/193: 226; DE4/306: 285). Um der situativen Spezifik von Machtrelationen gerecht zu werden, bedarf es dementsprechend detaillierter historisch-genealogischer Analysen, während sich auf theoretischer Ebene nur recht abstrakte Äußerungen über sie treffen lassen. Auf diese Weise operiert der Begriff »sowohl auf einer generellen systematischen als auch auf einer spezifischen historischen Ebene« (Saar 2007a: 206). In systematischer Hinsicht lässt sich festhalten, dass das Subjekt sich selbst und die Welt ausschließlich in praktischen Beziehungen erfährt und durch diese konstituiert wird. Deshalb kann es nicht aus ihnen und der ihnen inhärenten Macht heraustreten, sondern ist von ihr im Sinne eines holistischen Netzwerks umgeben. Weil sie allen sozialen Phänomenen immanent ist und deren Bedeutung generiert, »ist die Macht überall« (SW 1: 94) und kann somit als »ubiquitär« (Kneer 2012: 268), »universal« (Gehring 2004: 114) oder »holistisch« (Fraser 1994: 35) bezeichnet werden. Allerdings nicht im Sinne einer einheitlichen Substanz oder allumfassenden Sphäre, sondern eines Netzwerks aus sozialen, bedeutungsgenerierenden Praktiken. »Macht ist nicht eine allumfassende Größe oder Instanz. Sie ist aber niemals nicht vorhanden, sofern nur überhaupt etwas wirklich vorhanden ist.« (Gehring 2004: 114)

Da das Wesen und die Individualität der Subjekte erst innerhalb und durch Machtbeziehungen entsteht, kommt ihnen »ontologisch[e]« (Schneider 2004: 167; Saar 2013: 451) Relevanz zu (vgl. ÜS 248; WM 35; FWJ 109).

»In Wirklichkeit ist das, was bewirkt, dass ein Körper, dass Gesten, Diskurse und Begierden als Individuen identifiziert und konstituiert werden, genau eine der ersten Wirkungen der Macht; das heißt, dass das Individuum nicht das der Macht

Gegenüberstehende ist, es ist, wie ich glaube, eine ihrer ersten Wirkungen. Das Individuum ist eine Wirkung der Macht, und es ist zugleich eben in dem Maße, wie es eine Wirkung ist, ein Überträger: die Macht geht durch das Individuum hindurch, das sie konstituiert hat.« (DE3/194: 239)

Mit dieser Beschreibung grenzt sich Foucault explizit von Konzeptionen ab, welche die Macht auf ihre repressive Funktion reduzieren, die etwas bereits Vorhandenes – sei es die Natur, die Sexualität oder die Werktätigen – unterdrücke. Durch die Fokussierung auf diese Machtmechanismen wurde die Vielfalt von denjenigen Techniken unterminiert, die im Zusammenspiel mit Wissensformationen Körper, Identitäten und Erfahrungswelten erst konstituieren. So ermöglichen zum Beispiel epistemische Machttechniken durch die Entwicklung von spezifischen Krankheitsbildern erst die Wahrnehmung bestimmter Körper und Subjekte als hysterisch oder AIDS-infiziert. Gerade aufgrund ihres produktiven Charakters können Machttechniken umso fundamentaler und brutaler wirken (vgl. Allen 1999b: 343ff.; 2008b: 49; Strecker 2008: 775; 2012: 72). Das veranschaulicht Foucault vor allem anhand der Disziplinarmacht, deren Effekte leistungsstarke Körper und konforme Individuen sind (vgl. ÜS; Ewald 1991a: 164; Siebenpfeiffer 2008: 226f.). Die produktive Kraft der Macht trifft jedoch nicht nur auf die Konstruktion pathologisierter oder delinquenter Subjekte zu, vielmehr entstehen alle Phänomene durch historisch spezifische Macht-Wissensrelationen und stellen so deren Manifestation dar. »Die klassifikatorischen Praktiken ›erzeugen‹ in einem gewissen Sinn die Intelligibilität, die Erkennbarkeit […] und damit eine bestimmte Bezugnahme auf eine vorher nicht so erfassbare Realität.« (Saar 2007a: 216; vgl. Strecker 2012: 77)

Da die Einzelnen den Machtpraktiken nicht vorgängig sind, sondern selbst erst durch diese zu intellegiblen Subjekten werden, können sie nicht willkürlich sich selbst, andere oder gesellschaftliche Verhältnisse hervorbringen. Zugleich sind sie den Machtrelationen, deren Produkte sie sind, nicht willenlos ausgeliefert, sondern gewinnen durch sie Handlungsfähigkeit. Foucaults Machtkonzeption ist weder voluntaristisch noch deterministisch, sondern praxeologisch. Dementsprechend ist auch das Maß der Handlungsfähigkeit wiederum von den jeweiligen, historisch variablen Machtpraktiken abhängig, durch welche die Einzelnen ihren Subjektstatuts, ihr Wesen und ihre Identität gewinnen. Das zeigt sich auch anhand der Unterschiede zwischen der Disziplinarmacht des frühen 18. Jahrhunderts und den Regierungstechniken, die Foucault im Anschluss an seine Auseinandersetzung mit dem Machtbegriff untersucht.

Von der Disziplinarmacht zur Regierung

Zwar hebt Foucault den produktiven Charakter von Macht auf der Kontrastfolie des unterdrückenden Souveräns hervor. Doch die Disziplinarmacht, wie er sie in Überwachen und Strafen beschreibt, funktioniert maßgeblich über repressive Technologien, die sich auf den »fügsamen und stummen Körper« (Dreyfus/Rabinow 1994: 173) richten.[95] Die Fokussierung auf »die Unterdrückungsmechanismen« (DE3/193: 226f.) und deren Beschreibung durch das nietzscheanische Vokabular des »Krieges« (ebd.) hat den Einwand hervorgerufen, dass Foucault an die repressive Machtkonzeption gebunden bleibt, von der er sich abgrenzen will (vgl. Lemke 1997: 110ff.; Bröckling 2010: 416; Kneer 2012: 277). Dies sei ein Grund für die Unterminierung der Möglichkeit von Widerstand, auch oder gerade weil Foucault behauptet, dass dort, »[w]o es Macht gibt, […] [auch] Widerstand« (SW 1: 96) ist. Ob es sich bei diesem Bonmot Foucaults um ein politisches oder »formales Argument« (Saar 2007a: 209) handelt, ist umstritten. Vielfach wird die Wirkungsweise der Macht, wie sie Foucault in Der Wille zum Wissen (ebd.) beschreibt, in einem »mikrophysikalisch-neutralen« (Lemke 1997: 119) Sinn verstanden. Aufgrund ihres relationalen Charakters trifft die Macht demnach stets auf den Widerstand einer anderen Kraft, die sich ihr widersetzt und auf die sie dennoch oder gerade deshalb einwirken kann (vgl. Saar 2007a: 209f.). Nicht wenige haben ein solch formales Verständnis von Widerstand als unzureichend kritisiert und auf eine entsprechend ungenügend ausgearbeitete oder falsche Konzeption von Macht zurückgeführt (vgl. u.a. Habermas 1991: 324; Fraser 1994:

95 Die Darstellung des Körpers im foucaultschen Werk hat vielfältige Kritik aus unterschiedlichen theoretischen Lagern und wissenschaftlichen Disziplinen hervorgerufen. Ihr gemeinsamer Nenner ist trotz aller Differenzen der Vorwurf, dass der Spezifik von Körper- und Leiblichkeit nicht ausreichend Rechnung getragen werde. Während einige Stimmen diesen Missstand als Ausdruck grundlegender Mängel der foucaultschen Methodik betrachten (vgl. Honneth 1991: 135f.; Visker 1991: 88; Fraser 1994: 93), argumentieren andere historisch und verweisen auf eine ungenaue Auslegung der Quellen (vgl. Carnes 1998; Detel 2006) oder entwerfen Forschungsperspektiven, die blinde Flecken der foucaultschen Genealogien ausweisen (vgl. Meyer-Zwiffelhoffer 1995). Von feministischer Seite wurde hingegen auf die mangelnde Beachtung geschlechtlicher Differenzen hingewiesen (vgl. Bührmann 1995: 25, 50–72; Richlin 1998; Ott 1998: 45; Lorenz 2000: 95; Mehlmann/Soine 2008: 369).

46ff.). Andere betonen dagegen den politischen Gehalt dieses auf Macht basierenden Widerstandsbegriffs (vgl. u.a. Hoy 2004: 81f.; Falzon 2010: 230; Cremonesi 2015: 204). Sie können sich auf Aussagen Foucaults stützen, die allerdings in eine Zeit fallen, in der er verstärkt die interpersonalen und weniger die anonymen Aspekte von Machtrelationen untersucht (vgl. DE4/358: 916). In beiden Fällen lässt sich das Zitat von der Omnipräsenz von Macht und Widerstand auf die praxeologische und relationale Ausrichtung des Machtbegriffs zurückführen. Weil Macht im Sinne Foucaults ein durch historisch spezifische Praktiken hervorgebrachtes, holistisches Beziehungsgefüge darstellt, gibt es stets etwas, auf das sich die Machtrelationen beziehen, auf das sie einwirken und das als Gegenkraft Widerstand leistet.

Zwar behält Foucault zentrale Aspekte seines Machtverständnisses und dem ihm eignen holistisch-situativen Charakter bei, distanziert sich aber in späteren Jahren von dessen Reduzierung auf das »Schema Krieg-Unterdrückung oder Herrschaft-Unterdrückung« (DE3/193: 229). So räumt er 1982 ein: »Vielleicht habe ich die Bedeutung der Technologien von Macht und Herrschaft allzu stark betont. Mehr und mehr interessiere ich mich für die Interaktion zwischen einem selbst und anderen und für [...] die Technologien des Selbst.« (DE4/363: 969) Dieser Neuorientierung entsprechend stehen in den folgenden Jahren weniger anonyme Macht- sondern konkrete Beziehungsstrukturen im Fokus seiner Untersuchung. Doch auch wenn der Terminus der Macht ab Mitte der 1970er Jahre auf der Textoberfläche der Veröffentlichungen Foucaults seltener zu finden ist, bleibt er als Problemfeld und Analysekategorie im Forschungskontext der Regierungsweisen durchaus präsent (vgl. DE4/356: 882; Lemke 1997: 259; Kerner/Saar 2015).

Indem die Regierung als »die Gesamtheit der Institutionen und Praktiken, mittels deren man die Menschen lenkt« (DE4/281: 116) beschrieben wird, zeigt sich einmal mehr Foucaults Tendenz zu vagen Begriffsbestimmungen (vgl. Strecker 2012: 79).[96] Im Zuge der Untersuchung der Entwicklung von der mittelalterlichen Fürstenherrschaft zum modernen Verwaltungsstaat modifiziert er den Machtbegriff, der hierbei aus dem semantischen Feld des Krieges und des Kampfes gelöst wird (vgl. STB

96 Diese allgemeine Definition nutzt Foucault auch für den zuweilen synonym verwendeten und ähnlich breit angelegten Neologismus der Gouvernementalität, der sich jedoch verstärkt auf die politische Regierung der Bevölkerung bezieht (vgl. STB 565; Biebricher 2004: 326; Lemke 2008: 261).

134–172; Lemke u.a. 2000: 8; Gehring 2008: 151). »Macht gehört letztlich weniger in den Bereich der Auseinandersetzung zwischen Gegnern oder der Vereinnahmung des einen durch den anderen, sondern in den Bereich der ›Regierung‹ « (DE4/306: 286). Machtausübungen erfolgen demnach ab dem 17. Jahrhundert nicht vorrangig durch Disziplinierungstechniken, sondern durch politische Technologien, wie Rechtsordnungen, Institutionen oder verwaltungstechnische Abläufe, die durch politische Rationalitäten begründet, verstanden und befolgt werden (vgl. STB 369ff.). Anstatt die eigenen Ziele gegen den Willen anderer oder den Gehorsam gegenüber dem Gesetz durchzusetzen, »liegt das Ziel der Regierung in den Dingen, die sie lenkt« (ebd.: 150). Demnach werden Machtbeziehungen weniger durch einander entgegengesetzte, agonale Positionen hervorgebracht, sondern bestehen im »Führen der Führungen« (Lemke 1997: 304). Politische Strategien bedienen sich somit weniger Disziplinierungs- als Regierungstechniken, durch welche die Selbstverhältnisse gelenkt werden, über die sich Subjekte selbst regieren.

Die Reformulierung der Machtbeziehungen »als ›Regierung‹ von Menschen durch andere Menschen« (DE 4/306: 287) erfolgt nicht nur durch neue Begrifflichkeiten und Untersuchungsgegenstände, sondern auch durch die Hervorhebung von Aspekten, die bereits dem Machtbegriff Mitte der 1970er Jahre inhärent waren (vgl. Patton 1995: 352ff.). Dies gilt vor allem für den relationalen und praxeologischen Charakter der Macht, der deutlich zum Vorschein tritt, wenn »Machtbeziehungen […] durch eine Form von Handeln [bestimmt werden], die nicht direkt und unmittelbar auf andere, sondern auf deren Handeln einwirkt« (DE4/306: 285). Hatte Foucault zuvor in Abgrenzung zur personifizierten Autorität des Souveräns die Anonymität von Machtbeziehungen hervorgehoben und hierdurch intersubjektive Anerkennungsverhältnisse unterminiert, rückt mit der Definition der Macht als Handlung zunehmend deren Träger und damit die interpersonale Dimension in den Vordergrund (vgl. Fink-Eitel 1980: 66; Sluga 2010: 55). »Wie sich regieren, […], wie die anderen regieren, durch wen regiert werden«? (STB 135)

Im Zuge der Etablierung des Regierungsbegriffs führt Foucault auch die Differenzierung von Macht und Herrschaft ein. »Wenn es einem Individuum oder einer gesellschaftlichen Gruppe gelingt, ein Feld von Machtbeziehungen zu blockieren, sie unbeweglich und starr zu machen […], dann steht man vor etwas, das man als einen Herrschaftszustand bezeichnen kann.« (DE4/356: 878) Herrschaft stellt somit einen verfestigten ›Aggregatzustand‹ der Macht dar, weil die Kräfteverhältnisse ihren dynamischen Charakter zugunsten stabiler Asymmetrien verloren haben und so die Handlungsmöglichkeiten der Subjekte stark einschränken. Der Regierungsbegriff nimmt hierbei eine »Scharnierfunktion« (Lemke 1997: 309; vgl. Allen 2008: 55) ein. Er vermittelt ebenso zwischen Herrschaft und Macht wie zwischen Machtbeziehungen und Selbsttechniken, durch die das Individuum sein eigenes Leben lenkt (vgl. Beljan 2008: 284). »[Z]wischen den Spielen der Macht und den Zuständen der Herrschaft, gibt es die Regierungstechnologien, wobei dieser Ausdruck einen sehr weitgefassten Sinn hat: das ist sowohl die Art und Weise, wie man Frau und Kinder leitet, als auch die, wie man eine Institution führt.« (DE4/356: 900) Im Zuge der Etablierung des Regierungsbegriffs gewinnt darüber hinaus zunehmend die Freiheit als Bedingung von Macht Relevanz, die bei der Untersuchung der Disziplinarmacht eine untergeordnete Rolle spielt (vgl. Patton 1995: 360ff.; Moss 1998: 5).

3.1.2. Praktiken der Macht und der Freiheit

Im Gegensatz zu vielen anderen Machtkonzeptionen stellt die Freiheit Foucault zufolge kein Antonym der Macht, sondern vielmehr deren Voraussetzung dar. Da seine Aussagen zu diesem Begriff stark variieren (vgl. Allen 2008: 48) und er in gewisser Hinsicht offen lässt, was Freiheit heißt (vgl. Gehring 2004: 136f.), müssen an dieser Stelle verschiedene Nuancen und Ebenen differenziert werden. Auch wenn bereits andere gewinnbringende Systematisierungen vorliegen, werden im Folgenden drei verschiedenen Bedeutungen des foucaultschen Freiheitsbegriffs vorgestellt, denen jeweils andere Funktionen im Werk zukommen und die sich zugleich aufeinander beziehen und voraussetzen.

(Handlungs-)Freiheit

»Wenn man Machtausübung als [...] Regierung von Menschen durch andere Menschen im weitesten Sinne des Wortes beschreibt, dann schließt man darin ein wichtiges Element ein, nämlich das der Freiheit. Macht kann nur über ›freie Subjekte‹ ausgeübt werden, insofern sie ›frei‹ sind« (DE4/306: 287). Machtausübungen bestehen somit weniger in der Restriktion von Möglichkeiten und der damit einhergehenden Einschränkung von Freiheit als in ihrer subtilen Führung, indem die Praxis beeinflusst wird, durch die die Subjekte Handlungsmöglichkeiten realisieren und verwerfen. Diese Form der (Handlungs-)Freiheit kommt allen zu, wenn sie nicht physischem Zwang und totaler Herrschaft ausgesetzt sind.[97] Oksala kritisiert diese Begriffsbestimmung und grenzt sie deutlich von anderen Dimensionen des foucaultschen Freiheitsverständnisses ab. »While the [...] [other] definitions all opposed the humanist idea of freedom as characteristic of a human being, and attached to it instead practices, experiences or language, this [...] definition posits freedom in the standard vocabulary of political philosophy as an attribute of the subject.« (Oksala 2005: 191) Gegen diese Auffassung, wonach Foucault Freiheit als genuine Eigenschaft des Subjekts versteht, spricht, dass er sich stets einem essentialistischen Freiheitsverständnis verwehrte, das diese als Bestandteil der menschlichen Natur konzipiert (vgl. DE4/356: 877; Dumm 1996:15; O'Leary 2002: 159). Auch die Tatsache, dass Freiheit im Sinne eines Mindestmaß an verschiedenen »Verhaltens-, Reaktions- oder Handlungsmöglichkeiten« (DE4/306: 287) von anderen eingeschränkt oder vernichtet werden kann, verweist darauf, dass sie für Foucault nicht eine dem Menschen per definitionem zukommende Eigenschaft ist.

Wenn Freiheit als Voraussetzung von Macht bezeichnet werden kann, dann handelt es sich dabei nicht um ein Wesensmerkmal des Menschen, vielmehr konstituiert sich das menschliche Wesen durch Praktiken, in denen sich Handlungsfreiheit realisiert. Foucault vertritt somit nicht ein humanistisches Verständnis von Freiheit, sondern ein praxeologisches, das wiederum seinem Subjektbegriff entspricht. Demnach entsteht das Subjekt innerhalb historisch spezifischer Praxiszusammenhänge, in denen es über konkrete (Selbst-)Praktiken sein Wesen hervorbringt.[98] In Situationen, die nicht herrschaftsförmig sind, gibt es nie nur eine oder keine Handlungsmöglichkeit, sondern ein mal mehr mal weniger vielfältiges Repertoire verschiedener Praktiken, von denen die Einzelnen manche realisieren, andere nicht. Hierdurch gestalten sie ihre Existenz. Die (Handlungs-)Freiheit ist somit keine Eigenschaft, die den Menschen per se zukommt, sondern ist der Praxis immanent, durch die bestimmte Optionen in die Tat

---

97 Der Begriff der Handlungsfreiheit wird im Folgenden nicht in einem weiten, rechtlichen oder handlungstheoretischen Sinn verstanden, sondern ausschließlich im spezifisch foucaultschen Sinn, wonach die Subjekte frei sind, insofern sie »über mehrere Verhaltens-, Reaktions- oder Handlungsmöglichkeiten verfügen.« (DE4/306: 287; vgl. Blasche 1995: 675; Wimmer 1995: 681–682)

98 Zur ausführlichen Erläuterung des Subjektbegriffs Foucaults, s.o., Kap. 1.2.1.

umgesetzt und andere gemieden werden. Weil Freiheit erst über praktische Relationen hervorgebracht wird, kann sie nicht unabhängig von diesen bestehen und ist somit weder mit Autonomie noch mit Willensfreiheit gleichzusetzen, sondern weist einen nichtsouveränen Charakter auf.

Aufgrund der konkreten Praktiken, die stets in Bezug auf andere ausgeübt werden, ist Freiheit wie Macht holistisch und situativ.[99] Sie ist situativ, weil sie sich innerhalb konkreter Praktiken manifestiert, die stets lokal, kulturell und historisch spezifisch sind und sie ist holistisch, weil sie die Voraussetzung für die omnipräsenten Machtbeziehungen darstellt. »Wenn es Machtbeziehungen gibt, die das gesamte soziale Feld durchziehen, dann deshalb, weil es überall Freiheit gibt.« (DE4/356: 890; vgl. Hoy 1994b: 139) Erst innerhalb der Freiheit voraussetzenden Machtsphäre wird das Subjekt zu einem intellegiblen, indem es durch die Realisierung bestimmter Handlungsmöglichkeiten sein eigenes Wesen hervorbringt. Aufgrund dieses praxeologischen Charakters, wonach das Wesen der Freiheit wie des Subjekts über konkrete Praktiken hervorgebracht wird, lässt sich der foucaultsche Freiheitsbegriff nicht auf die Wahlfreiheit verschiedener Handlungsmöglichkeiten reduzieren, auch wenn er diesen impliziert. Marti (2008: 302) hält dieses Verständnis von Freiheit jedoch für »konventionell«, weil sie mit der Fähigkeit gleichgesetzt werde, zwischen verschiedenen Handlungsmöglichkeiten zu wählen, anstatt das Feld an Handlungsmöglichkeiten zu erweitern. Dieser transformierende Aspekt der Freiheit wird von Foucault jedoch keineswegs negiert, vielmehr betont er ihn im Kontext der Ethik.

Ethische Freiheit als Aufgabe der Philosophie

Während die Handlungsfreiheit als Voraussetzung von Macht zwar nicht als Begriff, so doch als Phänomen bereits den frühen genealogischen Untersuchungen immanent ist, hebt Foucault die ethische Dimension der Freiheit erst in seinen letzten Lebensjahren hervor. Dieser Form der Freiheit, die in den früheren Schriften nicht zu finden ist, widmet er sich vor allem in einem 1984 geführten Gespräch, das unter dem Titel Die Ethik der Sorge um sich als Praxis der Freiheit erschienen ist. In Abgrenzung zur Befreiung, die als negative Freiheit, im Sinne der Freiheit von Herrschaft verstanden werden kann, handelt es sich bei der ethischen Form von Frei-

99 Zur Darstellung der Macht als situativ-holistisches Gebilde, s.o., Kap. 2.2.1.

heit um Praktiken, durch die das Subjekt seine Beziehung zu sich selbst und zu anderen bewusst gestaltet. Der Beziehung von Freiheit und Ethik nähert sich Foucault durch die opake Formulierung: »Die Freiheit ist die ontologische Bedingung der Ethik. Aber die Ethik ist die reflektierte Form, die die Freiheit annimmt.« (DE4/356: 879) Diese komprimierte Begriffsbestimmung, die er nicht weiter erläutert, hat zu divergierenden Auslegungen geführt (vgl. u.a. Oksala 2005: 188; Meyers 2013: 28). Patton (1995: 188) erkennt darin die zuvor beschriebene (Handlungs-)Freiheit. »Just as for Foucault political power exists only in the concrete forms of government of conduct, so freedom exists only in the concrete capacities to act of particular agents«.

Diese praxeologisch ausgerichtete Handlungsfreiheit stellt jedoch nur die erste und basale Form der Freiheit dar, die Bedingung für die zweite ist, die in der ethischen Reflexion der ersten besteht. Die Freiheit, bestimmte Handlungsmöglichkeiten zu realisieren, andere zu verwerfen und hierdurch die eigene Existenz zu gestalten, ist die Voraussetzung für ethische Formen von Freiheitspraktiken. Anstatt die Handlungsfreiheit unhinterfragt zu praktizieren, verleiht das Selbst ihr eine ethische Gestalt, indem es über diese praxeologische Freiheit reflektiert und die Wahl der Praktiken, durch die es sein Wesen hervorbringt, nach eingehender ethischen Prüfung trifft und umsetzt. Durch diese Interpretation, die nur eine von möglichen ist, lässt sich eine Parallele zu Heideggers Konzept der Wahrheit der Existenz herstellen. In dieser Seinsweise wie in der ethischen, die Foucault beschreibt, reflektiert das Subjekt sein praxeologisches Wesen und die ihm zugehörige Freiheit, die es stets schon über konkrete Handlungen realisiert.[100] Doch anders als Heideggers Fundamentalontologie haben Foucaults Genealogien nicht Existenzweisen des Daseins, sondern historisch spezifische Lebensformen zum Gegenstand, die diese reflektierte Form der Freiheit praktizierten.

Die ethische Dimension der Freiheit stellt nicht nur einen Untersuchungsgegenstand Foucaults dar. Vielmehr lässt sich auch sein eigenes Werk als eine solche Praxis der Freiheit verstehen. Sie wird hier als eine dritte Ebene und Bedeutung der Freiheit vorgestellt. Deren praxeologische Ausrichtung ist nicht auf der Textebene, sondern der methodischen Ebene angesiedelt. Anders als Sartre bestimmt Foucault die Freiheit nicht als Gegenstand oder Zentrum seines Werks, sondern praktiziert sie über die

100 Zum Vergleich des Verhältnisses von Philosophie und Selbst bei Heidegger und Foucault, s.o., Kap. 2.4.1.

ihm eigene Weise des Philosophierens, die zugleich das Wesen seines Philosophieverständnisses ausmacht. »Foucault invents a philosophy which would ›free‹ our experience of ourselves or our subjectivity. He attempts to transform the interrelations, deeply rooted in our philosophical tradition, between conceptions of freedom and conceptions of truth to provide an analyses for the problematization of subjectivity.« (Rajchman 1985: 122) Indem Foucault über genealogische Verfahren einen Kontrast zwischen vergangenen und gegenwärtigen Verhältnissen evoziert, verweist er nicht nur auf die Kontingenz und Historizität bestehender Bedingungen von Subjektivität und Subjektivation, sondern auch auf die Möglichkeit sie zu verändern. »Alle meine Untersuchungen richten sich gegen den Gedanken universeller Notwendigkeiten im menschlichen Dasein. Sie helfen zu entdecken, wie willkürlich Institutionen sind, welche Freiheit wir immer noch haben und wie viel Wandel immer noch möglich ist.« (DE4/362: 961)

Demzufolge sind auch die Schriften, die sich nicht mit ethischen Praktiken der Freiheit, sondern mit Herrschafts- und Machttechniken auseinandersetzen, der Freiheit verpflichtet (vgl. Rajchman 1985: 102; O'Leary 2002: 164; Oksala 2005: 175–192). Gerade weil genealogische Schriften nicht primär die Freiheit, sondern die historische Gewordenheit von Machtbeziehungen zum Gegenstand haben, können sie die Lesenden indirekt auf die Freiheit hinweisen, die in der Möglichkeit der Veränderung von Selbst- und Machtverhältnissen besteht. Diese Erfahrung von Freiheit würde durch eine inhaltliche Bestimmung im Sinne von moralischen Werten oder Anleitungen, die zu einer freien und ethischen Lebensform führen, eher eingeschränkt als gefördert. Oksala zufolge vermeidet Foucault deshalb systematische Abhandlungen über die Freiheit und unterstellt ihr stattdessen sein eigenes Werk.

»[F]or Foucault, the ideal of freedom is something that can be shown with philosophy even if it cannot be said in (propositional) language. […] His books speak directly of the lack of freedom and hence indirectly of freedom: […] Typically, they begin with his perception that something is terribly wrong in the present and through a study of history aim to show the contingency of our present. This opens up the possibility for seeing to what extent it could be different. Philosophy as an ethical practice does thus not necessarily mean that we write lots of academic books on ethics, but that our philosophical life is ethical.« (Oksala 2005: 172)

Philosophie gewinnt eine ethische Form, wenn sie eine Erfahrung von Freiheit evoziert. Dies geschieht im Falle Foucaults durch den Verweis auf die Möglichkeit, die praxeologische Freiheit, die allen Subjekten per definitionem zukommt, durch eine reflektierte Gestaltung der eigenen Existenz eine ethische Gestalt zu verleihen. Die Genealogien verfolgen dieses Ziel, indem sie auf das historisch kontingente Wesen bestehender Selbst- und Weltverhältnisse aufmerksam machen und von dem Streben geprägt sind, sie zu verändern.

3.2. Arendt: Macht und Politik

Anders als Foucault verortet Arendt Macht und Freiheit nicht in der philosophischen Lebensführung, sondern in der politischen Praxis, die nur durch die Auseinandersetzung ebenso gleicher wie verschiedener Menschen realisiert werden kann. Somit ist die Macht innerhalb der politischen Grundbedingung der Pluralität verortet (3.2.1), die ebenso wie diese Effekt der politischen Sorge um die Welt ist (3.2.2.). Anstatt Arendts emphatisches Machtverständnis aus systematisch-philosophischer Perspektive zu kritisieren, lässt es sich als strategische Intervention in aktuelle politische Geschehnisse verstehen, die selbst wiederum der Sorge um die Welt verpflichtet ist.

3.2.1. Weder Gewalt noch Herrschaft

Ebenso flüchtig wie konstitutiv

Macht »entspricht der menschlichen Fähigkeit, [...] sich mit anderen zusammenzuschließen und im Einvernehmen mit ihnen zu handeln. Über Macht verfügt niemals ein Einzelner; sie ist im Besitz einer Gruppe und bleibt nur solange existent, als die Gruppe zusammenhält.« (MG 45) Damit ist die entscheidende Differenz, die Arendt zwischen der Macht und anderen, mit ihr verwandten Phänomenen erkennt, bereits benannt: Macht stellt einen Effekt des gemeinsamen politischen Handelns dar, während Gewalt wie Herrschaft und Stärke von Einzelnen ausgeübt wird (vgl. ÜR 196). Im Gegensatz zur Gewalt, die in Form von Waffen ebenso besessen und gemessen werden kann wie körperliche Stärke, ist Macht selbst immateriell und relational, weil sie »immer zwischen Menschen entsteht« (DT 273).

Als »reine Aktivität« (ebd.) realisiert sie sich im gemeinsamen Handeln und Sprechen und ist wie dieses »flüchtig« (VA 263), weil sie vergeht, sobald die Menschen aufhören, politisch zu interagieren. Trotz dieses temporären und fragilen Charakters betont Arendt, dass Macht »allen menschlichen Gemeinschaften immer schon inhärent ist« (MG 53). Ein zentraler Grund, weshalb Macht ebenso unbeständig wie jeder Form von politischem Zusammenschluss immanent ist, besteht in ihrem praxeologischen Charakter. Die Macht ist flüchtig, weil sie sich in den fragilen, historisch und lokal spezifischen Praktiken des Sprechens und Handelns realisiert und unmittelbar endet, sobald die Menschen nicht mehr gemeinsam und politisch agieren (vgl. VA 313). Zugleich ist sie konstitutives Moment der Entstehung politischer Zusammenhänge, weil diesen ein Gründungsakt durch die machtgenerierende politische Praxis vorausgeht (vgl. MG 53ff.). Der praxeologische und politische Charakter der Macht lässt sich somit auf die Grundtätigkeiten des Sprechens und Handelns zurückführen, deren zentrales Merkmal es ist, Macht und die ihr zugehörige öffentliche Sphäre hervorzubringen.

Im deutlichen Kontrast zu Foucault bezieht sich die praxeologische Ausrichtung des Machtbegriffs nicht primär auf Formen von Subjektivität, die durch historisch spezifische Praktiken entstehen, sondern auf politische Formen von Kollektivität. Letztere sind zugleich konstitutiv für die Einzelnen, denn die Macht gehört nicht nur »zum Wesen […] aller irgendwie organisierten Gruppen« (ebd.: 52), sondern auch zum Wesen der Person, das Arendt mit dem Begriff des »Jemand« (VA 217) beschreibt. Während die Gattung durch das Arbeiten reproduziert wird und das Herstellen der Dingwelt die Aufgabe Homo fabers ist, offenbaren die Menschen »die personale Einzigartigkeit ihres Wesens« (ebd.: 219) im machtgenerierenden Sprechen und Handeln. Dabei handelt es sich nicht um eine den politischen Aktivitäten vorgängige Entität. Stattdessen realisiert sich das unverkennbare Wesen der Einzelnen erst im praktischen Vollzug und wird in dem durch Macht hervorgebrachten Erscheinungsraum von den Mitmenschen als solches erkannt. Aufgrund der ihr eigenen praxelogischen Dimension ist die Macht wie die Persönlichkeit der Einzelnen und der Gemeinschaft nicht schlichtweg vorhanden und garantiert. Vielmehr muss sie stets im gemeinsamen Handeln aktualisiert werden, da sie » überhaupt nur in dem Maße existiert, als […] [sie] realisiert wird.« (ebd.: 252)[101]

Der Frage, wie die Flüchtigkeit der Macht, die Arendt vor allem in Vita activa hervorhebt, innerhalb eines Gemeinwesens erhalten und reaktuali-

101 Arendts Personenbegriff wurde weiter oben ausführlicher behandelt, s.o., Kap. 1.3.

siert werden kann, stellt sie sich in ihrer Auseinandersetzung mit der Revolution (vgl. ÜR; Brunkhorst 2011b: 295). Da die Macht als »gesellschaftliches Beziehungsnetz« (Grunenberg 1995: 90) nur von vielen Menschen durch politische Praktiken evoziert werden kann, bedarf es zum Machterhalt einer pluralen und dezentralen Organisation. Nach Arendt entspricht diesem Anspruch die föderative Republik, wie sie im 18. Jahrhundert durch die Gründung der Vereinigten Staaten realisiert wurde, weil sie am »Prinzip der Gewaltenteilung [orientiert ist], das eigentlich Machtteilung heißen sollte« (ÜR 197). Denn Macht wird im Gegensatz zum Besitz von Gewaltmitteln durch Teilung nicht verringert, sondern vervielfacht.[102] Weil die Macht in der Republik per Verfassung auf verschiedene Organe des Staatsapparats verteilt ist, werden Tendenzen zur Monopolisierung der Macht eingedämmt und mehrere Machtzentren erzeugt, die ebenso Resultat wie Basis politischen Handelns sind. Deshalb ist »die amerikanische Verfassung primär dazu bestimmt […], Macht zu konstituieren« (ebd.: 191) und nicht lediglich zu bewahren. Oder anders formuliert, die Bewahrung der Macht findet über ihre permanente Neugründung in der politischen Praxis statt. Die unbeständige Macht, der die Menschen sprechend und handelnd durch die Verfassung einen Ort geben, indem sie ihre isolierten Kräfte zu einer institutionellen Machtstruktur verbinden, reaktualisiert sich im Kleinen in Aktionen politischer Organisationen. Nach Arendt wird die Entstehung politischer Gruppen durch die Gründung des Staates nachträglich legitimiert und die Generierung neuer Machtpole befördert.

Die Produktivität der Macht besteht somit in der Erzeugung weiterer Machtzentren und damit in der Hervorbringung des öffentlichen Erscheinungsraums (vgl. VA 252). Die Macht

»stiftet und erhält den öffentlichen Raum der Erscheinungen und ist als solche das, was die Welt als ein gegenständliches Gebilde von Menschenhand wortwörtlich am Leben hält, nämlich überhaupt erst lebendig macht; wie schön auch immer die Welt der Dinge, die uns umgibt, sein mag sie erhält ihren eigentlichen Sinn erst, wenn sie die Bühne für Handelnde und Sprechende bereitstellt, wenn sie durchwebt ist von dem Geflecht menschlicher Angelegenheiten und Bezüge und den Geschichten, die aus ihnen entstehen. Ohne von Menschen bewohnt und von

102 Mit dieser Darstellung grenzt sich Arendt nicht nur von Hobbes, sondern auch von der Spieltheorie ab (vgl. Høibraaten 2001: 167). Darüber hinaus steht sie in einer Tradition mit Spinoza, Hegel und Dewey, mit denen sie die Auffassung teilt, dass die Macht der Einzelnen durch die Macht der Gemeinschaft nicht reduziert, sondern gefördert wird (vgl. Brunkhorst 2011a: 23).

ihnen andauernd besprochen zu werden, wäre die Welt nicht mehr als ein Haufen beziehungsloser Dinge« (ebd.: 258).

Die Macht bringt demnach nicht die Dingwelt, wohl aber deren Sinn und Relevanz für die Gemeinschaft hervor. Erst durch sie werden materielle Objekte zu Gegenständen der öffentlichen Auseinandersetzung, deren gesellschaftliche Bedeutung verhandelt und an zukünftige Generationen weitergegeben werden kann. Die Macht ist somit ebenso Effekt des gemeinsamen Handelns und Sprechens wie Voraussetzung von gesellschafts-politischen Phänomenen, da »mit der Erzeugung von Macht das menschliche Zusammenleben und Politik selbst erst entsteht.« (Göhler 2011: 231) Die sinnstiftende Kraft der Macht ist ein Grund dafür, weshalb sie einen »Selbstzweck« (MG 53) darstellt. Sie ist kein Mittel wie die Gewalt, die durch ein weiterführendes Ziel gerechtfertigt wird. Stattdessen trägt sie ihr Ziel in sich selbst und ist »überhaupt erst die Bedingung [...], [um] in Begriffen der Zweck-Mittel-Kategorie zu denken und zu handeln.« (ebd.) Die Intelligibilität von logischen und politischen Zusammenhängen wird demnach ebenso wie die Relevanz von politischen Phänomenen erst durch Macht ermöglicht.

Diese Konzeption der Produktivität von Macht stellt Arendt dem repressiven Machtmodell gegenüber wie sie es in Hobbes Vertragstheorie vertreten sieht (vgl. VA 281). Im Unterschied zur amerikanischen Verfassung »handelt es sich bei dem sogenannten Gesellschaftsvertrag zwischen einer bereits bestehenden Gesellschaft und einem außer ihr stehenden Herrscher um einen nirgends belegten hypothetischen Urvertrag, der dazu dient, Herrschaft zu rechtfertigen.« (ÜR 221) Demnach legitimiert der Gesellschaftsvertrag den Entzug der Handlungsmacht, der den vielen und verschiedenen Menschen zukommt, zugunsten der unbegrenzten Verfügungsgewalt des einzelnen Herrschers. Dagegen »verlieren die, welche ›den Bund miteinander schließen und sich zusammentun‹ durch das Prinzip der Wechselseitigkeit ihre ursprüngliche Isolierung voneinander, während in dem anderen Fall ja gerade diese isolierte Vereinzeltheit gegen alle anderen geschützt und garantiert wird.« (ebd.) Anhand der Machtanalyse wiederholt sich ein zentrales Motiv, das Arendts Denken bestimmt: Sie kritisiert die Fokussierung philosophischer Ansätze auf das einzelne Subjekt, die sie nicht nur bei Hobbes, sondern auch bei Platon und Heidegger erkennt und verweist auf die herrschaftsförmigen Tendenzen, die diesem Denken inhärent sind. Ihnen stellt sie eine affirmative Konzeption von Politik, Pluralität und Macht entgegen, die der Sorge um die Welt verpflichtet ist.

Streit über den Konsens – Arendts Machtbegriff in der Kritik

Es sind Dichotomien und rigorose definitorische Abgrenzungsmanöver, mit denen Arendt ihr emphatisches Verständnis von Macht entwickelt. Hierdurch nimmt sie eine »normative[…] Radikalisierung« (Göhler 2012: 231) der üblichen Verwendung dieses Begriffs vor; allerdings nicht, indem sie jede konkrete Realisierung von Macht gutheißt oder jede Form der Gewalt ablehnt.[103] Vielmehr hebt sie hervor, dass auch Herrschaftsformen eine Machtbasis besitzen und Gewalt grundsätzlich auch zu sinnvollen Reformen führen kann (vgl. MG 51, 79). Doch auch wenn die realitätsstiftende Kraft der Macht »für Arendt nicht an sich ›gut‹ ist« (Grunenberg 1995: 87), liegen diesem Machtbegriff normative Vorstellungen über das politische Zusammenleben zugrunde. Politik besteht demnach in der aktiven und zweckfreien Gestaltung der Welt durch die machtgenerierende Praxis des Sprechens und Handelns.

Damit besitzt Arendts Machtbegriff eine deutliche Nähe zum Begriff des empowerments. Im Sinne der Ermächtigung erfasst er den Prozess, durch den Einzelne wie Gruppen verstärkt an politischen Entscheidungsprozessen partizipieren, um sich und die Welt bewusst zu verändern (vgl. Squires 2001: 273ff.; Strecker 2012: 46). In der von Pitkin (vgl. 1972: 276f.) getroffenen Unterscheidung von power to und power over gehört Arendts Begriff ganz dem ersten Typus an, weil er die Handlungsmacht bezeichnet, die aus eigener Kraft, im Sinne Arendts aus der politischen Praxis, erwächst.[104] Power over, die Fähigkeit, die eigenen Intentionen gegenüber anderen durchzusetzen und hierdurch deren Handlungsmöglichkeit einzuschränken, wird von Arendt hingegen dezidiert nicht als Macht bezeichnet. Stattdessen setzt sie sie der Macht entgegen und rechnet sie dem Begriff der Gewalt und der Herrschaft zu (vgl. MG 57; Göhler 2012: 231).

Die rigide Negierung von herrschaftsförmigen und gewalttätigen Aspekten der Macht hat Arendt die Kritik eingebracht, diesen Begriff unnötig zu verengen und damit viele Merkmale dieses komplexen Phänomens zu übersehen oder bewusst auszuschließen (vgl. u.a. Habermas 1981a: 240ff.; Brunkhorst 2011b: 296; Saar 2013c: 165f.). So wendet Habermas (vgl.

---

103 Eine andere Meinung zum normativen Gehalt des arendtschen Werks findet sich bei Kateb (vgl. 1984: 28–51).

104 Auf der Differenzierung von Pitkin aufbauend oder in Abgrenzung zu ihr wurden vielfältige Analyseraster zur systematischen Untersuchung des Phänomens der Macht entwickelt (vgl. u.a. Wartenberg 1990: 112–114; Allen 1999b: 119–135; Göhler 2012: 234ff.; Strecker 2012: 20–23).

1981: 241f.) ein, dass Arendt in ihrem Bemühen, Gewalt von Macht abzugrenzen, mit der Zweckrationalität zugleich unzulässigerweise jede Form strategischen Handelns aus dem Bereich der Politik ausschließe. Zwar sei die Kritik an der Gleichsetzung von Macht mit strategischem Handeln gerechtfertigt. Dennoch gehöre letzteres ebenso zur politischen Realität wie Gewalt (vgl. ebd.; Wartenberg 1990: 45f.).[105] Ein anderer Kritikstrang hebt auf ablehnungswürdige, herrschaftsförmige Aspekte von Macht ab, die ein solch emphatischer Machtbegriff negiert (vgl. Squires 2001: 275). Hierzu gehören mitunter auch Formen struktureller Macht, die nicht auf Zustimmung beruhen, sondern »eine ›hinter dem Rücken von Akteuren wirkende Repression« (Strecker 2012: 50) darstellen. Sie wird nicht als Gewalt sichtbar, sondern blockiert unbemerkt demokratische Prozesse (vgl. Habermas 1991: 246).

Die Kritik an der mangelnden Berücksichtigung von für die Politik konstitutiven und/oder herrschaftsförmigen Aspekten der Macht geht zumeist auf eine Lesart zurück, die den konsensualen Aspekt des arendtschen Machtbegriffs stark betont. Er tritt deutlich zutage, wenn sie Macht als »menschliche[...] Fähigkeit [bestimmt], [...] sich mit anderen zusammenzuschließen und im Einvernehmen mit ihnen zu handeln.« (MG 45) Werde Macht allein als Effekt von Konsens verstanden, könnten zentrale politische Phänomene wie Interessenkonflikte, Rivalität und Streit nicht erfasst werden, so der Einwand (vgl. Habermas 1981a: 230, 240ff., Lukes 2005: 34f.; Strecker 2012: 50). »If political power is viewed in an exclusively consensual manner, then there can be no way to handle the problem of dissent.« (Wartenberg 1990: 46) Dagegen erkennen andere gerade Konfliktualität und Dissens als die zentralen Merkmale des arendtschen Machtbegriffs an (vgl. Villa 1992: 719; Ackermann/Honig 2011: 342ff.). Diese agnonistische Lesart legt den Fokus nicht auf den Begriff des Einvernehmens, sondern den des Handelns, das von einem »agonalen Geist [...] [geprägte] leidenschaftliche Sich-An-Anderen-Messen« (VA 243). Die Macht und der durch sie generierte Erscheinungsraum werden demzufolge nicht durch die Zustimmung aller Beteiligten, sondern durch die konflikt- und spannungsreichen Auseinandersetzungen vieler verschiedener Menschen hervorgebracht.

Diese divergierenden Lesarten entsprechen der Ambivalenz zwischen agonalen und konsensualen Momenten im arendtschen Machtbegriff. Sie

105 Eine Kritik an der Arendt-Lektüre von Habermas haben unter anderem Canovan (1983: 111), Dallmayr (1984: 100) und Vollrath (1995: 13) formuliert.

lässt sich nicht nur in der Definition, wie sie in Macht und Gewalt formuliert ist, finden, sondern auch werkgeschichtlich nachvollziehen. Während Macht in Vita activa als spontaner Effekt des »heftigsten und unerbittlichsten Wettstreits« (ebd.: 42) beschrieben wird, steht in Über die Revolution die produktive Kraft des Konsens im Vordergrund, durch den die Macht institutionalisiert wird (vgl. ÜR 191ff.). Brunkhorst unterscheidet deshalb zwischen einer aus dem Widerstreit der Meinungen hervorgehenden flüchtigen, kommunikativen Macht und der auf Konsens basierenden, institutionell verankerten Gründungsmacht. Macht ist demnach »›acting in concert and conflict‹.« (Brunkhorst 2011a: 298) Einerseits basiert machtgenerierender Dissenses stets auf einer, wenn auch noch so minimalen Übereinstimmung, die sich je nach Zusammenschluss ebenso in einem vagen politischen Begehren wie in verfassungsrechtlich verankerten Klauseln manifestieren kann. Andererseits gehen dem Konsens Verständigungsprozesse und nicht selten langwierige Machtkämpfe voraus, die von der »agonale[n] Pluralität der Perspektiven« (Marchart 2011: 263) gekennzeichnet sind. »So ist Macht nicht nur der Effekt von Einigung, sondern vor allem auch der Einigung unter Bedingungen der Uneinigkeit [...], Macht entsteht im Geflecht von Konsensualisierung und Dissensualisierung.« (Röttgers 1990: 299)

Weder Konsens noch Dissens stellen nach Arendt das zentrale Moment der Macht dar, sondern die Pluralität, die sie als ihr »Urphänomen« (DT 160) und ihre »Grundvoraussetzung« (VA 254) bezeichnet. Die Tatsache, dass die Menschen als gleiche und verschiedene die Welt bewohnen, wahrnehmen und gestalten, impliziert, dass sie unterschiedliche Perspektiven auf sie haben, welche die Bedingung für Dissens wie Konsens darstellen. Selbst im unwahrscheinlichen Falle einer absoluten Übereinstimmung sind zwar die Meinungen identisch, nicht aber die Menschen, die sie vertreten. Wird die agonale wie die konsensuale Dimension der Macht in der Pluralität verortet, können einseitige Lesarten relativiert werden, ohne hierdurch die Ambivalenz und Vielfältigkeit des arendtschen Verständnisses von Macht zu unterminieren.

Dagegen ist die Kritik, derzufolge Arendt ihren originellen Machtbegriff nur auf Kosten der Negierung vielfältiger Phänomene gewinnt, die dem Alltagsverständnis gemäß auch unter diesen Terminus fallen, kaum auszuräumen. Ebenso wenig zweifelhaft ist Habermas (vgl. 1981: 246) Ansicht, dass politische Regierungen der Vergangenheit wie der Gegenwart nicht dem gründenden Machtbegriff, wie er in Über die Revolution und in

Vita activa beschrieben wird, entsprechen. Arendt hebt selbst hervor, dass »vielleicht [...] [nichts] in unserer Geschichte so selten und so kurzfristig gewesen [ist] wie echtes Vertrauen in die Macht« (VA 259). Allerdings versteht sie diese Tatsache nicht als »Einwand« (Habermas 1981a: 246) gegen, sondern als Anlass für die Ausarbeitung ihres originellen Machtbegriffs. Er weicht nicht nur deutlich von der alltäglichen Verwendung des Wortes ab, sondern steht auch im Kontrast zur politischen Gegenwart. Dieser kontrastive Effekt ist von Arendt intendiert, da ihre Machtkonzeption gerade nicht darauf abzielt, das gewöhnliche Verständnis dieses Phänomens zu propagieren oder gegebene politische Zustände adäquat zu erfassen, sondern anzugreifen. Diese gesellschaftskritische und gegenwartspolitische Intention wird vielfach nicht hinreichend in die Beurteilung ihres Machtbegriffs miteinbezogen. Stattdessen wird er nach wissenschaftlichen Kriterien, wie der Vollständigkeit des untersuchten Phänomens, der historiographisch korrekten Wiedergabe oder der logisch stringenten Ausarbeitung des Argumentationsgangs bewertet. Einer solchen Prüfung kann er häufig kaum standhalten. Wer auf der Suche nach einer realitätsnahen oder systematischen, möglichst umfassenden Machtkonzeption ist, hat somit gute Gründe, sich von Arendts Machtbegriff abzuwenden oder ihn weiterzuentwickeln. Das vorliegende Unterkapitel ist einem anderen Ziel gewidmet.

3.2.2. Macht und die Sorge um die Welt

Ausdruck, Strategie und Effekt

Arendts Machtbegriff wird im Folgenden als strategisch-politische Intervention in konkretes Zeitgeschehen und als ein Moment ihrer Philosophiekritik vorgestellt. Dabei handelt es sich nicht um eine Rechtfertigung ihres Ansatzes gegenüber der vielfach vorgebrachten Kritik, die aus systematischer Perspektive begründet sein mag. Vielmehr wird darauf verwiesen, dass systematische Kriterien und Realitätsnähe nicht die einzigen Maßstäbe sind, mit denen Arendts Machtbegriff beurteilt werden kann und sollte. Die ihn kennzeichnenden Momente von Hypernormativität, Realitätsferne und restriktiver Begriffsdifferenzierung können nicht nur als Mängel, sondern auch als Strategien aufgefasst werden, die weniger einem philosophischem als einem politischen Ziel unterstellt sind: der Sorge um die Welt. Mit ihrer originellen Konzeption von Macht interveniert Arendt in konkrete politische Situationen ihrer Gegenwart, um die sie sich offensichtlich Sorgen macht und für die sie durch ihre theoretischen Abhandlungen über Macht in vermittelter Form Sorge trägt. Das gilt nicht nur für die bis dahin nur marginale Auseinandersetzung mit der jüngsten Vergangenheit des Nationalsozialismus, zu der Arendt mit ihrer Totalitarismus-Studie und den Reflexionen über den Eichmann-Prozess zentrale und streitbare Beiträge lieferte, sondern auch für ihre Definition von Macht und Gewalt.

Da der gleichnamige Text zumeist nur im Hinblick auf die systematischen Abhandlungen gelesen wird, bleibt vielfach unerwähnt, dass der Anlass und der primäre Gegenstand dieser Auseinandersetzung die Studierendenbewegung ist. Arendt bemüht sich um ein differenziertes Urteil über die Motivationen der Studierenden, honoriert ihre »Lust am Handeln« (MG 19) und kritisiert ihre »Unfähigkeit […], anders als in abstrakten, vorgeprägten Schemata zu denken« (ebd.: 27). Diese direkten Bezugnahmen auf die studentischen Proteste legen nahe, dass Arendt vielmehr politische Phänomene untersuchen und in sie intervenieren als eine allgemeingültige, philosophisch akzeptable Systematik entwickeln will.[106] »Anlass des Essays war Arendts Sorge um die zunehmende Gewaltbereitschaft unter den rebellierenden Studenten der 1960er Jahre.« (Thaa 2011: 114) Ihnen möchte Arendt ein differenziertes begriffliches Instrumentarium zur Verfügung stellen, das frei von moralisierenden Untertönen die Wirkmächtigkeit wie die Gefahren von Gewalt und die kaum zu überschätzende Relevanz von Macht offenlegt.[107]

Arendts Machtkonzeption kann nicht nur als Ausdruck ihrer Sorge um konkrete politische Verhältnisse verstanden werden, sondern liefert zugleich Auskunft über die Strategien, mithilfe derer sie diese Sorge praktiziert. Es sind gerade die so oft kritisierten Aspekte der rigiden Begriffsdif-

---

106 Ob es Arendt gelingt, die Studierendenproteste adäquat zu beschreiben oder gar fair zu beurteilen, wurde vor allem in Hinblick auf ihre ablehnende Haltung gegenüber der Schwarzen Studierendenbewegung in Zweifel gezogen (vgl. MG 21f., 75ff.; Allen 1999b: 87; Gines 2014: 112–123).

107 Inwiefern ihre Schriften zu Macht und Politik tatsächlich Auswirkungen auf Entscheidungen und Aktionen politischer Bewegungen hatten, ist sicherlich nur schwer und nicht in diesem Rahmen zu bestimmen. Unbestritten ist, dass die arendtsche Terminologie dazu genutzt werden kann, die Praxis politischer Bewegungen begrifflich zu fassen. Das zeigt Marchart (2005) in Hinblick auf die Antiglobalisierungsbewegung, Butler (2007) wie Beltrán (2009) für die Kämpfe von Immigrierten gegen bestehende Einwanderungsgesetze in den USA, Herrmann (2016) für den Euromaidan und Anacker (2015) wie Meyers (2016) für die aktuellen Debatten über Geflüchtete.

ferenzierung und Realitätsferne, die Arendts Machtbegriff das Potential verleihen, um ihn für eine kritische Analyse der Verhältnisse zu nutzen und hierdurch für die Welt Sorge zu tragen. Gerade weil sich zuweilen der Eindruck aufdrängen mag, dass ihre Abhandlung über Macht »weniger eine Argumentation als ein Postulat« (Anter 2012: 97) darstellt, handelt es sich dabei nicht um »Begriffsscholastik« (ebd.). Die strikten terminologischen Bestimmungen sind keine theoretischen Definitionsspiele und keiner expliziten wissenschaftlichen Methode verpflichtet, sondern zielen auf die »Beschreibung politischer Phänomene [...] ab« (ÜR 232). Ihnen ist Arendts Denken verpflichtet und sie sind der Grund, weshalb »so entscheidende Kategorien politischen Denkens wie Autorität, Macht und Gewalt klar voneinander geschieden werden« (ebd.) müssen.

Zugunsten der vielfach vorgebrachten und in vielerlei Hinsicht begründeten Kritik, wonach die dichotomen Begriffskonstellationen der Wirklichkeit nicht gerecht oder durch sie Ausschlüsse (re-)produziert werden, wurde deren analytisches Potential zumeist nur am Rande diskutiert. Mithilfe der strikten Differenzierung von Macht und Herrschaft kann jedoch gezeigt werden, dass viele Phänomene, die wir für gewöhnlich als legitime Machtausübungen ansehen, eigentlich Herrschaftsverhältnisse und deshalb kritikwürdig sind.[108] Aus der Tatsache, dass die Begriffsdifferenzierung Arendts und die mit Rückgriff auf sie formulierte Kritik zuweilen kontraintuitiv erscheint, muss nicht zwingend folgen, dass sie falsch ist. Vielmehr kann sie dazu genutzt werden, um bestehende Verhältnisse mit diesem Attribut zu versehen.

Arendts Machtverständnis weicht nicht nur vom üblichen Gebrauch dieses Wortes, sondern auch von der politischen Realität ab. Dabei handelt es sich nicht zwangsläufig, wie so oft von kritischen Stimmen moniert wurde, um einen vermeidbaren Fehler, der durch realitätsnähere Konzeptionen oder durch die Einschränkung des Geltungsbereichs ihres Machtbegriffs revidiert werden kann (vgl. Kateb 1984: 29f; Habermas 1991: 240ff.; 1998: 429–467; Wartenberg 1991: 37–41). Vielmehr ist es gerade die Differenz zu den bestehenden Verhältnissen, die ihn zu einem kritischen

108 So lässt sich zum Beispiel mit Rückgriff auf Arendts Terminologie begründen, weshalb eine Lehrerin, der es nicht gelingt, Autorität zu gewinnen und stattdessen auf die Wirksamkeit von Befehl und Gehorsam setzt, Herrschaft ausübt. Nach Arendt ist Autorität zwar wie Herrschaft hierarchisch organisiert, gewährt aber im Gegensatz zu dieser Freiheit und lässt sich nicht er zwingen, sondern basiert auf Respekt, die der Person oder dem Amt entgegengebracht wird (vgl. MG 46f.; ZVZ 1 6: 160ff.; Allen 1999b: 99; Hinchman/Hinchman 2012: 269f.)

macht. Die antike Polis und das machtgenerierende Sprechen und Handeln wird von Arendt gezielt hochgradig normativ aufgeladen, um auf dieser hellen Kontrastfolie die politische Gegenwart umso dunkler zeichnen und angreifen zu können. Anstatt die emphatische Politik- und Machtkonzeption als idealistisch und naiv zu kritisieren oder sie mit historiographischen Daten zu widerlegen, gilt es, diese hypernormative Darstellung als Strategie zu verstehen. Durch sie verweist Arendt auf die Möglichkeit einer anderen und besseren Form des Zusammenlebens und -handelns. Der kontrastive Effekt, der durch die Gegenüberstellung des Topos der Polis und aktuellen politischen Zuständen entsteht, wird von Arendt gezielt eingesetzt und so auf die Diskrepanz zwischen antiken und modernen Denkmustern explizit verwiesen (vgl. u.a. ZVZ 7: 202, 217; WP 36; VA 34). Durch die vielfältigen Differenzen – zwischen Perikles und heutigen politischen Figuren, kollektiven Entscheidungsprozessen und bürokratischen Verwaltungsabläufen, bedeutungsgenerierenden Machtzusammenhängen und zweckrationalen Bezugsweisen –, wird deutlich, dass der gegebene Zustand der Gesellschaft nicht alternativlos ist.

Macht und Pluralität als Resultate der Sorge um die Welt

Diese Form der Darstellung impliziert ein »genealogische[s] Argument« (Loick 2012: 169; vgl. Villa 1999: 161; Zerilli 2010: 34), das wiederum auf die Nähe zu Foucaults Denkweise verweist.[109] Über die Genealogie wird gesellschaftlich relevanten Topoi eine Geschichte und Gestalt gegeben, die von der gegenwärtig üblichen deutlich abweicht. Die Tatsache, dass zentrale, das Leben bestimmende Phänomene und deren Bedingungen einmal anders erlebt und verhandelt wurden, impliziert das Wissen um die Möglichkeit, dass der jetzige Zustand der Gesellschaft nicht der einzig mögliche ist; dass es auch anders sein könnte und nach Arendt auch anders sein sollte. Im Unterschied zu Foucault ergreift Arendt durch die uneingeschränkt positive Darstellung der antiken Polis und der Macht klar Position für eine Politik, die in zweckfreiem, machtgenerierenden Sprechen und Handeln besteht. Damit wendet sie sich nicht nur gegen den Zustand und Umgang mit der Realpolitik des 20. Jahrhunderts, sondern auch gegen die Machtkonzeptionen, die in verschiedenen philosophische Epochen und Strömungen entwickelt wurden.

---

109 S.u., Kap. 3.3.3.

Indem Arendt die Pluralität als »Grundvoraussetzung« (VA 254) von Macht und Politik bestimmt, entwickelt sie einen Machtbegriff, der in der philosophischen Denktradition kaum, vielleicht allein bei Spinoza zu finden ist (vgl. Saar 2009: 575). Im Gegensatz zu individualistischen Konzeptionen, wie sie unter anderem Hobbes und Weber vertreten, wird Macht von ihr nicht als zielgerichtete Handlung oder Eigenschaft einzelner Individuen bestimmt (vgl. DT 96, 161; Grunenberg 1995: 89; Grossmann 2008b 54f.; Straßenberger 2015: 70). Stattdessen setzt Macht als Effekt des gemeinsamen Sprechens und Handelns die Pluralität, »die Tatsache [voraus], daß nicht ein Mensch, sondern viele Menschen auf der Erde leben« (VA 17). Schließlich lassen sich diese politischen Tätigkeiten nur gemeinsam mit anderen praktizieren. Zugleich realisiert und aktualisiert sich die Pluralität innerhalb der Machtsphäre des öffentlichen Raums, da die Menschen nur innerhalb dieser als gleichberechtigte und zugleich unvergleichbare Individuen erscheinen. Pluralität und Macht stehen somit in einem wechselseitig konstitutiven Verhältnis, weil die Pluralität einerseits die Grundbedingung der Macht darstellt, andererseits erst durch sie zum Ausdruck kommt und ihre eigentliche politische Bedeutung gewinnt.

Nach Arendt ist es die für das philosophische Denken so typische Negierung der Pluralität, die es der Philosophie erschwert bis verunmöglicht, die Spezifik der Macht anzuerkennen. Stattdessen wurde sie unzulässigerweise »seit Plato [über Hobbes, Marx] (und bis zu Heidegger)« (DT 79) als Souveränität oder Herrschaft missverstanden. Pluralität stellt jedoch weder die Summe von Vereinzelten dar, die durch das Gewaltmonopol eines Herrschers hergestellt wird, noch ein homogenes »Monster-Individuum« (ebd.), das die Vielfältigkeit der Interessen zu einem einheitlichen Volkswillen verschmelzen lässt (vgl. Grunenberg 1995: 92; Loick 2012: 168ff.). Stattdessen ist es gerade die »Nicht-Souveränität« (VA 312), welche politischen Interaktionen eigen ist, die Macht generiert (vgl. ebd.: 300–317; Straßenberger 2015: 70–77). Sie wird durch souveränes Verhalten Einzelner gefährdet, weil sie nicht Besitz von Individuen ist. Stattdessen entsteht sie nur »im Zwischen der Pluralität« (DT 161) und damit im interdependenten Beziehungsgefüge der vielen und verschiedenen Menschen, die für die Welt sorgen. Diese Sorge vollzieht sich dort, wo Menschen weder ihren Herrschaftsbereich erweitern noch ihre eigene Existenz sichern wollen, sondern die öffentliche Sphäre über die politische Praxis gemeinsam hervorbringen und aktiv gestalten. Durch sie wird die Pluralität wiederum bestätigt und reaktualisiert, weil sich die Menschen nur hierbei als gleichberechtigte und absolut einzigartige Individuen erfahren. Zu dieser Sorge um die Welt trägt Arendt über ihr emphatisches Machtverständnis bei, indem sie es als Intervention in konkrete politische Auseinandersetzungen nutzt, vor Herrschaft warnt, die Gefahren und Potentiale der Gewalt benennt und zum machtgenierenden Handeln anregt.

3.3. Foucault und Arendt: Die Macht von Philosophie und Politik

Dem König den Kopf abschlagen – das ist ein Ziel, das Arendt und Foucault gemeinsam ist. Ihre Machtkonzeptionen stehen in Opposition zu dem Bild des Souveräns, der im alleinigen Besitz der Macht ist und sie nutzt, um über seine Mitmenschen zu herrschen (vgl. Allen 2010a: 132). Damit wenden sich beide gegen Ansätze, die Macht auf die instrumentelle Fähigkeit einer Person zur Einflussnahme auf andere reduzieren (vgl. Saar 2007a: 241, 2009: 571ff.; Strecker 2012: 53). Macht ist nicht Beschränkung, sondern Voraussetzung einer »intransitive[n] Freiheit« (DE4/306: 289), die der Souveränität entgegengesetzt ist. Doch während Arendt Freiheit als Effekt der politischen Sorge um die Welt versteht, untersucht Foucault anhand des antiken Selbstverhältnisses der Sorge um sich ethische Formen der Freiheit (3.3.1.). Diese verschiedenen Weisen der Sorge entsprechen den komplementären Perspektiven, mit denen Foucault und Arendt das gespannte Verhältnis von Philosophie und Politik im antiken Zeitalter betrachten (3.3.2.). Auch wenn sie diese konflikthafte Beziehung ihren divergierenden Haltungen entsprechend unterschiedlich auslegen, sind sie sich darin einig, dass es Kant und Sokrates gelang, den Streit zwischen Philosophie und Politik zu schlichten (3.3.3.). Ihrer Begründung dieser Auffassung liegen wiederum komplementäre Konstellationen von Sorge, Macht und Kritik zugrunde, die extrapoliert werden, um abschließend für eine kritische Praxis zu plädieren, welche die Sorge um die Welt mit der Sorge um sich verbindet.

3.3.1. Macht und Freiheit

Praktiken der Macht

»Macht existiert nur als Handlung, auch wenn sie natürlich innerhalb eines weiten Möglichkeitsfeldes liegt, das sich auf dauerhafte Strukturen stützt.« (DE4/306: 285) Diesem Zitat Foucaults kann Arendt zustimmen (vgl. Allen 2008: 48). Macht steht demnach in einem wechselseitig konstitutiven Verhältnis zum Handeln, weil sie durch konkrete Praktiken hervorgebracht wird und zugleich die Bedingung für weitere Handlungen darstellt. Sie wird von den Individuen inkorporiert und manifestiert sich unter anderem in Normen und Gesetzgebungen. Auf diese Weise prägt die Macht maßgeblich das Handlungsfeld, das den Interventionen der Einzelnen vorausgeht und zugleich von ihnen (re-)produziert wie (re-)strukturiert wird (vgl. SW 1: 93; VA 252).

Mit dieser praxeologischen Ausrichtung grenzen sich Arendt und Foucault deutlich von anderen Machtkonzeptionen ab. Weil sie den sie konstituierenden Praktiken entsprechend stets historisch und kulturell variabel und spezifisch ist, handelt es sich weder um eine unveränderbare Entität, die Menschen oder Ethnien von Natur aus zukommt, noch um eine universale Kategorie (vgl. DE3/206: 396f.). Ebenso deutlich distanzieren sich beide von der Vorstellung, dass Macht in den Händen Einzelner liegen könne (vgl. Villa 1992: 714; Allen 2010a: 142). So erklärt Foucault: »Die Macht ist nicht etwas, was man erwirbt, wegnimmt, teilt, was man bewahrt oder verliert« (SW 1: 94) Weil sie selbst nicht gegenständlich ist, sondern sich in konkreten Beziehungen manifestiert, kann sie weder aufbewahrt noch nach individuellem Gutdünken abgegeben oder angenommen werden. Arendt stimmt Foucault in dieser Hinsicht zu, wenn sie behauptet, »Macht […] besitzt eigentlich niemand, sie entsteht zwischen Menschen« (VA 252), in Relationen, die ebenso auf die Einzelnen wie die Welt praktische Auswirkungen haben. Diesen handlungsbezogenen Aspekt des Machtbegriffs teilen Arendt und Foucault mit Weber (vgl. Anter 2012: 105). Im Unterschied zu ihm gehen sie aber nicht davon aus, dass Macht in der »Chance [besteht], innerhalb einer sozialen Beziehung den eigenen Willen auch gegen Widerstreben durchzusetzen« (Weber 1980 [1921/1922]: 28; vgl. Braun 2007: 6). Vielmehr grenzen sie sich von instrumentellen Machtkonzeptionen ab, wie sie für das moderne Denken charakteristisch sind (vgl. Saar 2009: 572). Die Macht ist kein Mittel, das von Einzelnen beliebig für individuelle Zwecke eingesetzt und wieder verworfen werden kann, weil sie »nicht […] subjektiv« (SW 1: 95), sondern relational ist. Als »Beziehungsnetz« (Grunenberg 1995: 95) wird sie von vielen Faktoren beeinflusst und nicht vom Willen eines Subjekts gelenkt.

Auch wenn es ähnliche Aspekte bestehender Machtkonzeptionen sind, die Foucault und Arendt infrage stellen, unterscheiden sich die Argumentationen, durch die sie diese Kritik stützen ebenso wie ihr jeweiliges Machtverständnis, das sie auf dieser gemeinsamen Kontrastfolie entwickeln. Grund hierfür ist ihr divergierendes Praxisverständnis, das die Gemeinsamkeiten, die aus der geteilten praxeologischen Ausrichtung des Machtbegriffs resultieren, relativiert. Während Arendt Macht als Effekt des politischen Handelns bestimmt, versteht Foucault sie in seinen frühen Machtanalysen als eine Vielzahl von praktischen, aber nicht notwendigerweise personalen Relationen, die ihren eigenen Logiken folgend Subjekte hervorbringen. Im Zuge der Auseinandersetzung mit der Ethik hebt er zwar zunehmend den interpersonalen Charakter von Machtbeziehungen hervor. Allerdings versteht er darunter aber weiterhin nicht wie Arendt die kollektive Erfahrung des gemeinsamen Handelns, sondern das Einwirken eines Subjekts auf ein anderes.[110] Damit bleibt der Fokus der Untersuchung auf dem Verhältnis zwischen Macht und Subjekt gerichtet, der deutlich von Arendts affirmativem Verständnis von Macht als Produkt politischer und gemeinsamer Praxis abweicht.

In Der Wille zum Wissen bezeichnet Foucault die Macht als »die Vielfältigkeit von Kräfteverhältnissen« (SW 1: 93), wobei sich verschiedene Funktionsweisen an spezifischen Schnittstellen treffen, um ein bestimmtes Ziel zu erreichen. Der Macht ist eine ihr eigene Rationalität inhärent, deren »Absichten entschlüsselt werden [können] – […] dennoch kommt es vor, daß niemand sie entworfen hat und kaum jemand sie formuliert: impliziter Charakter der großen anonymen Strategien, die […] Taktiken koordinieren« (ebd.: 95). Foucault schreibt den Begriff der Rationalität, der im Sinne der Vernunft seit der Aufklärung als zentrales Merkmal des Menschen verstanden wird, Techniken zu, die nicht nur unabhängig von Subjekten funktionieren können, sondern sie als solche erst konstituieren. Rational ist die Macht also aufgrund der zielgerichteten, wechselseitigen Bezugnahme verschiedener Taktiken und Strategien, die historische Prozesse lenken, ohne ihren Ursprung im vernünftigen Handeln einer Person zu haben (vgl. Saar 2007a: 211–213; Kneer 2012: 268). Dementsprechend sind Macht-

110 Zur werkgeschichtlichen Entwicklung des foucaultschen Machtbegriffs, s.o., Kap. 3.1.1.

strukturen vielfach unpersönlich und anonym, auch wenn sich stets Subjekte und Symbole der Macht finden lassen, die sie repräsentieren (vgl. Gehring 2004: 122f.).

Arendt kommt mit einer divergierenden Argumentation ebenso zu dem Schluss, dass Macht »nicht-subjektiv« (SW 1: 95) und relational ist; nicht, weil sie anonym und unpersönlich, sondern intersubjektiv und kollektiv ist. Macht kann nicht durch einzelne Individuen hervorgebracht werden, sondern entsteht nur durch das gemeinsame und spontane Sprechen und Handeln der vielen, die durch ihre politischen Beziehungen die öffentliche Machtsphäre konstituieren und stabilisieren (vgl. VA 252; ÜR 191ff.). Gordon (2012: 133) bringt es auf den Punkt, wenn er konstatiert: »Although both thinkers consider power to be relational – not a property that can be possessed or employed – Arendt defines it as the capacity of people to act in concert, whereas Foucault defines it as a relation among multiple forces.«

Zugleich distanzieren sich beide aufgrund des geteilten praxeologischen Ansatzes deutlich von der Reduktion von Macht auf ein institutionelles oder juridisches Phänomen (vgl. Allen 1999b: 93; 2010a: 132, 136). Da Macht je nach Praxis und Kontext variiert, wirkt sie nicht ausschließlich in der staatlichen oder rechtlichen Sphäre, sondern kann überall dort entstehen, wo machtgenerierende Praktiken ausgeführt werden. Entsprechend der divergierenden Praxisbegriffe unterscheidet sich allerdings auch der Wirkungsradius, der den Machtbeziehungen zugesprochen wird. Während Foucault erklärt, dass sie allen Praktiken immanent und somit omnipräsent ist, beschränkt Arendt die Machtsphäre auf den öffentlichen Raum, der durch die politischen Tätigkeiten des Sprechens und Handelns hervorgebracht wird (vgl. SW 1: 94; VA 252f.). So schließt sie eine Wirkung der Macht auf Selbst- Körper- und Sexualpraktiken kategorisch aus, weil sie diese dem privaten Bereich zuschreibt, den sie strikt von der öffentlichen Sphäre trennt. Foucault ist dagegen gerade daran gelegen, die Einschränkung der Macht auf die öffentliche Sphäre zu kritisieren. Durch genealogische Verfahren vollzieht er nach, wie sie selbst die intimsten Erfahrungen und Praktiken nicht nur maßgeblich beeinflusst, sondern erst hervorbringt (vgl. ÜS; SW 1). Während sein Verständnis von Macht als holistisch bezeichnet werden kann, weil sie allen Praktiken immanent ist, ist dasjenige Arendts im engeren Sinn politisch, da Macht ihr zufolge ausschließlich durch genuin politische Tätigkeiten entsteht.

Trotz dieser Differenzen wird der Macht in beiden Fällen ein produktiver Charakter zugeschrieben. Demnach unterscheidet sie sich deutlich von körperlicher Gewalt, Zwang, oder Herrschaft, weil sie soziale Phänomene nicht unterdrückt, sondern hervorbringt (vgl. u.a. DE4/291: 197; MG 36–58; Hark 1999: 151). Statt repressiver Strategien wie Verbote und Bestrafungen wirkt die Macht primär durch die Formierung von Subjekten und die Generierung von Bedeutung (vgl. VA 258; SW 1: 98; Strecker 2012: 82). Allerdings weicht Arendts Konzeption der Wirkungsweise von Macht ebenso deutlich von derjenigen Foucaults ab wie ihre jeweilige Bestimmung der Phänomene, die durch die Macht entstehen. Dem politischen Machtbegriff zufolge wird zwar der öffentliche Erscheinungsraum, nicht aber die Dingwelt und die Natur durch das gemeinsame Sprechen und Handeln der Menschen hervorgebracht. Dagegen sind der holistischen Konzeption nach alle Phänomene und Sphären Ergebnis von historisch spezifischen und zumeist anonymen Macht-Wissensrelationen. Arendt scheint nicht mit Foucault davon auszugehen, dass Phänomene außerhalb der Macht nicht intelligibel seien (vgl. VA 258f.). Stattdessen sind Gegenstände, Menschen und Ereignisse auch im Zuge von Machtverlust als solche erkennbar, aber sie verlieren in diesem Fall ihre politische Bedeutung und damit ihre »weltliche Wirklichkeit« (ebd.: 72). Diese entsteht nur, wenn die Phänomene und Geschehnisse aus unterschiedlichen Perspektiven betrachtet und über erzählte Geschichten bewahrt werden (vgl. ebd.: 71; Lenz 2001: 203; Zerilli 2010: 191). Es ist der öffentliche Austausch verschiedener und gleichberechtigter Menschen über Erscheinungen, der diesen ihre politische Bedeutsamkeit und damit Sinn verleiht. Die bedeutungsgenerierende Kraft der Macht bezieht Arendt somit auf den politischen Gehalt von Phänomenen und nicht wie Foucault auf deren Intellegibilität als solche.

Die produktive Kraft, die Foucault und Arendt den Machtpraktiken zuschreiben, beschränkt sich nicht auf die Generierung von Bedeutung und des Wirklichkeitscharakters von Gegenständen und Ereignissen. Vielmehr entstehen auch die Einzelnen erst durch und innerhalb von Macht. Dabei befinden sich der praxeologischen Ausrichtung des holistischen wie politischen Machtbegriffs entsprechend Macht und Menschen in einem wechselseitig konstitutiven Verhältnis. Einerseits entsteht Macht durch politische bzw. sozial vermittelte, historisch variable Praktiken und andererseits wird das Individuum erst innerhalb von praktischen Machtbeziehungen zu einem solchen. Auch wenn die Einzelnen unmittelbar und existenziell auf die praktischen Machtrelationen angewiesen sind, handelt es sich dabei nicht um eine deterministische Konzeption. Vielmehr vermeidet Foucault wie Arendt die Dichotomie von Heteronomie und Autonomie, indem sie nicht nur Macht von Souveränität abgrenzen, sondern auch Handlungsfähigkeit von Autonomie (vgl. Allen 1999b: 91ff., Hark 2001: 89). Ebenso wenig wie sich Handelnde unabhängig von Machtbeziehungen selbst bestimmen können, sind sie gänzlich durch sie determiniert. Vielmehr gewinnen sie erst innerhalb der Macht die Möglichkeit zu handeln, weshalb von einer nichtsouveränen Subjektivität bzw. Individualität gesprochen werden kann.[111]

Indem Foucault und Arendt davon ausgehen, dass es Handlungen sind, die das Wesen der Einzelnen hervorbringen, widersprechen sie der Idee eines dem Menschen von Natur oder Geburt aus inhärenten Seins wie der Vorstellung, dass das Handeln ein solches ausdrücke. Vielmehr entsteht Arendt zufolge das »Wesen einer Person – nicht die Natur des Menschen überhaupt (die es für uns jedenfalls nicht gibt)« (VA 242), über praktische Vollzüge. Ihren antiessentialistischen Ansätzen gemäß gehen Arendt und Foucault mit Nietzsche (2014 [1887]: 34) davon aus, dass es »kein ›Sein‹ hinter dem Tun, Wirken, Werden« gibt (vgl. Gordon 2002: 133; Braun 2007: 6). Arendt lässt sich somit wie Foucault als Vertreterin einer »post-nietzscheianische[n] Ontologie« (Villa 2011b: 230) verstehen. »In Anlehnung an Nietzsche formuliert Arendt einen Handlungsbegriff, der nicht an das abendländische Subjektmodell, ein Subjekt, das rational, reflektiert und intentional über sein Handeln verfügt, gebunden ist.« (Hark 2001: 91f.) Gleiches kann von Foucault behauptet werden, der davon ausgeht, dass (Macht-)Praktiken weniger dem Willen oder der Vernunft des Subjekts unterstehen als dieses über historisch variable Subjektivationsprozesse erst hervorbringen. »Indeed, Arendt's account of the dialectical constitution of the individual agent through action seems to prefigure Foucault's account of the constitution of the subject through subjection.« (Allen 2010a: 137)

Entsprechend ihrer divergierenden Konzeptionen des Machtbegriffs unterscheiden sich jedoch ebenso die Prozesse wie das ontologische Produkt, das durch die Praxisvollzüge hervorgebracht wird. Arendt zufolge handelt es sich dabei um das unverwechselbare Wesen der Person, das

111 Da Foucault Macht als das praktische Vermögen bestimmt, Individuen hervorzubringen, besteht hier eine Nähe zu Spinozas Verständnis des Begriffs der »potentia« (Spinoza 2012a, b), den auch Arendt explizit verwendet (vgl. VA 252; Saar 2007a: 242; 2013c: 163–165).

durch das politische Sprechen und Handeln innerhalb der öffentlichen Machtsphäre hervorgebracht wird. Auch wenn die Menschen schon bevor sie politisch handeln existieren, offenbart sich ihre Einzigartigkeit erst über die politische Praxis (vgl. VA 219ff.). Arendt spezifiziert den Wesensbegriff inhaltlich nicht näher, weil die absolute Individualität, deren Potential bereits durch die Geburt besteht, nicht mithilfe des verallgemeinernden und subsumierenden Charakters der Sprache erfasst werden kann. Stattdessen wird sie nur in der politischen Praxis realisiert und erfahren (vgl. ebd.: 222). Zwar geht auch Foucault davon aus, dass das Wesen der Einzelnen nicht über allgemeine Definitionen zu bestimmen ist, führt dies aber nicht auf die nicht verbalisierbare Einzigartigkeit der Person zurück, sondern auf die Historizität. Aufgrund der historischen Spezifik und Variabilität von Subjektivierungsprozessen lassen sich keine universalen und allgemeingültigen Definitionen über den Menschen treffen.

Ein politisches und emphatisches Verständnis des menschlichen Wesens als absolute Einzigartigkeit der handelnden Person ist Foucaults Denken ebenso fremd wie die an Aristoteles orientierte Dreiteilung menschlicher Tätigkeiten in Handeln, Herstellen und Arbeiten. Villa erkennt deshalb in Arendts Ontologie eine zentrale Differenz zu postmodernen Ansätzen, zu denen er maßgeblich Foucault und Lyotard zählt.

»This brings us […] to the ontological objection. […] [H]ere we confront the insurmountable difference between Arendt's public realm theory and postmodernism. […] Arendt mourns what the postmodern celebrates, the loss of certain ontological dimensions of human existence […].The postmodern blurring of boundaries, the effacement of any meaningful distinction between the authentic and the inauthentic – reality and its simulacra – renders the Arendtian idea of the phenomenal integrity of distinctly political realm simply nostalgic. Arendt chooses, if not to recover the public realm, at least to preserve its memory. The ›affirmative nihilists' of postmodernity wish to have done with such guilty nostalgia, viewing it as one more symptom of essentialism.« (Villa 1992: 719)

Diese überspitzte Charakterisierung wird jedoch weder dem sogenannten postmodernen Denken noch Arendts affirmativer Haltung gegenüber der antiken Polis gerecht, die vielfach als nostalgisch bezeichnet wurde. Vielmehr lässt sich ihre uneingeschränkt positive Darstellung des attischen Stadtstaats wie die emphatische Konzeption des menschlichen Wesens im Sinne der »personale[n] Einzigartigkeit« (VA 219) ebenso gut als Methode verstehen, um eine radikale Kritik an der Gegenwart zu formulieren.[112] Bei

112 S.o., Kap. 3.2.2.

Arendts Verständnis der Pluralität und Person handelt es sich nicht um eine »essentielle ›Natur‹ des Menschen, sondern [um] eine (immer bedrohte) Möglichkeit« (Jaeggi 1997: 29), die gerade hierdurch politische Brisanz gewinnt. Wenn die Einzelnen nur innerhalb der öffentlichen Machtsphäre ihr menschliches, absolut einzigartiges Wesen entwickeln können, diese aber in der modernen Massengesellschaft nahezu unmöglich geworden ist, dann ist damit gesagt, dass die gegenwärtigen Zustände keine menschenwürdigen sind (vgl. VA 407ff.). Zugleich wird durch den Verweis auf die in früheren Zeiten völlig anders gestaltete Politik die grundsätzliche Möglichkeit zur Veränderung von Selbst- und Weltverhältnissen aufgezeigt.

Wird Arendt nicht als Nostalgikerin der Vergangenheit, sondern als radikale Kritikerin der Gegenwart vorgestellt – und es mag sein, dass es sich bei diesen unterschiedlichen Charakterisierungen weniger um eine inhaltliche Differenz als um eine Frage der Darstellung handelt –, zeigt sich hier eine weitere Parallele zu Foucault. Auch wenn Villa zurecht behauptet, dass die rigiden Dichotomien Arendts und die Rede von drei menschlichen Grundbedingungen Foucaults Denken fremd sind, schließt sein dem Humanismus kritisch gegenüber stehender genealogischer Ansatz nicht jede Form von Ontologie aus. Vielmehr lässt sich sein Ansatz als »historische Ontologie« (Hacking 2002; vgl. Saar 2007a: 323ff.) bezeichnen. Sie besteht nicht nur in der Analyse historisch gewachsener Grenzen, die die Möglichkeit des Seins beschränken und zu denen auch die von Arendt gezogene Trennlinie zwischen Natur und Welt gehören könnte. Darüber hinaus verweist sie über den Kontrast von vergangenen und gegenwärtigen Seinsmöglichkeiten auf deren Transformationsfähigkeit. Diesen Effekt kann nicht nur Foucaults genealogische Auseinandersetzung mit der antiken Sorge um sich erzielen, sondern auch Arendts Darstellung der Sorge um die Welt wie sie im attischen Stadtstaat praktiziert wurde. Sie verdeutlicht, dass Politik nicht notwendigerweise in bürokratischer oder neoliberaler Existenzverwaltung bestehen muss, sondern auch die freie Gestaltung von Selbst- und Weltverhältnissen bedeuten kann. Die politische Ontologie Arendts wie die historische Foucaults verweisen auf die grundsätzliche Möglichkeit und Freiheit zur Veränderung des menschlichen Wesens und seiner Bedingungen durch konkrete Praktiken, die Macht und Subjekte hervorbringt.

Die Freiheit der Sorge um sich und der Sorge um die Welt

Der praxeologischen Ausrichtung der Machtbegriffe von Foucault und Arendt entspricht ein ebensolches Verständnis von Freiheit, die »ein positiver Modus des Handelns« (VA 312; DE4/306: 285) ist.[113] Im Gegensatz zu zeitgenössischen Befreiungstheorien wird Macht hierbei nicht als Antonym, sondern als Voraussetzung von Freiheit verstanden (vgl. ÜR 185; DE4/356: 876f.; Orlie 1997:76). »[Ä]hnlich der foucaultschen Konzeption ist auch bei Arendt Macht weder Substanz noch Form, sondern ein Verhältnis zwischen Handlungsweisen, was die Bedingung für Freiheit ist« (Hark 2001: 89). Freiheit ist maßgeblich als Handlungsfreiheit zu verstehen. Sie fällt »mit dem Handeln zusammen« (ZVZ 7: 206), insofern sie praktiziert werden muss, um sich zu realisieren (vgl. Schmidt 2013: 126; Raimondi 2014: 75). Weil Freiheit wie Macht in konkreten praktischen Relationen besteht, kann sie nur in der Auseinandersetzung mit anderen erfahren werden. Arendt und Foucault wenden sich mit dieser Konzeption gegen die gleiche Kontrastfolie, die Freiheit auf Willensfreiheit und Souveränität reduziert (vgl. ZVZ 7: 205; DE3/192: 199; DE3/193: 224ff.; Zerilli 2010: 34). Stattdessen »sind Freiheit und Souveränität so wenig miteinander identisch, daß sie nicht einmal zusammen bestehen können.« (ZVZ 7: 214; vgl. u.a. Dossa 1989: 83; Hark 2001: 89).

Ebenso wie die Gemeinsamkeiten resultieren auch die Differenzen der Freiheitsbegriffe von Foucault und Arendt aus ihren praxeologischen Ansätzen. Arendt lokalisiert die Freiheit unzweideutig und unmittelbar in der politischen Sphäre. »Ohne einen politisch garantierten öffentlichen Bereich hat Freiheit in der Welt keinen Ort, an dem sie erscheinen könnte [...]. Im Sinne einer nachweisbaren Realität fallen Politik und Freiheit zusammen, sie verhalten sich zueinander wie die beiden Seiten der nämlichen Sache.« (ZVZ 7: 201f.)

Arendts Verständnis von Freiheit ist aufgrund der genuin politischen Ausrichtung ihres Handlungsbegriffs aufs Engste mit der Politik verbunden. Handeln ist per definitionem politisch und frei. Gleiches gilt für Politik und Freiheit, die ausschließlich durch das Handeln realisiert werden.

»Verstehen wir das Politische im Sinne der Polis – zu der nur zugelassen war, wer weder als Sklave dem Zwang durch andere noch als Arbeiter der Notwendigkeit des biologischen Lebensprozesses unterworfen war –, so stellt es den Erschei-

---

113 Eine andere Auffassung des Verhältnisses von Foucaults und Arendts Freiheitsbegriffs findet sich bei Gordon (2002: 134).

nungsraum dieser nur dem Handeln eigenen virtuosen Freiheit dar. Der politisch-öffentliche Bereich ist dann der weltlich sichtbare Ort, an dem Freiheit sich manifestieren, in Worten, Taten, Ereignissen wirklich werden kann, die ihrerseits in das Gedächtnis der Menschen eingehen und geschichtlich werden.« (ebd.: 207)

Freiheit wird von Arendt wie Macht und Politik von Herrschaft und der durch sie bestimmten Privatsphäre abgegrenzt. Sie besteht ebenso in der negativen Freiheit vom Zwang der Natur und körperlicher Bedürftigkeit wie in der positiven Freiheit zur Gestaltung der Welt. Deshalb ist die private »Sorge um das Leben [der öffentlichen Sorge um] [...] die Freiheit der Welt« (ebd.: 208) entgegengesetzt.

Im scharfen Kontrast dazu skizziert Foucault in der Auseinandersetzung mit der antiken Ethik eine Form der Freiheit, die nicht in der öffentlichen Machtsphäre, sondern im Selbstverhältnis der Individuen verortet ist. Demnach dreht sich »die Ethik als reflektierte Praxis der Freiheit ganz um diesen fundamentalen Imperativ [...]: ›Sorge dich um dich selbst.« (DE4/356: 880) Über die Selbstpraktiken, die sich auf den eigenen Körper, die eigenen Gedanken und die eigene Seele beziehen, bringt sich das Subjekt als ethisches und freies hervor. »Das *ethos* von jemandem äußert sich in seiner Kleidung, seiner Bewegung, seiner Art zu gehen, in der Ruhe, mit der er auf alle Ereignisse reagiert usw. Darin besteht für sie [die Griechen] die konkrete Form der Freiheit, so problematisieren sie ihre Freiheit.« (DE4/356: 882) Während sich die ethische Freiheit über einen reflektierten Umgang mit Fragen der Ernährung, der Sexualität und dem äußeren Erscheinungsbild manifestiert, handelt es sich bei diesen Themen Arendt zufolge um die Lebensnotwendigkeiten, die das Gegenteil von Freiheit darstellen.

Der Grund für diese komplementäre Lokalisierung der Freiheit im öffentlich-politischen und leiblich-ethischen Bereich verweist wiederum auf die Gemeinsamkeit beider Ansätze: Ihrem praxeologischen Machtbegriff entsprechend stellt Freiheit einen Effekt von Praktiken dar, worunter Arendt politisch-kollektive Tätigkeiten, Foucault hingegen Selbstpraktiken versteht. Während das politische Handeln die öffentliche Sphäre hervorbringt, fallen bei der Sorge um sich Subjekt und Objekt des Handelns in eins. Durch die Selbsttechniken der Sorge um sich gibt das Subjekt der Freiheit, die ihm im Sinne der Handlungsfähigkeit nahezu immer zukommt, eine ethische Gestalt und konstituiert sich hierdurch zugleich selbst als ethisches Individuum.[114] Wie anhand des Machtvergleichs bereits dargestellt wurde, geht auch Arendt davon aus, dass die Individualität der Einzelnen erst innerhalb konkreter und freier Handlungen entsteht. Allerdings sind sie gerade nicht an einer Sorge um sich, sondern an der Sorge um die Welt ausgerichtet.[115]

Auch Butler erkennt die praxeologische Ausrichtung des Freiheitsbegriffs als Gemeinsamkeit beider Ansätze an, vermisst an Foucaults ethischer Konzeption jedoch die politischen Aspekte von Freiheit und Politik, die Arendt hervorhebt.

> »Arendt and Foucault both clearly have a way of understanding freedom as an exercise or a practice, thus moving us away from freedom as a natural endowment or an a priori condition. But where it seems that Arendt specifies certain forms of political freedom, such as revolution, as concerted action, I have a more difficult time finding an equivalent to that notion of Foucault. Perhaps the category of the ›subject‹ or even ›the self‹ works across the individual/social distinction in Foucault, but it does not seem to do enough to establish […] the forms of freedom that we might understand as undertaken by alliances.« (Butler 2015: 241f.; vgl. 2011a: 42; Brown 2015: 48)

Zerilli teilt diese Auffassung Butlers und kritisiert Foucaults Werk mit deutliche(re)n Worten für die Unterminierung von Phänomenen des kollektiven Handelns, die emanzipatorische Transformationen gesellschaftlicher Verhältnisse ermöglichen. Demnach geht Foucault »selbstverständlich davon aus[…], Freiheit entstünde durch Veränderungen der Subjektivität, die wiederum Veränderungen in der Welt zur Folge hätten, während er abgesehen von einer hoch individualisierten Konzeption des An-sich-selbst-Arbeitens weitgehend die Erklärung schuldig bleibt, wie man die eigene Subjektivität verändert.« (Zerilli 2010: 33) Für Myers (vgl. 2013: 45–52) birgt Foucaults Fokussierung auf die (ethische) Freiheit des Subjekts darüber hinaus die Gefahr, dass hierdurch die Problematisierung struktureller Zwänge und die Dringlichkeit gegen diese Widerstand zu leisten, zu wenig Beachtung fänden.

Die von Butler, Zerilli und Myers geteilte Einschätzung, dass sich Phänomene des kollektiven Handelns und emanzipatorischer sozialer Bewegungen kaum in Foucaults Texten finden, ist sicherlich korrekt. Allerdings lässt sich fragen, ob diese Beobachtung notwendigerweise als Kritik for-

---

114 Zum Freiheitsbegriff Foucaults, s.o., Kap. 3.1.1.

115 Zur werkimmanenten Darstellung der praxeologischen Ausrichtung des arendtschen Personenbegriffs s.o., Kap. 1.3.1.

muliert und sein Werk an einem Anspruch gemessen werden muss, der nicht der seine ist. Stattdessen macht es Sinn, die Leerstelle der politischen Sorge um die Welt als Ausdruck der Kohärenz zu verstehen, die Foucaults Ansatz in Hinblick auf Gegenstand, Methode und Ziel aufweist. In seinen letzten Lebensjahren hat er sein eigenes Denken in die Tradition einer kritischen Philosophie gestellt, die sich gegen Herrschaft wendet und auf Freiheit ausgerichtet ist.

»Auf ihrer kritischen Seite, ich verstehe kritisch in einem sehr weiten Sinne, ist die Philosophie das, was alle Erscheinungen der Herrschaft, auf welcher Ebene und in welcher Form auch immer sie sich darstellen, immer wieder politisch, ökonomisch, sexuell, institutionell usw. in Frage stellt. Diese kritische Funktion der Philosophie leitet sich bis zu einem gewissen Punkt vom sokratischen Imperativ ab: ›Befasse dich mit dir selbst‹, was bedeutet: ›Gründe deine Freiheit auf die Meisterung deiner selbst.‹« (DE4/356: 902)

Dieses Verständnis von Freiheit und Philosophie ist ohne Zweifel insofern individualistisch als es das Subjekt und dessen Selbstverhältnis zum Gegenstand hat. Da das Subjekt Effekt historisch spezifischer Machtverhältnisse und nicht Resultat individueller Entscheidungsprozesse ist, handelt es sich bei der Analyse des Subjekts jedoch zugleich um ein politisch hochgradig brisantes Thema. Der Philosophie kommt dabei die Aufgabe zu, das Instrumentarium bereit zu stellen, das den Einzelnen zu einer kritischen Prüfung ihrer selbst dienen kann, um ein größeres Maß an Freiheit zu gewinnen. Foucaults Arbeiten »helfen [zu] entdecken, wie willkürlich Institutionen sind, welche Freiheit wir immer noch haben und wie viel Wandeln immer noch möglich ist.« (DE4/362: 961) Dieser Aufgabe widmet er sich über genealogische Verfahren, um auf die historische Kontingenz von Macht-Wissens-Relationen zu verweisen, innerhalb derer die Einzelnen zu spezifischen Subjekten werden. Dabei kann er weder prognostizieren noch garantieren, dass die Erfahrung von der historischen Gewordenheit und Transformationsfähigkeit des Selbstverhältnisses auch den Effekt bei der Leserschaft erzielt, tatsächlich freier zu leben. Stattdessen liegt es am jeweiligen Selbst, diese Erfahrung praktisch werden zu lassen, indem es die »historisch-kritische Reflexion an konkreten Praktiken« (DE4/340: 707) erprobt und bestehende Grenzen überschreitet, um ein Mehr an Freiheit zu erlangen. Weil emanzipatorische Transformationsprozesse des Subjekts durch eine individuelle, intime und eigenständige Prüfung des Selbst stattfinden, lassen sie sich nicht auf einer allgemeinen theoretischen (Text-)Ebene systematisch darstellen.

Deshalb läuft Foucault nicht nur »Gefahr, auf der Ebene des Individuellen zu bleiben, ohne jemals die neuen Institutionen und Lebensformen begründen zu können, an denen ihm soviel lag« (Zerilli 2010: 34). Vielmehr nimmt er diese Beschränkung bewusst in Kauf. Foucault zufolge ist es nicht die Aufgabe der Philosophie, Institutionen zu begründen, sondern bestehende infrage zu stellen. Sie ruft nicht zu kollektivem Handeln auf, sondern ermöglicht den Einzelnen, ihr eigenes Verhalten in Hinblick auf die Machtverhältnisse zu hinterfragen, die ebenso wie sie selbst historisch geworden und deshalb veränderbar sind. Dabei impliziert die ethische Selbstprüfung nicht per definitionem eine Transformation der Gesellschaft, sondern des Selbst, die zwar Effekte auf die politischen Verhältnisse haben kann, aber nicht muss. Die ethische Freiheit des Individuums, die an der Sorge um sich ausgerichtet ist, ist somit weder mit der Sorge um die Welt und der Erfahrung der politischen Freiheit identisch noch führt sie kausal zu ihr. Aufgrund seines Verständnisses von Philosophie und der Sorge um sich als reflektierter Form der Freiheit, ist es völlig kohärent, dass Foucault als Universitätsprofessor über die politische Freiheit der Sorge um die Welt schweigt. Die dadurch entstehende Leerstelle, die Zerilli, Brown, Butler und Myers zurecht feststellen, muss deshalb nicht als Ausdruck werkimmanenter Insuffizienz oder einer ignoranten Haltung gegenüber dem politischen Bereich verstanden werden. Vielmehr zollt Foucault der Politik Tribut, indem er die Grenzen seiner eigenen Disziplin anerkennt und sich der Sorge um die Welt nicht als Philosoph, sondern als politischer Aktivist widmet. Auf diese Weise wird er Arendts Forderung gerecht, als Philosoph der Politik keine Handlungsanweisungen geben zu wollen, sondern sie als eine eigenständige Sphäre anzuerkennen.

3.3.2. Perikles vs. Platon – Politik vs. Philosophie?

Die vorherigen Unterkapitel mögen suggerieren, dass Arendt und Foucault ihr jeweiliges Macht- und Freiheitsverständnis durch systematische Abhandlungen und Definitionen entwickeln. Tatsächlich sind es zumeist historische Dokumente und kulturgeschichtliche Topoi, anhand derer sie sich diesen Begriffen nähern. In seinen letzten beiden Vorlesungen greift Foucault überraschenderweise wie Arendt auf das Bild der attischen Polis und die Philosophie Platons zurück, um das Verhältnis von Politik und Philosophie zu untersuchen. Um ihre divergierenden Auslegungen identischer Topoi und Textstellen bei Thukydides und Platon zu vergleichen, fungiert ihr zuvor erläutertes, komplementäres Machtverständnis im Folgenden als Analyseinstrument.

Perikles und Politik

Perikles wird von Arendt und Foucault als Inbegriff des politischen Helden beschrieben, wobei sie anhand der zugrunde liegenden Schriften von Thukydides ein spezifisches Verständnis politischer Praxis entwickeln. Hierfür beziehen sie sich weniger auf die historische Person als auf das »Bild des Perikles« (RSA 439). Dass die großen Narrationen der Antike »nichts mit der historisch nachweisbaren Entstehungsgeschichte der griechischen Stadtstaaten zu tun« (VA 248) haben, stellt für beide nicht deren Relevanz für die philosophische Denktradition infrage.[116] Ihr wendet sich Foucault am Ende seines Schaffens zu, wobei er wie Arendt das politische Sprechen als machtgenerierende Praxis beschreibt, die in der attischen Demokratie des Perikles ihren Ursprung hat. Arendt zufolge ist diese Blütezeit der demokratischen Macht zugleich ihre einzige gewesen. »Nichts vielleicht ist in unserer Geschichte so selten und so kurzfristig gewesen wie echtes Vertrauen auf Macht; […] [e]inmalig jedenfalls […] sind die Worte des Perikles, wie Thukydides sie berichtet, als sei die δύναμις, die das Handeln erzeugt, so vollkommen in ihrer Mächtigkeit, daß [es] […] für immer in der ihm eigenen ›Dynamik‹ schwingt.« (ebd.: 259)

Da das Handeln innerhalb der Polis maßgeblich im öffentlichen Sprechen besteht, sind diese Tätigkeiten unmittelbar miteinander verbunden und bringen durch die ihnen eigene Macht die öffentliche Sphäre als solche hervor (vgl. ebd.: 35f.). Auch Foucault bestimmt die Rede in der attischen Demokratie als »Praxis« (RSA 246; vgl. Dyberg 2014: 3) und Macht die Voraussetzung dar. Als »Beziehungsstoff« (Gehring 2004: 115) hält sie die Menschen ebenso zusammen wie das demokratische Gefüge, das Foucault wie Arendt in der antiken Polis des Perikles optimal verwirklicht sehen. Perikles Thukydides (zit.n. RSA 224; vgl. VA 259ff.) zitierend als »de[n] erste[n] Mann in Athen [der], gleich mächtig im Reden und Handeln« war. Zugleich bezieht Foucault sich auf die identische Textstelle, um das öf-

116 Dementsprechend dienen ihnen historiographische wie fiktionale Textgattungen unterschiedslos als Quellen, wobei sie auf die Historiographien von Thukydides ebenso Bezug nehmen wie auf antike Dramen (vgl. RSA 63–220; VA 218, 242ff.) und philosophische Abhandlungen von Platon (vgl. RSA 266–470; VA 384–388, 209–212) und Aristoteles (vgl. MW 72– 82; VA 22–25, 100–102).

fentliche Sprechen von Arendt abweichend als »politische parrhesia« (RSA 443) zu bezeichnen, auch wenn er eingestehen muss, dass dieser Begriff von Thukydides selbst nicht verwendet wird (vgl. ebd.: 222). Die Spezifik des politischen (Wahr-)Sprechens stellt Arendt und Foucault zufolge die Tatsache dar, dass sie sich »an die einzelnen wie an das Kollektiv, die polis usw. richten soll« (ebd.: 380) Sie besteht »in einer bestimmten Art und Weise […], die Macht durch die Rede und das Wahrsprechen auszuüben« (ebd.: 200; vgl. VA 252). Diese machtgenerierenden (Sprech-)Handlungen sind Foucault zufolge konstitutiv auf die anderen angewiesen, weil »niemals nur die Macht einer einzigen Person in der parrhesia zur Ausübung kommt. Damit es parrhesia gibt, muß es eine Auseinandersetzung zwischen verschiedenen Personen geben.« (RSA 224) Ähnlich beschreibt Arendt den relationalen Aspekt der Macht, wenn sie betont, dass sie nur im »Zwischen« (DT 161) der Menschen entsteht und deshalb ausschließlich »unter der Bedingung der Nicht-Souveränität« (VA 312) realisiert werden kann.

Der relationale Charakter der Macht findet sich ebenso in ihrer jeweiligen Darstellung der politischen Praxis innerhalb der attischen Demokratie wieder wie die Abgrenzung von Macht und Herrschaft. Das »hervorragende Merkmal der Tyrannis [ist] das Prinzip der Isolierung […] [, die] aktiv die Entstehung von Macht« (ebd.: 256) verhindert, weil letztere durch Befehle oder Gewaltausübung Einzelner zerstört wird. Während Herrschaft Handlungsfreiheit verringert, stellt sie für die

> »Es darf sich nicht um die Macht eines Monarchen oder Tyrannen handeln, sondern im ersten Rang muß es mehrere Leute geben, die den größten Einfluß haben. In der Tat ist es eben […] sowohl das Paradox als auch das Genie von Perikles, es so eingerichtet zu haben, daß er allein zugleich der einflußreichste Mann war, daß aber die Art und Weise, wie er seine Macht durch die parrhesia ausübte, weder die eines Monarchen noch eines Tyrannen, sondern ganz demokratisch war.« (RSA 224; vgl. VA 252, 36ff.)

Im Unterschied zur Herrschaft besteht Macht innerhalb der Polis in einem Wettstreit, der die prinzipielle Gleichheit der Beteiligten voraussetzt, auf deren Basis einige wenige sich durch ruhmreiche Taten profilieren und so zum »primus inter pares« (VA 235) werden. Foucault und Arendt betonen hierbei die Relevanz der rechtlichen Verankerung von Gleichheit, die ebenso durch die »isonomia« (RSA 195; ÜR 35f.), die Gleichheit aller vor dem Gesetz, garantiert, wie durch die Redefreiheit, »isegoria« (RSA 194), ermöglicht wird. »Sie ist das Recht zu sprechen […] [und] besteht darin, daß jeder in Abhängigkeit von der Verfassung der Stadt (ihrer politeia) das Recht hat, seine Meinung abzugeben« (ebd.: 205). Entscheidend ist dabei, dass die gesetzlichen Kategorien lediglich als institutionelle Struktur die Bedingung der Politik, nicht aber die politische Praxis selbst darstellen. So erklärt Arendt, »daß die Griechen, im Unterschied zu allen späteren Begriffen von Politik, die Tätigkeit des Gesetzgebers nicht unter die eigentlich politischen Tätigkeiten rechneten. Für sie glich der Gesetzgeber dem Erbauer der Stadtmauern, dessen Werk beendet sein musste, bevor das eigentlich politische Leben mit den ihm eigenen Tätigkeiten beginnen konnte.« (VA 244)

Auch Foucault hebt anhand der Differenzierung von isegoria und parrhesia hervor, dass Politik nicht in der Formulierung und Befolgung von Gesetzen, sondern in »effektive[r] politische[r] Praxis« (RSA 240) besteht. Politik wird somit nicht inhaltlich, sondern formal über die politischen, machtgenerierenden Tätigkeiten definiert (vgl. ebd.: 207, 380; VA 33–38, 251–263). Hierdurch unterscheidet sich das Politikverständnis, das Arendt und Foucault anhand der antiken Polis beschreiben, von Konzeptionen, die vorrangig an spezifischen Staatsmodellen und deren Zielsetzungen orientiert sind.

Der spezifische Modus der politischen Praktiken ist hingegen ihr agonaler Charakter, ihre Ausrichtung auf die Öffentlichkeit der Polis und ihre machtgenerierende Kraft, in der auch die Spezifik der Politik besteht. »The democratic political life, as Arendt understands it, is agonistic, often raucous, and passionate in its moral commitments; it is neither narrowly legalistic nor top down in its functioning.« (Villa 1999: 118f.) Macht wird in diesem Kontext von Arendt auf den griechischen Begriff der »δύναμις« (VA 252, 259) zurückgeführt und wie von Foucault in einen unmittelbaren Zusammenhang mit der »Dynamik« (ebd.: 259; RSA 203) des öffentlichen Wettstreits in der Polis gestellt. Durch sie entsteht die für das politische Leben in der Hochantike charakteristische variable und dynamische Struktur der Macht. Diese Form der Auseinandersetzung wird erst dann möglich, wenn nicht durch Geburt, Institution oder Gewaltmonopol bereits entschieden ist, wer das Sagen und damit am meisten Macht hat.

Politik besteht zu Perikles Zeiten nicht in einer geregelten Machtordnung oder -verteilung, sondern in dem von Arendt und Foucault als »agonal« (VA 243; RSA 204) bezeichneten Ringen um sie, ohne auf einen reinen Machtkampf reduziert zu sein. Denn das primäre Ziel der Beteiligten ist nicht, die Macht um ihrer selbst willen zu erlangen oder sie dem Herrschaftswillen entsprechend als Instrument für die Durchsetzung individueller Interessen zu nutzen. Stattdessen kämpfen sie um den Einfluss in der Polis, um hierdurch für die öffentlichen Angelegenheiten Sorge zu tragen, »die polis zu handhaben, sich um sie zu kümmern.« (RSA 141) Im demokratischen Stadtstadt steht das »ausgesprochen individualistisch[e]« (VA 243) Streben nach Ruhm und »Überlegenheit« (RSA 203) somit nicht im Gegensatz zum Wohl der Polis. Vielmehr befinden sich Wettstreit und Konsens, Individualität und Kollektivität in einem sich wechselseitig fördernden Verhältnis (vgl. Villa 1999: 114).

Da nicht vorhergesagt werden kann, ob der Wettstreit für die Einzelnen mit Anerkennung und Ruhm oder dem Verlust des Ansehens, der Zugehörigkeit zur Polis oder gar zur Gefährdung des eignen Lebens führt, impliziert er stets ein existenzielles »Risiko« (VA 220; RSA 140, 225). »Wer immer sich in den politischen Raum wagte, mußte vorerst auch bereit sein, das eigene Leben zu wagen, und eine allzu große Liebe für das Leben konnte der Freiheit nur im Wege sein, sie galt als sicheres Anzeichen einer sklavischen Existenz« (VA 46). Um der Gefahr, die ein charakteristisches und notwendiges Merkmal des (Wahr-)Sprechens darstellt, zu begegnen, bedarf es Arendt und Foucault zufolge der Bereitschaft und des Mutes, die eigene Existenz aufs Spiel zu setzen (vgl. ebd.: 232; RSA 226). Das »Problem des Risikos [birgt] das Problem des Mutes« (RSA 226).

Die Voraussetzung beider Phänomene besteht in der produktiven Kraft des Sprechaktes, die nicht nur Macht, sondern auch die Einzelnen als politische Subjekte und Personen erst hervorbringt. »Handelnd und sprechend offenbaren die Menschen jeweils, wer sie sind, zeigen aktiv die personale Einzigartigkeit ihres Wesens, treten gleichsam auf die Bühne der Welt, auf der sie vorher so nicht sichtbar waren« (VA 219). Durch dieses In-Erscheinung-Treten innerhalb der öffentlichen Sphäre, zeigt sich die absolute Individualität der Einzelnen, die sich und ihre Meinung hierdurch dem Blick und Urteil der anderen aussetzen. Diese durch den Sprechakt entstehende existenzielle Verbindung zwischen der sprechenden Person und ihrer Ansicht über die Welt findet sich in gewisser Hinsicht auch in Foucaults Beschreibung der parrhesia.

»Der Parrhesiast gibt seine Meinung kund, er sagt, was er denkt, er unterzeichnet gewissermaßen selbst die Wahrheit, die er ausspricht, er bindet sich an diese Wahrheit und verpflichtet sich folglich auf sie und durch sie. […] [D]amit parrhesia vorliegt [...], muß das Subjekt, [indem es][117] diese Wahrheit [sagt][118], die es als seine Meinung, seine Gedanken, seine Überzeugung kennzeichnet, ein gewisses Risiko eingehen, ein Risiko, das gerade die Beziehung zu demjenigen betrifft, an den es sich wendet. (MW 26f.)

Nur weil die Sprechenden sich durch die Rede auf existenzielle Weise ihrer Meinung verpflichten, kann die Gefahr bestehen, dass mit ihrer Meinung auch sie selbst abgelehnt, ausgestoßen oder angegriffen werden. Während gewöhnliche Sätze beiläufig getroffen, korrigiert oder zurückgenommen werden können, lässt sich das Sprechen in der Polis nach Foucault und Arendt als performativer Akt verstehen, der das Subjekt unwiderruflich an den Sprechakt bindet. Die ausgesprochene Meinung stellt nicht den Ausdruck einer bestimmten Persönlichkeit dar, vielmehr entsteht diese erst durch das (Wahr-)Sprechen. Wird unter Performativität maßgeblich dieser produktive Charakter der Sprechhandlung verstanden, dann trifft der Begriff ebenso auf Arendts wie auf Foucaults Beschreibung des (Wahr-)Sprechens zu (vgl. u.a. Honig 1992: 216f; Pulkkinen 2000: 48; Butler 2015: 238).[119]

Die frappanten Ähnlichkeiten, welche die Darstellungen politischer (Sprach-)Praxis in der attischen Polis durch Arendt und Foucault aufweisen, werden angesichts ihrer divergierenden Ansätze relativiert. Arendt entwickelt über die plastische Beschreibung des alten Athens ihre politi-

117 Einfügung durch die Herausgeber.

118 S.o.

119 Auch wenn Foucaults Werk heute vielfach, unter anderem durch die Relektüre Butlers, mit dem Begriff der Performativität assoziiert wird, stellt dieser Begriff für ihn ebenso wenig ein Analyseinstrument dar wie für Arendt. In seiner vorletzten Vorlesung geht er allerdings auf den Begriff der performativen Aussage von Austin ein, um sie als »Gegenbeispiel« (RSA 87) zur Begriffsbestimmung der parrhesia hinzuziehen zu können. Anders als performative Äußerungen erzielt die parrhesia demnach gerade keine vorhersehbare Wirkung und setzt nicht notwendigerweise einen bestimmten Status der sprechenden Person voraus, wohl aber deren aufrichtige Haltung gegenüber dem Gesprochenen. Doch all diese Aspekte, die Foucault zufolge performative Aussagen von parrhesiastischen Sprechakten unterscheiden, beziehen sich nicht auf die produktive Kraft, die in heutigen Diskursen maßgeblich mit der Bezeichnung der Performativität verbunden ist (vgl. u.a. Derrida 1988; Butler 1997: 35–41; Gronau/Lagay 2015: 25f.). Wird der Begriff primär in diesem Sinn des Hervorbringens eines Phänomens über eine spezifische Praxis verwendet, trifft er durchaus auf die Effekte des (Wahr-)Sprechens zu, die Foucault wie Arendt anhand der Figur des Perikles beschreiben, weshalb Butler zurecht konstatiert »There is clearly a performative dimension to speaking in some of the late work an a presumption that self-constitution happens in relation to others.« (Butler 2015: 238)

sche Ontologie, weshalb dieser Topos ein zentraler Grundstein ihres Denkens darstellt, auf den sich viele ihrer weiteren Schriften zurückführen lassen. Der Dreiteilung menschlicher Tätigkeiten im Sinne der Vita activa entsprechend, entwickeln die Einzelnen erst und ausschließlich innerhalb der politischen Öffentlichkeit ihre unvergleichbare Persönlichkeit und werden so ihrer spezifisch menschlichen Existenz gerecht. Foucault versteht die Polis dagegen nicht als Inbegriff für die Sphäre des »politischen Lebewesen[s]« (VA 33). Vielmehr nutzt er sie als einen unter vielen verschiedenen Untersuchungsgegenständen, um die Frage zu beantworten, wie Subjekte innerhalb historisch spezifischer Macht-Wissensrelationen ihr eigenes Wesen gestalten. Dementsprechend liegt sein Fokus auch bei der Untersuchung der Polis ganz auf dem parrhesiastischen Subjekt, während Arendt anhand dieses Topos die Pluralität als genuin politische Grundbedingung aller Menschen hervorhebt.

Dem unterschiedlichen Stellenwert, den Arendt und Foucault dem Topos der Polis für ihr Gesamtwerk zukommen lassen, entspricht die Divergenz ihrer Perspektiven und Forschungsinteressen. Während Arendt die Polis und Perikles als Inbegriff der politischen Sorge um die Welt vorstellt, liegt Foucaults Fokus auf dem antiken Selbstverhältnis der Sorge um sich. Dass er sich dennoch in seinen letzten beiden Vorlesungen mit den politischen Machtverhältnissen innerhalb der Polis auseinandersetzt, ist nach eigenen Angaben weniger einem bewussten Vorhaben als dem Gegenstand des antiken Wahrsprechens geschuldet. »Der Begriff der parrhesia […] ist zuerst und im Grunde ein politischer Begriff. Und die Analyse der parrhesia als eines politischen Begriffs führte mich natürlich etwas von meinem unmittelbaren Projekt ab: Der Frühgeschichte der Praktiken des Wahrsprechens über sich selbst.« (MW 22) Gerade weil Foucault mit Arendt die Auffassung teilt, dass die öffentlichen Reden des Perikles nicht dem ethischen Selbstverhältnis, sondern der Polis verpflichtet sind (vgl. RSA 141; vgl. VA 38–47), ist diese Form des Wahrsprechens für sein Projekt weniger interessant. Für die Untersuchung der Philosophie und der »Selbstkultur der Antike« (MW 22) genügt es, die Politik lediglich in Hinblick auf Philosophie zu bestimmen. Demnach ist die »Politik […] dasjenige, wodurch, auf dessen Grundlage und in Beziehung worauf das philosophische Wahrsprechen seine Wirklichkeit finden muß.« (RSA 372) Diese philosophische Perspektive auf die Politik und die Fokussierung auf das einzelne Subjekt wird von Arendt angegriffen, weil sie der Spezifik der Pluralität und des gemeinsamen Handeln nicht gerecht wird. Diese Kritik an der Philosophie verweist auf die konflikthafte Beziehung von Philosophie und Politik, die Arendt und Foucault anhand von Platons Schriften problematisieren.

Platon und das Verhältnis von Philosophie und Politik

Arendt und Foucault teilen die Auffassung, dass sich Philosophie ebenso wie Politik weniger durch ihren Gegenstand als durch ihre Praxis auszeichnet. Diese genuin philosophische Tätigkeit wird von beiden als Dialektik bestimmt. Auf den Phaidros (Platon 2013c) Bezug nehmend, setzen sie ihr die politische Sprechweise der Rhetorik und der Überredung entgegen, die sie als »spezifisch politische Form der Rede« (PP 381; vgl. RSA 381) bezeichnen. Ein zentraler Unterschied »zwischen Überredung und Dialektik besteht darin, daß erstere sich an eine Menge richtet [...], während Dialektik nur als ein Dialog zwischen zweien möglich ist.« (PP 385; vgl. RSA 409)

Die Sprechweisen der Rhetorik und Dialektik werden von Arendt und Foucault zur Interpretation des Prozesses gegen Sokrates herangezogen, wie er in der Apologie (Platon 2013a) geschildert wird. Demnach vermeidet Sokrates die Verwendung rhetorischer Mittel in seiner Verteidigungsrede und versucht stattdessen ein philosophisches Gespräch zu inszenieren. Dabei handelt es sich Foucault zufolge um eine für die Politik »fremdartige Rede, die Sokrates in diesem institutionellen politisch-gerichtlichen Rahmen halten wird.« (RSA 393) Soweit stimmt Arendt mit Foucaults Darstellung überein. Allerdings erkennt sie in der Verweigerung des Sokrates, sich der Rhetorik zu bedienen und hierdurch eine »politische Rolle zu spielen« (PP 392), die mangelnde Fähigkeit und Motivation des Philosophen, sich auf das politische Geschehen einzulassen. Diese Negierung der politischen Spezifik durch die Philosophie gewinnt ihr zufolge nach dem Tod Sokrates zunehmend programmatischen Charakter und stellt den Grund des über Jahrtausende anhaltenden Konflikts zwischen Philosophie und Politik dar.

»[E]s war nicht Plato, sondern Sokrates, der als erster Philosoph die Linie überschritt, die von der Polis für den sophos [...] gezogen wurde [...]. [...] Sokrates' Fehler bestand darin, sich in der Form der Dialektik an seine Richter zu wenden, weshalb er sie nicht überreden konnte. Weil er andererseits die der Überredung innewohnenden Grenzen respektierte, wurde seine Wahrheit eine Meinung unter Meinungen, die kein bißchen mehr wert war als die Nicht-Wahrheiten der Richter.« (ebd.: 384f.)

Da Sokrates nicht bereit war, die genuin politische Redeform der Rhetorik zu wählen, verlor er das öffentliche Machtspiel, das seinen eigenen Regeln und nicht den Gesetzen der Philosophie folgt.

Foucault nutzt diesen großen kulturgeschichtlichen Topos dagegen nicht, um die Philosophie aus der Perspektive der Sorge um die Welt politikfeindliche Tendenzen nachzuweisen, sondern um Probleme der attischen Demokratie hervorzuheben. Demnach sind politikinterne Schwierigkeiten Anlass dafür, dass das (Wahr-)Sprechen nicht mehr innerhalb der Polis in Form politischer Praktiken stattfinden kann und stattdessen in philosophischen (Selbst-)Praktiken seinen Ausdruck findet. Im Gegensatz zu Arendt beschreibt Foucault die philosophisch-dialektisch gestaltete Verteidigungsrede von Sokrates nicht als falsches Verhalten, sondern als einen kritischen Akt. Er ist als Angriff auf die Rhetorik zu verstehen, zu der sich das philosophische Sprechen als oppositionelle Redeweise verhält (vgl. RSA 391–410). Anders als die Dialektik dient die Rhetorik Foucault zufolge als »Instrument, um eine Gesellschaft wieder inegalitär zu machen, der man durch demokratische Gesetze eine egalitäre Struktur auferlegen wollte.« (ebd.: 463) Der rhetorische Sprachmodus verweist auf grundsätzliche Problematiken innerhalb des Verhältnisses von Demokratie und öffentlicher Rede, die Foucault als Paradoxa der Demokratie bezeichnet.

> »Keine wahre Rede ohne Demokratie, aber die wahre Rede führt Unterschiede in die Demokratie ein. Keine Demokratie ohne wahre Rede, aber die Demokratie bedroht die Existenz der wahren Rede. Das sind […] die beiden großen Paradoxa, die sich im Zentrum der Beziehungen zwischen der parrhesia und der politeia befinden: eine dynasteia, die an die wahre Rede gekoppelt ist und eine politeia, die an die genaue und gleiche Verteilung der Macht gekoppelt ist.« (ebd.: 236)

Die wahre Rede setzt die durch die demokratische Verfassung im Sinne der politeia garantierte Gleichheit aller am öffentlichen Geschehen Beteiligten voraus, weil sich nur auf dieser egalitären Basis die Mutigsten im verbalen Wettkampf hervortun können. Zugleich unterläuft diese kompetitive Sprechweise ihr eigene Existenzbedingung, indem sich durch die agonale Dynamik ein Machtverhältnis etabliert, in dem einige wenige die Mächtigsten und somit gerade nicht mehr alle gleich sind. Neben diesem Paradoxon, das darin besteht, dass die wahre Rede die Gleichheit ebenso voraussetzt wie dazu tendiert, sie zu zerstören, beschreibt Foucault ein weiteres, das die Kehrseite des vorherigen darstellt.

Gleichheit und Redefreiheit sind die Grundsteine der Demokratie, wenn aber alle ohne Risiko sprechen können, wenn es hierfür keinen Mut braucht und keine Hürden zu überwinden sind, dann verliert auch die wahre Rede ihre Wirkungsmacht. Die Gefahr ist ein konstitutives Merkmal der parrhesia, weil sie selbst eine Bedrohung für die bestehenden Machtverhältnisse darstellt und deshalb mit Gegenwehr und Repression der Herrschenden zu rechnen hat. Wie der Mut fungiert sie als ein Indikator für die Wirkmächtigkeit des Wahrsprechens. Wenn das durch die Verfassung garantierte Rederecht tatsächlich realisiert ist und alle ohne Gefahr jede beliebige Meinung aussprechen können, stellt das ein Indiz für die Wirkungslosigkeit der politischen Rede dar. Dabei verkommt das Wahrsprechen zum beliebigen »Geschwätz« (DW 12) oder zur Rhetorik. Sie ist nicht der Wahrheit verpflichtet. Stattdessen besteht ihre Leistung gerade darin, ebenso von der Wahrheit wie der Unwahrheit überzeugen zu können und dient Foucault zufolge zumeist der »Schmeichelei« (RSA 382) der Herrschenden.

Zwar geht Arendt mit Foucault davon aus, dass die Rhetorik nicht wie die Dialektik an die Wahrheit gebunden ist. »Überredung kommt nicht von Wahrheit, sondern von Meinungen, und nur Überredung zählt [im Bereich des Politischen] und weiß, wie man mit der Menge umgeht.« (PP 384) Doch während Foucault die Rhetorik aufgrund ihrer mangelnden Bindung an die Wahrheit problematisiert und als einen Grund für den Niedergang der attischen Demokratie darstellt, ist für Arendt die klare Trennung von Wahrheit und Meinung eine Voraussetzung für gelingende politische Auseinandersetzungen. Im Gegensatz zu Foucault schreibt sie nicht der Rhetorik, sondern der Dialektik ein herrschaftsförmiges Moment zu, während Foucault gerade in dieser den Ausweg aus den der Politik immanenten Problemen erkennt.

Ein Grund für diese entgegengesetzten Einschätzungen der rhetorischen und dialektischen Sprechweise besteht in dem unterschiedlichen Wahrheitsverständnis, das ihren Auseinandersetzungen mit den antiken Topoi zugrunde liegt. Arendt, die mit den Verbrechen des Nationalsozialismus ebenso konfrontiert war wie mit deren Leugnung, beharrt auf der Differenz von Tatsachen und den Meinungen, die über sie gebildet werden.[120] Bei dieser Wahrheitskonzeption handelt es sich um eine dezidiert politische, weil sich die Tatsachen und die ihnen eigene »Wirklichkeit erst geltend [macht], wenn sie bezeugt und Gegenstand einer Kundgebung geworden sind.« (ZVZ 12: 338) Erst durch die öffentliche Auseinanderset-

120 S.o., Kap. 2.3.1.

zung gewinnen Phänomene und Ereignisse somit Wirklichkeitscharakter. Dieser droht verloren zu gehen, sobald ihre Faktizität vergessen, verleugnet oder als reine Meinungssache gehandhabt wird. In diesen Fällen steht nicht eine Ansicht über Fakten, sondern deren Existenz selbst zur Disposition, die infrage gestellt oder negiert werden kann. Aufgrund ihrer Sorge um den Bestand der öffentlichen Welt betont Arendt, dass »Tatsachen […] außerhalb aller Übereinkunft und aller freiwilligen Zustimmung« (ebd.: 341) stehen und durch die Pluralität der Menschen und ihrer Meinungen bestätigt werden (vgl. VA 72).

Dieser Kampf um die »Integrität der Tatbestände« (ZVZ 12: 339) ist nicht derjenige, den Foucault führt. Vielmehr zielen seine Genealogien auf die Erodierung der Gewissheit von Wahrheiten ab, indem sie die Historizität derjenigen Erfahrungen aufzeigen, die als natürliche und unhintergehbare Tatsachen erscheinen.[121] Weil Phänomene erst innerhalb historisch spezifischer, omnipräsenter Macht-Wissens-Relationen entstehen, ist eine Differenzierung zwischen reiner Tatsachenwahrheit und den Meinungen, die über sie gefällt werden, mithilfe der foucaultschen Denkkategorien weder möglich noch erstrebenswert. Die »Politik des Wahren« (DIMA 189) beschränkt sich nicht auf den Streit um die richtige Meinung, die über Fakten getroffen werden. Vielmehr erscheint aus dieser Perspektive die Behauptung von scheinbar unhintergehbaren Tatsachenbeständen als eine unter vielen Strategien innerhalb des Kampfs um Wahrheit, der ständig und überall tobt. In seinen letzten beiden Vorlesungen beschreibt Foucault die parrhesia als eine Waffe in diesem Gefecht, die dazu dient, sich gegen das bestehende Wahrheitsregime zur Wehr zu setzen.

Dementsprechend trennt Foucault im Gegensatz zu Arendt nicht zwischen Wahrheit und Meinung, sondern verwendet die Begriffe im Kontext der politischen parrhesia synonym (vgl. RSA 225f.). Wahrheit wird demnach nicht über die vielfältigen Perspektiven auf Tatsachen erzeugt und bewahrt, sondern über die Bindung hergestellt, die das parrhesiastische Subjekt über (Selbst-)Praktiken zu seiner eigenen Meinung aufbaut. Deshalb ist Wahrheit als »Wahrhaftigkeit« (ebd.: 94) der Einzelnen zu verstehen. Anders als Arendt, deren strikte Trennung von Meinung und Wahrheit Ausdruck eine Sorge um die Welt darstellt, ist Foucault in seinen letzten Vorlesungen an einer Form der Wahrheit interessiert, die über das ethische Selbstverhältnis hervorgebracht wird. Die divergierenden Wahr-

121 Zur Erläuterung des foucaultschen Wahrheitsbegriffs, s.o., Kap. 2.2.1.

heitskonzeptionen entsprechen somit den komplementären Forschungsperspektiven der Sorge um die Welt und der Sorge um sich.[122]

Zwar wenden sich Arendt und Foucault gegen Konzeptionen von Wahrheit, die diese als universale Kategorie oder ahistorische Substanz beschreiben. Doch im Gegensatz zu Foucaults Darstellung ist es Arendt zufolge Platon, der dieses kritikwürdige Wahrheitsverständnis etabliert. Dass Platon im Phaidros die Dialektik »in eine Beziehung […] des Gegensatzes und des Ausschlusses gegenüber der Rhetorik« (ebd.: 441; vgl. PP 384f.) bringt, stellt für sie nicht wie für Foucault die Lösung, sondern die Eskalation des Konflikts zwischen Politik und Philosophie dar. Platon strebt demnach nach philosophischen Gewissheiten und absoluter Wahrheit, weil er ein tiefes Misstrauen gegenüber politischen Meinungen entwickelte, nachdem es Sokrates nicht gelang, die Meinung des Gerichts zu ändern und von der Wahrheit zu überzeugen (vgl. PP 384). Aus der arendtschen Perspektive der Sorge um die Welt erscheint Platons Verachtung der Rhetorik und der ihm eigene Wahrheitsbegriff als Gefahr für die politische Öffentlichkeit. Indem er der Wahrheit einen absoluten Geltungsanspruch zukommen lässt, etabliert er eine »Tyrannei der Wahrheit« (ebd.) innerhalb der öffentlichen Machtsphäre. Denn Platon erhebt mit Verweis auf die allein von ihm erfahrene Erkenntnis einen höheren Geltungsanspruch für seine Wahrheit als sie der Vielzahl von Meinungen zukommt. Da die philosophische Wahrheit, die im Zuge des philosophischen Staunens erfahren wird, nicht verbalisierbar ist, kann sie auch nicht zum gemeinsamen Gegenstand öffentlicher Auseinandersetzung werden, wie Arendt mit Verweis auf den Siebten Brief Platons betont (vgl. ebd.: 396). Das Erblicken der ewigen Wahrheit lässt sich Platon zufolge »in keiner Weise wie andere Kenntnisse in Worte fassen, sondern indem es, vermöge der langen Beschäftigung mit dem Gegenstande […]123 ein entzündetes Licht in der Seele erzeugt und dann durch sich selbst Nahrung erhält.« (ebd.; vgl. Platon 2006: 105 341c–d, griech. Original 69)

Dieses Zitat Platons, das Arendt zur Beschreibung der solipsistisch-philosophischen Lebensweise dient, nutzt Foucault, um die Philosophie gerade nicht als passive, vereinzelnde Erfahrung einer metaphysischen Wahrheit, sondern als Praxis vorzustellen. »Foucault turns Arendt's argu-

---

122 Zum Verhältnis des foucaultschen Ansatzes und der Sorge um sich, s.o., Kap. 1.2.2. Zum Verhältnis des arendtschen Werks und der Sorge um die Welt, s.o., Kap. 1.3.2.

123 Aussparung durch die Verfasserin.

ment on its head: philosophers' concern with truth essentially takes the form of fearless speech, not of solitary and silent contemplation.« (Oksala 2014: 108) Hierfür bezieht er sich maßgeblich auf den Begriff der synousia, den auch Arendt durch das entsprechende griechische Zitat des Siebten Briefs hervorhebt (vgl. PP 396). »Synousia: unter einem Dach leben. Syzen: zusammenleben mit. Was ergibt sich nun Platon zufolge aufgrund dieser synousia, aufgrund dieser syzen? Nun, das Licht wird sich in der Seele entzünden, so etwa, wie ein Licht (›phos‹) sich entzündet (die Übersetzung sagt ›ein Blitz‹)« (RSA 315). Ein Grund, weshalb Foucault nicht die von der Übersetzung nahegelegte Metapher des Blitzes aufnimmt, mag darin bestehen, dass sie auf den von Arendt beschriebenen ekstatisch-solipsistischen Zustand der philosophischen Erfahrung zutrifft. Dagegen will Foucault anhand diese Zitats die Philosophie als Lebensform beschreiben, die durch das kontinuierliche Einüben von Praktiken und nicht durch eine blitzartige, unmittelbare Wahrheitserfahrung entsteht.

Der Siebte Brief, der nicht nur von Arendt herangezogen wird, um Platons Ideenlehre als herrschaftsförmig, metaphysisch oder logozentristisch anzugreifen, wird durch Foucaults ungewöhnliche Platonlektüre zu einem Pamphlet für die Philosophie als Praxis. Ihm zufolge ist in dieser Abhandlung »keineswegs das Heraufkommen eines Logozentrismus zu erkennen, […] sondern das Erscheinen […] der Philosophie; einer Philosophie, deren Wirklichkeit in der Selbstpraxis besteht.« (ebd.: 323) Dieser praxeologischen Ausrichtung von Philosophie entspricht eine ebensolche Konzeption von Wahrheit. »Damit die Rede eine wahre Rede sein kann, darf die Erkenntnis des Wahren nicht schon vorher dem Redner gegeben sein, sondern die Wahrheit muß eine stetige und beständige Funktion der Rede sein.« (ebd.: 414) Erst durch die Dialektik, der genuin philosophischen Praxis, wird die Wahrheit generiert, zu der das Selbst im Sprachvollzug eine spezifische Verbindung aufbaut und so zu ihrem Träger wird (vgl. ebd. 419f.). Eine solche Wahrheit ist aufgrund ihres praxeologischen Charakters weder ewig noch absolut oder logozentristisch, sondern verändert sich ebenso schnell und situativ wie die Praktiken, durch die sie hervorgebracht wird.

Diese Wahrheitskonzeption unterscheidet sich deutlich von der metaphysischen, die Arendt Platon zuschreibt und aus politischer Perspektive kritisiert. Wahrheit wird Foucault zufolge von Platon gerade nicht als Herrschaftsinstrument der Philosophie verstanden, sondern als praktische Lebensform, deren Wirklichkeit und Wirksamkeit konstitutiv auf die Politik angewiesen ist. Durch diese Interpretation der Schriften Platons eröffnet er die Perspektive auf ein Verhältnis von Philosophie und Politik, das Arendts Kritik an der Philosophie zu Teilen Rechnung trägt.

»[D]ie Beziehung der Philosophie zur Politik, […] [vollzieht sich] nicht in Form eines imperativischen Diskurses, durch den dem Staat und den Menschen die zwingenden Formen gegeben werden, denen sie sich unterordnen müssen, damit der Staat überleben kann. […] Der Ernst der Philosophie besteht nicht darin, den Menschen Gesetze zu geben und ihnen zu sagen, wie der Idealstaat aussieht, in dem sie leben sollen, sondern darin, sie unablässig daran zu erinnern […], daß die Wirklichkeit der Philosophie in jenen Praktiken besteht, die man an sich selbst ausübt« (ebd.: 323f.).

Wie für Arendt ist auch für Foucault eine gelungene Beziehung von Philosophie und Politik nicht als herrschaftsförmiges Verhältnis zu verstehen, in dem die Politik als ausführendes Organ der Philosophie fungiert. Indem er die Philosophie als »eine Gesamtheit von pragmata (von Tätigkeiten)« (RSA 304) bezeichnet, löst er sie aus der Dichotomie, die Arendt zwischen der solipsistischen Ideenschau und den menschlichen Angelegenheiten, den »pragmata ton anthropon« (PP 392) erkennt. Auch die Philosophie erscheint Foucault zufolge als Praxis, die gerade weil sie auf das Selbst ausgerichtet ist, zentraler Bestandteil menschlicher, wenn auch nicht öffentlicher Angelegenheiten ist. Foucault geht wie Arendt davon aus, dass sich die Philosophie an die Seele der Einzelnen richtet und somit an der Sorge des Selbst und nicht an der Polis orientiert ist. Darin erkennt er jedoch nicht eine Gefährdung der Politik, sondern vielmehr das Potential, indirekt auch für diese gewinnbringend zu sein.

Um diese Auffassung zu belegen, greift er auf den Topos des Philosophenkönigs zurück, der für Arendt wie für viele andere Inbegriff der herrschaftsförmigen Tendenzen der platonischen Philosophie ist.

»Die Philosophen müssen Könige werden oder die Könige Philosophen – was soll das heißen, wenn nicht, daß das, was im Herrscher Philosoph ist, ihm sagen wird, was er als Herrscher zu tun hat, und daß der Teil von ihm, der Herrscher ist, nichts anderes tun wird, als das, was ihm der philosophische Diskurs sagt, in Regierungshandlungen umzusetzen? […] Schließlich läuft das darauf hinaus, daß die Seele des Fürsten sich selbst gemäß der wahren Philosophie regieren können muß, um die anderen gemäß einer gerechten Politik zu regieren.« (RSA 371f.)

Der Philosophenstaat besteht dieser Interpretation zufolge nicht aus einer Regierung, die ihre Mitglieder aus der ›Berufsgruppe‹ der Philosophie rekrutiert, sondern aus Regierenden, die eine ethische Lebensführung kultivieren. Philosophie und Politik stehen der Platonlektüre Foucaults zufolge weder in einem konträren Verhältnis, wie Arendt unterstellt, noch in einem kongruenten, sondern in einer korrelierenden (vgl. ebd.: 368). Sie haben das Subjekt als Schnittpunkt, das zwischen philosophischer Lebensführung und politischer Regierung zu unterscheiden weiß und im philosophischen Dialog (Selbst-)Erkenntnisse gewinnt, die es zu einer »gerechten Politik« (ebd.: 372) befähigen. Wer die eigene Lebensweise reflektiert und bewusst gestaltet, schafft demnach die Voraussetzungen, um auch die öffentlichen Angelegenheiten auf gute Weise zu handhaben. »[D]ie Forderung dieser gesamten Moral [bestand] darin, dass derjenige, der sich in der rechten Weise um sich selbst sorgte, aufgrund dieser Tatsache in der Lage war, sich in der rechten Weise in Bezug auf andere und für diese anderen zu leiten.« (DE4/356: 878; vgl. GL 217)

Diese produktive Wechselwirkung zwischen ethischen Selbstpraktiken und politischen Regierungsweisen weicht deutlich von Arendts Auffassung ab. Denn hierdurch wird die von ihr betonte kategorische Differenz zwischen privater Selbst- und politischer Welterfahrung unterminiert. Im Kontext der Kritik an der neuzeitlichen Philosophie hebt sie hervor, dass »eine durchaus diesseitige ungeheure Aktivität möglich ist, ohne daß die Beteiligten sich am Diesseits zu orientieren brauchen, also ohne Sorge für die Welt, ohne Weltgenuß; daß all dies vielmehr dem Interesse an dem eigenen Selbst und der Sorge um das Seelenheil entspringen kann.« (VA 325) Die Sorge um die Welt besteht nicht nur in politischen Aktivitäten und öffentlichen Phänomenen, auf die sie sich beziehen, sondern auch in der Haltung, welche die Handelnden zu ihr einnehmen. Wer also politisch aktiv wird, um sich als moralischen Menschen erfahren zu können, sorgt weiterhin vielmehr für sich selbst als für die Welt. Das ethische Selbstverhältnis kann Arendt zufolge weder die politische Haltung zur Welt ersetzen noch auf sie vorbereiten. Denn die genuin politische Erfahrung, gemeinsam mit anderen, die ebenso gleichberechtigt wie verschieden sind, gegebene Verhältnisse aktiv zu gestalten und zu verändern, lässt sich nicht durch ein ethisches Selbstverhältnis vorwegnehmen oder fördern.

Auch wenn die Auffassungen von Arendt und Foucault über das Verhältnis von Philosophie und Politik deutlich auseinander gehen, ist der Auseinandersetzung mit diesem Thema die Frage nach deren Wirksamkeit und damit auch dem eigenen Schaffen inhärent. Trotz der kontinuierlichen, wenn auch häufig impliziten Beschäftigung mit der Frage nach einer gelungenen Beziehung von Philosophie und Politik, haben sich beide gegen die Bezeichnung als »Philosophin« (AG 58) und Philosoph (vgl. WK 17, DE4/281: 53) gewehrt. Grund dafür mag eine kritische Haltung gegenüber der akademischen Philosophie im Allgemeinen und der Subjektphilosophie im Besonderen gewesen sein. Im Zuge der Untersuchung ethischer Selbstpraktiken im antiken Zeitalter entwickelt Foucault allerdings ein Verständnis von Philosophie als (kritischer) Lebenskunst, die es ihm ermöglichte, sein eigenes Projekt doch als philosophisches und sich selbst als Philosophen zu verstehen. Die kritische »Philosophie [ist] das, was alle Erscheinungen der Herrschaft, auf welcher Ebene und in welcher Form auch immer sie sich darstellen, immer wieder politisch, ökonomisch, sexuell, institutionell usw. in Frage stellt.« (DE4/356: 902) (Kritische) Philosophie ist dieser Aussage zufolge weder durch die Situierung innerhalb der akademischen Sphäre noch durch die Fokussierung auf das Subjekt oder eine bestimmte Methode definiert. Stattdessen umfasst sie all jene Techniken, durch die Herrschaftskritik praktiziert wird.

Arendts Ablehnung, sich als Philosophin bezeichnen zu lassen, ist unter anderem Ausdruck ihrer Kritik an den herrschaftsförmigen Aspekten der Philosophie, die mit der Negierung der politischen Spezifik und der Pluralität einhergehen. Sie konnte und wollte sich nicht wie Foucault in eine von Sokrates und Montaigne bis hin zu Nietzsche führende Tradition der »Philosophie als Lebenskunst« (Nehamas 2000) stellen, weil auch diese primär am Subjekt ausgerichtet ist und deshalb ihrem Denken widerspricht. Anders als Foucault geht Arendt nicht davon aus, dass Philosophie per definitionem das Subjekt zum Gegenstand hat, sondern hält die Fokussierung auf das Selbst für ihren zentralen Fehler. Ihr zufolge ist es nicht nur möglich, sondern auch eine zentrale Aufgabe der Philosophie, die genuin politischen Grundbedingungen der Menschen, die öffentliche Sphäre und die in ihr vollzogenen Taten in philosophische Begriffe zu fassen (vgl. CPPT 28; PP 400). Dementsprechend nutzte Arendt das ihr zur Verfügung stehende philosophische Instrumentarium für ein Unternehmen, an dem zuvor kaum jemand in der Philosophie interessiert war: Sie machte den Umstand, dass »nicht ein Mensch, sondern die Menschen auf der Erde leben und die Welt bevölkern« (VA 17) zur Grundlage ihres Denkens.

Hierdurch vollzieht sie eine Reformulierung von Philosophie und Politik, die selbst eine mögliche Verbindung beider Sphären darstellt. Mithilfe ihres durch die Philosophie geschulten Blicks eröffnet Arendt ein Verständnis von Politik, das letztere nicht als notwendige Existenzverwaltung, sondern als zweckfreie Veränderung der Welt beschreibt (vgl. AS 31). Neben dieser auf der Textebene stattfindenden Umdeutung des Politikbegriffs vollzieht sie zugleich eine zweite, implizite, indem sie selbst eine Philosophie der Pluralität entwickelt, die sie von der philosophischen Disziplin einfordert. So etabliert Arendt durch ihr eigenes Werk, dem die kritische Auseinandersetzung mit dem Verhältnis von Philosophie und Politik stets inhärent ist, eine produktive Beziehung beider Sphären, die an der Sorge um die Welt ausgerichtet ist. Während die philosophische Weltsorge darin besteht, die politischen Grundbedingungen und -tätigkeiten begrifflich zu fassen, realisiert sich die politische in konkreten, kollektiven Handlungen, die stets auf spezifische öffentliche Geschehnisse ausgerichtet sind.[124]

Foucault entwickelt in seinen letzten Vorlesungen sehr viel expliziter und ausführlicher als Arendt ein Modell der Vermittlung von Philosophie und Politik, wonach die Philosophie im Sinne der ethischen Lebensform ihre Relevanz erst durch die Politik erhält. »Die Philosophie wird also insofern ihre Wirklichkeit aus ihrer Beziehung zur Politik schöpfen, als sie bestimmen kann […] was der Seinsmodus des Politikers ist.« (RSA 372f.) Weil die Philosophie auf das Subjekt ausgerichtet ist, befähigt sie die Regierenden wie die Regierten zur Selbstsorge und schafft hierdurch die Bedingungen für eine gelingende Politik (vgl. DE4/356: 892). Die Fokussierung auf das Selbst ist dabei nicht nur ein genuines Merkmal der Philosophie, wie sie Foucault anhand der philosophischen Lebensform beschreibt, sondern auch seines eigenen Vorgehens. Genealogien haben nicht nur das Subjekt zum Gegenstand, sondern auch zum Adressaten und zielen wie die ethischen Selbstpraktiken auf dessen Veränderung ab.[125] »Bescheiden ist diese intendierte Wirkung nur darin, dass sie höchst umgrenzt und auf einen Punkt konzentriert ist; ihr Ort ist das betroffene Subjekt. Maßlos anspruchsvoll ist sie jedoch als Kritik in dem, was sie fordert: die Transformation einer Weltsicht und eines Selbstverhältnisses.« (Saar 2007a: 318) Auch wenn Foucaults Studien Politik im Sinne der gemeinsamen Sorge um die Welt nicht explizit thematisieren, zielen sie implizit auf die Veränderung bestehender politischer Verhältnisse ab, deren Effekte die Subjekte sind. Kritische Philosophie im Sinn der Genealogie wie der ethischen Lebensform hat zwar nicht die Politik zum Gegenstand, aber Auswirkungen auf sie. Als Haltung, »nicht auf diese Weise und um diesen Preis regiert zu

124 S.o., Kap. 1.3.2.
125 S.o., Kap. 1.2.2.

werden« (WK 12), kann sie die Einzelnen motivieren, wenn nicht gar befähigen, eine Form der Selbstregierung zu entwickeln, die sich gegen bestehende politische Regierungsformen richtet. Die Wirkung Foucaults eigener Schriften auf verschiedene politische Bewegungen ist ein Beispiel für eine solche gelungene Beziehung von Philosophie und Politik. Auf diese Weise können die Werke von Foucault und Arendt selbst als Spielarten eines produktiven Verhältnisses von Philosophie und Politik betrachtet werden.

3.3.3. Von Sokrates zu Kant

Foucault und Arendt verstehen Sokrates und Kant als Schlichter des Streits zwischen der philosophischen und der politischen Sphären, den sie aus komplementären Perspektiven betrachten. Diese geteilte Auffassung basiert auf divergierenden Begründungen, die wiederum auf die Haltungen der ethischen Sorge um sich und der politischen Sorge um die Welt zurückgeführt werden können. Ihnen entsprechen komplementäre Konstellationen von Kritik, Sorge und Macht, die sich aus ihren jeweiligen Kant-Lektüren extrahieren lassen. Darüber hinaus praktizieren Arendt und Foucault selbst eine Form der Kritik, die nicht Gegenstand ihrer Schriften, sondern deren Effekt ist. Er besteht maßgeblich darin, zur Sorge um sich und zur Sorge um die Welt herauszufordern.

Sokrates und die politische Relevanz der ethischen Lebensform

Sokrates ist diejenige philosophische Figur, welche die Praxis der kritischen Prüfung herkömmlicher Meinungen perfekt beherrschte (vgl. u.a. U 66f.; RSA 410–423; MW 189–209). Soweit einig, weicht Foucaults Darstellung des sokratischen Dialogs deutlich von derjenigen Arendts ab. Während Foucault ihn als einen »parrhesiastischen Pakt« (MW 193) zwischen Sokrates und seinem Gegenüber bestimmt, beschreibt ihn Arendt in ihrer Auseinandersetzung mit der Vita contemplativa als »denkende[s] Zwiegespräch[...]« (DT 213; vgl. LG 184ff.; von Redecker 2013: 75–83). Dieser innere Dialog unterscheidet sich ihr zufolge deutlich von den Reflexionsprozessen, welche der Cartesianismus dem Erkenntnissubjekt zuspricht, weil die Geistestätigkeit des (sokratischen) Denkens zugleich eine Manifestation der Pluralität darstellt.[126] »Daß der Mensch wesentlich in der Mehrzahl existiert, das zeigt sich vielleicht am allerdeutlichsten daran, daß sein Alleinsein das bloße Bewußtsein von sich selbst [...] in eine Dualität während des Denkens führt.« (LG 184; vgl. DT 688; Assy 2008: 64f.) Diese Zweisamkeit, die Arendt als Nachweis für die politische Grundbedingung der Pluralität auffasst, entsteht durch das Frage- und Antwortspiel, das sich während des Denkprozesses zwischen den zwei Parteien des stillen Dialogs vollzieht. Sie verdeutlicht, dass Menschen selbst im Denken und in scheinbarer Einsamkeit doch unter anderen sind, weil sie sich während des Denkens zu einem (imaginären) Gegenüber in Beziehung setzen. Dagegen besteht das sokratische Zwiegespräch Foucault zufolge in interpersonalen Auseinandersetzungen zwischen zwei oder mehreren sich vertrauenden Menschen. Obwohl Foucault das sokratische Denken als zwischenmenschliche Interaktion, Arendt dagegen in ihrer Auseinandersetzung mit der Vita contemplativa als Praxis der Einzelnen auslegt, ist ihre Interpretation ganz an der politischen Bedingung der Pluralität, diejenige Foucaults dagegen an der ethischen Selbstsorge ausgerichtet.

Um ihre jeweiligen Darstellungen des sokratischen Dialogs zu begründen, beziehen sich beide auf das Moment der Freundschaft, das zentraler Bestandteil dieser spezifischen Gesprächstechnik ist.[127] Doch während es sich dabei Foucault zufolge um »das Wohlwollen, die Freundschaft« (MW 189) handelt, die Sokrates und sein Gesprächspartner für einander empfinden, versteht Arendt darunter die Beziehung zwischen den beiden Parteien des Denkprozesses. »Für Sokrates bedeutete die Dualität [...] lediglich dies, daß, wer denken möchte, darauf achten muß, daß die beiden gesprächsführenden Instanzen gut in Form sind, daß die Partner Freunde sind.« (LG 186) Um diese Art der Freundschaft zu beschreiben, nimmt Arendt wie Foucault auf den Begriff des *eros* Bezug. Foucault versteht darunter die Beziehung, die durch den philosophischen »Dialog zwischen Lehrer und Schüler [...] [zustande kommt und die] zu einer Erotik« (RSA 469) führt. Dagegen nennt Sokrates Arendt zufolge die »Suche nach Sinn (eros), eine Art Liebe, welche in erster Linie ein Bedürfnis ist – sie begehrt, was sie

126 Begriffstheoretische Auseinandersetzungen mit Arendts Verständnis des Denkens finden sich bei Glenn (1979), Jonas (1979), Canovan (1990), Bernstein (2002), Assy (2008), Berkowitz (2010), Campillo (2011) und von Redecker (2013).

127 Ausführlichere Untersuchungen des arendtschen Freundschaftsbegriffs finden sich u.a. bei Assy (2008) und Tömmel (2011), während sich O'Hara (1991), Orega (1997), McLaren (2006) und Erdbeer (2008) mit Foucaults Verständnis von Freundschaft beschäftigen.

nicht hat« (ZVZ 5: 146; vgl. LG 178). Dabei handelt es sich allerdings nicht wie bei Foucault um das Begehren im Sinne der Knabenliebe, das Sokrates in eine Form des pädagogisch-philosophischen Eros transformiert, sondern um das Streben nach Weisheit (vgl. SW 2: 114–118; RSA 469).

Trotz der fast komisch anmutenden Differenzen, welche die Interpretationen des sokratischen Eros von Arendt und Foucault aufweisen, gehen beide davon aus, dass Freundschaft die Übereinstimmung ermöglicht, auf die der sokratische Dialog zielt. Dabei führen beide das Moment der Einheit auf die griechischen Wortstämme von *homos* und *logos* zurück. Entsprechend ihrer divergierenden Interpretationen der sokratischen Gesprächsführung versteht Foucault unter *homologia* die Verbindung, »durch die der *logos* des einen auf die Seele des anderen einwirken und ihn zur Wahrheit führen kann.« (RSA 468) Dagegen besteht die Einheit Arendt zufolge in der »Übereinstimmung mit sich selbst, homologein autos heautō« (LG 185), welche die intrapersonellen Parteien, die »Zwei in einem« (ebd.: 179) denkenden Menschen sind, hervorbringen.

Auch wenn die Auslegungen des Begriffs der *homologia* divergieren, stellt die Übereinstimmung für Arendt wie für Foucault das zentrale Kriterium des sokratischen Dialogs und dessen ethischer Implikationen dar. Mit Bezug auf den *Gorgias* hebt Arendt die sokratische Maxime hervor, derzufolge es »besser [ist] Unrecht zu leiden als Unrecht zu tun, weil man der Freund des Leidenden bleiben kann; doch wer möchte Freund eines Mörders sein und mit ihm zusammen leben müssen?« (ebd.: 186; vgl. ZVZ 12: 350; ZU 127) Das Streben nach Freundschaft und Harmonie mit sich selbst lässt demnach die Widerspruchslosigkeit nicht nur zum Primat des Denkens, sondern auch des Handelns werden (vgl. PP 389; ZVZ 12: 346; LG 188). Auch Foucault zufolge besteht das sokratische Gespräch in der Prüfung, ob »die Beziehung zwischen der Lebensweise und der Weise zu reden harmonisch ist« (MW 197). Aufgrund dieser Verbindung von Denken und Handeln kommt der Figur des Sokrates in beiden Lesarten eine Vermittlerrolle zwischen philosophischer und politischer Sphäre zu (vgl. ZVZ 12: 351).

In dem Aufsatz *Philosophie und Politik* bezeichnet Arendt das sokratische Gespräch als »eine politische Aktivität« (PP 387), weil »Sokrates […] die Stadt wahrer machen [wollte], indem er jeden Bürger seine Wahrheit äußern läßt. […] Die[…] Dialektik bringt Wahrheit *nicht* durch die Zerstörung von *doxa* oder Meinung hervor, sondern offenbart im Gegenteil *doxa* in ihrer eigenen Wahrhaftigkeit.« (ebd.; vgl. Dolan 2000: 265) Dass die sokratische Wahrheitssuche keine politikfeindlichen, sondern -förderliche Züge besitzt, begründet Arendt mit der Annahme, dass zu Zeiten von Sokrates die durch Platon eingezogene Trennung und Hierarchie zwischen philosophischer Wahrheit und politischer Meinung noch nicht gegeben war. Anstatt aus der Vorstellung, im alleinigen Besitz der Wahrheit zu sein, einen Herrschaftsanspruch auf die Polis abzuleiten, versuchte Sokrates, die vielen verschiedenen Wahrheiten aus den Meinungen zu extrapolieren.

»Eine absolute Wahrheit, welche für alle Menschen gleich wäre und insofern keinerlei Beziehung zur Individualität hätte, kann es für uns Sterbliche nicht geben. Für uns ist entscheidend, die doxa wahrhaftig werden zu lassen, in der doxa Wahrheit zu erkennen und so zu reden, dass die Wahrheit der eigenen Meinung sich uns selbst und den anderen erschließt. Hier bedeutet das sokratische ›Ich weiß, dass ich nichts weiß‹ nichts anderes als: Ich weiß, dass ich nicht für jedermann die Wahrheit habe; ich kann die Wahrheit des anderen nur erfahren, indem ich ihn ausfrage und so seine doxa kennenlerne, die sich in ihm und keinem anderen offenbart.« (S. 54f.)

Anhand der philosophischen Figur des Sokrates eröffnet sich ein Verständnis von Wahrheit, das Arendt zwar an keiner Stelle systematisch ausarbeitet, zugleich aber bestimmte Merkmale mit dem Wahrheitsbegriff teilt, den Foucault anhand der sokratischen *parrhesia* erläutert. Für beide stellt weder Evidenz noch Allgemeingültigkeit das Kriterium für die sokratische Wahrheit dar, sondern das zuvor beschriebene Moment der Freundschaft und der Harmonie zwischen Denken und Handeln (vgl. DT 826; RSA 410–421). Dabei handelt es sich bei der Wahrheit, die Sokrates aus den Meinungen destilliert, um eine perspektivische, partikulare und pluralistische. Denn die Wahrheiten der Einzelnen variieren in Abhängigkeit von ihrem jeweiligen Standpunkt und sind dementsprechend nicht allgemein gültig. Sie werden erst über den Prozess des Dialogs erkenntlich, indem die einander vertrauenden und befreundeten Personen ihre Meinungen auf deren Wahrheitsgehalt hin prüfen (vgl. RSA 419f.; PP 387; Villa 1999: 205). Diese Praxis und die ihr entsprechende Beziehung der Freundschaft bestimmt Arendt als eine genuin politische.

»Das politische Element der Freundschaft besteht darin, daß in dem wahrheitsliebenden Dialog jeder der Freunde die der Meinung des anderen innewohnende Wahrheit verstehen kann. Diese Art des Verstehens [...] ist die politische Einsicht par excellence. Wenn wir die eine herausragende Tugend des Staatsmannes auf traditionelle Weise definieren wollen, können wir sagen, daß sie darin besteht, die größtmögliche Zahl und Vielfalt von Wirklichkeiten zu verstehen [...], wie sich solche Wirklichkeiten selber den vielfältigen Meinungen der Bürger eröffnen, und gleichzeitig fähig zu sein, mit den Bürgern und ihren Meinungen zu kommunizieren, so daß die Gemeinsamkeit dieser Welt augenscheinlich wird. [...] Sokrates scheint geglaubt zu haben, daß die politische Funktion des Philosophen darin besteht, diese Art einer gemeinsamen Welt zu errichten, die auf einem Verständnis der Freundschaft beruht, in der keine Herrschaft nötig ist.« (PP 387f.)

Sokrates steht somit für eine Philosophie, welche die Politik nicht gefährdet, sondern zu ihrem Bestehen beiträgt, ohne mit ihr identisch zu sein. Indem er die Wahrheit aus den Meinungen extrahiert, wertschätzt und fördert er die vielfältigen und für die Politik konstitutiven Sichtweisen, durch welche die Welt im Sinne des Erscheinungsraums erst entsteht, anstatt sie wie Platon beherrschen zu wollen. Auf diese Weise erscheint die sokratische Philosophie als Sorge um die Welt.

Auch wenn Foucault Arendts Darstellung des sokratischen Wahrheitsverständnisses in vielen Aspekten teilt, erkennt er die Aufgabe der Philosophie nicht in der Förderung multipler Perspektiven auf die Welt. Stattdessen ist der philosophische Dialog ganz auf das Individuum und seine Erfahrungswelt ausgelegt. Nicht die vielen verschiedenen Blickwinkel auf die öffentliche Sphäre, sondern die individuelle Lebensweise, die intime Regungen und Praktiken mit einschließt, ist Foucault zufolge Gegenstand des sokratischen Dialogs. Dementsprechend versteht er auch unter »Rechenschaft über sich selbst geben« (MW 191), die eigene Lebensführung der (Selbst-)Kritik zu unterziehen. Dagegen übersetzt Arendt ›Logon didonai‹ [mit], Rechenschaft – ablegen, nicht beweisen, aber sagen können, wie und aus welchen Gründen man zu einer Meinung kam« (U 66). Während Arendt zufolge die perspektivische Wahrheit des philosophischen Gesprächs die Multiperspektivität und die Wahrhaftigkeit der Meinungen wie der Polis fördert, zielt der sokratische Dialog Foucault zufolge auf »die Manifestation der Wahrhaftigkeit [...] der Seele« (RSA 465) einzelner Individuen ab. Die Partikularität der Wahrheit ist für ihn nicht Ausdruck der Pluralität von Meinungen über öffentliche Ereignisse, sondern der individuellen Auseinandersetzung mit intimen Selbstpraktiken, persönlichen Erfahrungen und Lebensgewohnheiten.

Auch wenn Arendt den sokratischen Dialog als »eine politische Aktivität« (PP 387), Foucault hingegen als »ethische« (MW 124) Praxis bestimmt, beschreiben beide die Lebensführung des Sokrates als Manifestation seiner Wahrheit. So erklärt Arendt: »Was dem Wahrheitsanspruch des sokratischen Satzes Geltung verschafft hat, ist offensichtlich eine Beweisführung sehr eigener Art, nämlich daß Sokrates sein Leben für diese Wahrheit einsetzte [...] als er sich weigerte, sich der Vollstreckung des Todesurteils zu entziehen.« (ZVZ 12: 350) Diese Form der Verifizierung von Wahrheit durch die eigene Lebensform ist ein zentrales Element der von Foucault untersuchten *parrhesia* im Allgemeinen und des Todeszyklus des Sokrates im Besonderen (vgl. MW 101–157). Der »Philosoph [ist] gerade derjenige, der […] nicht nur die Wahrheit sagt, sondern auch derjenige, […] der sie verkörpert, der in seiner Seinsweise die Person der Wahrheit ist.« (RSA 404) Arendt zufolge handelt es sich bei der sokratischen Manifestation der Wahrheit durch die eigene Existenz um »ein Grenzgebiet zwischen Philosophie und Politik […]. Denn indem der Philosoph ein Exempel statuiert und so die Vielen auf dem einzigen, ihm angemessenen und erlaubten Weg ›überredet‹, ihm zu glauben und nachzufolgen, hat er bereits angefangen zu handeln.« (ZVZ 12: 351)

Darüber hinaus teilt Arendt mit Foucault die Auffassung, dass die ethische Lebensform nicht identisch mit politischem Handeln ist, sondern vielfach im individuellen Boykott moralisch fragwürdiger politischer Befehle und Aktionen besteht. Diese negative Funktionsweise der Ethik innerhalb der Politik beschreiben beide anhand des Dämons, der Sokrates davon abhält, Befehle auszuführen, die ihn in einen Widerspruch mit sich selbst bringen könnten. »[S]ein *daimon* hat ihn gewarnt, daß er nicht versuchen solle, die Wahrheit gewissermaßen direkt und unmittelbar im Bereich der Politik zu sagen« (RSA 398) oder an bestimmten politischen Aktionen beteiligt zu sein (vgl. MW 106; ÜB 89). Aus Foucaults philosophischer Perspektive ist die ethisch motivierte Verweigerung gegenüber öffentlichen Verpflichtungen einer der zentralen Wirkungsmöglichkeiten der Philosophie innerhalb der politischen Sphäre. Indem die Ausführung politischer Aufgaben boykottiert wird, verweist Sokrates auf deren rechtswidrigen und unmoralischen Charakter (vgl. RSA 399).

Eine weitere philosophische Intervention in den politischen Bereich besteht darin, dass ethische Lebensformen die »Selbstbetrachtung der Seele und […] [die] Betrachtung der Wirklichkeiten, […] ein gerechtes politisches Handeln begründen können.« (ebd.: 307) Arendt bezweifelt die Annahme, dass ein ethisches Selbstverhältnis Voraussetzung für gerechtes politisches Handeln ist und sich das, was »sich wirklich auf den Menschen in seiner Einzigartigkeit bezieht, auch den Menschen als Bürger besser macht« (ÜB 88; ZU 128f.). Die Menschen können ihr zufolge nicht durch das intime und ethische Selbstverhältnis auf die Politik vorbereitet werden, weil es sich bei der ethischen und politischen Existenzweise um zwei grundsätzlich verschiedene Lebensformen handelt. Denn die ethische ist an der Harmonie mit sich selbst, die politische dagegen an der öffentlichen Welt orientiert. »Für den Menschen [...], sofern er ein handelndes Wesen ist, das sich mehr um die Welt und das Gemeinwohl kümmert als um sein eigenes Wohlbefinden (einschließlich seines Seelenheils), ist der sokratische Satz [Widersprich dir nicht selbst] in keiner Weise überzeugend.« (ZVZ 12: 347) Denn das ethische Primat der Widerspruchslosigkeit zwischen individuellem Denken und Handeln ist zwar der Sorge um sich, nicht aber der Sorge um die Welt unterstellt. »Es geht bestimmt nicht um die Sorge für den Anderen, sondern um die Sorge für das Selbst, nicht um Demut, sondern um menschliche Würde, ja um Stolz. Maßstab ist [...] [nicht] die auf irgendeinen Nachbarn gerichtete Liebe [...], sondern die Selbstachtung.« (ÜB 35; vgl. ZU 128)

Arendt zufolge ist Kant der Philosoph, der klarstellt, dass sich das Verhältnis zur öffentlichen Welt nicht aus dem ethischen Selbstverhältnis ableiten lässt, sondern in der Auseinandersetzung mit den Standpunkten der vielen und verschiedenen Menschen besteht. Er fügt »dem Satz des Widerspruchs, der Einstimmigkeit mit sich selbst, den Satz von der Einstimmigkeit mit anderen hinzu – und das ist in der politischen Philosophie der größte Schritt seit Sokrates.« (DT 18) Wie Arendt stellt auch Foucault Kant in eine unmittelbare Beziehung zu Sokrates. Entsprechend ihrer komplementären Perspektiven der Sorge um die Welt und der Sorge um sich führen sie jedoch unterschiedliche Argumentationen für diese gemeinsame Auffassung an.

Kant als Schlichter des Streits zwischen Philosophie und Politik

Während das Denken und Handeln von Sokrates an einem harmonischen Selbstverhältnis ausgerichtet ist, stellt nach Arendt der kantsche Begriff der erweiterten Denkungsart eine Beziehung zwischen subjektiver Erfahrungswelt und öffentlicher Welt her (vgl. ZVZ 10: 298; vgl. U 113; Kant 1994 [1790]: 294). Das unmittelbare idiosynkratische Geschmacksurteil wird durch den Einbezug anderer Standpunkte erweitert und damit die Pluralität der Menschen wie ihrer Perspektiven in das Urteil integriert. Deshalb erscheint Arendt die Urteilskraft als eine Form der Sorge um die Welt. Die öffentliche Sphäre wird durch das Urteil nicht nur eingeschätzt und bewertet, sondern auch hervorgebracht, weshalb es sich bei dieser Form der geistigen Praxis um »die politische par excellence« (ZVZ 7: 216; vgl. WP 98; Meints 2011: 89) handelt. »Wenn die Welt, wie Arendt behauptet, ›der Raum [ist], in dem Dinge öffentlich werden‹, dann ist das Urteilen eine Praxis, die diese Welt verändert. In diesem durch das Urteilen geschaffenen Raum kommen die Gegenstände des Urteilens zum Vorschein.« (Zerilli 2010: 216) Dort wo Menschen bereit sind, Dinge und Geschehnisse ihrem öffentlichen Urteil auszusetzen und es vor anderen zu verteidigen, werden Entscheidungen darüber getroffen, wie die gelungene Einrichtung der Welt aussehen könnte. »Im Geschmack entscheidet sich, wie die Welt qua Welt, unabhängig von ihrer Nützlichkeit […] aussehen und ertönen, wie sie sich ansehen und anhören soll.« (ZVZ 10: 300) Indem Personen Urteile über die politische Gestaltung der öffentlichen Sphäre fällen, gewinnen sie nicht nur Motivation zu handeln, sondern tun das bereits und sorgen auf diese Weise für die Welt.

In Foucaults Kant-Lektüre spielt diese politische Form der Sorge dagegen erwartungsgemäß keine Rolle. Stattdessen stellt er Kant in seiner Vorlesung von 1983 als denjenigen Philosophen dar, der durch den »Kantischen Eklektizismus« (RSA 369) eine Synthese zweier Modi philosophischer Kritik vollzieht. Anhand der Episode über einen Schlagabtausch zwischen Diogenes und Platon beschreibt Foucault den Streit zwischen zwei Positionen in der Frage, ob die Philosophie sich in der Öffentlichkeit gegen die bestehenden Verhältnisse wenden oder subtil über die Beratung der Machthabenden zu deren Veränderung beitragen sollte.

> »In seiner Theorie der Aufklärung versucht Kant, die beiden Dinge zu vereinen. Er versucht zu klären, wie das philosophische Wahrsprechen gleichzeitig zwei Orte besitzt, die nicht nur miteinander vereinbar sind, sondern sich gegenseitig fordern: Einerseits hat das philosophische Wahrsprechen seinen Ort in der Öffentlichkeit; das philosophische Wahrsprechen hat aber auch seinen Ort in der Seele des Fürsten, wenn der Fürst ein aufgeklärter Fürst ist.« (ebd.).

Diese Kantische Synthese wird von Foucault nicht weiter erläutert, weshalb auf andere Schriften und Äußerungen zurückgegriffen werden muss, um eine unter mehreren möglichen Interpretationen dieser opaken Darstellung vorlegen zu können.[128] Unter dem Topos der Aufklärung versteht Foucault weniger eine historische Epoche als eine kritische »Haltung« (DE4/339: 699) zur eigenen Gegenwart (vgl. WK 9, 41; Frietsch 2008: 168f.; Butler 2011a: 30). In seiner Rede Was ist Kritik? bestimmt er die Frage Kants nach der Aufklärung als »Frage der Beziehungen der Mächte,

128 Eine ausführlichere Analyse Deutung der kryptischen Beschreibung des »Kantischen Eklektizismus« findet sich bei Kertscher (2012) Vogelmann (2012) und Schmidt (2013).

der Wahrheit und des Subjekts« (WK 29; vgl. Schmidt 2013: 114ff.), anhand derer die Ursprünge der abendländischen Philosophie untersucht werden können (vgl. WK 51).

Die letzten Vorlesungen und die darin stattfindende Engführung des Begriffs der Aufklärung mit der platonischen parrhesia lassen sich als Realisierung dieser Möglichkeit verstehen (vgl. RSA 58ff., 368). Wenn Foucault Kants Begriff der Aufklärung ebenso in der Öffentlichkeit wie in »der Seele des Fürsten« (ebd. 369) verortet, erscheint derjenige Fürst als aufgeklärt, der zu sich und zu seiner Gegenwart eine kritische Haltung gewinnt. Dabei werden die Regierenden durch die philosophische parrhesia Platons dazu befähigt, sich selbst wie die Machtverhältnisse zu reflektieren, zu deren Erhalt und Gestaltung sie maßgeblich beitragen. Die Bereitschaft der Mächtigen, eine selbst- wie machtkritische Haltung zu entwickeln, befördert ihre Offenheit gegenüber der öffentlichen Kritik der Machtlosen. Auf diese Weise hat die philosophische parrhesia entsprechend ihrer unterschiedlichen Formen zwei Orte: Das platonische Wahrsprechen wendet sich an die Seele der Regierenden. Es befähigt sie zu einer ethischen Form der Selbstkritik, die sie in die Lage versetzt, die öffentliche, kynische parrhesia und ihre aggressiv-provokative Kritik an den Machtverhältnissen anzuhören, wenn nicht gar anzunehmen. Foucault inszeniert Kant somit als diejenige philosophische Figur, die über den Begriff der Aufklärung zwei Formen der philosophischen Machtkritik, die subtile ethische Platons und die offensiv aggressive des Kynismus, mit einander verbindet.

Auch Arendt bringt den Begriff der Aufklärung in einen engen Zusammenhang mit philosophischer Kritik, legt ihn aber entsprechend ihrer politischen Perspektive der Sorge um die Welt gänzlich anders aus. Ihr zufolge ist eine Person gerade nicht aufgeklärt, wenn sie über die ethische Selbstprüfung eine Sorge um sich praktiziert, die sie zur Sorge um die anderen befähigt. Vielmehr widerspricht die Fokussierung auf das eigene Selbst der Aufklärung und der ihr zugehörigen Form des Urteilens. Kritik kann nach Arendt nicht über die Beschäftigung mit sich selbst, sondern allein durch die Auseinandersetzung mit anderen und der mit ihnen geteilten öffentlichen Sphäre vollzogen werden. »Für das Geschmacksurteil ist das Primäre die Welt, und nicht der Mensch, weder sein Leben noch sein Selbst.« (ZVZ 10: 300) Indem die Pluralität der Menschen und ihrer Perspektiven im Urteil berücksichtigt wird, gewinnt es eine relative Allgemeingültigkeit und Unparteilichkeit und damit sein kritisches Potential. »Je weiter die Ausdehnung, je größer der Bereich, in dem sich das aufgeklärte Individuum von Standpunkt zu Standpunkt bewegen kann, desto ›allgemeiner‹ wird sein Denken sein.« (U 69) Aus Arendts Perspektive zeichnet sich eine aufgeklärte Person somit dadurch aus, dass sie die Sichtweisen anderer in ihr Urteil einbezieht und ihm hierdurch einen kritischen Gehalt verleiht. Auf diese Weise ist die Aufklärung der politischen Gestaltung der Welt und nicht der ethischen Gestaltung des kritischen Subjekts verpflichtet.

Den divergierenden Auffassungen von Aufklärung und Kritik entsprechen unterschiedliche Konzeptionen eines gelungenen Verhältnisses von Philosophie und Politik. Foucault zufolge gewinnt die Philosophie erst über ihren Bezug zur Politik (gesellschaftspolitische) Relevanz. Die »Bewährungsprobe der Philosophie in der Politik […] [vollzieht sich durch] eine doppelte Verpflichtung: Derjenige, der regieren will, muß philosophieren; aber derjenige, der philosophiert, hat die Aufgabe, sich mit der Wirklichkeit auseinanderzusetzen« (RSA 324). Damit die Philosophie Effekte auf die Politik hat, müssen die Regierenden philosophische Selbstsorge und -kritik praktizieren, da die ethische Selbstregierung zur politischen Regierung der anderen befähigt. Die Philosophie hat nicht weltfremde Glasperlenspiele zum Gegenstand, sondern das ethische Subjekt und seine Beziehung zur Macht, wodurch sie Ernsthaftigkeit und Bedeutung gewinnt. »Dadurch werden zwei sich ergänzende Figuren abgewiesen: die des Philosophen, der seinen Blick auf eine andere Wirklichkeit richtet und vom Diesseits abgetrennt ist; die des Philosophen, der mit einer schon fertig beschriebenen Gesetzestafel auftritt.« (ebd.: 325)

Genau gegen dieses Selbstverständnis der Philosophie wendet sich auch Arendt und fordert sie zur Anerkennung der Politik als philosophischem Problem auf. Allerdings versteht sie darunter nicht wie Foucault die ethische Auseinandersetzung der Regierenden mit sich selbst, sondern die philosophische Problematisierung der »Pluralität des Menschen« (PP 400). Diese wird von Foucault in philosophischer Manier unterminiert, indem er das Subjekt in den Fokus seiner Analysen stellt. Dementsprechend betrachtet er in seinen letzten Vorlesungen das Verhältnis von Philosophie und Politik primär aus der Perspektive der Philosophie, welche die Politik auf subtile Weise lenkt, infrage stellt oder angreift. Eine Kritik im Namen der Politik an der Philosophie findet sich dagegen nicht in den hier untersuchten Vorlesungen Foucaults, sondern in den Schriften Arendts. Für sie sind Sokrates und Kant diejenigen Philosophen, die im Gegensatz zu den meisten anderen die Relevanz der Pluralität und Öffentlichkeit für die Philosophie anerkennen und wertschätzen. »Kritisches Denken setzt sich, laut Kant und Sokrates, ›der Überprüfung durch die freie und offene Untersuchung‹ aus, und das heißt: Je mehr Leute sich daran beteiligen, desto besser ist es.« (U 62) Ihr zufolge besteht ein konstruktives Verhältnis von Philosophie und Politik nicht in verschiedenen Formen der philosophischen Kritik an der Politik, sondern in einer kritischen Philosophie, der selbst ein politischer Gehalt zukommt, weil sie die Politik zu ihrem Gegenstand macht (vgl. ebd.: 61). Somit wird das kritische Moment, das zu einem gelungenen Verhältnis von Philosophie und Politik führt, von Arendt und Foucault in derjenigen Sphäre verortet, die ihrer jeweiligen Perspektive entspricht.

Zwei Konstellationen von Kritik, Macht und Sorge

Trotz ihrer komplementären Blickwinkel der Selbst- und Weltsorge stellen Kants Schriften für Arendt und Foucault den Ausdruck einer Philosophie dar, die sich weder von weltlichen Problemstellungen distanziert noch ihre Aufgabe in deren Lösung erkennt. Vielmehr begreift sie sich selbst als Teil des aktuellen Geschehens, das zu Kants Zeiten maßgeblich durch die Französische Revolution geprägt ist. Sie stellt als »neuste[s] Ereignis« (U 71; vgl. RSA 32–38) die Herausforderung an die Philosophie, ein noch nie da gewesenes Phänomen in Begriffe zu fassen. Soweit einig, fallen die Antworten von Arendt und Foucault auf die Frage, wie Kant dieser Aufgabe begegnet, völlig unterschiedlich aus. Anhand dieser Differenzen lassen sich zwei verschiedene Konstellationen von Kritik, Macht und Sorge extrapolieren, die gerade in ihrer Divergenz Relevanz für die Kritik bestehender Verhältnisse besitzen.

Arendt erscheint die Französische Revolution als Sinnbild für das absolut Neue, das ein zentrales Element der Politik darstellt, da es weder in den monotonen Abläufen der Lebenserhaltung noch in der voraussehbaren Durchführung zweckrationaler Vorgänge besteht. Stattdessen bringt das zweckfreie Handeln und Sprechen spontan völlig unvorhersehbare politische Konstellationen und Ereignisse hervor. Aufgrund ihrer Neuartigkeit können sie nicht beurteilt werden, indem sie auf bekannte Erfahrungen zurückgeführt oder unter bestehende Regeln subsumiert werden. Wie die Einzigartigkeit politischer Phänomene adäquat erfasst und zugleich einer relativ allgemeinen Beurteilung unterzogen werden können, erläutert

Arendt unter Rückgriff auf Kants Konzeption ästhetischer Urteilskraft. Dem Urteil kommt demnach »eine gewisse konkrete Allgemeingültigkeit« (ZVZ 10: 298) zu. Es ist insofern konkret als es ein neues Ereignis als solches anerkennt und nicht mithilfe universaler Definitionen und deduktiver Ableitungen zu erfassen versucht. Zugleich ist es allgemeingültig, weil es über die erweiterte Denkungsart die Standpunkte anderer mit einbezieht und dadurch »relative Unparteilichkeit« (U 113) erlangt.

Seinen kritischen Gehalt gewinnt das Urteil durch den Einbezug der Öffentlichkeit. Dies geschieht ebenso durch die Integration anderer Perspektiven in den Prozess der Urteilsfindung wie durch die Veröffentlichung des Urteils, das hierdurch der Beurteilung durch die Mitmenschen ausgesetzt ist. Somit wird im Urteil ebenso dem Novum des unvergleichbaren politischen Ereignisses Tribut gezollt wie der Pluralität der vielen und verschiedenen Perspektiven. Für Kant war es die vom Publikum gezeigte »Sympathie, die die Revolution zu einem ›Phänomen‹ […], zu einem öffentlichen Ereignis weltgeschichtlicher Bedeutung machte. […] Kant ist überzeugt, daß die Welt ohne den Menschen eine Wüste wäre und ohne den Menschen heißt für ihn: ohne Zuschauer.« (ebd.: 96) Indem das Publikum nicht als Akteur an dem historischen Ereignis teilnimmt, sondern es kritisch beurteilt, verleiht es diesem erst die Bedeutung und den öffentlichen Charakter, dem es bedarf, um politische Wirksamkeit zu erlangen. Damit stellt das Urteilen der Zuschauenden eine aktive Sorge um die Welt dar. Als öffentlicher Erscheinungsraum entsteht diese erst, wenn sie und das in ihr stattfindende Handeln von vielen verschiedenen Menschen gesehen, beachtet und zum Gegenstand von Diskussionen wird (vgl. ebd.). »[D]ie Tätigkeit des Urteilens [wird von Arendt] als Bildnerin der öffentlichen Sphäre« (Zerilli 2010: 217) vorgestellt, welche sie ebenso hervorbringt, ihre Gestalt formt und verändert wie auf ihren Erhalt achtet.

Diese Sorge um die Welt teilt das Urteilen nicht nur mit dem Handeln, vielmehr stellt es selbst eine Handlung dar, wenn es in der Öffentlichkeit artikuliert wird und damit den Charakter einer politischen Intervention gewinnt (vgl. von Redecker 2013: 91). Dementsprechend kommt dem Urteilen auch der machtgenerierende Charakter zu, der Arendt zufolge der politischen Praxis eigen ist, die den öffentlichen Erscheinungsraum hervorbringt. Damit lässt sich aus Arendts Auseinandersetzung mit Kant eine Konstellation von Kritik, Sorge und Macht extrapolieren, die auf die Pluralität zurückführen ist. Kritisch ist das Urteil, weil es die vielen verschiedenen Standpunkte berücksichtigt, welche den Menschen aufgrund der politischen Grundbedingung der Pluralität zukommen und sich zugleich deren Urteil und damit der Pluralität ihrer Perspektiven aussetzt. Weil das Urteil sich ebenso in der Öffentlichkeit exponiert wie zu ihrem Bestehen beiträgt, handelt es sich dabei um eine machtgenerierende Praxis. Diese genuin politische Macht bringt die öffentliche Sphäre wie politische Gemeinschaften hervor und ist somit einer Sorge um die Welt unterstellt.

Auch in Foucaults Kantlektüre findet sich eine Konstellation der Begriffe von Kritik, Macht und Sorge, die jedoch gänzlich anders gestaltet ist. Zwar betont auch er Kants Beschreibung der Begeisterung des Publikums für die Revolution, zieht sie aber nicht zur Erklärung heran, wie ein konkret-allgemeingültiges Urteil entwickelt werden kann (vgl. RSA 35f.; Schmidt 2013: 116ff.). Nicht das Moment des Allgemeinen, sondern des Spezifischen hebt Foucault anhand Kants Auseinandersetzung mit der Französischen Revolution hervor (vgl. Schäfer 1995: 26ff.). Die Frage Was ist Aufklärung? steht ihm zufolge »für das historische Projekt der Beziehung des Denkens auf seine Zeit« (Schneider 1999: 15). Es ist nicht an der Pluralität, sondern an einer individuellen und kritischen Lebensform ausgerichtet (vgl. DE4/339: 694–707). Foucault bestimmt diese Beziehung zum aktuellen Geschehen »als eine Haltung« (ebd.: 707), die eine lange philosophische Tradition besitzt und »[e]in wenig sicherlich wie das [ist], was die Griechen ein *ethos* nannten.« (DE4/339: 695) Die ethische Haltung der Sorge um sich und der »Prozeß des Sokrates [wird dabei] […] von dem Problem aus untersuch[t], das von Kant als das Problem der Aufklärung gesehen worden ist.« (WK 51; vgl. O'Leary 2002: 151; Schmidt 2013: 108ff.) Das bindende Element zwischen Sokrates und Kant liegt demnach darin, dass beide das Wissen um die historische Situierung der eigenen philosophischen Denk- und Existenzweise als Verpflichtung verstehen, als Philosophen ihre jeweilige Gegenwart zu problematisieren und zu kritisieren.

Dies geschieht gerade nicht, wie Arendt befürchtet, durch Theorien und Doktrinen, die Verhaltensregeln an die Handelnden vermitteln. Vielmehr handelt es sich bei der ethischen Haltung um ein »philosophische[s] Leben« (DE4/339: 707), das Foucault an anderer Stelle als »die Kunst [bestimmt] nicht dermaßen regiert zu werden« (WK 12). Die kritische Selbstsorge, wie sie vor allem von Sokrates repräsentiert wird, stellt eine Praxis dar, die Wahrheits- Selbst- und Machtkritik in sich vereint. Im sokratischen Dialog werden bestehende Wahrheiten und Moralvorstellungen kritisch hinterfragt, wobei sich die für wahr gehaltenen Meinungen zumeist als unzutreffend herausstellen. Die Mäeutik entspricht der Kunst der Kritik, die nach Foucault auch darin besteht »nicht als wahr annehmen, was eine Autorität als wahr ansagt […]. Es heißt etwas nur annehmen, wenn man die Gründe es anzunehmen selber gut findet.« (WK 14) Wie bereits dargestellt, wird Wahrheit von Foucault nicht mit Objekterkenntnis oder Aussagewahrheit gleichgesetzt (vgl. RSA 291f.), sondern als ein Phänomen verstanden, das die Existenz maßgeblich konstituiert. Weil Wahrheiten inkorporiert werden und sich in den Lebensformen der Einzelnen manifestieren, geht die ethische Kritik der Wahrheit mit der Prüfung des Selbst und seiner Alltagspraktiken einher. Dabei konfrontieren sich die Einzelnen mit der Frage, ob und inwiefern ihr bisheriges Leben durch die scheinbaren Wahrheiten der Autoritäten geprägt oder an denjenigen Wahrheiten ausgerichtet ist, die sie nach eingehender Prüfung selbst für richtig befunden haben. Durch die kontinuierliche Ausrichtung der Lebensführung an denjenigen Wahrheiten, die der kritischen Auseinandersetzung standhalten, praktizieren sie die Sorge um sich. Sie stellt Foucaults Darstellung der Tradition von Sokrates und Kant zufolge eine historisch spezifische Form von Kritik dar, die darin besteht, »an sich selbst zu arbeiten und auf seine eigene Zeit zu antworten« (Dreyfus/Rabinow 1990: 58).

Diese Zeit ist stets ebenso durch historisch variable Wahrheiten wie Machtbeziehungen bestimmt. Dass Wahrheitskritik Selbstkritik impliziert, ist maßgeblich auf ihre subjektkonstituierende Kraft zurückzuführen, die sie durch ihre unmittelbare Verbindung mit der Macht gewinnt. Indem Foucault Wahrheit stets in ihrer Beziehung zur Macht denkt, grenzt er sich deutlich von der Reduzierung des Kritikbegriffs auf epistemologische Fragestellungen ab, wie er sie bei Kant erkennt (vgl. WK 29ff.). Anstatt mithilfe der Kritik universelle, ahistorische Grenzen der Erkenntnisfähigkeit zu eruieren, zielt die Kritik im Sinne Foucaults darauf ab, die historische Gewordenheit und Kontingenz von Grenzen offen zu legen, die durch Macht-Wissens-Relationen hervorgebracht und stabilisiert werden (vgl. DE4/339: 702; Saar 2007b: 337ff.). Diese durch Machtverhältnisse garantierten Grenzen über konkrete Praktiken und Lebensformen zu überschreiten, ist die Aufgabe der philosophischen parrhesia, der »Praxis der Kritik« (Bröckling 2010: 4 31), die Foucault in seinen letzten Vorlesungen untersucht. Ihre »Wirklichkeit zeichnet sich dadurch aus, daß die Philosophie die Tätigkeit des Wahrsprechens […] gegenüber der Macht ist.« (RSA 292)

Diese kritische Beziehung zur Macht kann viele Gestalten annehmen. Sie besteht ebenso im individuellen Boykott von Befehlen, den Sokrates praktiziert, wie in der subtilen Beratung der Machthabenden, die sich Platon zur Aufgabe macht und findet sich auch in der aggressiven ironisch-kynischen Lebensform. Gemeinsam ist diesen philosophischen Praktiken, dass sie ihre Kritik an den bestehenden Machtverhältnissen nicht im Namen eines politischen Programms oder einer wissenschaftlichen Theorie, sondern der ethischen Sorge um sich selbst anbringen. Über die kritische Auseinandersetzung mit der Wahrheit verändert sich das Subjekt und bemüht sich darum, sein Leben zu einer Manifestation der Wahrheit werden zu lassen, indem es der sokratischen Maxime folgt, sich nicht selbst zu widersprechen. Eine solche Form der Selbstsorge, die ganz an der kritisch geprüften Wahrheit ausgerichtet ist, gerät schnell an die durch die Macht konstituierten Grenzen dessen, was in den bestehenden Verhältnissen als akzeptabel, vorstellbar und möglich erscheint. Diese Grenzen gezielt, konsequent und ohne Rücksicht auf Verluste durch die eigene Lebensform zu überschreiten, ist Aufgabe einer Philosophie, welche die Kritik zur Tugend macht. Diese ethische Haltung, die Wahrheits- Selbst- und Machtkritik vereint, steht in einer komplementären Beziehung zur politischen Kunst des kritischen Handelns und Urteilens, die den Menschen die Macht zur Gestaltung der Welt verleiht.

Stil als Kritik

Die divergierenden Konstellationen von Kritik, Macht und Sorge, die sich aus den Kantlektüren von Foucault und Arendt extrapolieren lassen, weisen zugleich Gemeinsamkeiten auf. Sie laden zu einer kritische Haltung gegenüber Gegenwart ein, die per definitionem formal und antinormativistisch ist. Sie ist antinormativistisch, weil sie dazu befähigt, bestehende Wertesysteme und Moralvorstellungen zu hinterfragen, anstatt zu entwickeln, vorzugeben oder selbst zu befolgen.[129] Und sie ist formal, weil sie nicht einem bestimmten inhaltlichen Programm, sondern der jeweiligen historischen Situation verpflichtet ist, die sich stets verändert und die in ihrer Aktualität und Besonderheit erfasst wird. Die Kritik wie sie Arendt und Foucault auf unterschiedliche Weise durch Kants Schriften rekonstruieren, weiß um ihre eigene historische Spezifik und die Partikularität des

129 Dementsprechend beschäftigen sich Arendt und Foucault mit denjenigen Texten Kants, in denen sie eine kritische Beziehung gegenüber der Realität entdecken, die nicht den Anspruch erhebt, diese mittels universaler moralischer Maßstäbe oder Leitsätze zu beurteilen (vgl. Kant 1993a [1784]; c [1798]; 1996 [1785]).

eigenen Standpunktes. Gerade daraus zieht sie die Fähigkeit zur entschiedenen kritischen Parteinahme. Anstatt ein universales Urteil auf der Basis normativer Grundlagen fällen zu wollen, stellt sie diese infrage (vgl. Villa 1998: 155f.). Deshalb befördert das Fehlen allgemein anerkannter Moralvorstellungen die Möglichkeit von Kritik vielmehr, als dass sie sie behindert. So erklärt Arendt: »Selbst wenn wir die Maßstäbe zum Messen und die Regeln, unter die das Besondere zu subsumieren ist, verloren haben: Ein Geschöpf, dessen Wesen das Anfangen ist, mag in sich genügend Ursprung haben, um ohne vorgegebene Kategorien zu verstehen und ohne den Kodex von Sittenregeln, das heißt Moral, zu urteilen.« (ZVZ 4: 125)

Zwar ist die gemeinsame Skepsis gegenüber der Moral bei Arendt deutlich enger an den durch Faschismus und Stalinismus erfahrenen Verlust der Tradition gebunden. Aber auch Foucault verweist auf diese historischen Ereignisse, um seinen antinormativistischen Ansatz zu verteidigen.

»Früher haben mich Menschen oft gebeten, ihnen zu sagen, was geschehen wird, und ein Programm für die Zukunft zu entwerfen. Wir wissen nur allzu gut, dass solche Programme, auch wenn sie mit den besten Absichten entwickelt worden sind, zu einem Werkzeug der Unterdrückung werden können. [...] Marx hätte den Stalinismus und den Leninismus verabscheut. Ich habe mir vorgenommen [...] den Menschen zu zeigen, dass sie weit freier sind, als sie meinen; dass sie Dinge als wahr und evident akzeptieren, die zu einem bestimmten Zeitpunkt in der Geschichte hervorgebracht worden sind und dass man diese so genannte Evidenz kritisieren und zerstören kann.« (DE4/362: 960)

Foucault und Arendt nehmen unter anderem aufgrund der Erfahrung politischer Regime des 20. Jahrhunderts Abstand von Theorien, die ihre Aufgabe in der Entwicklung normativer Maßstäbe und positiver gesellschaftlicher Modelle für eine bessere Zukunft erkennen.

Auf dieser Kontrastfolie bemühen sie sich um eine Form der Kritik, die aus dem Wissen um die historische Kontingenz von Machtverhältnissen und des eigenen Standpunkts den Willen zur Veränderung und das Streben nach Freiheit zieht. Hierbei gilt ihnen Kant als Vertreter einer Philosophie, die eine Perspektive auf nichtsouveräne Formen von Freiheit eröffnet.[130] In den Schriften Beantwortung der Frage: Was ist Aufklärung (vgl. Kant 1993a [1784]) und Der Streit der Fakultäten (vgl. Kant 1993c [1798]) erkennen beide eine Weise kritischen Denkens, die sich in ein freie(re)s Verhältnis zu den gegebenen Verhältnissen setzt, ohne sich als von diesen

130 Zum Freiheitsbegriff bei Arendt und Foucault, s.o. Kap. 3.3.1.

unabhängig zu imaginieren. Dementsprechend besteht auch die Freiheit der politischen (Urteils-)Praxis wie die philosophische Haltung im Sinne Foucaults nicht in Autonomie. Vielmehr ist die Gewordenheit und Situierung der Individuen innerhalb der Welt die Voraussetzung für die Entwicklung einer kritischen Beziehung zur Gegenwart. Weil die Einzelnen innerhalb spezifischer Machtverhältnisse zu Subjekten und Personen werden, sind sie in der Lage, diese ohne Rückgriff auf moralische Regelsysteme inhaltlich zu bestimmen und zu kritisieren.

Gerade weil Arendt und Foucault zufolge Kritik formal und Freiheit nichtsouverän ist, besitzen diese Begriffe einen normativen Gehalt, ohne normativistisch zu sein. In einem Interview von 1980 erklärt Foucault: »In a sense, I am a moralist, insofar as I believe that one of the tasks, one of the meanings of human existence – the source of human freedom – is never to accept anything as definitive, untouchable, obvious, or immobile. No aspect of reality should be allowed to become a definitive and inhuman law for us.« (PM 1) Indem er die humanistischen Topoi der Moral und der menschlichen Freiheit zur Legitimation ihrer radikalen Infragestellung nutzt, vollzieht Foucault eine ironische Figur. Das, was wesenhaft am Menschen ist, ist demnach allein seine Fähigkeit, sein eigenes Wesen und die Bedingungen seiner Existenz zu hinterfragen und zu verändern. Jede Form, dieses Sein und die es umgebende Welt als fix und unveränderbar zu bestimmen, wird dagegen als eine strategische Geste der Macht verstanden, die es als solche zurückzuweisen gilt. Eben hierzu laden die Genealogien Foucaults ein, indem sie auf die Historizität jener Erfahrungen verweisen, die als natürlich oder gottgegeben gelten. Indem er über die Genealogie auf die historische Kontingenz bestehender Selbst- und Weltverhältnisse verweist, eröffnet er die Perspektive auf mögliche »Freiheitsspielräume oder Widerstandspotentiale« (Lemke 1997: 341), ohne diese inhaltlich zu definieren. Seine Weigerung zu bestimmen und zu begründen, was kritisiert und was gefordert werden soll, wurde Foucault vielfach vorgeworfen und als Mangel seines Ansatzes ausgelegt (vgl. Taylor 1986: 88ff.; Walzer 1986: 67; Fraser 1994: 48). Hierauf reagierte er entschieden:

»I'm not a prophet; I'm not going to tell people what they should do. […] Let's say that the intellectuals will no longer have the role of saying what is good. Then it will be up to the people themselves, basing their judgment on the various analyses of reality that are offered to them, to work or to behave spontaneously, so that they can define for themselves what is good for them. What is good, is something that comes through innovation. The good does not exist, like that, in an atemporal sky, with people who would be like the Astrologers of the Good, whose job is to determine what is the favorable nature of the stars. The good is defined by us, it is practiced, it is invented. And this is a collective work.« (PM 12f.)

Die Sehnsucht nach Führung und Orientierung durch die Philosophie wird von Foucault konsequent und rigoros enttäuscht, weil ihre Erfüllung die anderen vor den Gängelwagen spannen würde, von dem sie die Philosophie befreien soll.

Im Anschluss an Sokrates und Kant versteht Foucault wie Arendt Philosophie als eine kritische Prüfung bestehender gesellschaftlicher und moralischer Ordnungen. Durch die Infragestellung der scheinbaren Notwendigkeit gegenwärtiger Verhältnisse kann sie zu deren Veränderung motivieren. Wie Arendt – und Foucault am Ende des Interviews – hervorhebt, bedarf es zur Innovation und Transformation des Bestehenden des politischen und kollektiven Handelns der vielen und verschiedenen Menschen. Sie bestimmen durch die kritische Auseinandersetzung mit konkreten politischen Phänomenen gemeinsam, was in dieser spezifischen Situation die richtige Forderung und Aktionsform ist. Kritische Philosophie muss formal sein und bleiben, um nicht die herrschaftsförmige Geste auszuführen, die Arendt so vehement an philosophischen Figuren wie Platon und Heidegger kritisiert. Stattdessen befähigt sie zu der kritischen Haltung, keine gesellschaftliche Situation als naturgegeben und unveränderbar zu akzeptieren und all jene Meinungen, Institutionen und Verhältnisse anzugreifen, die das Gegenteil behaupten. Hierin liegt ihr normativer Gehalt und nicht in der inhaltlichen Bestimmung politischer Forderungen. Die Schriften von Arendt und Foucault gewinnen ihre kritisches Potential und ihre subversiven Aspekte somit weder durch die Explikation der ihnen zugrunde liegenden Werte noch durch den von ihnen behandelten Gegenstand.

Stattdessen wird ihre jeweilige Kritik an der Gegenwart maßgeblich durch eine spezifische Darstellungsweise evoziert, mit der sie vergangene Ereignisse und historische Topoi aufarbeiten. Diese stilistischen Techniken implizieren nicht nur eine Kritik an bestehenden Auffassungen von Wahrheit, Philosophie und Geschichte, sondern stellen selbst Momente einer bestimmten Form kritischer Praxis dar.[131] Die Werke Arendts sind wie

131 Natürlich gibt es zwischen den methodischen Zugängen von Foucault und Arendt auch vielfältige Differenzen. Arendt arbeitet mit klaren, hypernormativen Dichotomien, während sich Foucault trotz seines dramatischen Stils gerade mit normativen Zuschreibungen konsequent zurückhält. Dabei ist seine Haltung zu den von ihm gewählten Inhalten deutlich experimenteller und sein Zugang zum historischen Material zugleich sehr viel

diejenigen Foucaults durch dramatisierende Zuspitzungen und hyperbolische Beschreibungen gekennzeichnet, mithilfe derer sie scheinbar gewöhnliche Begriffe, Praktiken und Erfahrungen problematisieren. So verweisen Foucaults Darstellungen von Straf- und Disziplinierungstechniken und Arendts düstere Beschreibung der modernen Massengesellschaft auf die Brutalität scheinbar normaler oder notwendiger Abläufe und Ordnungen. In beiden Fällen werden vertraute Verhältnisse nicht primär und allein mithilfe schlüssiger Argumentationsgänge kritisiert, sondern über eine rhetorische Darstellungsweise.[132] Dem rhetorischen Gestus liegt eine von beiden geteilte Skepsis gegenüber logisch-kausalen Begründungen zugrunde, die wiederum auf ihre weiter oben ausführlicher behandelte Vernunftkritik zurückzuführen ist. Effekt und Ziel ihrer Schriften ist weniger die Legitimation von Meinungen und Ansichten, sondern deren Irritation und Transformation. Anstatt auf rein rationaler Ebene zu überzeugen, evozieren ihre Texte über rhetorische Mittel vielmehr eine Erfahrung als eine Erkenntnis, die durch die drastische Inszenierung vergangener Selbst- und Weltverhältnisse ausgelöst wird.

Weitere Mittel, durch die sich die Schriften Arendts und Foucaults deutlich von rein historiographischen und analytischen Abhandlungen unterscheiden, ist das »der Hyperkonkretion und Personalisierung« (Saar 2007a: 306). Sie werden von Saar als Gemeinsamkeit der Denk- und Schreibstile Nietzsches und Foucaults bezeichnet und treffen in weiten Teilen auch auf Arendts Darstellungsweise historischer Stoffe zu. Auch sie nutzt Personen des öffentlichen Lebens und der philosophischen Tradition als philosophische Figuren, indem sie sie als Repräsentantinnen bestimmter Theoreme und Konzeptionen inszeniert und oftmals polarisierend einander gegenüberstellt. Dabei gesteht Arendt zu, dass »ein gewisser Rechtfertigungszwang [besteht], wenn man eine historische Figur als Modell gebraucht oder besser in ein solches transformiert und ihr eine definitiv repräsentative Funktion zuschreibt.« (ZVZ 5: 137) Dass sie sich zur Legi-

historiographischer als derjenige Arendts. Während Foucault zumeist scheinbar abseitige historische Phänomene als seinen Untersuchungsgegenstand wählt, beschäftigt sich Arendt mit den großen (philosophie-)historischen Topoi, denen sich Foucault erst in seinen letzten Vorlesungen intensiv widmet. Damit sind nur einige von vielen Unterschieden genannt, auf die an dieser Stelle nicht weiter eingegangen wird, weil die These von der Gemeinsamkeit ihrer methodischen Ansätze sehr viel eher der Begründung bedarf als die Annahme des Gegenteils.

132 In Hinblick auf Foucault wurde dies bereits ausführlich herausgearbeitet (vgl. Connolly 1985: 368; Schäfer 1998: 85; Biebricher 2005: 126ff.; Saar 2007a: 308).

timation dieser Vorgehensweise auf die Funktion bezieht, die Dante für Thomas von Aquin hatte, verweist auf die deutliche Nähe, die ihre Darstellungsweise mit dem Theater aufweist (vgl. LG 169).

Zur Untersuchung des Verhältnisses von Philosophie und Politik wendet sich Arendt wie Foucault den großen Helden der Philosophiegeschichte zu, wobei der theatrale Gestus, den beide dem antiken (Wahr-)Sprechen nachweisen, auch ihren eigenen Erzählstil prägt (vgl. u.a. RSA 98; VA 258; Marchart 2008). Wenn Foucault »Platon auftreten [sieht], [...] den Philosophen, der jetzt in dieser Szene der parrhesia eine wesentliche Rolle zu spielen hat« (RSA 248) oder an anderer Stelle erklärt, dass sich »[a]uf der Bühne [...] jetzt Platon, Dion und Dionysios« (ebd.: 73) befinden, dann gewinnt seine Vorlesung selbst Momente einer Aufführung. Einige Jahre zuvor hatte Foucault in einem Gespräch über das Verhältnis von Theater und Philosophie mit dem Theaterexperten Watanabe festgestellt:

»Man muss bis Nietzsche warten, bis die Frage nach dem Verhältnis von Philosophie und Theater gegenüber der abendländischen Philosophie erneut in ihrer ganzen Schärfe gestellt wird. Ich glaube nämlich, dass die Nichtbeachtung des Theaters in der abendländischen Philosophie und eine bestimmte Weise, die Frage nach dem Blick zu stellen, miteinander verknüpft sind. Seit Platon, und mehr noch seit Descartes, richtet sich eine der wichtigsten philosophischen Fragen auf das Wesen des Blicks, oder vielmehr darauf, ob das, was man sieht, wahr oder eine Täuschung ist [...]. Nun kennt das Theater diese Unterscheidungen überhaupt nicht. Es hat keinen Sinn, sich zu fragen, ob das Theater wahr oder wirklich sei oder ob es eine Illusion und trügerisch sei.« (DE3/234: 718ff.)

Das theatrale Moment, das Foucaults Schriften eigen ist, lässt sich somit nicht nur auf Nietzsche zurückführen, sondern impliziert zudem dessen Philosophie- und Wahrheitskritik, die sich in ähnlicher Form auch bei Arendt findet. Wie weiter oben ausführlich beschrieben, lehnt sie wie Nietzsche, Foucault und Heidegger den herrschaftsförmigen Charakter der Wahrheit im Sinne von Richtigkeit ab, den alle vier mit den Namen Platon und Descartes verbinden.[133] In Abgrenzung zu diesen Denkern verweisen sie anhand der Inszenierung philosophischer Figuren auf Wahrheiten, die sich in der Existenz und Lebensführung der Einzelnen realisieren. Philosophie lässt sich dann immer noch als Liebe zur Weisheit und Suche nach Wahrheit verstehen. Sie besteht aber nicht in der logischen Herleitung

---

133 S.o., Kap. 2.3.1., 2.4.2.

wahrer Aussagen, sondern in der narrativen und theatralen Inszenierung philosophischer Figuren und der von ihnen verkörperten Wahrheit.

Genealogische Kritik

Mit der Wahrheits- und Philosophiekritik geht die Ablehnung eines Verständnisses von Geschichte einher, das diese auf die chronologische Abfolge historischer Ereignisse reduziert oder aber in historistischer Manier auf eine ihr inhärente Logik zurückführt. Foucault formuliert es in Archäologie des Wissens ironisch, wenn er erklärt: »[W]as man beweint, ist jener ideologische Gebrauch der Geschichte, […] daß wenigstens die Geschichte lebendig und kontinuierlich ist, daß sie für das zur Frage stehende Subjekt der Ort der Ruhe, der Gewißheit, der Versöhnung – des sorglosen Schlafes ist.« (AW 26) Auch »Arendt [erteilt] jedem Versuch eine Absage, die Geschichte als übergeordnetes, deterministisches Prinzip zu betrachten und mit einer inhärenten absoluten Autorität auszustatten.« (Lenz 2001: 220ff.) Stattdessen heben beide die Kontingenz historischer und politischer Abläufe hervor, die ebenso Effekte des Handelns sind wie sie die Existenz der Einzelnen maßgeblich bestimmen. Die Abgrenzung von einem simplifizierenden Geschichtsverständnis ermöglicht ihnen einen experimentellen und strategischen Umgang mit historischen Ereignissen, der seinen Ausdruck unter anderem in der szenischen Gestaltung ihrer Texte findet. So bemerkt Hobsbwam (1979: 267), dass Arendts »Ausführungen […] nicht wirklich historisch [sind], sie könnten eher einem philosophischen Drama wie Schillers Don Carlos entnommen sein, dem man mit dem Maßstab der realen Geschichte nicht gerecht werden kann.« Arendt verfasst wie Foucault keine nüchternen Berichte über historische Ereignisse oder textnahe Exegesen philosophischer Schriften. Vielmehr räumen beide den großen Erzählungen und kleinen Anekdoten der Philosophiegeschichte einen breiten Raum ein, die sie detailliert, zuweilen auch ausschweifend beschreiben. Die Freude am Geschichten erzählen, die Young-Bruehl (vgl. 1979: 319) bei Arendt beobachtet, trifft auf Foucault ebenso zu wie die »liebenswürdige Verachtung für bloße Fakten« (ebd.). Statt eines rein historiographischen Anspruchs verfolgen sie systematische Problemstellungen, denen sie sich über das historische Textmaterial nähern und mit dem sie entsprechend strategisch, aber nicht manipulativ umgehen. Die historischen Tatsachen, Daten und Zeiträume werden von beiden ebenso mit

Sorgfalt behandelt wie die philosophischen Quellen und deren Übersetzung.

Die Freiheit gegenüber dem (philosophie-)historischen Material, die Arendts Schaffen eigen ist und die sie an Nietzsches »ungebundene[m] Denken« (ZVZ 1: 37) fasziniert, findet sich auch bei dem von ihr geschätzten Literaten René Char, der wiederum am heideggerschen Denken interessiert war. Ihn führt Arendt im Fernsehgespräch mit Errera an, um ihren Umgang mit philosophischen wie historischen Quellen zu erläutern. »Ich nehme, was ich kann und was mir paßt. […] Ich denke, einer der großen Vorteile unserer Zeit ist wirklich, was René Char […] gesagt hat: ›Unsere Erbschaft ist keinerlei Testament vorausgegangen.‹ Das heißt, es steht uns vollkommen frei, uns aus den Töpfen der Erfahrungen und Gedanken unserer Vergangenheit zu bedienen.« (AE 124f.) Diese Haltung zur Geschichte, die Foucault ebenso mit Arendt teilt wie die Begeisterung für Char, ist die Voraussetzung, um übliche historische Narrationen und philosophische Tradierungen zu durchbrechen (vgl. Eribon 1991: 102–104). Hierdurch verweisen beide auf gegenwärtige Problemstellungen, indem sie diejenigen Momente der Vergangenheit reformulieren und aktualisieren, die für ihr jeweiliges Vorhaben Relevanz besitzen. »[D]er selektive und punktuelle Rekurs auf die politische Ideengeschichte und die unorthodoxe Verknüpfung verschiedener Traditionsfragmente, gehört zu den Besonderheiten« (Straßenberger 2015: 83f.) der Vorgehensweise von Arendt und Foucault (vgl. Connolly 1985: 368).

Die Antike stellt dabei für sie einen zentralen Referenzpunkt dar, den sie aus den komplementären Perspektiven der Sorge um die Welt und der Sorge um sich betrachten. Auch wenn Arendts Beschreibung des alten Griechenlands affirmativer ausfällt als diejenige Foucaults, wurden beide dafür kritisiert, dieses Zeitalter zu verklären und die Missstände der historischen Epoche nicht ausreichend beachtet zu haben. Nicht selten wurde unterstellt, dass Arendt die Politik der attischen Stadtstaaten nostalgisch idealisieren würde und Foucault die Ethik des privilegierten Bürgertums reaktualisieren wolle, was er regelmäßig und vehement zurückwies. »Nein! Ich suche keine Lösung durch Auswechslung; man findet nicht die Lösung eines Problems in der Lösung eines anderen Problems, das in einer anderen Epoche von anderen Leuten gestellt wurde.« (DE4/326: 465; vgl. Saar 2007b: 329f.) Und auch für Arendt scheint klar zu sein, dass die »Polis […] weder Modell noch regulative Idee sein [kann]. Arendts Projekt arbeitet nicht an einer neuen Grundlegung von Politik, sondern gegen das herrschende Verständnis von Politik. Eine unmittelbare Anwendung der Werte der Polis« (Nordmann 1994: 98) auf aktuelle Verhältnisse ist demnach ebenso wenig ihr Ziel wie die Idealisierung der Antike, die ihrer emphatischen Konzeption von Politik oftmals unterstellt wurde. »This has led many of her readers to assume that she is nostalgic [...]. In fact, nothing could be further from the truth. Arendt's essay is intended as a genealogy« (Villa 1999: 161A; vgl. Zerilli 2010: 34; Loick 2012: 169).

Den Genealogien Foucaults entsprechend problematisiert auch Arendt über die Auseinandersetzung mit der Vergangenheit in mehr oder weniger impliziter Weise aktuelle Fragestellungen, um auf deren historische Gewordenheit zu verweisen. Ebenso wie Foucaults Arbeiten zum antiken Eros verdeutlichen, dass sexuelle Praktiken nicht schon immer und von Natur aus an Geschlechtsidentitäten gekoppelt sind, verweist Arendts Genealogie der Politik darauf, dass diese nicht per definitionem und seit jeher mit zweckrationaler Existenzverwaltung identisch ist. Indem beide gegenwärtigen Selbst- und Weltverhältnissen eine (unter verschiedenen möglichen) Geschichte verleihen, lassen sie das Bestehende in einem anderen, kritischen Licht erscheinen. Die stilistischen Mittel dienen dabei als »intellektuelle[...] Entfremdungstechnik[en]« (Benjowski 1991: 169), um bestehende Sichtweisen, Praktiken und Ordnungen den Schein von Normalität und Notwendigkeit zu entziehen. Hierdurch geben Arendt und Foucault der von ihnen geteilten Affirmation von Alterität und Kontingenz eine Form. »Anders denken, als man denkt, anders wahrnehmen, als man sieht, sind [für beide] [...] die geistigen Grundlagen eines Kampfes, der ein kritisches Engagement in der Öffentlichkeit einschließt.« (ebd.: 170) Nicht auf der Textebene, sondern durch den Stil ihrer Erzählungen, welche die Lesenden mit der Andersartigkeit der Vergangenheit konfrontieren, wird das Streben nach einer Transformation bestehender Verhältnisse vermittelt. Die Historisierungen von Arendt und Foucault erscheinen damit »selbst [als] eine kritische Praxis, die sich in einem bestimmten Schreiben bestimmter Texte konkretisiert. Was die Genealogien praktisch leisten können, ist das Aufreißen eines Raums von Möglichkeiten für andere Haltungen, Handlungen und Identitäten.« (Saar 2007a: 294)

Vielen genügt eine solche genealogische Kritik nicht, um zu überzeugen und bestehende Verhältnisse effektiv anzugreifen. Und tatsächlich ist der kritische Effekt, den Genealogien evozieren sollen – zum Glück – nicht erzwingbar. Er stellt sich bei denen ein, die dafür empfänglich sind und stößt bei jenen auf Unverständnis, die andere Denkstile gewohnt sind und präferieren. Ein Aspekt, der sich ebenso in Arendts Bestimmung der politischen Meinung wie in Foucaults Darstellung der philosophischen parrhesia findet, trifft somit auch auf ihre eigenen Werke zu: Sie werben um Zustimmung und Einverständnis, können aber nur von jenen auch tatsächlich nachvollzogen werden, »die zuhören wollen« (RSA 293). Die Wirkung der Genealogien kann sich nur bei jenen einstellen, die bereit sind, ihr bisheriges Verständnis von sich selbst und der Welt wie den Weg, durch den sie zu denen geworden sind, die sie sind, selbstständig zu hinterfragen. Arendts »politische Genealogie« (Zerilli 2010: 34) des Verfalls der antiken Polis evoziert hierbei eine Erfahrung, die auch Foucaults Schriften vermitteln: Die Praktiken, durch welche die Einzelnen sich selbst als Subjekte und die Welt als Erscheinungsraum hervorbringen, waren früher einmal andere als sie es heute sind. Deshalb können sie grundsätzlich auch wieder anders werden. Das ›es war einmal anders‹ und »›es hätte auch anders sein können‹ ist ein hypothetischer Imperativ, der das Handeln derer leitet, die dieses ›anders‹ in der Zukunft verwirklicht sehen möchten.« (Benhabib 2006: 125; vgl. Marchart 2005: 168ff.; Zerilli 2005: 9ff.)

Die Affirmation der potentiellen Alterität und Transformation, die Benhabib in Arendts Denken erkennt, zeichnet auch Foucaults Werk aus. Auch wenn seine Genealogien den Hebel zur Veränderung nicht wie Arendt an der Welt, sondern dem Selbst ansetzen, sind beide einer Kritik verpflichtet, die Selbst- und Weltsorge zugleich ist. Über die Sorge um sich, zu der Foucaults Genealogien einladen, wird das Subjekt zu einer Veränderung der Welt befähigt, indem es diejenigen Machtverhältnisse zu benennen und anzugreifen lernt, die der Entwicklung seines ethischen Selbstverhältnisses Grenzen setzen. Die Sorge um die Welt, der Arendts Genealogien verpflichtet sind, impliziert wiederum eine Sorge um sich, da die Einzelnen erst durch die aktive Veränderung der Welt ihre einzigartige Persönlichkeit entfalten können.[134] Wie eine kritische Haltung zur Gegenwart gestaltet sein könnte, welche die Wechselwirkungen beider Formen der Sorge mit einander verbindet, wird nun abschließend diskutiert.

134 Inwiefern Foucaults Genealogien als Sorge um sich und diejenigen Arendts als Sorge um die Welt verstanden werden können, wurde ausführlicher in 1.2. und 1.3. dargestellt.

Outro: Die Sorge um sich und die Welt

Die Genealogien von Arendt und Foucault haben nicht nur die Sorge zum Gegenstand, sondern sorgen zudem für diejenigen, die sich auf sie einlassen und sich ihnen ausliefern. Ihre Sorge besteht darin, uns herauszufordern, das auf reflektierte, (selbst-)kritische und andere Weise zu tun, wozu wir ohnehin befähigt und bestimmt sind: unser eigenes Wesen über praktische Seinsweisen hervorzubringen und zu gestalten. Wie gezeigt, wird diese scheinbar einfache Erkenntnis, die Heideggers Sorgebegriff inhärent ist, von Foucault und Arendt als praxeologische Geste übernommen; allerdings nicht fundamentalontologisch, sondern genealogisch und damit machtanalytisch ausgelegt. Demnach sind die historisch und inhaltlich spezifischen wie variablen Machtverhältnisse, innerhalb derer die Einzelnen durch konkrete Praktiken zu Subjekten und Personen werden, selbst Resultate von Praktiken und deshalb veränderbar. In ihrer machtanalytischen Ausrichtung besitzt diese praxeologische Figur das Potential, über den Verweis auf die Transformationsfähigkeit von Praxis das Streben nach einer Veränderung des Selbst und der Welt zu verstärken, wenn nicht gar zu wecken.

In dieser Hinsicht lässt sich kritische Philosophie im Allgemeinen, ungeachtet der verschiedenen Verfahren, die sie anwendet und der Formen, in denen sie sich realisiert, als Sorgephilosophie verstehen. Anhand der Analyse von Praktiken, welche die Einzelnen und die gesellschaftlichen Verhältnisse konstituieren, heben sie deren potentielle Veränderbarkeit hervor und vermitteln über eine kritische Haltung zur Gegenwart die Dringlichkeit, diese Potentialität in die Tat umzusetzen. Im Gegensatz zu anderen Varianten kritischer Philosophie praktizieren Foucault und Arendt diese Sorge über genealogische Verfahren und wählen darüber hinaus den Topos der Sorge selbst als Untersuchungsgegenstand. Durch die Analyse historisch spezifischer Machtpraktiken, die deutlich von unserer Gegenwart abweichen, verweisen sie über den Kontrast zwischen vergangenen und aktuellen Macht-, Welt- und Selbstverhältnissen auf deren potentielle Transformation im Jetzt. Auch wenn Methode und Modus ihrer Ansätze deutliche Ähnlichkeiten aufweisen, variieren die Genealogien entsprechend der divergierenden Ausrichtungen des jeweiligen Sorge- und Machtbegriffs. Arendt erzählt in Vita activa die Genealogie der Politik, die zu Zeiten der antiken Polis in der Macht des gemeinsamen Handelns bestand, das über die zweckfreie Gestaltung der Welt für diese sorgte. Dieses emphatische Verständnis von Politik steht Arendt zufolge in deutlichem Kontrast zur Gegenwart, in der Politik vielmehr die Aufgabe zweckrationaler Existenzverwaltung zukommt. Foucaults letzte Vorlesungen lassen sich hingegen – unter vielen anderen Möglichkeiten – als Genealogie der Philosophie verstehen. Während sie in der Antike eine kritische Lebenskunst darstellte, endet diese ethische Praxis und Haltung ihm zufolge mit der universitär-akademischen Ausrichtung von Philosophie.

Nun lassen sich aus dem durch die Genealogien evozierten Kontrast zwischen vergangenen und aktuellen Formen von Politik und Philosophie keine Antworten auf die Frage finden, wie eine ethische Sorge um sich und eine politische Sorge um die Welt heute aussehen sollten. Allein schon aufgrund der historischen Spezifik und Variabilität von Praxis ist von Foucault und Arendt keine inhaltliche Antwort auf diese Frage zu erwarten. Jeder Import vergangener Antworten käme zu spät. Zugleich verliert die von Foucault aufgeworfene Frage nach der (Kritik der) Gegenwart per definitionem nicht an Aktualität. Ihren kritischen Charakter gewinnt sie gerade dadurch, Frage und nicht Antwort zu sein. Sie fordert zur Infragestellung derjenigen Verhältnisse heraus, die uns heute betreffen und überlässt es uns, zu bestimmen, was zu tun ist. Um dieser Frage zu begegnen, – nicht um sie abschließend zu beantworten – werden nun die zuvor dargestellten Konstellationen von Kritik, Macht und Sorge, die der Kant-Lektüre von Arendt und Foucault inhärent sind, in systematischer Hinsicht auf unsere Gegenwart bezogen. Hierdurch entsteht die Skizze einer kritischen Haltung, welche die Sorge um sich mit der Sorge um die Welt verbindet.

Foucault: Kritik der Macht

Wenn herrschende Ordnungen nicht durch einen Souverän garantiert, sondern durch scheinbar freiwillige alltägliche Handlungen der Subjekte konstituiert und reproduziert werden, bedarf es nicht nur Foucaults Machtbegriff, sondern auch einer Philosophie, die zu ethischen Strategien der Gegenmacht befähigt. Dem praxeologischen Primat entsprechend inkorporieren die Einzelnen über variable, historisch spezifische Praktiken ebenso geartete Machtstrategien, *um* zu Subjekten zu werden. Hierdurch stabilisieren sie ihre eigene Identität und gesellschaftliche Ordnungen. Die Einzelnen und ihre (Handlungs-)Freiheit stellen per definitionem Voraussetzungen von Macht dar. Aktuellen, (neo-)liberalen Logiken dienen sie darüber hinaus als zentrale Regierungstechnik (vgl. GBP 103ff.). »Im Rahmen neoliberaler Gouvernementalität signalisieren Selbstbestimmung, Verantwortung und Wahlfreiheit nicht die Grenze des Regierungshandelns, sondern sind selbst Instrument und Vehikel, um das Verhältnis der Subjekte zu sich selbst und zu den anderen zu verändern.« (Bröckling/Krasmann/Lemke 2000: 30) Foucaults Auffassung von der Omnipräsenz und subtilen, subjektkonstituierenden Kraft der Macht trifft im besonderen Maße auf neoliberale Machttechniken zu. Ihre Funktionsweise ist nicht nur maßgeblich durch eine Entgrenzung ihres Wirkungsradius auf alle Lebensbereiche gekennzeichnet, sondern auch verstärkt auf die Initiative und Selbstregulation der Subjekte angewiesen.

Nicht nur zentrale Aspekte von Foucaults Machtbegriff gelten für neoliberale Verhältnisse in besonderer Weise, sondern auch die Chance auf Widerstand, die wiederum auf die praxeologische Figur zurückgeführt werden kann. Weil sich Macht in konkreten, stets sozial vermittelten Praktiken realisiert, ist sie ebenso auf die Subjekte angewiesen wie diese auf die Macht. Deshalb haben die Einzelnen tagtäglich die Möglichkeit, die Komplizenschaft mit der Macht aufzukündigen und sie zu verraten; nicht im Sinne einer großen Geste, die sie ein für alle Mal von der Macht trennt, sondern durch die kontinuierliche ethische Arbeit an sich selbst. Sie befähigt dazu, die praxeologische Konstitution der Macht und der eigenen Existenz zu nutzen, um sich in Techniken der Gegenmacht zu üben, indem die zuvor erworbenen Mikropraktiken der Macht gezielt verlernt werden. Gerade weil neoliberale Regierungstechniken verstärkt über die aktive, selbstständige und engagierte Lebensgestaltung der Individuen wirken, lässt sich das Subjekt und sein individuelles Selbst- und Weltverhältnis als zentraler Ansatzpunkt von Widerstand und Kritik verstehen.

Das (neo-)liberale Versprechen von Autonomie und permanenter Steigerung von Leistung und Lebensqualität kann nicht nur durch Depression, Burn-out und andere Symptome implizit als Farce entlarvt werden, wie Bröckling (2007) hervorhebt. Es lässt sich darüber hinaus durch die Kultivierung einer oppositionellen Lebensführung explizit infrage stellen. Die erst genannten Widerstandsformen zeichnen sich durch eine Verweigerung oder ein Misslingen derjenigen Selbstfürsorgepraktiken aus, auf die neoliberale Machtstrategien angewiesen sind, um Leistungsbereitschaft und Stressresistenz der Subjekte zu garantieren. Die letztgenannten bestehen in einer ethischen Arbeit an sich selbst, die gegenwärtigen Arbeits-, Sorge- und Machtverhältnissen entgegengesetzt ist und unter Rückgriff auf die zuvor dargestellte sokratische parrhesia als Sorge um sich bezeichnet werden kann.

Während die Sorge um sich moralisch ist, wenn sie das Subjekt dazu befähigt, sich zur gegebenen (moralischen) Ordnung in ein selbstbestimmteres Verhältnis zu setzten, ist sie kritisch, wenn sie dazu befähigt, nicht von sich und anderen regiert werden zu wollen, wie es der Status quo verlangt. Diese Kritik wird praktisch, wenn sie Widerstand gegen die gegebenen Selbst- und Machtverhältnisse übt, indem sie die Grenzen dessen überschreitet, was in den gegebenen Verhältnissen als wahr, angebracht, tolerabel, sinnvoll, möglich oder statthaft gilt. Zu diesen widerständigen Praktiken lassen sich nicht nur spektakuläre zählen, wie der Boykott von Befehlen oder die demonstrative Überschreitungen herrschender Ordnungen, sondern auch weniger sichtbare, stille und intime Formen der Verweigerung oder Veränderung von Selbstpraktiken.

Diese ethischen Formen der Sorge sind, wie zuvor in hermeneutischer Hinsicht erläutert, Wahrheits- Selbst- und Machtkritik zugleich. Weil das Subjekt Effekt historisch spezifischer Spielarten von Wahrheit und Macht ist, impliziert die Kritik am Bestehenden auch die Kritik des eigenen Selbst. Durch die kritische Selbst- und Wahrheitsprüfung distanzieren sich die Einzelnen zunehmend von denjenigen Wahrheiten und Machttechniken, die sie für falsch halten und unter denen sie leiden, auch wenn oder gerade weil sie sie als bestimmte Subjekte hervorgebracht haben. So entsprechen sie Foucaults Verständnis von Kritik, die in der »Bewegung [besteht], in welcher das Subjekt sich das Recht herausnimmt, die Wahrheit auf ihre Machteffekte hin zu befragen und die Macht auf ihre Wahrheitsdiskurse hin.« (WK 15) Auf diese Weise sorgen sie für sich selbst. Der Subjektivierung durch herrschende Wahrheitsregime setzen sie eine ethische Gestaltung der eigenen Existenz entgegen, die denjenigen Wahrheiten verpflichtet ist, die der macht- und selbstkritischen Prüfung standhalten, oder sich hierbei offenbaren. Als Gegenwahrheiten dienen sie dem Subjekt als Orientierung, indem es ihnen in seinen alltäglichen Praktiken entspricht und sich so in einer oppositionellen Lebensführung übt.

Um Selbstsorge und nicht moralische oder politische Selbstdisziplinierung zu sein, handelt es sich dabei um eine individuelle Prüfung, die weniger im Abgleich des eigenen Selbst- und Weltverhältnisses mit normativen Maximen oder kritischen Ansprüchen besteht, als in einer tastenden Suchbewegung nach einem Mehr an ethischer Freiheit. Sie kreist um Fragen wie: »Welche Wahrheitsregime haben mich zu derjenigen Person werden lassen, die ich bin? Welche Wahrheiten beschränken oder reduzieren mich auf etwas, was ich nicht (mehr) sein will? Welche meiner Handlungen, Urteile und Gefühle entsprechen ihnen und stabilisieren hierdurch die herrschende Ordnung? Und welche nicht?« Welche Wahrheiten zum Gegenstand der ethischen Prüfung gemacht werden, hängt von den Subjekten und ihrem individuellen Involviertsein in spezifische Machtverhältnisse ab. Sie werden in der kritischen Auseinandersetzung geprüft, infrage gestellt oder mit Gegenwahrheiten konfrontiert.

Aufgrund ihrer entschiedenen Ausrichtung auf das einzelne Subjekt steht die ethische Selbstbefragung nicht in der von Foucault und Arendt verabscheuten stalinistischen Tradition und den ihr verpflichteten Formen von Selbstkritik im Namen des real existierenden Sozialismus. Die ethische Selbst- und Wahrheitskritik, die intimste Erfahrungen und subtile Mikropraktiken zum Gegenstand hat, kann nicht für andere oder im Namen einer politischen Gruppe praktiziert werden, ohne ihr kritisches Potential einzubüßen und selbst Teil von Herrschaftsstrategien zu werden. Die Frage, welche Spielarten von Wissen und Macht der eigenen Existenz Handlungsfähigkeit und Freiheit vielmehr nehmen statt geben und welche Praktiken als Widerstandstechniken gegen diese Machtstrategien verwendet werden können, ist nicht objektiv, theoretisch oder durch politischen Konsens zu beantworten. Wer an der Sorge um sich das Fehlen allgemeiner normativer Kriterien moniert, die zum Urteil über den emanzipatorischen Gehalt von Praktiken befähigen, verkennt, dass ihr subversives Potential gerade darin besteht, die Prüfung der Wahrheit und des Selbst ohne Rückgriff auf solche Kategorien zu vollziehen.

Arendt: Macht der Kritik

Arendts Sorge um die Welt ist eine Form der Kritik inhärent, die nicht am Subjekt, sondern an Pluralität ausgerichtet ist und eine ganz andere Konstellation von Macht- Selbst- und Wahrheitskritik impliziert; zugleich aber ebenso aktuell ist wie diejenige Foucaults. Wenn die Möglichkeit einer demokratischen, gemeinsamen und freien Gestaltung der Welt untergraben oder verunmöglicht wird und sich zugleich in verschiedenen Teilen der Welt öffentlicher und kollektiver Widerstand gegen diese Tendenzen etabliert, kann das politische Vokabular Arendts dazu dienen, diese Gegenwart in Begriffe zu fassen.

Anstatt, wie allzu oft geschehen, Arendts Machtbegriff als naive und unzeitgemäße Idealisierung der Polis abzulehnen, lässt er sich als Kontrastfolie verstehen, auf der gegenwärtige Machtverhältnisse kritikwürdig erscheinen. Die Bedrohung, die Arendt in der Umkehrung der Vita activa und der damit einhergehenden Unterminierung des Politischen zugunsten einer Omnipräsenz der Arbeit erkennt, findet ihre aktuelle Entsprechung in der Ausweitung neoliberaler Machtstrategien auf alle Lebensbereiche. Während dem Topos der antiken Polis gemäß die von Sklaven entrichtete Arbeit als Voraussetzung für die Politik angesehen wurde, steht die Politik gegenwärtig im Dienst der Arbeitsverhältnisse (vgl. Brown 2015: 15; Ludwig 2016). Anstatt Politik als (zweck)freie Gestaltung der Welt durch ebenso gleichberechtigte wie verschiedene Menschen zu verstehen und zu praktizieren, erscheint der öffentliche Bereich als technokratisch zu verwaltendes Aufgabenfeld nach zweckrationalen Kriterien.

Dieser Entwicklung ist Arendts emphatisches Verständnis der attischen Polis als Ursprungsort demokratischer Prozesse entgegengesetzt, die weder Relikte vergangener Zeiten noch utopische Handlungsmöglichkeiten darstellen. Stattdessen können aktuelle Massenproteste, wie sie auf dem Tahrir Square, dem Zuccotti – oder dem Gezi-Park stattgefunden haben, als aktuelle Formen der politischen Sorge um die öffentliche Welt verstanden werden. Was sie eint, ist ihr Kampf um Demokratie im Sinne einer gemeinsamen, selbstbestimmten Gestaltung der Welt und ihr Wille, »nicht auf diese Weise und um diesen Preis regiert zu werden.« (WK 12) Damit entsprechen sie Foucaults allgemeiner Definition von Kritik, die praktisch wird, wenn sie sich im Widerstand gegen konkrete Regierungstechniken übt; allerdings nicht im Namen der Sorge um sich – der individuellen und kritischen Beschäftigung mit sich selbst als Effekt gegebener Konstellationen von Wahrheit und Macht, – sondern im Sinne der Sorge um die Welt, die durch das kollektive Handeln die Macht zur Veränderung gegebener Verhältnisse besitzt.

Durch die Sorge um die Welt werden nicht nur andere Zustände gefordert, sondern über die politische Praxis bereits etabliert. Der praxeologischen Denkfigur entsprechend realisiert sich Macht Arendt zufolge ausschließlich im Vollzug des gemeinsamen öffentlichen Handelns und Sprechens und ist somit ebenso temporär, situativ und flüchtig wie diese Tätigkeiten selbst. Was als Nachteil erscheint, lässt sich als Chance verstehen, weil die Macht politischer Praktiken von gegebenen Machtverhältnissen und Regierungsweisen nicht gänzlich und auf Dauer unterbunden werden kann. Stattdessen bilden sich lokal begrenzte Machtzentren, sobald sich Menschen handelnd und sprechend begegnen, um die Welt zu verändern. Die aktuellen Formen politischer Praxis, die dazu dienen, demokratische Prozesse in Gang zu setzen, welche von Regierungen nicht (ausreichend) ermöglicht werden, ähneln sich, auch wenn sich die vermittelten Inhalte unterscheiden (vgl. Butler 2016). Indem sich Menschen versammeln, einander zuhören, sich auf öffentlichen Plätzen einrichten und versorgen, politische Aktionen planen und durchführen, die über das Gegebene hinausweisen, bringen sie hervor, was sie fordern – Öffentlichkeit, Demokratie und die Veränderung der Beziehung zu sich selbst, anderen und der Welt.

Die Kritik an gegebenen Verhältnissen impliziert häufig eine Kritik am Selbst und Privaten. Auch wenn Regierungstechniken gerade in der nichtöffentlichen Sphäre subjektivierende Effekte erzielen, sind sie keine Privatangelegenheit, sondern politische Strategien, die bestimmte gesellschaftliche Ordnungen repräsentieren und stützen. Sie zu dechiffrieren, in der Öffentlichkeit infrage zu stellen und gegebenenfalls aktiv mit anderen zu verändern, steht in der Macht der politischen Sorge um die Welt. Sie ist Tendenzen der Vereinzelung entgegengestellt, welche die öffentliche Sphäre untergraben, die nicht nur in neoliberalen, sondern auch in totalitären Regimen zu finden sind. Ebenso wie neoliberale Regierungstechniken politische Themen und staatliche Aufgabenfelder zunehmend zur Privatsache und zur individuellen Herausforderung erklären, führt die Repression politischer Aktivitäten zum Rückzug ins Private. Um sich gegen die Regierung durch Separierung und Vereinzelung zur Wehr zu setzen, etablieren politische Protestformen alternative Formen der Öffentlichkeit und kollektive Formen der Fürsorge.

Dies geht zuweilen mit der öffentlichen Reflexion über scheinbar private Belange und intime Gefühle einher, die sich häufig als Effekte gegebener gesellschaftlicher Strukturen erweisen. Auch wenn Arendts rigide Trennung des öffentlichen und privaten Bereichs vielfach und zurecht kritisiert wurde, lässt eine konstruktive, weniger verbindliche Lektüre sie so verstehen, dass nur diejenigen Selbst- und Weltverhältnisse, die Gegenstand öffentlicher Auseinandersetzung werden, auch gesamtgesellschaftlich verändert werden können. Jede verdeckte Form von Herrschaft bleibt solange Privatsache, bis sich Menschen finden, die sich in der Öffentlichkeit gegen sie zur Wehr setzen und sie hierdurch als politische Problemstellung behandeln. Auf diese Weise stellen sie klar, dass die kritisierten Verhältnisse nicht einer statischen, ewig gleichbleibenden Ordnung entsprechen, sondern Resultate menschlicher Handlungen und deshalb veränderbar sind.

Damit scheinbar private Themen zu politischen werden können, bedarf es einer Öffentlichkeit, die bereit ist, Arendts oftmals kritisierte Differenzierung von Tatsachenwahrheiten und Meinungen ernst zu nehmen. Diese begriffliche Unterscheidung gewinnt gerade in Zeiten aggressiven Populismus besondere Relevanz, in denen sie unter anderem durch die Rede von ›alternative facts‹ untergraben wird. Wenn Tatsachen zur Meinungssache verkommen, besteht tatsächlich die von Arendt erkannte Gefahr der Verunmöglichung öffentlicher Auseinandersetzung und der damit einhergehenden Zerstörung der politischen Sphäre. Statt einer von allen geteilten Öffentlichkeit, die durch die Pluralität der Perspektiven auf die selben Phänomene entsteht, entwickeln sich in sich geschlossene Parallelwelten, die weder für Argumente noch für Tatsachenwahrheiten zugänglich sind. Arendts Kritik am despotischen Charakter philosophischer Wahrheit, die Einzelnen als Instrument dient, um andere zu regieren, trifft heute vielmehr auf populistische Tendenzen zu, die den Anspruch erheben, im Gegensatz zur Presse, anders ausgerichteten Parteien oder Glaubensrichtungen im alleinigen Besitz der absoluten Wahrheit zu sein.

Statt der eigenen Ansicht den Status unumstößlicher Wahrheit verleihen zu wollen, gilt es Arendt zufolge, sich in politischer Urteilskraft zu üben. Dabei dienen die Tatsachen nicht als unhinterfragbare Objektivität zur Verifizierung verschiedener Ansichten, sondern als gemeinsame Basis, um davon ausgehend die Diversität der Meinungen über den geteilten Gegenstand zu kultivieren. Indem die verschiedenen Perspektiven auf dasselbe Phänomen in das Urteil integriert werden, wird nicht nur auf eine geteilte Welt Bezug genommen, sondern auch zu ihrem Bestand und ihrer Veränderung beigetragen. Ebenso wie das Handeln stellt das Urteilen eine welt-bildende Praxis dar, weil es den Erscheinungsraum konstituiert, innerhalb dessen Phänomene und Ereignisse erst zu solchen werden (vgl. Zerilli 2010: 171–220).

Die Macht der Kritik, die der Sorge um die Welt verpflichtet ist, besteht somit in der Hervorbringung der öffentlichen Sphäre durch eine politische Praxis, die Macht- Wahrheits- und Selbstkritik miteinander verbindet. Indem sich Menschen gemeinsam der (zweck-)freien Gestaltung der Welt widmen, untergraben sie durch die Etablierung einer kritischen Öffentlichkeit antidemokratische Regierungstechniken. Dabei entlarven sie den Anspruch, im alleinigen Besitz der Wahrheit zu sein, der sich in populistischen und ideologischen Denkweisen findet, als Herrschaftsstrategie, die demokratische Auseinandersetzungen gefährdet. Um öffentliche, auf Freiheit und Gleichheit basierende Prozesse zu stärken, wenden sie sich gegen die Fokussierung auf das Selbst, die aus Tendenzen der Individualisierung und Vereinzelung resultiert und machen die politischen Implikationen scheinbar privater Themen sichtbar. Durch die gemeinsame öffentliche Sorge um die Welt gewinnen sie die Macht, bestehende Verhältnisse auf eine Weise zu kritisieren, die zu ihrer Veränderung beiträgt.

Foucault und Arendt: Beziehungsweisen zwischen Selbst- und Weltsorge

Die Sorge um die Welt und die Sorge um sich stellen zwei verschiedene Haltungen und Praktiken dar, die zugleich auf vielfältige Weise miteinander verbunden sind. Auch wenn die »Wirklichkeit der Philosophie in jenen Praktiken besteht, die man an sich selbst ausübt« (RSA 324), besitzt sie als kritische Lebensform politische Implikationen. Obwohl es sich bei der ethischen Lebensform um eine hochgradig individuelle Form von Kritik handelt, ist sie ebenso wenig individualistisch wie Wahrheit und Macht arbiträr sind. Stattdessen fungieren Macht-Wahrheitsrelationen in Abhängigkeit von verschiedenen politischen Kategorien, unter denen Geschlecht, Hautfarbe oder Schichtzugehörigkeit nur die offensichtlicheren sind. Weil Subjekte Effekte von Macht sind, impliziert die Kritik am eigenen Selbst eine Kritik an bestehenden Regierungstechniken und Institutionen, die herrschende Machtverhältnisse repräsentieren.

Politische Effekte kann die ethische Selbstsorge erzielen, wenn sie über kritische Selbstpraktiken die Reproduktion herrschender Ordnungen auf individueller Ebene tatsächlich stört und so Widerstand gegen sie leistet. Hierbei ist die Verpflichtung gegenüber sich selbst, das Bedürfnis nach einem Leben, das eine Entsprechung von Überzeugung und Lebensform ermöglicht, Grund und Anlass für den Boykott oder Angriff derjenigen Ordnungen, die ein solches ethisches Selbstverhältnis gefährden. »Die

Bewährungsprobe der Philosophie in der Politik« (ebd.) besteht somit im Hinblick auf eine kritische Selbstsorge darin, politische Ordnungen über die Kultivierung widerständiger Selbstpraktiken infrage zu stellen und zu stören.

Arendt ist an dieser Stelle skeptischer. Sie problematisiert die Fragilität des politischen Potentials ethischer Lebensführungen anhand von Sokrates und kommt zu dem Schluss, dass diese ausschließlich in Diktaturen politische Wirkungskraft entfalten können. Individuelle Lebensformen gewinnen demnach nur politische Relevanz, wenn totalitäre Regime nicht nur die öffentliche Sphäre durch den absoluten Herrschaftsanspruch zerstören, sondern auch in die Privatsphäre der Einzelnen eingreifen. Arendt zufolge evoziert die ethische Sorge um sich nur in den Fällen, in denen Politik im Sinne der gemeinsamen Sorge um die Welt als öffentlichem Erscheinungsraum verunmöglicht wird, politische Effekte, indem sie die totalitäre Ordnung auf individueller Ebene untergräbt.

Weil Arendt Macht als Resultat des politischen Handelns versteht, negiert sie diejenigen Mikrotechniken der Macht, die Foucault untersucht und die ebenso im öffentlichen wie im privaten Bereich wirken, um Subjekte zu regieren. Gerade neoliberale Machtverhältnisse, die maßgeblich über die subtile Lenkung individueller Selbstregierung und -regulierung operieren, sind im Hinblick auf ihren Wirkungsradius ebenso totalitär wie die Regime, die Arendt anführt, um der ethischen Lebensführung politische Bedeutung zuzugestehen. Deshalb kann die Sorge um sich auch innerhalb bestehender Ordnungen politische Effekte erzielen, sobald sie diesen entgegengestellt ist, sie unterläuft oder angreift, ohne genuin politisch zu sein.

Dieses Prädikat kommt allein der Sorge um die Welt zu. Das Urteilen und das gemeinsame Handeln sind politisch, weil sie die Macht besitzen, eine öffentliche Sphäre hervorzubringen, in der die gegebenen Verhältnisse nicht nur verhandelbar sind, sondern tatsächlich auch auf gesamtgesellschaftlicher Ebene verändert werden können. Da diese Form der Macht durch die politische kollektive Praxis und nicht durch ethische Selbstpraktiken realisiert wird, betonen Arendt und andere zurecht die Spezifik und Unersetzbarkeit von Politik. »Einzelne, die Zeugnis ablegen, verändern die Geschichte nicht; das können nur Bewegungen, die ihre soziale Welt begreifen.« (Willis, zit. n. Penny 2017: 9) Auch wenn die aktuellen Verhältnisse Resultate historisch spezifischer und variabler Praktiken sind, lassen sie sich nicht durch individuelle Selbstpraktiken einfach und ad hoc verändern. Zwar sind es zuweilen die Handlungen Einzelner, die zivilen Ungehorsam, Aufstände und Revolten initiieren. Rosa Parks Entscheidung, sich als Schwarze in die für Weiße reservierten, vorderen Sitzreihen des Busses zu setzen oder die Selbstverbrennung des Gemüsehändlers Mohamed Bouazizis stehen hierfür. Doch auch wenn in bestimmten politischen Situationen die Taten einer einzelnen Heldin genügen, um landes- oder gar weltweite Veränderungen zu initiieren, gelingt das nur, wenn bereits das Potential für eine breite Bewegung besteht. Letztere muss als kritische Öffentlichkeit bereit sein, den individuellen Widerstand gegen die Macht als solchen anzuerkennen, zu affirmieren und sich ihm anschließen. Zur tatsächlichen (demokratischen) Transformation von Institutionen und Machtverhältnissen bedarf es einer wirkmächtigen politischen Gegenmacht, die über das gemeinsame Handeln politischer Assoziationen, Gruppen und Bewegungen entsteht.

Die Motivation, sich aktiv an solchen politischen Prozessen und kollektiven Kämpfen zu beteiligen, kann wiederum aus der Sorge um sich resultieren. Es ist nicht ausschließlich, wie Arendt zuweilen suggeriert, die pure Lust am Handeln, die Leute auf die Straße, Barrikaden oder in Gruppen und Parteien treibt, sondern zuweilen auch eine ethische Verpflichtung gegenüber der eigenen Person. Um mit sich selbst übereinzustimmen, gilt es, durch die politische Sorge um die Welt darauf hinzuweisen und hinzuwirken, dass diejenigen Zustände, die das Subjekt als kritikwürdig erkannt hat, auf breiter gesellschaftlicher Ebene verändert werden. Wenn dies über die Realisierung politischer Freiheit zur Gestaltung der Welt tatsächlich geschieht, erweitert sich hierdurch auch der Spielraum der ethischen Freiheit, die in der reflektierten Gestaltung der eigenen Existenz besteht. Dass dieses politisch erkämpfte Möglichkeitsfeld kritischer Selbstgestaltung tatsächlich genutzt wird, kann nicht durch die Veränderung politischer Verhältnisse, Institutionen und Gesetze garantiert werden. Hierfür bedarf es der Einzelnen, die es aufgrund der Sorge um sich wagen, ihrem eigenen Leben eine ethische, kritische und widerständige Form zu verleihen und hierdurch wiederum herrschende Ordnungen auf individueller Ebene hinterfragen und gegebenenfalls angreifen.

Gerade weil die Sorge um die Welt nicht mit der Sorge um sich identisch ist, kann sie auch für diese relevant sein. Indem die politische Praxis Öffentlichkeit evoziert und prägt, gestaltet sie den Rahmen mit, innerhalb dessen die Einzelnen eine ethische Lebensführung entwickeln. Da bestehende Ordnungen die individuelle Existenz maßgeblich bestimmen, besitzt deren Veränderung ethische Implikationen, indem sie den Möglichkeitsraum ethischer Selbstgestaltung ebenso einschränken wie erweitern können. Ethische Effekte evoziert die politische Sorge um die Welt, wenn sie die Einzelnen zur Sorge um sich motiviert oder gar befähigt. Hierfür ist die tatsächliche Veränderung politischer Ordnungen keine Bedingung. Auch wenn die politische Praxis oft misslingt und politische Forderungen nicht erfüllt werden, erfahren die Einzelnen über das gemeinsame Handeln, dass andere Formen des Miteinanders möglich sind als diejenigen, die sie tagtäglich ausüben, um im Alltag zu bestehen. Die Erfahrung von Alterität und potentieller Veränderbarkeit wie deren punktuelle und temporäre Umsetzung, lässt das eigene Selbstverhältnis nicht unberührt. Vielmehr bestärkt oder initiiert sie (selbst-)kritische Reflexionsprozesse, die den Unwillen kultivieren, nicht nur von anderen, sondern auch von sich selbst auf diese Weise regiert zu werden.

Obwohl die Sorge um die Welt ethische Implikationen besitzt und ebensolche Effekte erzielen kann, gilt es, an der Irreduzibilität der Differenzen zwischen ethischer und politischer Praxis festzuhalten. Ebenso wenig wie eine ethische Lebensführung bereits Ausdruck einer politischen Haltung ist, lässt sich über die politische Sorge um die Welt Selbstfürsorge betreiben. Auch wenn sich zuweilen mit der ethischen Ausrichtung des Verhältnisses zum eigenen Körper, der Beziehung zu anderen Menschen, Dingen und der Umwelt begnügt und ihr der Anschein einer politischen Praxis verliehen wird, handelt es sich dabei nicht um eine Sorge um die Welt, sondern um das Selbst. Nicht die gemeinsame Gestaltung der Öffentlichkeit, sondern die individuelle Gestaltung des Selbst leitet die Selbstpraktiken an, die weder mit kollektiven Handlungen identisch noch in der Lage sind, politische Ordnungen auf gesellschaftlicher Ebene zur Disposition zu stellen oder verändern.

Umgekehrt kann die politische Weltsorge keine Sorge um das Selbst ersetzen. Weder möglichst kritische Texte und öffentliche Aktionen noch vehemente Bemühungen, eine Kohärenz zwischen politischen Überzeugungen und der eigenen Lebensführung herzustellen reichen aus, um sich in adäquater Weise um sich selbst zu sorgen. Über die politische Veränderung der Welt lässt sich nicht gezielt eine Veränderung des Selbst erreichen, weil es hierfür einer anderen Haltung und anderer Praktiken bedarf, die dem Unterschied zwischen Selbst und Welt gerecht werden. Da Selbstverhältnisse anderen Gesetzen und Zeitlichkeiten unterliegen als Weltverhältnisse, genügt es nicht, die eigenen Nöte und Verletzungen als Resultate politischer Ordnungen zu verstehen, um sie zu lindern und zu heilen.

Stattdessen bedarf es ethischer, vielleicht auch therapeutischer Techniken, um auf individueller Ebene eine Haltung zu gewinnen, die das Subjekt ebenso als Effekt herrschender Machtverhältnisse begreift wie zur Veränderung derjenigen Aspekte des Selbstverhältnisses befähigt, die es einschränken und schädigen.

Nur wenn Selbst- und Weltsorge als zwei korrelierende, aber nicht identische Haltungen anerkannt und kultiviert werden, können sie eine wechselseitig förderliche Beziehung eingehen, die zu einer kritischen Haltung befähigt, welche der Transformation bestehender Ordnungen verpflichtet ist. Hierzu sind gerade diejenigen in der Lage, denen es erschwert wird, sich als autonome und unversehrte Subjekte zu imaginieren. All jene, die häufig auf schmerzhafte Weise erfahren, dass sie aufgrund ihrer Subjektkonstitution nicht unabhängig, handlungsfähig und durchsetzungsstark sind, besitzen das Potential einer besonderen Empfänglichkeit für die Kritik bestehender Machtverhältnisse. Weil sie weniger deren ermöglichenden und befreienden Aspekte kennen als die brutalen und einschränkenden, steht ihnen der Weg zu deren Kritik im besonderen Maße offen. Das schließt eine individuelle Sorge um das Selbst als Effekt gegebener Strukturen ebenso ein wie eine solidarische Sorge um andere (betroffene) Subjekte und eine Kritik der Verhältnisse, die sie zu solchen macht. Für diejenigen, für die nicht gesorgt wird und die nicht über die Ressourcen verfügen, um alleine für sich selbst zu sorgen, ergibt sich verstärkt die Notwendigkeit, gemeinsam mit anderen für ihre geteilten Belange und damit auch für die Welt Sorge zu tragen.[135]

Kritik aus- und einüben

Nichts garantiert den Erfolg oder auch nur den kritischen Charakter der Sorge um sich und die Welt. Die aktuellen politischen Entwicklungen geben wenig Anlass zur Hoffnung, dass die zuvor beschriebenen produkti-

135 Als ein Beispiel für die Praxis einer gelebten Sorge um sich und die Welt können die Organisationen von Müttern angesehen werden, die ihre Kinder aufgrund rassistischer Polizeigewalt verloren haben. Im Wissen, dass die Polizei zwar die rassistische Ordnung, nicht aber ihre eigene körperliche Unversehrtheit und die ihrer Kinder bewahrt und ihnen von keiner Seite Schutz und Zugang zu medizinischer, therapeutischer und finanzieller Hilfe gewährt wird, sorgen sie für sich selbst und andere. Sie unterstützen sich nicht nur in ihrem individuellen Trauerprozess, sondern kämpfen zudem auf politisch-öffentlicher Ebene für eine andere, weniger gewalttätige Welt (vgl. Mothers of Justice United 2018).

ven Wechselwirkungen beider Sorgeformen eine Selbstverständlichkeit sind. Stattdessen wird der Begriff der Sorge in politischen Diskussionen momentan vielfach genutzt, um xenophobe und rassistische Tendenzen durch die Rede von besorgten Bürger*innen zu legitimieren (vgl. Emcke: 2016: 35–44). Zugleich ist die Sorge im Sinne von Sorgearbeit zum zentralen Schlagwort feministischer Kritik- und Protestformen geworden (vgl. u.a. Fried/Dück 2015; Winkler 2015). Indem sie die Negierung und Prekarisierung von Sorgearbeit skandalisieren, entlarven sie nicht nur das Ideal des autonomen Subjekts als männliche Imagination, das auf der Basis und auf Kosten weiblicher Carearbeit entsteht. Darüber hinaus realisieren sich ihre Kämpfe gegen kapitalistisch-patriarchale Strukturen in einer queerfeministischen Bündnispolitik, die ihre Kraft aus der Solidarität verschiedenster benachteiligter Identitäten und Gruppen zieht (vgl. Federici 2012).

Dass der Topos der Sorge gleichermaßen für regressive wie subversive Denk- und Handlungsweisen genutzt werden kann, ist seiner praxeologische Konstitution geschuldet. Da die Bedeutung von Begriffen in ihrem Gebrauch liegt, ist auch der Sorge, wie sie Heidegger, Foucault und Arendt entwickeln, kein spezifischer inhaltlicher und normativer Gehalt inhärent. Tatsächlich ließe sich die hier vorgeschlagene Bestimmung von Sorge und Kritik auch zur Beschreibung rechter Bewegungen heranziehen, die verstärkt den Anspruch auf demokratische Teilhabe erheben, der ihnen zunehmend gewährt wird. Hiervor lassen sich diese Begriffe nicht schützen. Stattdessen ist der Kampf um ihre emanzipatorische Verwendung Teil öffentlicher Auseinandersetzung und damit der Sorge um die Welt. Diese Sorge, die sich auf aktuelle und inhaltlich spezifische Argumente und Aktionen bezieht, findet Arendt zufolge in der Öffentlichkeit und auf der Straße statt. Sie ist eine genuin politische Praxis, die nicht durch normative Grenzziehungen philosophischer Schriften ersetzt oder auch nur ergänzt werden kann und muss. Philosophische Kritik, wie sie Arendt und Foucault verstehen, kommt nicht die Aufgabe zu, durch theoretische Konstruktionen Gründe zu liefern, die erklären, weshalb bestimmte politische Gruppen und Aktionen legitim und subversiv sind, andere hingegen nicht. Dementsprechend ist auch das vorliegende Schlusskapitel nicht einem solchen Vorhaben gewidmet.

Ebenso wenig wie sich der normative Gehalt der Sorge auf allgemeintheoretischer Ebene bestimmen lässt, ist vorhersehbar, ob sie zur Veränderung oder Stabilisierung bestehender Verhältnisse beiträgt. Häufig fungiert ihr kritischer Gestus zu Regierungszwecken. So dient die Rede von der

Relevanz von Selbstfürsorgepraktiken zur Optimierung der Leistungsfähigkeit innerhalb neoliberaler Arbeitsverhältnisse oder der Topos der Sorge um die Welt als Label, um Großkonzernen einen humanitären oder ökologischen Anspruch zu verleihen (vgl. Brown 2015). Die Ambivalenz von Reproduktion und Transformation bestehender Verhältnisse ist der praxeologischen Figur eingeschrieben und findet sich bereits in Heideggers Sorgebegriff. Da Selbst und Welt über Praktiken konstituiert werden, liegt es an ihnen, ob gegebene Selbst- und Weltverhältnisse wiederholt, oder durch eine Abweichung vom Status quo reflektiert und verändert werden. Mit dem Begriff der Eigentlichkeit beschreibt Heidegger jene Seinsweise, durch die das Dasein seine Existenz in ihrer praxeologischen Konstitution erfasst. Ihr stellt er die Uneigentlichkeit gegenüber, die durch das Man regiert wird und gegebene Selbst- und Weltverhältnisse nicht hinterfragt, sondern reproduziert.

Foucaults Denken ist eine solch klare Dichotomie zwar fremd; in werkgeschichtlicher Hinsicht lässt sich die Ambivalenz von Reproduktion und Transformation dennoch erkennen. Während die Schriften aus den 1970er Jahren die Konstitution der Subjekte über historisch variable Macht-Wissens-Relationen analysieren, haben die späteren Auseinandersetzungen mit der Antike die ethisch-transformierende Gestaltung der praxeologischen Existenz zum Gegenstand. Arendts Konzeption von Welt und Macht hebt mit Rückgriff auf die praxeologische Denkfigur die permanente Möglichkeit der Veränderung bestehender Verhältnisse durch die politische Praxis hervor, die sie zugleich in Anbetracht des gegebenen politischen Zustands für äußerst unwahrscheinlich hält. Ungeachtet der in dieser Arbeit ausführlich untersuchten Differenzen zwischen den Sorgebegriffen von Heidegger, Foucault und Arendt, findet sich somit die Ambivalenz zwischen der stets gegebenen Möglichkeit zur Transformation von Praktiken wie deren alltägliche Reproduktion gemäß herrschender Ordnungen wieder.

Ein Kritikbegriff, der sich auf die der Sorge inhärente praxeologische Figur bezieht, erscheint auf den ersten Blick ausgesprochen schwach. Statt der Aufstellung konkreter Kriterien, mithilfe derer ethische und politische Praktiken auf ihren normativen Gehalt oder ihr subversives Potential hin geprüft werden können, erhalten wir lediglich den Verweis auf deren normative Unbestimmtheit. Nicht in der Allgemeingültigkeit von Regeln, sondern in der Spezifik, Besonderheit und Individualität liegt demnach der Prüfstein, mithilfe dessen die Einzelnen sich selbst durch die ethische

Sorge um sich und öffentliche Phänomene durch die politische Urteilskraft einer kritischen Auseinandersetzung unterziehen. Statt Perspektiven und Richtlinien dafür zu bieten, wie bessere und andere Selbst- und Weltverhältnisse aussehen könnten, erhalten wir lediglich den Verweis auf die permanente Ambivalenz von Veränderung und Stabilisierung, die Praktiken im Allgemeinen und widerständigen Sorgepraktiken im Besonderen eigen ist. Ob eine Handlung konservative oder progressive Effekte erzielt, zeigt sich demnach erst in der Praxis, der allgemeine Ausführungen wie die vorliegende nicht gerecht werden können.

Was als Nachteil erscheint, kann zum Vorteil werden, wenn sich nicht um eine inhaltliche, sondern formale Bestimmung kritischer Formen der Sorge bemüht wird. Bei der Sorge um sich und der Sorge um die Welt handelt es sich um Haltungen, die über Praktiken entstehen, welche ebenso ein- wie ausgeübt werden müssen. Durch die Ausübung von Handlungen wird die Haltung ebenso gewonnen wie unter Beweis gestellt. Darüber hinaus gilt es, erlernte Praktiken, die man für falsch und schädlich erkannt hat, im uneigentlichen Sinne ›aus‹-zuüben, indem man sie gezielt verlernt. Der Grad an Schwierigkeit, den das Verlernen einer bestimmten Praxis aufweist, ist Indikator dafür, wie sehr sie in bestehende Machtstrukturen involviert ist (vgl. Sonderegger 2016: 67). Umso schwerer das Verlernen, desto wichtiger das ›Aus‹üben, dem sich ebenso auf individuell-ethischer wie kollektiv-politischer Ebene gewidmet und hierdurch Kritik praktiziert werden kann. »Kritik heißt, die Dinge, die allzu leicht von der Hand gehen, ein wenig schwerer zu machen« (DE4/291: 222), weil es gerade die gewohnten, unhinterfragten Handlungen, Denkweisen und Gefühle sind, durch die Macht reproduziert wird.

Die zuvor beschriebene Wahrheits-, Macht- und Selbstkritik lässt sich durch den Einbezug der praxeologischen Figur spezifizieren. In Hinblick auf die Sorge um sich bedeutet Kritik als eine Praxis des Ein- und Ausübens, sich einerseits in Techniken der Entsubjektivierung zu trainieren; also gezielt diejenigen Praktiken zu verlernen, die bestehende Macht-Wissensrelationen reproduzieren und hierdurch gegebene Ordnungen stabilisieren. Da das Subjekt aufgrund seiner praxeologischen Konstitution nicht nicht handeln kann, gilt es andererseits, seiner Existenz über das Erlernen von Selbstpraktiken, die zu einem Mehr an Freiheit führen, eine ethische Gestalt zu verleihen. Hierfür wird scheinbar unhinterfragbaren Wahrheiten mit einer skeptischen Haltung begegnet, indem nach den Machtrelationen gefragt wird, die sie stabilisieren, um sie anschließend mit Gegenwahrheiten konfrontieren, an denen die ethische Lebensform ausgerichtet ist.

Um sich nicht, wie es Foucaults Inszenierung philosophischer Figuren zuweilen suggerieren mag, als einsamer maskulinistischer Heros gegebenen Ordnungen entgegenzustellen, sondern gemeinsam mit anderen für deren Veränderung zu kämpfen, bedarf es der Sorge um die Welt (vgl. Heyes 2007). Auch diese politische Haltung wird über das Ein- und ›Aus‹üben von Praktiken erworben. Dabei entzieht sich das Subjekt denjenigen Institutionen und Maßnahmen soweit als möglich, die darauf abzielen, Menschen zu leicht regierbaren Subjekten, anstatt zu politisch aktiven und individuellen Personen werden zu lassen. Hierfür gilt es, sich in denjenigen politischen Praktiken zu üben, welche die subjektivierende Kraft der Macht durch kollektive Formen des Miteinanderseins dekonstruieren und auf diejenigen Machtverhältnisse, die herrschende Ordnungen reproduzieren, mit der (Gegen-)Macht politischer Praxis zu antworten. Im Zuge öffentlicher Auseinandersetzungen werden unhinterfragte Wahrheiten durch die Pluralität verschiedener Meinungen zur Debatte gestellt und so ihre implizite und unbedachte Reproduktion erschwert. Auf diese Weise ist es möglich, sich in einer Urteilspraxis zu üben, die das Andere, das Neue, das Ordnungswidrige weniger in bestehende Kategorien einsortiert als in seiner Spezifik anerkennt.

Selbst wenn herrschende Ordnungen zumeist nicht ad hoc und grundlegend verändert werden, erweitern widerständige Praktiken doch durch die Abweichung von konformen Handlungsabläufen den Raum des Aushandel- und Veränderbaren, der durch eingefahrene Denk- und Regierungsweisen eingeengt wird. Ihr kritisches Potential gewinnen ethische und politische Praktiken ebenso wie die Genealogien von Foucault und Arendt dadurch, dass sie gegebene (Macht-)Verhältnisse infrage stellen und ihre Veränderung anstreben. Die Macht und Wirkungsweise der Kritik besteht dabei maßgeblich in der provozierenden Affirmation und Realisierung von Alterität. Dass bereits das öffentliche Aufzeigen der Möglichkeit einer anderen Welt und ihre temporäre Realisierung eine Gefahr für bestehende Ordnungen darstellt, zeigt die Brutalität, mit der professionelle wie selbsternannte Ordnungshüter*innen dagegen vorgehen. Der Grad an Disziplinierung, Gewalt und Hass, der ethischen Subjekten wie politischen Gruppen entgegenschlägt, die sich gezielt anders verhalten, um eine andere Welt möglich zu machen, kann als Indikator für die evozierte potentielle oder tatsächliche Bedrohung herrschender Ordnungen dienen.

Ganz gleich, wie fleißig widerständige Praktiken eingeübt und konforme Tätigkeiten verlernt werden, gibt es doch keine Garantie für ihren Erfolg. Selbst wenn sich der Wille, nicht dermaßen regiert zu werden, in individuellen und kollektiven, privaten und öffentlichen Handlungen realisiert, heißt das noch lange nicht, dass ihm stattgegeben wird. Allzu häufig erzielen kritisch intendierte Formen der Sorge für sich und die Welt systemstabilisierende Effekte oder versinken in der Bedeutungslosigkeit. Dass dieser Umstand nicht zu Resignation führen muss, lässt sich einmal mehr mit Verweis auf die praxeologische Figur begründen. Weil nicht nur die kritischen Haltungen der Sorge eingeübt werden müssen, sondern auch bestehende Ordnungen auf ihre fortwährende Reproduktion durch konforme Tätigkeiten angewiesen sind, bieten sich jeden Tag aufs Neue Möglichkeiten, aus dem Fehlgehen von Kritik zu lernen und entsprechende Konsequenzen für die Neujustierung von Widerstandsformen zu ziehen.

Praxeologische Kritik ist somit ausgesprochen fehlerfreundlich und lädt zur (selbst-)kritischen Revidierung von Überzeugungen und Handlungen ein. Sie zielt nicht auf die unmittelbare und totale Realisierung einer anderen Welt und neuer Menschen ab, deren Kreierung in der Geschichte allzu oft das Gegenteil von dem bewirkte, was sie versprach. Stattdessen setzt sie bei denjenigen Praktiken und Individuen an, die sie vorfindet und die sich ebenso wenig von den gegebenen Machtverhältnissen gänzlich frei machen wie zu ganz anderen Menschen werden können. Weil sie um die Hartnäckigkeit weiß, mit der sich herrschende Ordnungen in individuellen und kollektiven Handlungen reproduzieren, ist sie ebenso radikal in ihrer Kritik des Bestehenden wie nachsichtig mit den scheiternden Versuchen, es zu verändern. Praxeologische Kritik besteht in der Kultivierung des ungeduldigen Strebens nach Veränderung und der geduldigen Übung widerständiger Praktiken, die der Sorge um sich und die Welt gewidmet sind.

Literatur

Siglen

1. Schriften Hannah Arendts

AB *Hannah Arendt/Heinrich Blücher. Briefe 1936–1968.* München: Piper, 2013.

AE »Fernsehgespräch mit Roger Errera«, in: *Ich will verstehen. Selbstauskünfte zu Leben und Werk.* München: Piper, 2005, S. 116–133.

AG »Fernsehgespräch mit Günter Gaus«, in: *Ich will verstehen. Selbstauskünfte zu Leben und Werk.* München: Piper, 2005, S. 46–72.

AH *Hannah Arendt/Martin Heidegger. Briefe 1925–1975.* Frankfurt/M.: Vittorio Klostermann, 2013.

AJ *Hannah Arendt/Karl Jaspers. Briefwechsel 1926–1969.* München: Piper, 2001.

AS Brief an Gerhard Scholem, in: *Ich will verstehen. Selbstauskünfte zu Leben und Werk.* München: Piper, 2005, S. 31–38.

CPPT »Concern with Politics in Recent European Philosophical Thought«, in: Antonia Grunenberg (Hg.): *Perspektiven des politischen Denkens. Zum 100. Geburtstag von Hannah Arendt.* Frankfurt/M.: Peter Lang, 2008, S. 11–32.

DT *Denktagebuch.* München: Piper Verlag, 2003.

EJ *Eichmann in Jerusalem. Ein Bericht von der Banalität des Bösen.* München: Piper, 2009.

EU *Elemente und Ursprünge totaler Herrschaft.* München: Piper, 1995.

LA *Der Liebesbegriff bei Augustin: Versuch einer philosophischen Interpretation.* Hildesheim: Olms, 2006.

LG *Vom Leben des Geistes.* München: Piper, 2008.

MfZ *Menschen in finsteren Zeiten.* München: Piper, 2008.

S *Sokrates. Apologie der Pluralität.* Berlin: Matthes&Seitz, 2016.

U *Das Urteilen. Texte zu Kants Politischer Philosophie.* München: Piper, 2012.

ÜB *Über das Böse. Eine Vorlesung zu Fragen der Ethik.* München: Piper, 2007.

VA *Vita Activa oder Vom tätigen Leben.* München: Piper, 2007.

WE *Was ist Existenzphilosophie?.* Frankfurt/M.: Anton Hain, 1990.

WP *Was ist Politik?.* München: Piper, 2007.

ZU »Ziviler Ungehorsam«, in: Marie Luise Knott (Hg.): *Hannah Arendt. Zur Zeit. Politische Essays*. Hamburg: Rotbuch, 1999, S. 119–159.

ZVZ 1 »Tradition und Neuzeit«, in: *Zwischen Vergangenheit und Zukunft. Übungen im politischen Denken I*. München: Piper, 2012, S.23–53.

ZVZ 4 »Verstehen und Politik«, in: *Zwischen Vergangenheit und Zukunft. Übungen im politischen Denken I*. München: Piper, 2012, S. 110–127.

ZVZ 5 »Über den Zusammenhang von Denken und Moral«, in: *Zwischen Vergangenheit und Zukunft. Übungen im politischen Denken I*. München: Piper, 2012, S. 128–155.

ZVZ 6 »Was ist Autorität?«, in: *Zwischen Vergangenheit und Zukunft. Übungen im politischen Denken I*. München: Piper, 2012, S. 128–155.

ZVZ 7 »Freiheit und Politik«, in: *Zwischen Vergangenheit und Zukunft. Übungen im politischen Denken I*. München: Piper, 2012, S. 201–226.

ZVZ 10 »Kultur und Politik«, in: *Zwischen Vergangenheit und Zukunft. Übungen im politischen Denken I*. München: Piper, 2012, S. 277–304.

ZVZ 12 »Wahrheit und Politik«, in: *Zwischen Vergangenheit und Zukunft. Übungen im politischen Denken I*. München: Piper, 2012, S. 327–370.

2. Schriften Michel Foucaults

ABHS »About the Beginning of the Hermeneutics of the Self«, in: *Political Theory*, 21, 1993, S. 198–221.

AW *Archäologie des Wissens*. Frankfurt/M.: Suhrkamp, 1995.

DE *Schriften in vier Bänden. Dits et Écrits* (1954–1988). Hg. von Daniel Defert und François Ewald. Frankfurt/M.: Suhrkamp, 2001–2005.

DE 1/1 »Einführung. Einleitung in Ludwig Binswanger: Traum und Existenz« (1954), in: *Schriften*, Bd. 1, S. 107–174..

DE 1/37 »Gespräch mit Madeleine Chapsal« (1966), in: Schriften, Bd. 1, S. 664–670.

DE 1/48 »Über verschiedene Weisen, Geschichte zu schreiben« (1967), in: *Schriften*, Bd. 1, S. 750–769.

DE 1/58 »Antwort auf eine Frage« (1968), in: *Schriften*, Bd. 1, S. 859–886.

DE 1/69 »Was ist ein Autor?« (1969), in: Schriften, Bd. 1, S. 1003–1041.

DE 2/106 »Die Intellektuellen und die Macht« (1972), in: *Schriften*, Bd. 2, S. 382–394.

DE 2/109 »Die Probleme der Kultur. Eine Debatte zwischen Foucault und Preti« (1972), in: *Schriften*, Bd. 2, S. 461–474.

DE 2/139 »Die Wahrheit und die juristischen Formen« (1974), in: *Schriften*, Bd. 2, S. 669–792.

DE 2/156 »Gespräch über das Gefängnis; das Buch und seine Methode« (1975), in: *Schriften*, Bd. 2, S. 913–932.

DE 3/192 »Gespräch mit Foucault« (1977), in: *Schriften*, Bd. 3, S. 186–212.

DE 3/193 »Vorlesung vom 7. Januar 1976« (1977), in: *Schriften*, Bd. 3, S. 213 –231.
DE 3/194 »Vorlesung vom 14. Januar 1976« (1977), in: *Schriften*, Bd. 3, S. 231 – 250.
DE 3/200 »Nein zum König Sex (Gespräch)« (1977), in: *Schriften*, Bd. 3, S. 336–353.
DE 3/234 »Die Bühne der Philosophie (Gespräch)« (1978), in: *Schriften*, Bd. 3, S. 718–747.
DE4/278 »Diskussion vom 20. Mai 1978« (1980), in: *Schriften*, Bd. 4, S. 25–43.
DE4/281 »Gespräch mit Ducio Trombadori« (1980), in: *Schriften*, Bd. 4, S. 51–119.
DE4/285 »Der maskierte Philosoph« (1980), in: *Schriften*, Bd. 4, S. 128–137.
DE4/291 »Omnes et singulatim«: zu einer Kritik der politischen Vernunft« (1981), in: *Schriften*, Bd. 4, S. 165–198.
DE4/296 »Ist es also wichtig, zu denken?« (1981), in: *Schriften*, Bd. 4, S. 219–224.
DE4/297 »Die Maschen der Macht« (1981), in: *Schriften*, Bd. 4, S. 224–244.
DE4/304 »Subjektivität und Wahrheit« (1981), in: *Schriften*, Bd. 4, S. 258–264.
DE4/306 »Subjekt und Macht« (1982), in: *Schriften*, Bd. 4, S. 269–294.
DE4/326 »Zur Genealogie der Ethik: Ein Überblick über die laufende Arbeit« (1983), in: *Schriften*, Bd. 4, S. 461–498.
DE4/330 »Strukturalismus und Poststrukturalismus« (1983), in: *Schriften*, Bd. 4, S. 521–555.
DE4/338 »Gebrauch der Lüste und Techniken des Selbst« (1983), in: *Schriften*, Bd. 4, S. 658–686.
DE4/339 »Was ist Aufklärung?« (1984), in: *Schriften*, Bd. 4, S. 687–707.
DE4/341 »Politik und Ethik: ein Interview« (1984), in: *Schriften*, Bd. 4, S. 715–724.
DE4/342 »Polemik, Politik und Problematisierungen« (1984), in: *Schriften*, Bd. 4, S. 724–734.
DE4/344 »Zur Genealogie der Ethik: Ein Überblick über die laufende Arbeit« (1984), in: *Schriften*, Bd. 4, S. 747–776.
DE4/345 »Foucault« (1984), in: *Schriften*, Bd. 4, S. 776–782.
DE4/346 »Was heißt Strafen?« (1984), in: *Schriften*, Bd. 4, S. 782–795.
DE4/350 »Die Sorge um die Wahrheit« (1984), in: *Schriften*, Bd. 4, S. 823–836.
DE4/351 »Was ist Aufklärung?« (1984), in: *Schriften*, Bd. 4, S. 837–848.
DE4/354 »Die Rückkehr der Moral« (1984), in: *Schriften*, Bd. 4, S. 859–873.
DE4/355»Den Regierenden gegenüber: die Rechte des Menschen (Wortmeldung)« (1984), in: *Schriften*, Bd. 4, S. 873–875.
DE4/356 »Die Ethik der Sorge um sich als Praxis der Freiheit« (1984), in: *Schriften*, Bd. 4, S. 875–902.
DE4/357 »Eine Ästhetik der Existenz« (1984), in: *Schriften*, Bd. 4, S. 902–909.
DE4/358 »Michel Foucault, ein Interview: Sex, Macht und die Politik der Identität« (1984), in: *Schriften*, Bd. 4, S. 909–924.
DE4/362 »Wahrheit, Macht, Selbst.« (1984), in: *Schriften*, Bd. 4, S. 959–966.
DE4/363 »Technologien des Selbst« (1984), in: *Schriften*, Bd. 4, S. 966–999.

DE4/364 »Die politische Technologie der Individuen« (1984), in: *Schriften*, Bd. 4, S. 999–1015.

DIMA *Dispositive der Macht. Michel Foucault über Sexualität, Wissen und Wahrheit.* Berlin: Merve, 1978.

DW *Diskurs und Wahrheit. Die Problematisierung der Parrhesia*. Berlin: Merve, 1996.

FWJ »Die fröhliche Wissenschaft des Judo«, in: *Mikrophysik der Macht. Michel Foucault über Strafjustiz, Psychiatrie und Medizin*. Berlin: Merve, 1976, S. 108–113.

HS *Hermeneutik des Subjekts*. Frankfurt/M.: Suhrkamp, 2009.

ME *Der Mensch ist ein Erfahrungstier. Gespräch mit Ducio Trombadori*. Frankfurt/M.: Suhrkamp, 1996.

MP *Die Macht der Psychiatrie*. Frankfurt/M.: Suhrkamp, 2005.

MW *Der Mut zur Wahrheit*. Berlin: Suhrkamp, 2010.

VG *In Verteidigung der Gesellschaft*. Frankfurt/M.: Suhrkamp, 2001.

OD *Die Ordnung der Dinge. Eine Archäologie der Humanwissenschaften*. Frankfurt/M.: Suhrkamp, 2003.

Odis *Die Ordnung des Diskurses. Inauguralvorlesung am Collège de France.* Fankfurt/M.: Fischer, 2007.

PM »Power, Moral Values, and the Intellectuals. An Interview with Michel Foucault. Conducted by Michael Bless (3. November 1980)«, in: *History of the Present*, Spring Nr. 3, 1988, S. 1–2, 11–13.

RL *Die Regierung der Lebenden*. Frankfurt/M.: Suhrkamp, 2014.

RSA *Die Regierung des Selbst und der anderen*. Frankfurt/M.: Suhrkamp, 2009.

STB *Sicherheit, Territorium, Bevölkerung. Geschichte der Gouvernementalität 1*. Frankfurt/M.: Suhrkamp, 2004.

GBP *Die Geburt der Biopolitik. Geschichte der Gouvernementalität 2*. Frankfurt/M.: Suhrkamp, 2004.

SW 1 *Sexualität und Wahrheit 1. Der Wille zum Wissen*. Frankfurt/M.: Suhrkamp, 1983.

SW 2 *Sexualität und Wahrheit 2. Der Gebrauch der Lüste*. Frankfurt/M.: Suhrkamp, 1989.

SW 3 *Sexualität und Wahrheit 3. Die Sorge um sich*. Frankfurt/M.: Suhrkamp, 1989.

ÜW *Überwachen und Strafen. Die Geburt des Gefängnisses*. Frankfurt/M. Suhrkamp, 1995.

WG *Wahnsinn und Gesellschaft. Eine Geschichte des Wahns im Zeitalter der Vernunft*. Frankfurt/M.: Suhrkamp, 1995.

WK *Was ist Kritik?*. Berlin: Merve, 1992.

WM »Wahrheit und Macht. Interview mit Michel Foucault von Alessandro Fontana und Pasquale Pasquino«, in: *Dispositive der Macht. Michel Foucault über Sexualität, Wissen und Wahrheit*. Berlin: Merve, 1977, S 21–54.

3. Schriften Martin Heideggers

SZ *Sein und Zeit.* Tübingen: Max Niemeyer, 2010.

3.1. Zitierte Bände der I. Abteilung der Martin Heidegger-Gesamtausgabe (Veröffentlichte Schriften 1910–1976).

GA *Martin Heidegger Gesamtausgabe in vier Abteilungen.* Frankfurt/M.: Vittorio Klostermann.

GA 9/1 »Anmerkungen zu Karl Jaspers Psychologie der Weltanschauungen« (1919/21), in: *Wegmarken* (1919–1961). Hg. von Friedrich-Wilhelm von Herrmann, 1998, S. 1–44.

GA 9/7 »Platons Lehre von der Wahrheit«, in: *Wegmarken* (1919–1961). Hg. von Friedrich-Wilhelm von Herrmann, 1998, S, S. 203–238.

GA 9/10»Brief über den Humanismus (1946), in: *Wegmarken* (1919–1961). Hg. von Friedrich-Wilhelm von Herrmann, 1998, S. 313–364.

GA 16/51 »Die Selbstbehauptung der deutschen Universität«, in: *Reden und andere Zeugnisse eines Lebensweges* (1910–1976). Hg. von Hermann Heidegger, 2000, S.107–117.

3.2. Zitierte Bände der II. Abteilung der Martin Heidegger-Gesamtausgabe (Vorlesung 1919–1944)

GA 17 *Einführung in die phänomenologische Forschung* (Wintersemester 1923/24). Hg. von Friedrich-Wilhelm von Herrmann, 2006.

GA 18 *Grundbegriffe der aristotelischen Philosophie* (Sommersemester 1924). Hg. von Mark Michalski, 2002.

GA 19 *Platon: Sophistes* (Wintersemester 1924/25). Hg. von Ingeborg Schüssler, 1992.

GA 20 *Prolegomena zur Geschichte des Zeitbegriffs* (Sommersemester 1925). Hg. von Petra Jaeger, 1994.

GA 21 *Logik. Die Frage nach der Wahrheit* (Wintersemester 1925/26). Hg. von Walter Biemel, 1995.

GA 22 *Grundbegriffe der antiken Philosophie* (Sommersemester 1926). Hg. von Franz-Karl Blust, 2004.

GA 24 *Die Grundprobleme der Phänomenologie* (Sommersemester 1927). Hg. von Friedrich-Wilhelm von Herrmann, 1997.

GA 27 *Einleitung in die Philosophie* (Wintersemester 1928/29). Hg. von Otto Saame und Ina Saame-Speidel, 1996.

GA 34 *Vom Wesen der Wahrheit. Zu Platons Höhlengleichnis und Theätet* (Wintersemester 1931/32). Hg. von Hermann Mörchen, 1997.

GA 54 *Parmenides* (Wintersemester 1942/43). Hg. von Manfred S. Frings, 1992.

GA 56/57 *Zur Bestimmung der Philosophie* (Kriegsnotsemester 1919/Sommersemester 1919). Hg. von Bernd Heimbüchel, 1987.
GA 58 *Grundprobleme der Phänomenologie* (Wintersemester 1919/20). Hg. von Hans-Helmuth Gander, 1992.
GA 59 *Phänomenologie der Anschauung und des Ausdrucks. Theorie der philosophischen Begriffsbildung* (Sommersemester 1920). Hg. von Claudius Strube, 1993.
GA 60 *Phänomenologie des religiösen Lebens* (Wintersemester 1920/21). Hg. von Matthias Jung, Thomas Regehly und Claudius Strube, 1995.
GA 61 *Phänomenologische Interpretationen zu Aristoteles. Einführung in die phänomenologische Forschung* (Wintersemester 1921/22). Hg. von Walter Bröcker und Käte Bröcker-Oltmanns, 1994.
GA 63 *Ontologie. Hermeneutik der Faktizität* (Sommersemester 1923). Hg. Käte Bröcker-Oltmanns, 1995.

3.3. Zitierte Bände der IV. Abteilung der Martin Heidegger-Gesamtausgabe (Hinweise und Aufzeichnungen)

GA 94 *Überlegungen II – VI* (»Schwarze Hefte« 1931–1938). Hg. von Peter Trawny, 2014.
GA 95 *Überlegungen VII – XI* (»Schwarze Hefte« 1938/39). Hg. von Peter Trawny, 2014.
GA 96 *Überlegungen XII – XV* (»Schwarze Hefte« 1939–1941). Hg. von Peter Trawny, 2014.
GA 97 *Anmerkungen I – V* (»Schwarze Hefte« 1942–1948). Hg. von Peter Trawny, 2015.

Weitere Literatur

Abensour, Miguel (2006): *Hannah Arendt contre la philosophy politique?* Paris: Sens & Tonka.
— (2007): »Against the Sovereignty of Philosophy over Politics: Arendt's Reading of Plato's Cave Allegory«, in: *Social Research*, 74:4, S. 955–982.
Ackermann, John, Wolfe/Honig, Bonnie (2011): »Agonalität«, in: Heuer, Wolfgang/Heiter, Bernd/Rosenmüller, Stefanie (Hg.): *Arendt-Handbuch. Leben – Werk – Wirkung*. Stuttgart: Metzler, S. 341–347.
Agamben, Giorgio (2001): *Mittel ohne Zweck. Noten zur Politik*. Freiburg/Berlin: Diaphanes.
— (2005): *Profanierungen*. Frankfurt/M.: Suhrkamp.
Allen, Amy (1998): »Rethinking Power«, in: *Hypatia. A journal of feminist philosophy*, 13:1, S. 21–40.

— (1999a): »Solidarity after Identity Politics: Hannah Arendt and the Power of Feminist Theory«, in: *Philosophy & Social Criticism*, 25:1, S. 97–118.

— (1999b): *The Power of Feminist Theory. Domination, Resistance, Solidarity*. Oxford: Westview Press.

— (2003): »Foucault and Enlightenment: A Critical Reappraisal«, in: *Constellations*, 10:2, S. 180–198.

— (2008): *The Politics of Our Selves. Power, Autonomy, and Gender in Contemporary Critical Theory*. New York: Columbia University Press.

— (2010a): »Power, Subjectivity, and Agency: Between Arendt and Foucault«, in: *International Journal of Philosophical Studies*, 10:2, S. 131–149.

— (2010b): »The Entanglement of Power and Validity: Foucault and Critical Theory«, in: O'Leary, Timothy/Falzon, Christopher (Hg.): *Foucault and Philosophy*. Oxford: Blackwell, S.78–98.

Allen, Barry (2010): »Foucault's Theory of Knowledge«, in: O'Leary, Timothy/Falzon, Christopher (Hg.): *Foucault and Philosophy*. Oxford: Blackwell, S. 143–161.

Althaus, Claudia (2000): *Erfahrung denken: Hannah Arendts Weg von der Zeitgeschichte zur politischen Theorie*. Göttingen: Vandenhoeck & Ruprecht.

Anacker, Luisa (2015): *Die aktuelle Asyl- und Migrationspolitik in der EU und Hannah Arendts Flüchtlingsbegriff*. München: GRIN.

Ansell-Pearson, Keith (1991): »The significance of Michel Foucaults reading of Nietzsche. Power, the subject and political theory«, in: *Nietzsche Studien*, 20, S. 267–283.

Anter, Andreas (2012): *Theorien der Macht zur Einführung*. Berlin: Junius.

Assy, Bethania (2008): *Hannah Arendt. An ethics of personal responsibility*. Frankfurt/M.: Lang.

— (2011): »Eichmann in Jerusalem«, in: Heuer, Wolfgang/Heiter, Bernd/Rosenmüller, Stefanie (Hg.): *Arendt-Handbuch. Leben – Werk – Wirkung*. Stuttgart: Metzler, S. 92–98.

Aurenque, Diana (2011): *Ethosdenken. Auf der Spur einer ethischen Fragestellung in der Philosophie Martin Heideggers*. Freiburg: Alber.

Austin, John L. (2002): *Zur Theorie der Sprechakte. (How to do things with Words)*. Stuttgart: Reclam.

Badiou, Alain/Cassin, Barbara (2011): *Heidegger. Der Nationalsozialismus, die Frauen, die Philosophie*. Zürich: Diaphanes.

Balibar, Etienne (1991): »Foucault und Marx. Der Einsatz des Nominalismus«, in: Ewald, François/Waldenfels, Bernhard (Hg.): *Spiele der Wahrheit. Michel Foucaults Denken*. Frankfurt/M.: Suhrkamp, S. 39–65.

Balke, Friedrich (2004): »Der Körper des Philosophen im Zeitalter der Biopolitik«, in: Schaub, Mirjam/Wenner, Stefanie (Hg.): *Körper – Kräfte. Diskurse der Macht über den Körper*. Bielefeld: Transcript, S. 131–158.

— (2008a): »Selbstsorge/Selbsttechnologie«, in: Kammler, Clemens/Parr, Rolf/Schneider, Ulrich Johannes (Hg.): *Foucault-Handbuch. Leben – Werk – Wirkung.* Stuttgart: Metzler, S. 286–291.

— (2008b): »Friedrich Nietzsche«, in: Kammler, Clemens/Parr, Rolf/Schneider, Ulrich Johannes (Hg.): *Foucault-Handbuch. Leben – Werk – Wirkung.* Stuttgart: Metzler, S. 172–176.

Ball, Terence (1977): *Political Theory and Praxis. New Perspectives.* Minneapolis: University of Minnesota Press.

Barad, Karen (2007): *Meeting the Universe Halfway. Quantum Physics and the Entanglement of Matter and Meaning.* Durham: Duke University Press.

Barash, Jeffrey Andrew (1990): »Die Auslegung der ›Öffentlichen Welt‹ als politisches Problem. Zu Hannah Arendts Heidegger-Deutung«, in: Pöggeler, Otto (Hg.): *Zur philosophischen Aktualität Heideggers. Bd.2.* Frankfurt/M.: Vittorio Klostermann, S. 112–127.

Becker, Michael (2012): »Die Eigensinnigkeit des Politischen – Hannah Arendt und Jürgen Habermas über Macht und Herrschaft«, in: Imbusch, Peter (Hg.): *Macht und Herrschaft. Sozialwissenschaftliche Theorien und Konzeptionen.* Wiesbaden: Springer VS, S. 217–246.

Beiner, Roland (2001): »Rereading Hannah Arendt's Kant Lectures«, in: Beiner, Ronald/Nedelsky, Jennifer (Hg.): *Judgment, Imagination, and Politics. Themes from Kant and Arendt.* Oxford: Rowman & Littlefield, S. 91–101.

— (2012): »Hannah Arndt über das Urteilen«, in: Ders. (Hg.): *Über das Urteilen. Texte zu Kants politischer Philosophie.* München: Piper, S. 130–230.

Belardinelli, Sergio (1990): »Martin Heidegger und Hannah Arendts Begriff von ›Welt‹ und ›Praxis‹«, in: Pöggeler, Otto (Hg.): *Zur philosophischen Aktualität Heideggers. Bd. 2.* Frankfurt/M.: Vittorio Klostermann, S. 128–141.

Beljan, Magdalena (2008): »Regierung«, in: Kammler, Clemens/Parr, Rolf/Schneider, Ulrich Johannes (Hg.): *Foucault-Handbuch. Leben – Werk – Wirkung.* Stuttgart: Metzler, S. 284–286.

Beltrán, Cristina (2009): »Going Public. Hannah Arendt, Immigrant Action, and the Space of Appearance«, in: *Political Theory*, 37:5, S. 595–622.

Benhabib, Seyla (1988): »Hannah Arendt und die erlösende Kraft des Erzählens«, in: Diner, Dan (Hg.): *Zivilisationsbruch. Denken nach Auschwitz.* Frankfurt/M.: Fischer, S. 150–174.

— (1994): »Der öffentliche Raum bei Martin Heidegger und Hannah Arendt«, in: *Mittelweg 36. Zeitschrift des Hamburger Instituts für Sozialforschung*, 2:6, S. 74–83.

— (1995): *Selbst im Kontext. Kommunikative Ethik im Spannungsfeld von Feminismus, Kommunitarismus und Postmoderne.* Frankfurt/M.: Suhrkamp.

— (2006): *Hannah Arendt. Die melancholische Denkerin der Moderne.* Frankfurt/M.: Suhrkamp.

Benjamin, Walter (1977): »Was ist das epische Theater? (I)«, in: Tiedemann, Rolf/Schweppenhäuser, Hermann (Hg.): *Walter Benjamin. Gesammelte Schriften 2.* Frankfurt/M.: Suhrkamp, S. 519–531.

Berkowitz, Roger (2010): »Solitude and the Activity of Thinking«, in: Ders./Katz, Jeffrey/Keenan, Thomas (Hg.): *Thinking in Dark Times. Hannah Arendt on Ethics and Politics.* New York: Fordham University Press:, S. 237–245.

Bernauer, James M. (1990): *Michel Foucault's Force of Flight.* Atlantic Highlands: Humanities Press.

Bernauer, James M./Mahon, Michael (1994): »Foucaults Ethik«, in: *Deutsche Zeitschrift für Philosophie*, 42:4, S. 593–608.

Bernstein, Richard, J. (1977): »Hannah Arendt: The Ambiguities of Theory and Practice«, in: *Ball, Terence (Hg.): Political Theory and Praxis. New Perspectives.* Minneapolis: University Press, S. 141–157.

— (1994): »Foucault: Critique as a Philosophical Ethos«, in: Kelly, Michael (Hg.): *Critique and Power.* Cambridge: MIT Press, S. 211–241.

— (1996): *Hannah Arendt and the Jewish Question.* Cambridge: Politiy Press.

— (2002): »Arendt on Thinking«, in: Villa, Dana R. (Hg.): *The Cambridge Companion to Hannah Arendt.* Cambridge: Cambridge University Press, S. 277–292.

Besley, Tina/Peters, Michael (2007): *Subjectivity and Truth: Foucault, Education, and the Culture of Self.* New York: Peter Lang.

Biebricher, Thomas (2005): *Selbstkritik der Moderne. Foucault und Habermas im Vergleich.* Frankfurt/M.: Campus.

— (2012): *Neoliberalismus zur Einführung.* Hamburg: Junius.

Birmingham, Peg (2002): »Heidegger and Arendt: The Wonder of Natality«, in: Raffoul, François/Pettigrew, Daniel (Hg.): *Heidegger and Practical Philosophy.* Albany: SUNY Press, S.191–202.

— (2011): »Thomas Hobbes«, in: Heuer, Wolfgang/Heiter, Bernd/Rosenmüller, Stefanie (Hg.): *Arendt-Handbuch. Leben – Werk – Wirkung.* Stuttgart: Metzler, S. 200–201.

Blasche, Siegfried (1995): »Freiheit«, in: Mittelstraß, Jürgen (Hg.): *Enzyklopädie Philosophie und Wissenschaftstheorie. Bd.1.* Stuttgart: Metzler, S. 675–681.

Blattner, William, D. (2000): »The Primacy of Practice and Assertoric Truth: Dewey and Heidegger«, in: *Wrathall, Mark A./Malpas, Jeff (Hg.): Heidegger, Authenticity, and Modernity: Essays in Honor of Hubert L. Dreyfus. Bd. 1.* Cambridge: MIT Press, S. 231–250.

Bluhm, Harald (1999): »Variationen des Höhlengleichnisses. Kritik und Restitution politischer Philosophie bei Hannah Arendt und Leo Strauss«, in: *Deutsche Zeitschrift für Philosophie*, 47:6, S. 911–933.

— (2001): »Handeln und Verantwortung. Hannah Arendts Konzept des politischen Handelns«, in: *Jahrbuch für politisches Denken*, S. 1–17.

Blumenberg, Hans (1976): »Selbsterhaltung und Beharrung. Zur Konstitution der neuzeitlichen Rationalität«, in: Ebeling, Hans (Hg.): *Subjektivität und Selbsterhaltung. Beiträge zur Diagnose der Moderne.* Frankfurt/M.: Suhrkamp, S. 144–207.

Boothroyd, David (1996): »Foucaults Alimentary Philosophy. Care of the Self and Responsibility for the Other«, in: *Man and World*, 29, S. 361–386.

Bourdieu, Pierre (1976): *Entwurf einer Theorie der Praxis.* Frankfurt/M.: Suhrkamp.

— (1987): *Sozialer Sinn. Kritik der theoretischen Vernunft.* Frankfurt/M.: Suhrkamp.

— (1988): *Die politische Ontologie Martin Heideggers.* Frankfurt/M.: Suhrkamp.

Brach, Markus Joachim (1996): *Heidegger Platon. Vom Neukantianismus zur existentiellen Interpretation des ›Sophistes‹.* Würzburg: Königshausen & Neumann.

Brachtendorf, Johannes (2011): »Heideggers Metaphysikkritik in der Abhandlung »Nietzsches Wort ›Gott ist tot‹«, in: Fischer, Norbert/von Herrmann, Friedrich Wilhelm (Hg.): *Die Gottesfrage im Denken Martin Heideggers.* Hamburg: Meiner, S. 105–128.

Brandner, Rudolf (1992): *Warum Heidegger keine Ethik geschrieben hat.* Wien: Passagen.

Brandom, Robert B. (1992): »Heidegger's Categories in Being and Time«, in: Dreyfus, Hubert L. (Hg.): *Heidegger: A Critical Reader.* Oxford: Blackwell, S. 45–64.

— (1997): »Heideggers Kategorien in: *Sein und Zeit*«, in: *Deutsche Zeitschrift für Philosophie*, 45:4, S. 531–549.

— (2002): *Tales of the Mighty Dead. Historical Essays in the Metaphysics of Intentionality.* Cambridge: Havard University Press.

Brasser, Martin (1997): *Wahrheit und Verborgenheit. Interpretationen zu Heideggers Wahrheitsverständnis von* Sein und Zeit *bis* Vom Wesen der Wahrheit. Würzburg: Königshausen & Neumann.

Braun, Kathrin (2007): »Biopolitics and Temporality in Arendt and Foucault«, in: *Time & Society*, 16:1, S. 5–23.

Breen, Keith (2007): »Violence and power. A critique of Hannah Arendt on the ›political‹«, in: *Philosophy & Social Critisism*, 33:3, S. 343–372.

— (2009): »Agonism, Antagonism and the Necessity of Care«, in: Shaap, Andrew (Hg.): *Law and Agonistic Politics.* Farnham: Ashgate Publishing Company, S. 133–146.

Breitenstein, Peggy (2013): *Die Befreiung der Geschichte. Geschichtsphilosophie als Gesellschaftskritik nach Adorno und Foucault.* Frankfurt/M./New York: Campus.

Brieler, Ulrich (2008): »Foucault und 1968: Widerspenstige Subjektivitäten«, in: Hechler, Daniel/Philipps, Axel (Hg.): *Widerstand denken. Michel Foucault und die Grenzen der Macht.* Bielefeld: Transcript, S. 19–37.

Bröckling, Ulrich (2007): *Das unternehmerische Selbst. Soziologie einer Subjektivierungsform.* Frankfurt/M.: Suhrkamp.

— (2010): »Nachwort«, in: Michel Foucault: *Kritik des Regierens.* Frankfurt/M.: Suhrkamp, S. 403–441.

Brown, Wendy (1998): »Genealogical Politics«, in: Moss, Jeremy (Hg.): *The Later Foucault: Politics and Philosophy.* London: Sage, S. 33–49.

— (2015): *Die schleichende Revolution. Wie der Neoliberalismus die Demokratie zerstört.* Berlin: Suhrkamp.

Brunkhorst, Hauke (2004): »Macht und Wahrheit in struktureller Kopplung. Wiedergelesen: Hannah Arendts Wahrheit und Lüge in der Politik«, in: *Vorgänge. Zeitschrift für Bürgerrechte und Gesellschaftspolitik*, 43:3, S. 19–27.

— (2007): »Die Verfassung als Verkörperung kommunikativer Macht. Zu Hannah Arendts komplexer Theorie der Macht«, in: *Internationale Zeitschrift für Philosophie*, 16:1, S. 27–51.

— (2008): »Die Produktivität der Macht. Hannah Arendts Revolutionierung des klassischen Begriffs der Politik«, in: Fritze, Lothar (Hg.): *Hannah Arendt weitergedacht*. Göttingen: Vandenhoeck & Ruprecht, S. 57–70.

— (2011a): »Die Macht der Verfassung im Werk Hannah Arendts«, in: Fritz Bauer Institut/Weissberg, Liliane (Hg.): *Affinität wider Willen? Hannah Arendt, Theodor W. Adorno und die Frankfurter Schule*. Frankfurt/M.: Campus, S. 15–29.

— (2011b): »Macht/Gewalt/Herrschaft«, in: Heuer, Wolfgang/Heiter, Bernd/Rosenmüller, Stefanie (Hg.): *Arendt–Handbuch. Leben – Werk – Wirkung*. Stuttgart: Metzler, S. 294–298.

Bublitz, Hannelore (2008a): »Macht«, in: Kammler, Clemens/Parr, Rolf/Schneider, Ulrich Johannes (Hg.): *Foucault–Handbuch. Leben – Werk – Wirkung*. Stuttgart: Metzler, S. 273–277.

— (2008b): »Subjekt«, in: Kammler, Clemens/Parr, Rolf/Schneider, Ulrich Johannes (Hg.): *Foucault-Handbuch. Leben – Werk – Wirkung*. Stuttgart: Metzler, S. 293–296.

Bührmann, Andrea D. (1998): *Das authentische Geschlecht. Die Sexualitätsdebatte der neuen Frauenbewegung und die foucaultsche Machtanalyse*. Münster: Westfälisches Dampfboot.

Bülow, Katharina von (1991): »Widersprechen ist eine Pflicht«, in: Schmid, Wilhelm (Hg.): *Denken und Existenz bei Michel Foucault*. Frankfurt/M.: Suhrkamp, S.129–158.

Bürger, Peter (1991): »Denken als Geste. Versuch über den Philosophen Michel Foucault«, in: Ewald, François/Waldenfels, Bernhard (Hg.): *Spiele der Wahrheit. Michel Foucaults Denken*. Frankfurt/M.: Suhrkamp, S. 89–105.

Burkhard, Franz-Peter (2008): »Existenzphilosophie«, in: Prechtl, Peter/Burkhard, Franz-Peter (Hg.): *Metzler Philosophie Lexikon. Begriffe und Definitionen*. Stuttgart: Metzler, S. 170–171.

Butler, Judith (1991): *Das Unbehagen der Geschlechter*. Frankfurt/M.: Suhrkamp.

— (1993): »Für ein sorgfältiges Lesen«, in: Benhabib, Seyla/Butler, Judith/Cornell, Drucilla/Fraser, Nancy: *Der Streit um die Differenz. Feminismus und Postmoderne in der Gegenwart*. Frankfurt/M.: Fischer.

— (1997): *Körper von Gewicht*. Frankfurt/M.: Suhrkamp.

— (2001): *Psyche der Macht. Das Subjekt der Unterwerfung*. Frankfurt/M.: Suhrkamp.

— (2006): *Haß spricht. Zur Politik des Performativen*. Frankfurt/M.: Suhrkamp.

— (2009): »Was ist Kritik? Ein Aufsatz über Foucaults Tugend«, in: Jaeggi, Rahel/Wesche, Tilo (Hg.): *Was ist Kritik?*. Frankfurt/M.: Suhrkamp, S. 221–246.

— (2011): *Kritik, Dissens, Disziplinarität*. Zürich: Diaphanes.

— (2015): »Resistance and Vulnerability: An Interview with Judith Butler by Federica Sossi and Martina Tazzioli«, in: Fuggle, Sophie/Lanci, Yari/Tazzioli,

Martina (Hg.): *Foucault and the History of Our Present*. New York: Palgrave, S. 236–244.

— (2016): *Anmerkungen zu einer performativen Theorie der Versammlung*. Berlin: Suhrkamp.

Butler, Judith/Spivak, Gayatri Chakravorty (2007): *Sprache, Politik, Zugehörigkeit*. Zürich/Berlin: Diaphanes.

Campillo, Neus (2011): »Denken«, in: Heuer, Wolfgang/Heiter, Bernd/Rosenmüller, Stefanie (Hg.): *Arendt-Handbuch: Leben – Werk – Wirkung*. Stuttgart: Metzler, S. 274–276.

Canovan, Margaret (1983): »A case of distorted Communication. A Note on Habermas and Arendt«, in: *Political Theory*, 11:1, S. 105–116.

— (1990): »Socrates or Heidegger? Hannah Arendts Reflections on Philosophy and Politics«, in: *Social Research*, 57:1, S. 135–165.

— (1992): *Hannah Arendt. A Reinterpretation of Her Political Thought*. Cambridge: University Press.

Carnes, Jeffrey S. (1998): »This Myth Which Is Not One: Construction of Discourse in Plato's Symposium«, in: Larmour, David H./Miller, Paul Allen/Platter, Charles (Hg.): *Rethinking Sexuality. Foucault And Classical Antiquity*. Princeton/Chichester: Princeton University Press, S. 104–121.

Casale, Rita (2010): *Heideggers Nietzsche. Geschichte einer Obsession*. Bielefeld: Transcript.

Clément, Catherine (2000): *Martin und Hannah*. Berlin: Rowohlt.

Connolly, William E. (1985): »Taylor, Foucault, and Otherness«, in: *Political Theory*, 13:4, S. 365–376.

Cooper, Leroy, A. (1979): »Hannah Arendts politische Philosophie: eine Deutung«, in: Reif, Adalbert (Hg.): *Hannah Arendt. Materialien zu ihrem Werk*. München: Europaverlag, S. 137–173.

Cremonesi, Laura (2015): »Pierre Hadot and Michel Foucault on Spiritual Exercises: Transforming the Self, Transforming the Present«, in: Fuggle, Sophie/Lanci, Yari/Tazzioli, Martina (Hg.): *Foucault and the History of Our Present*. New York: Palgrave, S. 195–209.

Crossley, Nick (1994): *The Politics of Subjectivity. Between Foucaut and Merleau-Ponty*. Aldershot: Avebury Press.

Cruikshank, Barbara (1996): »Revolutions within: self-government and self-esteem«, in: Barry, Andrew/Osborne, Thomas/Rose, Nikolas (Hg.): *Foucault and political reason. Liberalism, neo-liberalism and rationalities of government*. Chicago/London: The University of Chicago Press, S. 231–251.

Dahlmanns, Claus (2008): *Die Geschichte des modernen Subjekts. Michel Foucault und Norbert Elias im Vergleich*. Berlin: Waxmann.

Dahlstrom, Daniel O. (1994): *Das logische Vorurteil. Untersuchungen zur Wahrheitstheorie des frühen Heideggers*. Wien: Passagen.

Dallmayr, Fred, R. (1984): *Polis and Praxis. Exercises in Contemporary Political Theory*. Cambridge: MIT Press.

Danaher, Geoff/Schirato, Tony/Webb, Jen (2000): *Understanding Foucault: A Critical Introduction.* New York: Sage.

David, Alain (2015): »Die Abwesenheit von Antisemitismus genügt keineswegs.«, in: Trawny, Peter/Mitchell, Andrew J. (Hg.): *Heidegger, die Juden, noch einmal.* Frankfurt/M.: Vittorio Klostermann, S. 215–232.

Deleuze, Gilles (1991): »Das Leben als Kunstwerk. Ein Gespräch mit Didier Eribon«, in: Schmid, Wilhelm (Hg.): *Denken und Existenz bei Michel Foucault.* Frankfurt/M.: Suhrkamp, S. 161–180.

— (1992): *Foucault.* Frankfurt/M.: Suhrkamp.

Deleuze, Gilles/Guattari, Félix (1992): *Tausend Plateaus. Kapitalismus und Schizophrenie.* Berlin: Merve.

Demirović, Alex (2008): »Das Wahr-Sagen des Marxismus: Foucault und Marx«, in: *Prokla. Zeitschrift für kritische Sozialwissenschaft*, 38:2, S. 174–201.

Demmerling, Christoph (2001): »Hermeneutik der Alltäglichkeit und In-der-Welt-sein (§§ 25–38)«, in: Rentsch, Thomas (Hg.): *Martin Heidegger. Sein und Zeit.* Berlin: Akademie Verlag, S. 89–115.

Derrida, Jaques (1988): »Signatur Ereignis Text«, in: Ders.: *Randgänge der Philosophie.* Wien: Passagen, S. 291–341.

Detel, Wolfgang (2006): *Foucault und die klassische Antike. Macht, Moral Wissen.* Frankfurt/M.: Suhrkamp.

Dews, Peter (1989): »The Return of the Subject in Late Foucault«, in: *Radical Philosophy*, 51, S. 37–41.

Di Cesare, Donatella (2015): »Das Sein und der Jude. Heideggers metaphysischer Antisemitismus«, in: Trawny, Peter/Mitchell, Andrew J. (Hg.): *Heidegger, die Juden, noch einmal.* Frankfurt/M.: Vittorio Klostermann, S. 55–74.

Diner, Dan (1988): »Vorwort des Herausgebers«, in: Ders. (Hg.): *Zivilisationsbruch. Denken nach Auschwitz.* Frankfurt/M.: Fischer, S.7–14.

Disch, Lisa J. (1994): »More Truth Than Fact. Storytelling as Critical Understanding in the Writings of Hannah Arendt«, in: *Political Theory*, 21:4, S. 665–694.

Dolan, Frederick, M. (2000): »Arendt on philosophy and politics«, in: Villa, Dana (Hg.): *The Cambridge Companion to Hannah Arendt.* Cambridge: Cambridge University Press, S. 261–276.

— (2005): »The paradoxical liberty of bio-power. Hannah Arendt and Michel Foucault on modern politics«, in: *Philosophy & Social Criticism*, 31:3, S. 369–380.

Dossa, Shiraz (1989): *The public realm and the public self. The political theory of Hannah Arendt.* Waterloo: Wilfrid Laurier University Press.

Dreyfus, Hubert L. (1980): »Holism and Hermeneutics«, in: *The Review of Metaphysics*, 34:1, S. 3–23.

— (1985): *Die Grenzen der künstlichen Intelligenz. Was Computer nicht können.* Königstein/Ts.: Athenäum.

— (1991): *Being-in-the-World. A Commentary on Heidegger's Being and Time, Division I.* Cambridge: The MIT Press.

— (1992): »On the Ordering of things: Being and Power in Heidegger und Foucault«, in: Armstrong, Timothy, J. (Hg.): *Michel Foucault Philosopher.* New York: Routledge, S. 80–95.

— (2001): »In-der-Welt-sein und Weltlichkeit: Heideggers Kritik des Cartesianismus (§§ 19–24)«, in: Rentsch, Thomas (Hg.): *Martin Heidegger. Sein und Zeit.* Berlin: Akademie Verlag, S. 69–87.

— (2003): »Being and Power ›Revisited«‹, in: Milchmann, Alan/Rosenberg, Alan (Hg.): *Foucault and Heidegger. Critical Encounters.* Minneapolis: University of Minnesota Press, S. 30–45.

Dreyfus, Hubert L./Hall, Harrison (1992): »Introduction«, in: Dies. (Hg.): *Heidegger. A Critical Reader.* Oxford/Cambridge: Blackwell, S. 1–25.

Dreyfus, Hubert L./Rabinow, Paul (1990): »Was ist Mündigkeit? Habermas und Foucault über »Was ist Aufklärung«‹«, in: Erdmann, Eva/Forst, Rainer/Honneth, Axel (Hg.): *Ethos der Moderne. Foucaults Kritik der Aufklärung.* Frankfurt/M.: Campus, S. 55–69.

— (1994a): *Michel Foucault. Jenseits von Strukturalismus und Hermeneutik.* Weinheim: Beltz Athenäum.

— (1994b): »What Is Maturity? Habermas and Foucault on ›What Is Enlightenment?‹«, in: Hoy, David Couzens (Hg.): *Foucault. A Critical Reader.* Oxford: Basil Blackwell, S. 109–121.

Dreyfus, Hubert L./Wrathall, Mark (2005): »Martin Heidegger. An Introduction to His Thought, Work, and Life«, in: Dies. (Hg.): *A Companion To Heidegger.* Oxford: Blackwell, S. 1–15.

Dumm, Thomas L. (1996): *Michel Foucault and the Politics of Freedom.* London: Sage.

Dyrberg, Torben Bech (2014): *Foucault on the Politics of Parrhesia.* New York: Palgrave Pilot.

Ebeling, Knut (2008): »Archäologie«, in: Kammler, Clemens/Parr, Rolf/Schneider, Ulrich Johannes (Hg.): *Foucault-Handbuch. Leben – Werk – Wirkung.* Stuttgart: Metzler, S. 219–221.

Elden, Stuart (2001): *Mapping the Present. Heidegger, Foucault and the Project of a Spatial History.* London: Continuum.

Emcke, Carolin (2016): *Gegen den Hass.* Frankfurt/M.: Fischer.

Enaudeau, Corinne (2007): »Hannah Arendt: Politics, Opinion, Truth«, in: *Social Research*, 74:4, S. 1029–1044.

Engel, Antke (2002): *Wider die Eindeutigkeit. Sexualität und Geschlecht im Fokus queerer Politik der Repräsentation.* Frankfurt/M.: Campus.

Erdbeer, Robert Matthias (2008): »Freundschaft«, in: Kammler, Clemens/Parr, Rolf/Schneider, Ulrich Johannes (Hg.): *Foucault-Handbuch. Leben – Werk – Wirkung.* Stuttgart: Metzler, S. 252–254.

Eribon, Didier (1991): *Michel Foucault.* Frankfurt/M.: Suhrkamp.

Esposito, Roberto (1997): »Die ursprüngliche Gemeinschaft«, in: *Deutsche Zeitschrift für Philosophie*, 45:4, S. 551–558.

Ettinger, Elżbieta (1995): *Hannah Arendt und Martin Heidegger. Eine Geschichte*. München: Piper.

Ewald, François (1991a): »Eine Macht ohne Draußen«, in: Ders./Waldenfels, Bernhard (Hg.): *Spiele der Wahrheit. Michel Foucaults Denken*. Frankfurt/M.: Suhrkamp, S. 163–170.

— (1991b): »Michel Foucault. Grundzüge einer Ethik«, in: Schmid, Wilhelm (Hg.): *Denken und Existenz bei Michel Foucault*. Frankfurt/M.: Suhrkamp, S. 197–207.

Ewald, François/Frage, Arlette/Perrot, Michelle (1987): »Eine Praktik der Wahrheit«, in: Ricke, Gabriele/Voullié, Roland (Übers.): *Michel Foucault. Eine Geschichte der Wahrheit*. München: Raben, S. 9–19.

Ewald, François/Fontana (2010): »Vorwort«, in: *Michel Foucault. Der Mut zur Wahrheit*. Frankfurt M., S. 7–12.

Falzon, Christopher/O'Leary, Timothy (2010): »Introduction: Foucault's Philosophy«, in: Ders. (Hg.): *Foucault and Philosophy*. Oxford: Blackwell, S. 1–16.

Falzon, Christopher (2010): »Foucault, Philosopher of Dialogue«, in: O'Leary, Timothy/Ders. (Hg.): *Foucault and Philosophy*. Oxford: Blackwell, S. 221–245.

Faubion, James, D. (2011): *An Anthropology of Ethics*. Cambridge: Cambridge University Press.

— (2014): *Foucault now. Current Perspectives in Foucault Studies*. Cambridge: Polity Press.

Farías, Victor (1989): *Heidegger und der Nationalsozialismus*. Frankfurt/M.: Suhrkamp.

Faye, Emmanuel (2009): *Heidegger. Die Einführung des Nationalsozialismus in die Philosophie*. Berlin: Matthes & Seitz.

Federici, Silvia (2012): *Reproduktionsarbeit im globalen Kapitalismus und die unvollendete feministische Revolution*. Münster: Edition Assemblage.

Figal, Günter (1995): »Öffentliche Freiheit: Der Streit von Macht und Gewalt. Zum Begriff des Politischen bei Hannah Arendt«, in: Gerhardt, Volker/Ottman, Henning/Thompson, Martyn P. (Hg.): *Politisches Denken. Jahrbuch 1994*. Stuttgart: Metzler, S. 123–136.

Fink-Eitel, Heinrich (1980): »Michel Foucaults Analytik der Macht«, in: Kittler, Friedrich A. (Hg.): *Austreibung des Geistes aus den Geisteswissenschaften. Programme des Poststrukturalismus*. München: Schöningh, S. 38–78.

— (1992): *Foucault zur Einführung*. Hamburg: Junius.

Flynn, Thomas (1985): »Truth and Subjectivation in the Later Foucault« in: *The Journal of Philosophy*, 82:10, S. 531–540.

— (1989): »Foucault and the Politics of Postmodernity«, in: *Noûs*, 23:2, S.187–198.

— (1991): »Foucault a Parrhesiast. His Last Course at the Collège de France«, in: Bernauer, James/Rasmussen, David (Hg.): *The Final Foucault*. Cambridge: MIT Press, S. 102–118.

Forst, Rainer (1990): »Endlichkeit-Freiheit-Individualität. Die Sorge um das Selbst bei Heidegger und Foucault«, in: Erdmann, Eva/Forst, Rainer/Honneth, Axel (Hg.): *Ethos der Moderne. Foucaults Kritik der Aufklärung*. Frankfurt/M.: Campus, S. 146–186.

— (2011): *Kritik der Rechtfertigungsverhältnisse. Perspektiven einer kritischen Theorie der Politik*. Berlin: Suhrkamp.

Förster, Jürgen (2009): *Die Sorge um die Welt und die Freiheit des Handelns. Zur institutionellen Verfassung der Freiheit im politischen Denken Hannah Arendts*. Würzburg: Königshausen & Neumann.

Franek, Jakub (2006): »Philosophical *parrhesia* as aesthetics of existence«, in: *Continental Philosophical Review*, 39, S. 113–134.

Fraser, Nancy (1994): *Widerspenstige Praktiken. Macht, Diskurs, Geschlecht*. Frankfurt/M.: Suhrkamp.

— (1985): Michel Foucault: A young Conservative?, in: *Ethics*, 96:1, S. 165–184.

Frede, Dorothea (2013): »Wahrheit. Vom aufdeckenden Erschließen zur Offenheit der Lichtung«, in: Thomä, Dieter (Hg.): *Heidegger-Handbuch. Leben – Werk – Wirkung*. Stuttgart: Metzler, S. 308–315.

Frietsch, Ute (2008): »Immanuel Kant«, in: Kammler, Clemens/Parr, Rolf/Schneider, Ulrich Johannes (Hg.): *Foucault-Handbuch. Leben – Werk – Wirkung*. Stuttgart: Metzler, S. 165–169.

Fuggle, Sophie/Lanci, Yari/Tazzioli, Martina (2015): »Introduction«, in: Dies. (Hg.): *Foucault and the History of Our Present*. New York: Palgrave, S. 1–10.

Gander, Hans-Helmuth (2006): *Selbstverständnis und Lebenswelt. Grundzüge einer phänomenologischen Hermeneutik im Ausgang von Husserl und Heidegger*. Frankfurt/M.: Vittorio Klostermann.

Garfinkel, Harold (1967): *Studies in Ethnomethodology*. London: Prentice-Hall.

Gedö, Éva/Schnwendtner, Tibor (2009): »Dimensionen des Verstehens. Bemerkungen zu Brandoms Heidegger-Interpretation«, in: Merker, Barbara (Hg.): *Verstehen nach Heidegger und Brandom*. Hamburg: Felix Meiner, S. 79–94.

Gehring, Petra (2004): *Foucault – Die Philosophie im Archiv*. Frankfurt/M.: Campus.

— (2008): »Vorlesung zu Staat/Gouvernementalität«, in: Kammler, Clemens/Parr, Rolf/Schneider, Ulrich Johannes (Hg.): *Foucault Handbuch. Leben – Werk – Wirkung*. Stuttgart: Metzler, S. 149–158.

Gehring, Petra/Gelhard, Andreas (2012): *Parrhesia. Foucault und der Mut zur Wahrheit*. Zürich: Diaphanes.

Gelhard, Andreas/Alkemeyer, Thomas/Ricken, Norbert (2013): »Vorwort«, in: Dies. (Hg.): *Techniken der Subjektivierung*. München: Wilhelm Fink, S. 9–13.

Gerhardt, Volker (2007): »Anthropologie und politische Philosophie bei Hannah Arendt«, in: Heinrich-Böll-Stiftung (Hg.): *Verborgene Tradition – Unzeitgemäße Aktualität?* Berlin: Akademie.

Gethmann, Carl Friedrich (1974): »Zu Heideggers Wahrheitsbegriff«, in: *Philosophische Zeitschrift der Kant-Gesellschaft*, 65:2, S. 186–200.

— (1993): *Dasein: Erkennen und Handeln. Heidegger im phänomenologischen Kontext*. Berlin: Walter de Gruyter.

Geuss, Raymond (2003): »Kritik, Aufklärung, Genealogie«, in: Honneth, Axel/Saar, Martin (Hg.): *Michel Foucault. Zwischenbilanz einer Rezeption. Frankfurter Foucault-Konferenz 2001*. Frankfurt/M.: Suhrkamp, S.145–156.

Giddens, Anthony (1988): *Die Konstitution der Gesellschaft. Grundzüge einer Theorie der Strukturierung.* Frankfurt/M.: Campus.

Gines, Kathryn T. (2014): *Hannah Arendt and the Negro Question.* Bloomington: Indiana University.

Göhler, Gerhard (2011): »Macht«, in: Ders./Iser, Matthias/Kerner, Ina (Hg.): *Politische Theorie. 25 umkämpfte Begriffe zur Einführung.* Wiesbaden: VS Verlag für Sozialwissenschaften, S. 224–240.

Gordon, Neve (2002): »On Visibility and Power: An Arendtian Correctiv of Foucault«, in: *Human Studies,* 25:2, S. 125–145.

Gray, J. Glenn (1979): »Die Winde des Denkens«, in: Reif, Adalbert (Hg.): *Hannah Arendt. Materialien zu ihrem Werk.* München: Europaverlag, S. 335–352.

Greisch, Jean (2013): »Der philosophische Umbruch in den Jahren 1928–1932. Von der Fundamentalontologie zur Metaphysik des Daseins«, in: Thomä, Dieter (Hg.): *Heidegger-Handbuch. Leben – Werk – Wirkung.* Stuttgart: Metzler, S. 91–102.

Greven, Michael Th. (2003): »Hannah Arendts Handlungsbegriff zwischen Max Webers Idealtypus und Martin Heideggers Existenzialontologie«, in: Thaa, Winfried/Probst, Lothar (Hg.): *Die Entdeckung der Freiheit. Amerika im Denken Hannah Arendts.* Berlin: Philo, S. 119–139.

Grimshaw, Jean (1993): »Practices of Freedom«, in: Ramazanoglu, Caroline (Hg.): *Up Against Foucault.* London: Routledge, S. 51–72.

Gronau, Barbara/Lagaay, Alice (2015): »›...die Einladung, Widersprüchliches zu ertragen...‹. Schlaglichter auf den performative turn in Philosophie und Theater/wissenschaft«, in: Sternagel, Jörg/Mersch, Dieter/Stertz, Lisa (Hg.): *Kraft der Alterität. Ethische und aisthetische Dimensionen des Performativen.* Bielefeld: Transcript, S. 23–34.

Grondin, Jean (2001): »Die Wiedererweckung der Seinsfrage auf dem Weg einer phänomenologisch- hermeneutischen Destruktion (§§ 1–8)«, in: Rentsch, Thomas (Hg.): *Martin Heidegger. Sein und Zeit.* Berlin: Akademie, S. 1–27.

Gros, Frédéric (2009): »Situierung der Vorlesungen«, in: *Foucault, Michel: Die Hermeneutik des Subjekts.* Frankfurt/M.: Suhrkamp, S. 616–668.

— (2010): »Situierung der Vorlesungen,« in: Foucault, Michel: *Der Mut zur Wahrheit.* Frankfurt/M.: Suhrkamp, S. 440–460.

Grosser, Florian (2011): *Revolution Denken. Heidegger und das Politische.* München: C.H. Beck.

— (2013a): »Mitsein. Variationen auf das Thema Gemeinschaft«, in: Thomä, Dieter (Hg.): *Heidegger-Handbuch. Leben – Werk – Wirkung.* Stuttgart: Metzler, S. 13–21.

— (2013b): »Zwischen Gleichschaltung und robustem Pluralismus. Volten des ›Mitseins‹«, in: Münch, Nikolai/Sörensen, Paul (Hg.): *Politische Theorie und das Denken Heideggers.* Bielefeld: Transcript, S. 21–42.

Grossmann, Andreas (2008a): »Macht als ›Urphänomen‹ des Politischen. Überlegungen im Anschluss an Hannah Arendt«, in: Krause, Ralf/Rölli, Marc (Hg.):

Macht. Begriff und Wirkung in der politischen Philosophie der Gegenwart. Bielefeld: Transcript, S. 55–62.

— (2008b): »Rhetorik und Politik. Zu einer unausgetragenen Kontroverse zwischen Hannah Arendt und Martin Heidegger«, in: *Philosophisches Jahrbuch*, 115:2, S. 314–327.

Grunenberg, Antonia (1995): »»Macht kommt von möglich…‹. Macht und öffentlicher Raum bei Hannah Arendt«, in: Grunenberg, Antonia/Probst, Lothar (Hg.): *Einschnitte. Hannah Arendts politisches Denken heute.* Bremen: Edition Temmen, S. 83–95.

— (2001): »Dieser Anfang ist immer und überall da und bereit: Politisches Denken im Zivilisationsbruch bei Hannah Arendt«, in: Neumann, Bernd/Mahrdt, Helgard/Frank, Martin (Hg.): *»The Angel of History is looking back«- Hannah Arendts Werk unter politischem, ästhetischem und historischem Aspekt.* Würzburg: Königshausen und Neumann, S. 15–30.

— (2007) »Hannah Arendt, Martin Heidegger und Karl Jaspers. Denken im Schatten des Traditionsbruchs«, in: Heinrich-Böll-Stiftung (Hg.): *Hannah Arendt: Verborgene Tradition – Unzeitgemäße Aktualität?* Berlin: Akademie, S. 101–119.

— (2008a): »Hannah Arendt und Martin Heidegger. Denken mit dem Bruch der Tradition«, in: Dies./Meints, Waltraud/Bruns, Oliver/Harckensee, Christine (Hg.): *Perspektiven politischen Denkens. Zum 100. Geburtstag von Hannah Arendt.* Frankfurt/M.: Peter Lang, S. 49–69.

Guignon, Charles B. (2013): »Der amerikanische Pragmatismus und die Analytische Philosophie. Heidegger – gegen die Erkenntnistheorie ins Feld geführt«, in: Thomä, Dieter (Hg.): *Heidegger-Handbuch. Leben – Werk – Wirkung.* Stuttgart: Metzler, S. 476–486.

Günter, Andrea (2001): »Die Welt zur Welt bringen. Das Symbolische, Politik und Gebürtigkeit bei Hannah Arendt, den DIOTIMA-Philosophinnen und den Frauen des Mailänder Frauenbuchladens«, in: Kahlert, Heike/Lenz, Claudia (Hg.): *Die Neubestimmung des Politischen. Denkbewegungen im Dialog mit Hannah Arendt.* Königstein: Ulrike Helmer, S. 167–200.

Günzel, Stephan (2008): »Wahrheit«, in: Kammler, Clemens/Parr, Rolf/Schneider, Ulrich Johannes (Hg.): *Foucault-Handbuch. Leben – Werk – Wi*rkung. Stuttgart: Metzler, S. 296–301.

Gutmann, Thomas (1998): »Nietzsches Wille zur Macht im Werk Michel Foucaults«, in: *Nietzsche-Studien*, 27, S. 377–419.

Gutschker, Thomas (2001): *Aristotelische Diskurse. Aristoteles in der politischen Philosophie des 20. Jahrhunderts.* Stuttgart: Metzler.

Gutting, Gary (2010): »Foucault, Hegel, and Philosophy«, in: O'Leary, Timothy/Falzon, Christopher (Hg.): *Foucault and Philosophy.* Oxford: Blackwell, S. 17–35.

Habermas, Jürgen (1981a): *Philosophisch-politische Profile.* Frankfurt/M.: Suhrkamp.

— (1981b): »Modernity versus Postmodernity«, in: *New German Critique*, 22, S. 3–14.

— (1991): *Der philosophische Diskurs der Moderne. Zwölf Vorlesungen*. Frankfurt/M.: Suhrkamp.

— (1994): »Taking Aim at the Heart of the Present«, in: Hoy, David Couzens (Hg.): *Foucault. A Critical Reader*. Oxford: Basil Blackwell, S. 104–108.

— (1998): *Faktizität und Geltung. Beiträge zur Diskurstheorie des Rechts und des demokratischen Rechtsstaats*. Frankfurt/M.: Suhrkamp.

Hacking, Ian (1994): »Foucault on Freedom and Truth«, in: Hoy, David Couzens (Hg.): *Foucault. A Critical Reader*. Oxford: Basil Blackwell, S. 235–240.

— (1999): *Was heißt ›soziale Konstruktion‹? Zur Konjunktur einer Kampfvokabel in den Wissenschaften*. Frankfurt: Fischer.

— (2002): »Historical Ontology«, in: Ders.: *Historical Ontology*. Cambridge: Harvard University Press, S. 51–72.

— (2006): *Historische Ontologie*. Zürich: Chronos.

Hadot, Pierre (1997): »Forms of Life and Forms of Discourse in Ancient Philosophy«, in: Davidson, Arnold I. (Hg.): *Foucault and his Interlocutors*. Chicago: University of Chicago Press, S. 203–224.

— (1991): »Überlegungen zum Begriff der »Selbstkultur««, in: Ewald, François/Waldenfels, Bernhard (Hg.): *Spiele der Wahrheit. Michel Foucaults Denken*. Frankfurt/M.: Suhrkamp, S. 219–228.

— (1996): »Histoire du souci, propos recueillis par François Ewald«, in: *Magazine Littéraire*, 345, S. 18–22.

— (2002): *Philosophie als Lebensform. Antike und moderne Exerzitien der Weisheit*. Frankfurt/M.: Fischer.

Han, Béatrice (2002): *Foucault's Critical Project. Between the Transcendental and the Historical*. Stanford: Stanford University.

— (2003): »On Kant and Finitude«, in: Milchmann, Alan/Rosenberg, Alan (Hg.): *Foucault and Heidegger. Critical Encounters*. Minneapolis: University of Minnesota Press, S. 227–162.

Haraway, Donna (1988): »Situated Knowledge. The Science Question in Feminism and the Privilege of Partial Perspective«, in: *Feminist Studies*, 14:3, S. 575–599.

Hark, Sabine (1999): *Deviante Subjekte. Die paradoxe Politik der Identität*. Opladen: Leske und Budrich.

— (2001): »Was wir zeigen, sind wir, nicht umgekehrt. Hannah Arendt und die Dekonstruktion von Identitätspolitik«, in: Kahlert, Heike/Lenz, Claudia (Hg.): *Die Neubestimmung des Politischen. Denkbewegungen im Dialog mit Hannah Arendt*. Königstein: Ulrike Helmer, S. 77–105.

Hartsock, Nancy (1983): *Money, Sex and Power. Toward a Feminist Historical Materialism*. New York: Longman.

— (1998): *The Feminist Standpoint Revisited and Other Essays*. Oxford: Westview Press.

Haugeland, John (1992): »Dasein's Disclosedness«, in: Dreyfus, Hubert L. (Hg.): *Heidegger: A Critical Reader*. Oxford: Blackwell, S. 27–44.

Heidenreich, Felix (2008): »Vorlesungen zur Ethik«, in: Kammler, Clemens/Parr, Rolf/Schneider, Ulrich Johannes (Hg.): *Foucault-Handbuch. Leben – Werk – Wirkung*. Stuttgart: Metzler, S. 158–164.

Heinz, Marion (2001): »Das eigentliche Ganzseinkönnen des Daseins und die Zeitlichkeit als der ontologische Sinn der Sorge (§§ 61–66)«, in: Rentsch, Thomas (Hg.): *Martin Heidegger. Sein und Zeit*. Berlin: Akademie, S. 169–197.

Helting, Holger (1997): »ἀ-λήθεια-Etymologien vor Heidegger im Vergleich mit einigen Phasen der ἀ-λήθεια-Auslegung bei Heidegger«, in: Pascal, David (Hg.): *The Critical Threshold for Thinking at the End of Philosophy*. Berlin: Dunker & Humbolt, S. 93–107.

Hemminger, Andrea (2004): *Kritik und Geschichte. Foucault – ein Erbe Kants?* Berlin: Philo.

Henrich, Dieter (1976): »Die Grundstruktur der modernen Philosophie. Mit einer Nachschrift: Über Selbstbewußtsein und Selbsterhaltung«, in: Ebeling, Hans (Hg.): *Subjektivität und Selbsterhaltung. Beiträge zur Diagnose der Moderne*. Frankfurt/M.: Suhrkamp, S. 97–121.

Herrmann, Friedrich-Wilhelm (2000): *Hermeneutik und Reflexion. Der Begriff der Phänomenologie bei Heidegger und Husserl*. Frankfurt/M.: Vittorio Klostermann.

Herrmann, Rekea (2016): *Der Euromaidan. Eine Revolution im Sinne Arendts?* München: GRIN.

Hesse, Heidrun (2003): »Ästhetik der Existenz. Foucaults Entdeckung des ethischen Selbstverhältnisses«, in: Honneth, Alex/Saar, Martin (Hg.): *Michel Foucault: Zwischenbilanz einer Rezeption. Frankfurter Foucault-Konferenz 2001*. Frankfurt/M.: Suhrkamp, S. 300–310.

Heyes, Cressida J. (2007): *Self-Transformations. Foucault, Ethics, and Normalized Bodies*. Oxford/New York: Oxford University Press.

Hinchman, Lewis P./Hinchman Sandra K. (2012): »Autorität«, in: Heuer, Wolfgang/Heiter, Bernd/Rosenmüller, Stefanie (Hg.): *Arendt-Handbuch. Leben – Werk – Wirkung*. Stuttgart: Metzler, S. 269–270.

Hindes, Barry (1998): »Politics and Liberation«, in: Moss, Jeremy (Hg.): *The Later Foucault. Politics and Philosophy*. London: Sage, S. 50–63.

Hobsbwam, Eric, J. (1979): »Hannah Arendt über die Revolution«, in: Reif, Adalbert (Hg.): *Hannah Arendt. Materialien zu ihrem Werk*. München: Europaverlag, S. 263–271.

Höffe, Otfried (1993): »Politische Ethik im Gespräch mit Hannah Arendt«, in: Kemper, Peter (Hg.): *Die Zukunft des Politischen. Ausblicke auf Hannah Arendt*. Frankfurt/M.: Fischer, S. 13–33.

Høibraaten, Helge (2001): »Kommunikative und sanktionsgestützte Macht bei Jürgen Habermas, mit einem Seitenblick auf Hannah Arendt«, in: Neumann, Bernd/Mahrdt, Helgard/Frank, Martin (Hg.): *»The Angel of History is looking back«- Hannah Arendts Werk unter politischem, ästhetischem und historischem Aspekt*. Würzburg: Königshausen & Neumann, S. 153–193.

Holme, Hannah (2016): »Orte des Denkens im Werk von Michel Foucault«, in: Ates, Murat et. al. (Hg.): *Orte des Denkens – Places of Thinking*. Freiburg: Karl Alber, S. 225–245.

Honig, Bonnie (1992): »Toward an Agonistic Feminism: Hannah Arendt and the Politics of Identity«, in: Butler, Judith/Scott, Joan W. (Hg.): *Feminists Theorize The Political*. London: Routledge, S. 215–235.

— (1994): »Agonaler Feminismus: Hannah Arendt und die Identitätspolitik«, in: Institut für Sozialforschung (Hg.): *Geschlechterverhältnisse und Politik*. Frankfurt/M.: Suhrkamp, S. 43–71.

Honneth, Axel (1989): *Kritik der Macht. Reflexionsstufen einer kritischen Gesellschaftstheorie*. Frankfurt/M.: Suhrkamp.

— (1991): »Foucault und Adorno. Zwei Formen einer Kritik der Moderne«, in: Kemper, Peter (Hg.): *»Postmoderne oder Der Kampf um die Zukunft«. Die Kontroverse in Wissenschaft, Kunst und Gesellschaft*. Frankfurt/M.: Fischer, S. 127–144.

— (1998): »Foucault and Critical Theory«, in: Moss, Jeremy (Hg.): *The Later Foucault. Politics and Philosophy*. London: Sage, S. 18–32.

— (2003): »Einleitung: Genealogie als Kritik«, in: Honneth, Axel/Saar, Martin (Hg.): *Michel Foucault. Zwischenbilanz einer Rezeption*. Frankfurter Foucault-Konferenz 2001. Frankfurt/M.: Suhrkamp, S.117–121.

— (2004): *Critical Resistance. From Poststructuralism to Post-Critique*. Cambridge: MIT Press.

Honneth, Axel/Saar, Martin (2008): »Nachwort. Geschichte der Gegenwart. Michel Foucaults Philosophie der Kritik«, in: Foucault, Michel: *Die Hauptwerke*. Frankfurt/M.: Suhrkamp, S. 1651–1682.

Horn, Christoph (2001): »Ästhetik der Existenz und Selbstsorge«, in: Kleiner, Marcus S. (Hg.): *Michel Foucault. Eine Einführung in sein Denken*. Frankfurt/M.: Campus, S. 137–150.

Hoy, David Couzens (1986/1994a): »Introduction«, in: Ders. (Hg.): *Foucault. A Critical Reader*. Oxford: Basil Blackwell, S. 1–25.

— (1994b): »Power, Repression, Progress: Foucault, Lukes, and the Frankfurt School«, in: Ders. (Hg.): *Foucault. A Critical Reader*. Oxford: Basil Blackwell, S. 123–147.

Hürlimann, Gabriel (2015): *Analytik der Revolte. Über agonistische Konstellationen von Macht, Freiheit und Subjekt im Anschluss an Michel Foucault*. Wien: Turia+Kant.

Imdahl, Georg (1997): *Das Leben verstehen. Heideggers formal anzeigende Hermeneutik in den frühen Freiburger Vorlesungen*. Würzburg: Königshausen & Neumann.

Inishev, Ilya. N. (2009): »Von der Lebenswelt zur Seinsgeschichte: Wandlungen des Philosophiebegriffs Martin Heideggers«, in: Mejía, Emmanuel (Hg.): *Heideggers ›Beträge zur Philosophie‹. Internationales Kolloquium vom 20.–22. Mai 2004 an der Universität Lausanne*. Frankfurt/M.: Vittorio Klostermann, S. 131–142.

Jacques, T. Carlos (1998): »Whence does the critic speak? A study of Foucault's genealogy« in: Smart, Barry (Hg.): *Michel Foucault. Critical Assessments*. New York: Routledge, S. 325–344.

Jaeggi, Rahel (1997a): *Welt und Person. Zum anthropologischen Hintergrund der Gesellschaftskritik Hannah Arendts*. Berlin: Lukas.

— (1997b): »Authentizität und Alltag. Die Hannah Arendt-Rezeption zwischen Kritischer Theorie und Postmoderne«, in: *Deutsche Zeitschrift für Philosophie*, 45:1, S. 147–166.

— (2003): »Öffentliches Glück und politische Freiheit: Hannah Arendts Kritik des liberalen Individualismus – Kommentar zu Horst Mewes und Dana Villa«, in: Thaa, Winfried/Probst, Lothar (Hg.): *Die Entdeckung der Freiheit. Amerika im Denken Hannah Arendts*. Berlin: Philo, S. 237–253.

— (2008): »Arendt, Hannah (1906–1975)«, in: Gosepath, Stefan/Hinsch, Wilfried/Rössler, Beate (Hg.): *Handbuch der politischen Philosophie und Sozialphilosophie*. Göttingen: De Gruyter, S. 60–64.

— (2011): »Welt/Weltentfremdung«, in: Heuer, Wolfgang/Heiter, Bernd/Rosenmüller, Stefanie (Hg.): *Arendt-Handbuch. Leben – Werk – Wirkung*. Stuttgart: Metzler, S. 333–335.

Jalusic, Vlasta (2011): »Politik«, in: Heuer, Wolfgang/Heiter, Bernd/Rosenmüller, Stefanie (Hg.): *Arendt-Handbuch. Leben – Werk – Wirkung*. Stuttgart: Metzler, S. 308–309.

Jamme, Christoph (2013): »Phänomenologie. Das Gespräch mit Husserl von den Freiburger Vorlesungen bis zum ›Encyclopedia Britannica‹-Artikel«, in: Thomä, Dieter (Hg.): *Heidegger-Handbuch. Leben – Werk – Wirkung*. Stuttgart: Metzler, S. 35–44.

Jessop, Bob (2005): *Macht und Strategie bei Poulantzas und Foucault*. Hamburg: VSA.

Joas, Hans (1988): »Eine soziologische Transformation der Praxisphilosophie – Giddens' Theorie der Strukturierung«, in: Giddens, Anthony: *Die Konstitution der Gesellschaft. Grundzüge einer Theorie der Strukturierung*. Frankfurt/M.: Campus, S. 9–50.

Jonas, Friedrich (1979): »Hannah Arendts Theorie der Revolution«, in: Reif, Adalbert (Hg.): *Hannah Arendt. Materialien zu ihrem Werk*. München: Europaverlag, S. 273–286.

Jonas, Hans (1979): »Handeln, Erkennen, Denken. Zu Hannah Arendts philosophischem Werk«, in: Reif, Adalbert (Hg.): *Hannah Arendt. Materialien zu ihrem Werk*. München: Europaverlag, S.353–372.

Jung, Matthias (2013): »Die frühen Freiburger Vorlesungen und andere Schriften 1919 – 1923. Aufbau einer eigenen Philosophie im historischen Kontext«, in: Thomä, Dieter (Hg.): *Heidegger-Handbuch. Leben – Werk – Wirkung*. Stuttgart: Metzler, S. 13–21.

Jung, Matthias/Zaborowski, Holger (2013a): »Die ersten akademischen Schritte (1912–1916). Zwischen Neuscholastik, Neukantianismus und Phänomenologie«, in: Thomä, Dieter (Hg.): *Heidegger-Handbuch. Leben – Werk – Wirkung*. Stuttgart: Metzler, S. 4–8.

— (2013b): »Phänomenologie der Religion. Das frühe Christentum als Schlüssel zum faktischen Leben«, in: Thomä, Dieter (Hg.): *Heidegger-Handbuch. Leben – Werk – Wirkung.* Stuttgart: Metzler, S. 8–13.

Kammler, Clemens (2008a): »Einführung: Konzeptualisierungen der Werke Foucaults«, in: Ders./Parr, Rolf/Ulrich Johannes (Hg.): *Foucault-Handbuch. Leben – Werk – Wirkung.* Stuttgart: Metzler, S. 9–11.

— (2008b): »Wissen«, in: Ders./Parr, Rolf/Ulrich Johannes (Hg.): *Foucault-Handbuch. Leben – Werk – Wirkung.* Stuttgart: Metzler, S. 303–306.

Kämpf, Heike (2008): »Die gesellschaftskonstituierende Dimension der Macht. Zum Verhältnis von Wissen, Macht und Recht in Foucaults Genealogie der modernen Gesellschaft«, in: Krause, Ralf/Rölli, Marc (Hg.): *Macht. Begriff und Wirkung in der politischen Philosophie der Gegenwart.* Bielefeld: Transcript, S. 85–98

Kant, Immanuel (1993a) [1784]: »Beantwortung der Frage: Was ist Aufklärung?«, in: Ders.: *Werke XI.* Frankfurt/M.: Suhrkamp, S. 53–61.

— (1993b) [1795]: »Zum ewigen Frieden«, in: *Werke XI.* Frankfurt/M.: Suhrkamp, S. 195–251.

— (1993c) [1798]: »Der Streit der Fakultäten«, in: *Werke XI.* Frankfurt/M.: Suhrkamp, S. 261–393.

— (1994) [1790]: *Kritik der Urteilskraft*, in: *Werke X.* Frankfurt/M.: Suhrkamp.

— (1995a) [1781]: *Kritik der reinen Vernunft 1*, in: *Werke III.* Frankfurt/M.: Suhrkamp.

— (1995b) [1787]: *Kritik der reinen Vernunft 2*, in: *Werke IV.* Frankfurt/M.: Suhrkamp.

— (1996) [1785]: *Grundlegung zur Metaphysik der Sitten*, in: *Werke VII.* Frankfurt/M.: Suhrkamp, S. 7–102.

Kateb, George (1984): *Hannah Arendt. Politics, Conscience, Evil.* Oxford: Robertson.

— (2007): »Arendt's Treatment of Evil and Morality«, in: *Social Research*, 74:3, S. 811–854.

Kerner, Ina (2009): *Differenzen und Macht. Zur Anatomie von Rassismus und Sexismus.* Frankfurt/M.: Campus.

— /Saar, Martin (2015): »Das Geschlechterwissen des Staates: Gouvernementalität, Macht, Neoliberalismus«, in: Bargetz, Brigitte/Ludwig, Gundula/Sauer, Birgit (Hg.): *Gouvernementalität und Geschlecht. Politische Theorie im Anschluss an Michel Foucault.* Frankfurt/M.: Campus, S. 117–138.

Kertscher, Jens (2012): »Vorurteilslosigkeit oder Wahrhaftigkeit: Kant und Foucault über Aufklärung«, in: Gehring, Petra/Gelhard, Andreas (Hg.): *Parrhesia: Foucault und der Mut zur Wahrheit.* Zürich: Diaphanes, S. 143–159.

Kiesil, Theodore (2006): »Die formale Anzeige als Schlüssel zu Heideggers Logik der philosophischen Begriffsbildung«, in: Denker, Alfred/Zaborowski, Holger (Hg.): *Heidegger und die Logik.* Amsterdam: Rodopi, S. 49–64.

Kim, Hyun Kang (2014): »Die Geste als Figur des Realen bei Walter Benjamin«, in: Richtmeyer, Ulrich/Goppelsröder, Fabian/Hildebrandt, Toni (Hg.): *Figurationen des Denkens in Philosophie und Kunst.* Bielefeld: Transcript, S. 107–125.

Kingston, Mark (2009): »Subversive Friendships: Foucault on Homosexuality and Social Experimentation«, in: *Foucault Studies*, 7, S. 7–17.

Kneer, Georg: »Die Analytik der Macht bei Foucault«, in: Imbusch, Peter (Hg.): *Macht und Herrschaft. Sozialwissenschaftliche Theorien und Konzeptionen*. Wiesbaden: Springer VS, S. 265 –283.

Knott, Marie Luise (2011), »Europa, Palästina und Amerika«, in: Heuer, Wolfgang/Heiter, Bernd/Rosenmüller, Stefanie (Hg.): *Arendt-Handbuch. Leben – Werk – Wirkung*. Stuttgart: Metzler, S. 28–34.

Kohn, Jerome (2011): »Tradition«, in: Heuer, Wolfgang/Heiter, Bernd/Rosenmüller, Stefanie (Hg.): *Arendt-Handbuch. Leben – Werk – Wirkung*. Stuttgart: Metzler, S. 320–322.

Kolmer, Petra (2011): »Wahrheit«, in: Dies./Wildfeuer, Armin (Hg.): *Neues Handbuch philosophischer Grundbegriffe*. Freiburg: Karl Alber, S. 2387–2415.

— (2016): *Sokrates. Apologie der Pluralität*. Berlin: Matthes & Seitz.

Kołtan, Jacek (2012): *Der Mitmensch. Zur Identitätsproblematik des sozialen Selbst ausgehend von der Frühphilosophie Martin Heideggers und Karl Löwiths*. Würzburg: Königshausen & Neumann.

Kräuter, Kathrin (2009): *Der Machtbegriff bei Hannah Arendt*. Marburg: Tectum.

Krockow, Christian von (1990): *Die Entscheidung. Eine Untersuchung über Ernst Jünger, Carl Schmitt, Martin Heidegger*. Frankfurt/M.: Campus.

Kurbacher, Frauke Annegret (2005): *Selbstverhältnis und Weltbezug. Urteilskraft in existenz-hermeneutischer Perspektive*. Hildesheim: Olms.

— (2011): »Immanuel Kant«, in: Heuer, Wolfgang/Heiter, Bernd/Rosenmüller, Stefanie (Hg.): *Arendt-Handbuch. Leben – Werk – Wirkung*. Stuttgart: Metzler, S. 206–211.

Lafont, Cristina (1994): *Sprache und Welterschließung. Zur linguistischen Wende der Hermeneutik Heideggers*. Frankfurt/M.: Suhrkamp.

Lee, Seu-Kyou (2001): *Existenz und Ereignis. Eine Untersuchung zur Entwicklung der Philosophie Martin Heideggers*. Würzburg: Königshausen & Neumann.

Lemke, Thomas (1994): »Vom Ethos der Politik. Zur deutschsprachigen Erstpublikation zweier Texte Michel Foucauls«, in: *Deutsche Zeitschrift für Philosophie*, 42:4, S. 696–698.

— (1997): *Eine Kritik der politischen Vernunft. Foucaults Analyse der modernen Gouvernementalität*. Berlin: Argument.

— (2007): *Biopolitik zur Einführung*. Hamburg: Junius.

— (2008): »Gouvernementalität«, in: Kammler, Clemens/Parr, Rolf/Schneider, Ulrich Johannes (Hg.): *Foucault-Handbuch. Leben – Werk – Wirkung*. Stuttgart: Metzler, S. 260–263.

Lemke, Thomas/Krasmann, Susanne/Bröckling, Ulrich (2000): »Gouvernementalität, Neoliberalismus und Selbsttechnologien. Eine Einleitung«, in: Dies. (Hg.): *Gouvernementalität der Gegenwart. Studien zur Ökonomisierung des Sozialen*. Frankfurt/M.: Suhrkamp, S. 7–40.

Lenz, Claudia (2001): »›Storytelling‹ – Die Einschreibung in die Geschichte und die Einschaltung in die Welt«, in: Kahlert, Heike/Dies. (Hg.): *Die Neubestimmung des Politischen. Denkbewegungen im Dialog mit Hannah Arendt.* Königstein: Ulrike Helmer, S. 203–239.

Lettow, Susanne (2001): *Die Macht der Sorge. Die philosophische Artikulation von Geschlechterverhältnissen in Heideggers* Sein und Zeit. Tübingen: Edition Diskord.

Lévinas, Emanuel (1995): *Die Zeit und der Andere.* Hamburg: Felix Meiner.

Loick, Daniel (2012): *Kritik der Souveränität.* Frankfurt/M.: Campus.

Lorenz, Maren (2000): *Leibhaftige Vergangenheit. Einführung in die Körpergeschichte.* Tübingen: Edition Diskord.

Lorenzini, Daniele (2015): »Ethics as Politics: Foucault, Hadot, Cavell and the Critique of Our Present«, in: Fuggle, Sophie/Lanci, Yari/Tazzioli, Martina (Hg.): *Foucault and the History of Our Present.* New York: Palgrave, S. 223–235.

Löwith, Karl (1981): *Mensch und Menschenwelt. Beiträge zur Anthropologie.* Stuttgart: Metzler.

— (2007): *Mein Leben in Deutschland vor und nach 1933.* Stuttgart: Metzler.

Luckner, Andreas (2001a): *Martin Heidegger: Sein und Zeit. Ein einführender Kommentar.* Zürich: Schöningh.

— (2001b): »Wie es ist, Selbst zu sein (§§ 54–60)«, in: Rentsch, Thomas (Hg.): *Martin Heidegger. Sein und Zeit.* Berlin: Akademie, S. 149–168.

Łuczak, Jeannine/Häberlin, Paul/Biswanger, Ludwig (1997): *Briefwechsel 1908–1960. Mit Briefen von Sigmund Freud, Carl Gustav Jung, Karl Jaspers, Martin Heidegger, Ludwig Frank und Eugen Bleuler.* Basel: Schwabe.

Ludwig, Gundula (2016): »Freiheitsversprechen und Technologien der Macht. Transformationen des Sexualitätsdispositivs und das Begehren nach dem neoliberalen Staat«, in: Dies./Lorey, Isabell/Sonderegger, Ruth: *Foucaults Gegenwart.* Wien: transversal texts, S. 15–45.

Ludz, Ursula (2008): »Martin Heidegger«, in: Heuer, Wolfgang/Heiter, Bernd/Rosenmüller, Stefanie (Hg.): *Arendt-Handbuch. Leben – Werk – Wirkung.* Stuttgart: Metzler, S. 154–158.

— (2007a): »Hannah Arendts Pläne für eine ›Einführung in die Politik‹«, in: Dies. (Hg.): *Hannah Arendt. Was ist Politik.* München: Piper, S. 137– 187.

— (2007b): »Arendt's Observations and Thoughts on Ethical Questions«, in: *Social Research*, 74:3, S. 797–810.

Lukes, Steven (2005): *Power. A Radical View.* New York: Palgrave Macmillan.

Luxon, Nancy (2004): »Truthfulness, Risk, and Trust in the Late Lectures of Michel Foucault«, in: Inquiry, 47, S. 464–489.

— (2013): *Crisis of Authority. Politics, Trust, and Truth-Telling in Freud and Foucault.* Cambridge: Cambridge University Press.

Macherey, Pierre (1991a): »Für eine Naturgeschichte der Normen«, in: Ewald, François/Waldenfels, Bernhard (Hg.): *Spiele der Wahrheit. Michel Foucaults Denken.* Frankfurt/M.: Suhrkamp, S. 171–192.

— (1991b): »Foucault: Ethik und Subjektivität«, in: Schmid, Wilhelm (Hg.): *Denken und Existenz bei Michel Foucault*. Frankfurt/M.: Suhrkamp, S. 181–196.

Magiera, Günter (2007): *Die Wiedergewinnung des Politischen. Hannah Arendts Auseinandersetzung mit Platon und Heidegger*. Frankfurt/M.: Humanities Online.

Mahrdt, Helgard (2007): »Phronēsis bei Aristoteles und Hannah Arendt. Von der Sorge um das Leben und das Selbst zur Sorge um die Welt«, in: *Deutsche Zeitschrift für Philosophie*, 55:4, S. 587–603.

Maier-Katkin, Daniel (2010): *Stranger from Abroad. Hannah Arendt, Martin Heidegger, Friendship and Forgiveness*. New York: Norton.

Marchart, Oliver (2005): *Neu beginnen: Hannah Arendt, die Revolution und die Globalisierung*. Wien: Turia und Kant.

— (2007): »Action is fun. Aktivität und Ambivalenz im Werk Hannah Arendts«, in: Heinrich-Böll-Stiftung (Hg.): *Hannah Arendt: Verborgene Tradition – Unzeitgemäße Aktualität?* Berlin: Akademie, S. 349–358.

— (2008): »Klarsprechen, Wahrsprechen, Widersprechen. Hannah Arendts pluraler Universalismus und seine Grenze«, in: Gruneberg, Antonia/Meints, Waltraud/Bruns, Oliver/Harckensee, Christine (Hg.): *Perspektiven politischen Denkens. Zum 100. Geburtstag von Hannah Arendt*. Frankfurt/M.: Peter Lang, S. 189–200.

— (2011a): »Das Agonale«, in: Heuer, Wolfgang/Heiter, Bernd/Rosenmüller, Stefanie (Hg.): *Arendt-Handbuch. Leben – Werk – Wirkung*. Stuttgart: Metzler, S. 263–264.

— (2011b): »On Revolution/Über die Revolution«, in: Heuer, Wolfgang/Heiter, Bernd/Rosenmüller, Stefanie (Hg.): *Arendt-Handbuch. Leben – Werk – Wirkung*. Stuttgart: Metzler, S. 84–89.

Martel, Christoph (2008): *Heideggers Wahrheiten. Wahrheit, Referenz und Personalität in* Sein und Zeit. Berlin: Walter de Gruyter.

Marti, Urs (2008): »Kapitalistische Macht und neoliberales Regieren«, in: *Prokla. Zeitschrift für kritische Sozialwissenschaft*, 38:2, S. 289–305.

Matzner, Tobias (2013): *Vita variabilis: Handelnde und ihre Welt nach Hannah Arendt und Ludwig Wittgenstein*. Würzburg: Königshausen & Neumann.

Mauriac, Claude (1991): »Die Rue de la Goutte-d'Or«, in: Schmid, Wilhelm (Hg.): *Denken und Existenz bei Michel Foucault*. Frankfurt/M.: Suhrkamp, S. 91–115.

May, Todd (1993): *Between Genealogy and Epistemology. Psychology, Politics, and Knowledge in the Thought of Michel Foucault*. University Park: Pennsylvania State University Press.

— (1995): *The Moral Theory of Poststructuralism*. University Park: Pennsylvania State University Press.

McDowell, John Henry (2009): *Wert und Wirklichkeit. Aufsätze zur Moralphilosophie*. Frankfurt M.: Suhrkamp.

McLaren, Margaret A. (2002): *Feminism, Foucault and Embodied Subjectivity*. Albany: SUNY Press.

— (2006): »From Practices of the Self to Politics. Foucault and Friendship«, in: *Philosophy Today*, 50, S. 105–111.

McNay, Lois (2000): *Gender and agency. Reconfiguarting the subject in feminism and social theory*. Cambridge: Polity Press.

McWhorter, Ladelle (1999): *Bodies & pleasures. Foucault And The Politics Of Sexual Normalization*. Bloomington: Indiana University Press.

Mehlmann, Sabine/Soine, Stefanie (2008): »Gender Studies/Feminismus,« in: Kammler, Clemens/Parr, Rolf/Schneider, Ulrich Johannes (Hg.): *Foucault-Handbuch. Leben – Werk – Wirkung*. Stuttgart: Metzler, S. 367–379.

Mehring, Reinhard (2001): »Zwischen Philosophie und Politik. Hannah Arendts Verhältnis zu Heidegger«, in: *Zeitschrift für Religions- und Geistesgeschichte*, 53, S. 256–273.

Meinefeld, Ole (2013): »Politisches Denken im Ausgang von der ›Man-Analyse‹«, in: Münch, Nikolai/Sörensen, Paul (Hg.): *Politische Theorie und das Denken Heideggers*. Bielefeld: Transcript, S. 133–152.

Meints, Waltraud (2011): *Partei ergreifen im Interesse der Welt. Eine Studie zur Urteilskraft im Denken Hannah Arendts*. Bielefeld: Transcript.

Menke, Christoph (2003): »Zweierlei Übung. Zum Verhältnis von sozialer Disziplinierung und ästhetischer Existenz«, in: Honneth, Axel/Saar, Martin (Hg.): *Michel Foucault. Zwischenbilanz einer Rezeption. Frankfurter Foucault-Konferenz 2001*. Frankfurt/M.: Suhrkamp, S. 283–299.

— (2013): »Subjekt. Zwischen Weltbemächtigung und Selbsterhaltung«, in: Thomä, Dieter (Hg.): *Heidegger-Handbuch. Leben – Werk – Wirkung*. Stuttgart: Metzler, S. 320–328.

Merker, Barbara (1988): *Selbsttäuschung und Selbsterkenntnis. Zu Heideggers Transformation der Phänomenologie Husserls*. Frankfurt/M.: Suhrkamp.

— (2001): »Die Sorge als Sein des Daseins (§§ 39–44)«, in: Rentsch, Thomas (Hg.): *Martin Heidegger. Sein und Zeit*. Berlin: Akademie, S. 117–132.

Mertens, Karl (2009): »Die Konzextualität des Verstehens in Heideggers Daseinshermeneutik und Brandoms inferentialistischer Heidegger-Interpretation«, in: Merker, Barbara (Hg.): *Verstehen nach Heidegger und Brandom*. Hamburg: Felix Meiner, S. 191–209.

Messerschmidt, Reinhard/Saar, Martin (2014): »Diskurs und Philosophie«, in: Angermüller, Johannes/Nonhoff, Martin/Herschinger, Eva/Macgilchrist, Felicitas/Reisigl, Martin/Wedl, Juliette/Wrana, Daniel/Ziem, Alexander (Hg.): *Diskursforschung. Ein interdisziplinäres Handbuch, Bd. 1. Theorien, Methodologien und Kontroversen*. Bielefeld: Transcript, S. 42–55.

Mewes, Horst (2003): »Hannah Arendts Verständnis von moderner Politik und die Analyse der amerikanischen Verfassungsgründung«, in: Thaa, Winfried/Probst, Lothar (Hg.): *Die Entdeckung der Freiheit. Amerika im Denken Hannah Arendts*. Berlin: Philo, S. 169–200.

Meyer, Katrin (2013): »Auseinandersetzung mit Nietzsche II. Das Rettende der Kunst«, in: Thomä, Dieter (Hg.): *Heidegger-Handbuch. Leben – Werk – Wirkung.* Stuttgart: Metzler, S. 181–184.

Meyer, Thomas (2016): »Es bedeutet den Zusammenbruch unserer privaten Welt«, in: Arendt, Hannah: *Wir Flüchtlinge.* Ditzingen: Reclam, S. 41–59.

Meyer-Zwiffelhoffer, Eckhard (1995): *Im Zeichen des Phallus. Die Ordnung des Geschlechtslebens im antiken Rom.* Frankfurt/M.: Campus.

Michalski, Mark (1997): *Fremdwahrnehmung und Mitsein. Zur Grundlegung der Sozialphilosophie im Denken M. Schelers und M. Heideggers.* Bonn: Bouvier.

Milchman, Alan/Rosenberg, Alan (2003): »Toward a Foucault/Heidegger Auseinandersetzung«, in: Dies. (Hg.): *Foucault and Heidegger. Critical Encounters.* Minneapolis: University of Minnesota Press, S. 1–29.

— (2008): »Self-fashioning as a response to the crisis of ›ethics‹: a Foucault/Heidegger Auseinandersetzung«, in: Pettigrew, David/Raffoul, François (Hg.): *French Interpretations of Heidegger. An Exceptional Reception.* Albany: SUNY Press, S. 103–125.

Mohnau, Ralph Günther (2009): *Die Dämonie der Liebe. Martin Heidegger und Hannah Arendt.* Frankfurt/M.: Alpha Literatur.

Mohrmann, Judith (2015): *Affekt und Revolution. Politisches Handeln nach Arendt und Kant.* Frankfurt/M.: Campus.

Morat, Daniel (2007): *Von der Tat zur Gelassenheit. Konservatives Denken bei Martin Heidegger, Ernst Jünger und Friedrich Georg Jünger.* Göttingen: Wallstein.

Moss, Jeremy (1998): »Introduction: The Later Foucault«, in: Ders. (Hg.): *The Later Foucault: Politics and Philosophy.* London: Sage, S. 1–17.

Mümken, Jürgen (2003): *Freiheit, Individualität und Subjektivität. Staat und Subjekt in der Postmoderne aus anarchistischer Perspektive.* Frankfurt/M.: Edition AV.

Myers, Ella (2008): »Resisting Foucauldian Ethics: Associative Politics and the Limit of the Care of the Self«, in: *Contemporary Political Theory*, 7:2, S. 125–146.

— (2013): *Worldly Ethics: Democratic Politics and Care of the World.* Durham: Duke University Press.

Nancy, Jean-Luc (2004): *singulär plural sein.* Berlin: Diaphanes.

— (2015): »Heideggers Banalität«, in: Trawny, Peter/Mitchell, Andrew J. (Hg.): *Heidegger, die Juden, noch einmal.* Frankfurt/M.: Vittorio Klostermann, S. 11–42.

Nanz, Patricia (2006): »Die Gefahr ist, daß das Politische überhaupt aus der Welt verschwindet«, in: Dies.: *Hannah Arendt und Patricia Nanz über Wahrheit und Politik.* Berlin: Klaus Wagebach, S. 63–88.

Nehamas, Alexander (2000): *Die Kunst zu leben. Sokratische Reflexionen von Platon bis Foucault.* Hamburg: Rotbuch.

Neumeister, Bernd (2001): »Kritik und Aufklärung«, in: Kleiner, Marcus S. (Hg.): *Michel Foucault. Eine Einführung in sein Denken.* Frankfurt/M.: Campus, S. 191–223.

Newman, Saul (2015): »›Critique Will Be the Art of Voluntary Inservitude‹: Foucault, La Boétie and the Problem of Freedom«, in: Fuggle, Sophie/Lanci,

Yari/Tazzioli, Martina (Hg.): *Foucault and the History of Our Present*. New York: Palgrave, S. 58–73.

Nietzsche, Friedrich (2014) [1887]: *Zur Genealogie der Moral*. Stuttgart: Reclam.

Nisbet, Robert (1979): »Hannah Arendt und die amerikanische Revolution«, in: Reif, Adalbert (Hg.): *Hannah Arendt. Materialien zu ihrem Werk*. München: Europaverlag, S. 245–261.

Noll, Alfred J. (2016): *Der rechte Werkmeister. Martin Heidegger nach den »Schwarzen Heften«*. Köln: Papy Rossa.

Nordmann, Ingeborg (1994): *Hannah Arendt*. Frankfurt: Campus.

— (1998): »How to write about totalitarianism?. Entwicklung eines Konzepts, das Fragen offenlegt«, in: Ludz, Ursula (Hg.): *Über den Totalitarismus. Texte Hannah Arendts aus den Jahren 1951 und 1953*. Dresden: Sächsisches Druck- und Verlagshaus, S. 53–68.

O'Hara, Daniel T. (1991): »Michel Foucault and the Fate of Friendship«, in: *Boundary 2. An international Journal of Literatur and Cuture*, 18, S. 83–103.

O'Leary, Thimothy (2002): *Foucault and the Art of Ethics*. London: Continuum.

Øfsti, Audun (2001): »Macht – Überlegungen zu Hannah Arendt, Sartre und Habermas, zu Strukturalismus und Systemtheorie«, in: Neumann, Bernd/Mahrdt, Helgard/Frank, Martin (Hg.): *»The Angel of History is looking back«- Hannah Arendts Werk unter politischem, ästhetischem und historischem Aspekt*. Würzburg: Königshausen & Neumann, S. 195–223.

Okrent, Mark, B. (1992): »The Truth of Being and the History of Philosophy«, in: Dreyfus, Hubert L. (Hg.): *Heidegger: A Critical Reader*. Oxford: Blackwell, S. 143 –158.

Oksala, Johanna (2005): *Foucault On Freedom*. Cambridge: Cambridge University Press.

— (2010): »Foucault's politicization of ontology«, in: *Continental Philosophy Review*, 43, S. 445–466.

— (2014): »What is Political Philosophy«, in: *materiali foucualtiani*, 3:5–6, S. 91–112.

Opstaele, Dag Javier (1999): *Politik, Geist und Kritik. Eine hermeneutische Rekonstruktion von Hannah Arendts Philosophiebegriff*. Würzburg: Königshausen & Neumann.

Orlie, Melissa, A. (1997): *Living Ethically, Acting Politically*. Ithaca: Cornell University Press.

Ortega, Francisco (1997): *Michel Foucault. Rekonstruktion der Freundschaft*. München: Wilhelm Fink.

Ott, Cornelia (1998): *Die Spur der Lüste. Sexualität, Geschlecht und Macht*. Hannover: Opladen.

Parekh, Bhikhu (1981): *Hannah Arendt and the Search for a New Political Philosophy*. London: The Macmillan Press.

Parr, Rolf (2008): »Diskurs«, in: Kammler, Clemens/Ders./Schneider, Ulrich Johannes (Hg.): *Foucault-Handbuch. Leben – Werk – Wirkung*. Stuttgart: Metzler, S. 233–237.

Patton, Paul (1994): »Michel Foucault: The Ethics of an Intellectual«, in: Smart, Barry (Hg.): *Michel Foucault. Critical Assessments. Bd. 3.* London: Routledge, S. 162–170.

— (1998): »Foucault's Subject of Power«, in: Moss, Jeremy (Hg.): *The Later Foucault: Politics and Philosophy.* London: Sage, S. 64–77.

— (2010): »Foucault and Normative Political Philosophy: Liberal and Neo-Liberal Governmentality and Public Reason«, in: O'Leary, Timothy/Falzon, Christopher (Hg.): *Foucault and Philosophy.* Oxford: Blackwell, S. 204–221.

— (2014): »Taylor and Foucault on Power and Freedom«, in: Owen, David (Hg.): *Michel Foucault.* Farnham: Ashgate, S. 121–138.

Pavlik, Jennifer (2015): Uninteressiertes Weltinteresse. Über die Ausbildung einer ästhetischen (Denk-)Haltung im Werk Hannah Arendts. Paderborn: Wilhelm Fink.

Penny, Laurie (2017): *Bitch Doktrin.* Hamburg: Edition Nautilus.

Pirari, Giovanni (2012): *Kritik und Selbstsubjektivierung. Kritik, Subjekt und Perspektive der Selbstbestimmung in Foucaults Spätwerk.* Berlin: Nomos.

Pitkin, Hanna F. (1972): *Wittgenstein and Justice. On the Significance of Ludwig Wittgenstein for Social and Political Thought.* Berkeley: University of California Press.

— (1998): *The attack of the blob. Hannah Arendt's conception of the social.* Chicago: University of Chicago Press.

Platon (2006): *Platons Siebter Brief. Einleitung, Text, Übersetzung, Kommentar.* Hg. von Rainer Knab. Hildesheim: Olms.

— (2012): *Der Staat (Politeia).* Stuttgart: Reclam.

— (2013a): »Apologie des Sokrates«, in: Ders.: *Die grossen Dialoge. Aus dem Griechischen von Friedrich Schleiermacher.* Köln: Anaconda Verlag, S. 7–33.

— (2013b): »Phaidon«, in: Ders.: *Die grossen Dialoge. Aus dem Griechischen von Friedrich Schleiermacher.* Köln: Anaconda Verlag, S. 34–100.

— (2013c): »Phaidros«, in: Ders.: *Die grossen Dialoge. Aus dem Griechischen von Friedrich Schleiermacher.* Köln: Anaconda Verlag, S. 396–456.

Pocai, Romano (2001): »Die Weltlichkeit der Welt und ihre abgedrängte Faktizität (§§ 14–18)«, in: Rentsch, Thomas (Hg.): *Martin Heidegger. Sein und Zeit.* Berlin: Akademie, S. 51–68.

Pöggeler, Otto (1968): »Ernst Tugendhat: Der Wahrheitsbegriff bei Husserl und Heidegger«, in: *Philosophisches Jahrbuch*, 76:2, S. 376–385.

— (1991a): »Philosophie und Politik bei Heidegger und Hannah Arendt«, in: Fehér, István M. (Hg.): *Wege und Irrwege des neueren Umganges mit Heideggers Werk.* Berlin: Duncker & Humblot.

— (1991b): »Heideggers logische Untersuchungen«, in: Forum für Philosophie Bad Homburg (Hg.): *Heidegger: Innen- und Außenansichten.* Frankfurt/M.: Suhrkamp, S. 75–100.

Polat, Elif (2011): *Institutionen der Macht bei Michel Foucault. Zum Machtbegriff in Psychiatrie und Gefängnis.* Marburg: Tectum.

Posselt, Gerald (2013): »Wahrsprechen, Wortergreifung und ›Collateral Murder‹. Zur Aktualität von Michel Foucaults Begriff der *parrhesia*«, in: *Jahrbuch Rhetorik*, 32, S. 71–92.

Poulantzas, Nicos (1980): *State, Power, Socialism*. London: Verso.

Prado, Carlos G. (2006): *Searle And Foucault On Truth*. New York: Cambridge University Press.

— (2010): »Foucault, Davidson, and Interpretation«, in: O'Leary, Timothy/Falzon, Christopher (Hg.): *Foucault and Philosophy*. Oxford: Blackwell, S. 99–117.

Pravu, Mazumdar (2015): *Foucault und das Problem der Freiheit*. Stuttgart: Franz Steiner.

Pulkkinen, Tuija (2000): *The Postmodern and Political Agency*. Jyväskylä: University of Jyväskylä.

— (2001): »Hannah Arendt zur Identität: Zwischen Moderne und Postmoderne«, in: Kahlert, Heike/Lenz, Claudia (Hg.): *Die Neubestimmung des Politischen. Denkbewegungen im Dialog mit Hannah Arendt*. Königstein: Ulrike Helmer, S. 47–76.

Putnam, Hilary (1982): *Vernunft, Wahrheit und Geschichte*. Frankfurt/M.: Suhrkamp.

Raimondi, Francesca (2014): *Die Zeit der Demokratie. Politische Freiheit nach Carl Schmitt und Hannah Arendt*. Paderborn: Konstanz University Press.

Rajchman, John (1985): *Michel Foucault. The Freedom of Philosophy*. New York: Columbia University Press.

— (1991): »Foucault: Ethik und Werk«, in: Ewald, François/Waldenfels, Bernhard (Hg.): *Spiele der Wahrheit. Michel Foucaults Denken*. Frankfurt/M.: Suhrkamp, S. 207–218.

Rath, Matthias (2011): »Wahrhaftigkeit«, in: Kolmer, Petra/Wildfeuer, Armin (Hg.): *Neues Handbuch philosophischer Grundbegriffe*. Freiburg: Karl Alber, S. 2389–2396.

Rayner, Timothy (2001): »Biopower and Technology: Foucault's and Heidegger's Way of Thinking«, in: *Contretemps*, 2, S. 142–156.

— (2007): *Foucault's Heidegger. Philosophy and Transformative Experience*. London: Continuum.

— (2010): »Foucault, Heidegger, and the History of Truth«, in: O'Leary, Timothy/Falzon, Christopher (Hg.): *Foucault and Philosophy*. Oxford: Blackwell, S. 60–77.

Reckwitz, Andreas (2003): »Grundelemente einer Theorie sozialer Praktiken. Eine sozialtheoretische Perspektive«, in: *Zeitschrift für Soziologie*, 32:4, S. 282–301.

— (2006): *Das hybride Subjekt. Eine Theorie der Subjektkulturen von der bürgerlichen Moderne zur Postmoderne*. Weilerswist: Velbrück Wissenschaft.

— (2008): Subjekt. Bielefeld: Transcript.

Redecker, Eva von (2013): *Gravitation zum Guten. Hannah Arendts Moralphilosophie*. Berlin: Lukas.

Reinhardt-Becker, Elke (2008): »Autor«, in: Kammler, Clemens/Parr, Rolf/Schneider, Ulrich Johannes (Hg.): *Foucault-Handbuch. Leben – Werk – Wirkung.* Stuttgart: Metzler, S. 227–229.

Rentsch, Thomas (1989): *Martin Heidegger. Das Sein und der Tod.* München: Piper.

— (2013): »Sein und Zeit. Fundamentalontologie als Hermeneutik der Endlichkeit«, in: Thomä, Dieter (Hg.): *Heidegger-Handbuch. Leben – Werk – Wirkung.* Stuttgart: Metzler, S. 48–74.

Revel, Judith (2015): »›What Are We At the Present Time?‹. Foucault and the Question of the Present«, in: Fuggle, Sophie/Lanci, Yari/Tazzioli, Martina (Hg.): *Foucault and the History of Our Present.* New York: Palgrave, S. 13–25.

Richardson, John (1986): *Existential Epistemology. A Heideggerian Critique of the Cartesian Project.* Oxford: Oxford University Press.

Richlin, Amy (1998): »Foucault's History Of Sexualitiy: A Useful Theory For Women?«, in: Larmour, David H./Miller, Paul Allen/Platter, Charles (Hg.): *Rethinking Sexuality. Foucault And Classical Antiquity.* Princeton/Chichester: Princeton University Press, S. 138–170.

Richter, Mathias (2011): *Freiheit und Macht. Perspektiven kritischer Gesellschaftstheorie – der Humanismusstreit zwischen Sartre und Foucault.* Bielefeld: Transcript.

Rieger-Ladich, Markus (2004): »Unterwerfung und Überschreitung«, in: Ricken, Norbert/Rieger-Ladich, Markus (Hg.): *Michel Foucault: Pädagogische Lektüren.* Wiesbaden: Verlag für Sozialwissenschaften, S. 203–223.

Rockmore, Tom (2000): *Heidegger und die französische Philosophie.* Lüneburg: zu Klampen.

Rödig, Andrea (1997): *Foucault und Sartre. Die Kritik des modernen Denkens.* Freiburg: Alber.

Rorty, Richard (1981): *Der Spiegel der Natur. Eine Kritik der Philosophie.* Frankfurt/M.: Suhrkamp.

— (1986): *Consequences of Pragmatism. Essays: 1972–1980.* Minneapolis: Minneapolis University Press.

— (1993): »Wittgenstein, Heidegger, and the reification of language«, in: Guignon, Charles B. (Hg.): *The Cambridge Companion To Heidegger.* Cambridge: Cambridge University Press, S. 337–357.

Rosenmüller, Stefanie (2011a): »Philosophy and Politics. The Problem of Action and Thought After the French Revolution«, in: Heuer, Wolfgang/Heiter, Bernd/Rosenmüller, Stefanie (Hg.): *Arendt-Handbuch. Leben – Werk – Wirkung.* Stuttgart: Metzler, S. 50–52.

— (2011b): »Aristoteles«, in: Heuer, Wolfgang/Heiter, Bernd/Rosenmüller, Stefanie (Hg.): *Arendt-Handbuch. Leben – Werk – Wirkung.* Stuttgart: Metzler, S. 189–194.

Ross, Alison (2008): »Why is ›speaking the truth‹ fearless? Danger and Truth in Foucault's Discussion of *parrhesia*«, in: *Parrhesia*, 4, S. 62–75.

Röttgers, Kurt (1990): *Spuren der Macht. Begriffsgeschichte und Systematik.* Freiburg: Alber.

Rouse: Joseph (1987): *Knowledge and Power. Toward A Political Philosophy Of Science.* Ithaca/London: Cornell University Press.

— (1996): *Engaging Science. How To Unterstand Its Practices Philosophically.* Ithaka: Cornell University Press.

Ruoff, Michael (2007): »Diskurs«, in: Ders.: *Foucault-Lexikon. Entwicklung – Kernbegriffe – Zusammenhänge.* Paderborn: Fink, S. 91–101.

Saar, Martin (2003): »Genealogie und Subjektivität«, in: Honneth, Axel/Ders. (Hg.): *Michel Foucault. Zwischenbilanz einer Rezeption.* Frankfurter Foucault-Konferenz 2001. Frankfurt/M.: Suhrkamp, S. 157–177.

— (2007a): *Genealogie als Kritik. Geschichte und Theorie des Subjekts nach Nietzsche und Foucault.* Frankfurt/M./New York: Campus.

— (2007b): »Nachwort: Die Form des Lebens. Künste und Techniken des Selbst beim späten Foucault«, in: *Michel Foucault: Ästhetik der Existenz. Schriften zur Lebenskunst.* Frankfurt/M.: Suhrkamp, S. 321–343.

— (2009a): »Macht und Kritik«, in: Forst, Rainer/Hartmann, Martin/Jaeggi, Rahel/Saar, Martin (Hg.): *Sozialphilosophie und Kritik.* Frankfurt/M.: Suhrkamp, S. 567–587.

— (2009b): »Genealogische Kritik«, in: Jaeggi, Rahel/Wesche, Tilo (Hg.): *Was ist Kritik?* Frankfurt/M.: Suhrkamp, S. 247–265.

— (2011): »Subjekt«, in: Göhler, Gerhard/Iser, Matthias/Kerner, Ina (Hg.): *Politische Theorie. 25 umkämpfte Begriffe zur Einführung.* Wiesbaden: VS Verlag für Sozialwissenschaften, S. 356–371.

— (2013a): »Michel Foucault. Prägung ohne Zentrum«, in: Thomä, Dieter (Hg.): *Heidegger-Handbuch. Leben – Werk – Wirkung.* Stuttgart: Metzler, S. 448–454.

— (2013b): »Analytik der Subjektivierung. Umrisse eines Theorieprogramms«, in: Gelhard, Andreas/Alkemeyer, Thomas/Ricken, Norbert (Hg.): *Techniken der Subjektivierung.* München: Wilhelm Fink, S. 17–27.

— (2013c): *Die Immanenz der Macht. Politische Theorie nach Spinoza.* Berlin: Suhrkamp.

— (2013d): »Notwendige Geschichte – Zur Debatte um »radikale Aufklärung««, in: Schmidt, Christian (Hg.): *Können wir der Geschichte entkommen? Geschichtsphilosophie am Beginn des 21. Jahrhunderts.* Frankfurt/M.: Campus, S. 42–59.

Saavedra, Marco Estrada (2001): »Eine Hermeneutik des Präzedenzlosen. Die Urteilskraft und die historische Imagination«, in: Neumann, Bernd/Mahrdt, Helgard/Frank, Martin (Hg.): *»The Angel of History is looking back«- Hannah Arendts Werk unter politischem, ästhetischem und historischem Aspekt.* Würzburg: Königshausen & Neumann, S. 45–74.

Sawicki, Jana (1991): *Disciplining Foucault. Feminism, Power, And The Body.* London: Routledge.

Schäfer, Thomas (1995): *Reflektierte Vernunft: Michel Foucaults philosophisches Projekt einer antitotalitären Macht- und Wahrheitskritik.* Frankfurt/M.: Suhrkamp.

Schäfer, Hilmar (2010): »Eine Mikrophysik der Praxis. Instanzen diskursiver Stabilität und Instabilität im Anschluss an Michel Foucault«, in: Landwehr, Achim (Hg.): *Diskursiver Wandel. Wiesbaden: Verlag für Sozialwissenschaften*, S. 115–132.

— (2013): *Die Instabilität der Praxis. Reproduktion und Transformation des Sozialen in der Praxistheorie*. Weilerswist: Velbrück Wissenschaft.

— (2013): »Grundlagen, Rezeption und Forschungsperspektiven der Praxistheorie«, in: Ders. *Praxistheorie. Ein soziologisches Forschungsprogramm*. Bielefeld: Transcript, S. 9–25.

Schärer, Alex (2008): »Theoretisch keine Brüder: Foucault und Marx als Antagonisten«, in: *Prokla. Zeitschrift für kritische Sozialwissenschaft*, 38:2, S. 221–236.

Schatzki, Theodore R. (1992): »Being, the Clearing, and Realism«, in: Dreyfus, Hubert L. (Hg.): *Heidegger: A Critical Reader*. Oxford: Blackwell, S. 81–98.

— (1996): *Social Practices. A Witgensteinian Approach to Human Activity and the Social*. New York: Cambridge University Press.

— (2001): »Introduction. Practice theory«, in: Ders./Knorr-Cetina, K./Savigny, Eike (Hg.): *The Practice Turn in Contemporary Theory*. New York: Routledge, S. 1–14.

— (2002): *The site of the tocial. A philosophical account of the constitution of social life and change*. University Park: Pennsylvania State University Press.

— (2005): »Early Heidegger on Sociality«, in: Dreyfus, Hubter R./Wrathall, Mark A. (Hg.): *A Companion to Heidegger*. Oxford: Blackwell, S. 233–247.

— (2007): *Martin Heidegger. Theorist of the Space*. Stuttgart: Steiner.

— (2016): »Praxistheorie als flache Ontologie«, in: Schäfer, Hilmar (Hg.): *Praxistheorie. Ein soziologisches Forschungsprogramm*. Bielefeld: Transcript, S. 29–44.

Schlosser, Joel Alden (2014): *What would Socrates do? Self-examination, Civic Engagement, and the Politics of Philosophy*. Cambridge: Cambridge University Press.

Schmid, Wilhelm (1987): *Die Geburt der Philosophie im Garten der Lüste*. Frankfurt/M.: Suhrkamp.

— (1991): »Einleitung«, in: Ders. (Hg.): *Denken und Existenz bei Michel Foucault*. Frankfurt/M.: Suhrkamp, S. 7–37.

— (2000): *Auf der Suche nach einer neuen Lebenskunst. Die Frage nach dem Grund und die Neubegründung der Ethik bei Foucault*. Frankfurt/M.: Suhrkamp.

Schmidt, Christian (2008): »Die Reproduktion der Gesellschaft und Praktiken der Freiheit«, in: *Prokla. Zeitschrift für kritische Sozialwissenschaft*, 38:2, S. 237–254.

— (2013): »Kritik als Lebensform – Foucaults Studien zu Kant und revolutionärer Subjektivität«, in: (Ders.) (Hg.): *Können wir der Geschichte entkommen? Geschichtsphilosophie am Beginn des 21. Jahrhunderts*. Frankfurt/M.: Campus, S. 106–130.

Schmidt, James/Wartenberg, Thomas (1994): »Foucault's Enlightenment. Critique, Revolution, and the Fashioning of the Self«, in: Kelly, Michael (Hg.): *Critique and Power*. Cambridge: MIT Press, S. 283–310.

Schmitz, Hermann (2011): »Welt«, in: Kolmer, Petra/Wildfeuer, Armin (Hg.): *Neues Handbuch philosophischer Grundbegriffe*. Bd. 3. Freiburg: Karl Alber, S. 2466–2486.

Schmitz, Karl-Heinz (2001): »Die perspektivistische Konstitution des Politischen. Überlegungen zu Hannah Arendts Wirklichkeitsbegriff«, in: Ballestrem, Karl

Graf (Hg.): *Politisches Denken, Jahrbuch 2001*. Stuttgart: Duncker & Humblot, S. 18–31.

Schneider, Ulrich Johannes (1999): »Foucault und die Aufklärung«, in: *Das achtzehnte Jahrhundert. Zeitschrift der Deutschen Gesellschaft für die Erforschung des achtzehnten Jahrhunderts*, 23:1, S. 13–25.

— (2000): »Foucaults Analyse der Wahrheitsproduktion«, in: *Internationale Zeitschrift für Philosophie*, 1, S. 5–17.

— (2001): »Foucault und Heidegger«, in: Kleiner, Marcus S. (Hg.): *Michel Foucault. Eine Einführung in sein Denken*. Frankfurt/M.: Campus, S. 224–238.

— (2004): *Michel Foucault*. Darmstadt: Primus.

— (2007): »Sartre and Foucault Matching Each Other: What History Meant for Both of Them«, in: *History and Theory*, 46:2, S. 272–280.

— (2008a): »Zur Biographie«, in: Kammler, Clemens/Parr, Rolf/ders. (Hg.): *Foucault-Handbuch. Leben – Werk – Wirkung*. Stuttgart: Metzler, S. 1–8.

— (2008b): »Martin Heidegger«, in: Kammler, Clemens/Parr, Rolf/ders. (Hg.): *Foucault-Handbuch. Leben – Werk – Wirkung*. Stuttgart: Metzler, S. 176–178.

— (2008c): »Phänomenologie und Existenzialismus«, in: Kammler, Clemens/Parr, Rolf/ders. (Hg.): *Foucault-Handbuch. Leben – Werk – Wirkung*. Stuttgart: Metzler, S. 179–184.

Schochow, Maximilian (2008): »Wi(e)derstand vs. Traum/Programm vs. Utopie: Zukünfte bei Butler und Foucault«, in: Hechler, Daniel/Philipps, Axel (Hg.): *Widerstand denken. Michel Foucault und die Grenzen der Macht*. Bielefeld: Transcript, S. 183–199.

Schönherr-Mann, Hans-Martin (2006): *Hannah Arendt. Wahrheit, Macht, Moral*. München: Beck.

Schönleben, Erich (1987): *Wahrheit und Existenz. Zu Heideggers phänomenologischer Grundlegung des überlieferten Wahrheitsbegriffes als Übereinstimmung*. Würzburg: Königshausen Neumann.

Scott, Gary Alan (1996): »Games of Truth. Foucault's Analysis From Political to Ethical Parrhesia«, in: *The Southern Journal of Philosophy*, 34:1, S. 97–114.

Seebold, Elmar (2002): *KLUGE. Etymologisches Wörterbuch der deutschen Sprache*. Berlin: Walter de Gruyter.

Seel, Martin (1991): »Heidegger und die Ethik des Spiels«, in: Blasche, Siegfried (Hg.): *Martin Heidegger. Innen- und Außenansichten*. Frankfurt/M.: Suhrkamp, S. 244–269.

— (2004): »Der Konstruktivismus und sein Schatten«, in: Ders.: *Sich bestimmen lassen. Studien zur theoretischen und praktischen Philosophie*. Frankfurt/M.: Suhrkamp, S. 101–122.

Seitter, Walter (2001): »Politik der Wahrheit«, in: Kleiner, Marcus S. (Hg.): *Michel Foucault. Eine Einführung in sein Denken*. Frankfurt/M.: Campus, S. 153–169.

Seitz, Jakob Stefan (2002): *Hannah Arendts Kritik der politisch-philosophischen Tradition - unter Einbeziehung der französischen Literatur zu Hannah Arendt*. München: Herbert Utz.

Sharpe, Matthew (2005): »›Critique‹ as Technology of the Self«, in: *Foucault Studies*, 2, S. 97–116.

Sheridan, Allan (1990): *Michel Foucault. The Will to Truth*. London/New York: Tavistock.

Siebenpfeiffer, Hania (2008): »Körper«, in: Kammler, Clemens/Parr, Rolf/Schneider, Ulrich Johannes (Hg.): *Foucault-Handbuch. Leben – Werk – Wirkung*. Stuttgart: Metzler, S. 266–272.

Siegfried, Meike (2010): *Abkehr vom Subjekt. Zum Sprachdenken bei Heidegger und Buber*. Freiburg: Alber.

— (2013): »Subjekt ohne Souveränität? Politisches Denken im Ausgang von Heideggers Freiheitsbegriff(en)«, in: Münch, Nikolai/Sörensen, Paul (Hg.): *Politische Theorie und das Denken Heideggers*. Bielefeld: Transcript, S. 43–60.

Siisiäinen, Lauri (2013): *Foucault and the Politics of Hearing*. London/New York: Routledge.

Simons, Jon (1995): *Foucault and the Political*. London/New York: Routledge.

Sluga, Hans (2010): »I am Simply a Nietzschean«, in: O'Leary, Timothy/Falzon, Christopher (Hg.): *Foucault and Philosophy*. Oxford: Blackwell, S. 36–77.

Smart, Barry (1994): »The Politics of Truth«, in: Hoy, David Couzens (Hg.): *Foucault. A Critical Reader*. Oxford: Basil Blackwell, S. 157–173.

Sonderegger, Ruth M. (2013): »Welt. Ihre Erschlossenheit und ihr Entzug«, in: Thomä, Dieter (Hg.): *Heidegger-Handbuch. Leben – Werk – Wirkung*. Stuttgart: Metzler, S. 290–295.

— (2016): Foucaults Kyniker_innen. Auf dem Weg zu einer kreativen und affirmativen Kritik, in: Lorey, Isabell/Ludwig, Gundula/Dies.: *Foucaults Gegenwart*. Wien: transversal texts, S. 47–75.

Spanos, William V. (2003): »Empire of the Gaze«, in: Milchmann, Alan/Rosenberg, Alan (Hg.): *Foucault and Heidegger. Critical Encounters*. Minneapolis: University of Minnesota Press, S. 235–275.

Spinoza de, Baruch (2012a) [1677]: *Ethik in geometrischer Ordnung*. Hamburg: Felix Meiner.

— (2012b) [1670]: *Theologisch-politischer Traktat*. Hamburg: Felix Meiner.

Squires, Judtih (2001): »empowerment«, in: Clarke, Paul Berry/Foweraker, Joe (Hg.): *Encyclopedia of democratic thought*. London: Routledge, S. 273–276.

Stahl, Titus (2013): *Immanente Kritik. Elemente einer Theorie sozialer Praktiken*. Frankfurt/M.: Campus.

Stegmaier, Werner (2013): »Auseinandersetzung mit Nietzsche I. Metaphysische Interpretation eines Anti-Metaphysikers«, in: Thomä, Dieter (Hg.): *Heidegger-Handbuch. Leben – Werk – Wirkung*. Stuttgart: Metzler, S. 174–181.

Stern, David (2000): »Practices, Practical Holism, and Background Practices«, in: Wrathall, Mark/Malpas, Jeff (Hg.): *Heidegger, Coping, and Cognitive Science. Essays in Honor of Hubert L. Dreyfus. Bd. 2*. Cambridge: MIT Press, S. 53–69.

Straßenberger, Grit (2011): »Konsens und Konflikt: Hannah Arendts Umdeutung des uomo virtuoso«, in: Bluhm, Harald/Fischer, Karsten/Llanque, Marcus

(Hg.): *Ideenpolitik. Geschichtliche Konstellationen und gegenwärtige Konflikte*. Berlin: Akademie, S. 297–316.
— (2015): *Hannah Arendt zur Einführung*. Hamburg: Junius.
Strecker, David (2008): »Macht«, in: Gosepath, Stefan/Hinsch, Wilfried/Rössler, Beate (Hg.): *Handbuch der politischen Philosophie und Sozialphilosophie*. Göttingen: De Gruyter, S. 751–756.
— (2012): *Logik der Macht. Zum Ort der Kritik zwischen Theorie und Praxis*. Weilerswist: Velbrück Wissenschaft.
Taminiaux, Jacques (1997): *The Thracian Maid and the Professional Thinker. Arendt and Heidegger*. New York: SUNY Press.
Tassin, Étienne (2011a): »Person«, in: Heuer, Wolfgang/Heiter, Bernd/Rosenmüller, Stefanie (Hg.): *Arendt-Handbuch. Leben – Werk – Wirkung*. Stuttgart: Metzler, S. 305–306.
— (2011b): »Pluralität/Spontaneität«, in: Heuer, Wolfgang/Heiter, Bernd/Rosenmüller, Stefanie (Hg.): *Arendt-Handbuch. Leben – Werk – Wirkung*. Stuttgart: Metzler, S. 306–307.
Taylor, Charles (1985): *Philosophy And The Human Sciences. Philosophical Papers II*. Cambridge: Cambridge University Press.
— (1994): »Foucault on Freedom and Truth«, in: Hoy, David Couzens (Hg.): *Foucault. A Critical Reader*. Oxford: Basil Blackwell, S. 69–102.
— (1993): »Engaged agency and background in Heidegger«, in: Guignon, Charles B. (Hg.): *The Cambridge Companion To Heidegger*. Cambridge: Cambridge University Press, S. 317–336.
— (1995): *Negative Freiheit? Zur Kritik des neuzeitlichen Individualismus*. Frankfurt/M.: Suhrkamp.
— (1996): *Quellen des Selbst. Die Entstehung der neuzeitlichen Identität*. Frankfurt/M.: Suhrkamp.
— (2000): »What's Wrong with Foundationalism? Knowledge, Agency, and World«, in: Wrathall, Mark/Malpas, Jeff (Hg.): *Heidegger, Coping, and Cognitive Science. Essays in Honor of Hubert L. Dreyfus. Bd. 2*. Cambridge: MIT Press, S. 115–134.
Thaa, Winfried (2012): »Die Krisen der Republik«, in: Heuer, Wolfgang/Heiter, Bernd/Rosenmüller, Stefanie (Hg.): *Arendt-Handbuch. Leben – Werk – Wirkung*. Stuttgart: Metzler, S. 114–124.
Theere-Staal, Elke (2013): *Ich bin hier. Hannah Arendts Wiedersehen mit Martin Heidegger. Eine literarische Rekonstruktion. Bd.2*. Marburg: Blaues Schloss.
Thiele, Leslie Paul (1994): »Heidegger on Freedom: Political not Metaphysical«, in: *The American Political Science Review*, 88:2, S. 278–291.
— (2003): »The Ethics and Politics of Narrative. Heidegger + Foucault«, in: Milchmann, Alan/Rosenberg, Alan (Hg.): *Foucault and Heidegger. Critical Encounters*. Minneapolis: University of Minnesota Press, S. 206–234.
Thomä, Dieter (1990): *Die Zeit des Selbst und die Zeit danach. Zur Kritik der Textgeschichte Martin Heideggers*. Frankfurt/M.: Suhrkamp.

— (2000): »Verantwortung: Heidegger und Arendt«, in: Bialas, Wolfgang/Gangl, Manfred (Hg.): *Intellektuelle im Nationalsozialismus*. Frankfurt/M.: Peter Lang, S. 176–209.

— (2013a): »Hannah Arendt. Liebe zur Welt«, in: Ders. (Hg.): *Heidegger-Handbuch. Leben – Werk – Wirkung*. Stuttgart: Metzler, S. 412–417.

— (2013b): »Heidegger und der Nationalsozialismus«, in: Ders. (Hg.): *Heidegger-Handbuch. Leben – Werk – Wirkung*. Stuttgart: Metzler, S. 108–133.

Thompson, Christiane/Hoffarth, Britta (2013): »Was gehen uns die Dinge an? Ein Versuch über Materialität und Subjektivierung«, in: Gelhard, Andreas/Alkemeyer, Thomas/Ricken, Norbert (Hg.): *Techniken der Subjektivierung*. München: Wilhelm Fink, S. 259–272.

Thompson, Simon (1999): »The Agony and the Ecstasy: Foucault, Habermas and the Problem of Recognition«, in: Ashenden, Samantha/Owen, David (Hg.): *Foucault contra Habermas. Recastig the Dialogue between Genealogy and Critical Theory*. London/new York: Sage, S. 195–211.

Tömmel, Tatjana Noemi (2011): »Freundschaft«, in: Heuer, Wolfgang/Heiter, Bernd/Rosenmüller, Stefanie (Hg.): *Arendt-Handbuch. Leben – Werk – Wirkung*. Stuttgart: Metzler, S. 279– 280.

— (2013): *Wille und Passion. Der Liebesbegriff bei Heidegger und Arendt*. Berlin: Suhrkamp.

Tovar-Restrepo, Marcela (2012): *Castoriadis, Foucault and Autonomy. New Approaches to Subjectivity, Society and Social Change*. New York: Continuum.

Trawny, Peter (2003): *Martin Heidegger*. Frankfurt/M.: Campus.

— (2008): »»Auf den Knien leben.« Zum Verhältnis von Anthropologie und Politik bei Hannah Arendt«, in: Hagedorn, Ludger/Staudigl, Michael (Hg.): *Über Zivilisation und Differenz. Beiträge zu einer politischen Philosophie Europas*. Würzburg: Königshausen & Neumann, S. 243–262.

Tugendhat, Ernst (1970): *Der Wahrheitsbegriff bei Husserl und Heidegger*. Berlin: Walter de Gruyter.

— (1993): *Selbstbewusstsein und Selbstbestimmung. Sprachanalytische Interpretationen*. Frankfurt/M.: Suhrkamp.

Tully, James (1999): »To Think and Act Differently: Foucault's Four Reciprocal Objections to Habermas's Theory«, in: Ashenden, Samantha/Owen, David (Hg.) (1999): *Foucault contra Habermas. Recasting the Dialogue between Genealogy and Critical Theory*. London/New York: Sage, S. 90–142.

Ure, Michael (2007): »Senecan Moods: Foucault and Nietzsche on the Art of the Self«, in: *Foucault Studies*, 4, S. 19–52.

Vetter, Helmuth (2014): *Grundriss Heidegger. Handbuch zu Leben und Werk*. Hamburg: Felix Meiner.

Veyne, Paul (1997): »The Final Foucault and his Ethics«, in: Davidson, Arnold, I. (Hg.): *Foucault and his Interlocutors*. Chicago: University of Chicago Press, S. 225–233.

— (2003): »Michel Foucaults Denken«, in: Honneth, Axel/Saar, Martin (Hg.): *Michel Foucault. Zwischenbilanz einer Rezeption. Frankfurter Foucault-Konferenz 2001.* Frankfurt/M.: Suhrkamp, S. 27–51.

— (2009): *Foucault. Der Philosoph als Samurai.* Stuttgart: Reclam.

Villa, Dana (1992): »Postmodernism And The Public Sphere«, in: *American Political Science Review*, 86:3, S. 712–721.

— (1996): *Arendt and Heidegger. The Fate of the Political.* Princeton: Princeton University Press.

— (1998): »The Philosopher Versus The Citizen. Arendt, Strauss, and Socrates«, in: *Political Theory*, 26:2, S. 147–172.

— (1999): *Politics, Philosophy, Terror. Essays on the Thought of Hannah Arendt.* Princeton: Princeton University Press.

— (2007): »Arendt, Heidegger, and the Tradition«, in: *Social Research*, 74:4. S. 983–1002.

— (2010): *Public Freedom.* Princeton: Princeton University Press.

— (2011a): »Martin Heidegger«, in: Heuer, Wolfgang/Heiter, Bernd/Rosenmüller, Stefanie (Hg.): *Arendt-Handbuch. Leben – Werk – Wirkung.* Stuttgart: Metzler, S. 248– 253.

— (2011b): »Friedrich Nietzsche«, in: Heuer, Wolfgang/Heiter, Bernd/Rosenmüller, Stefanie (Hg.): *Arendt-Handbuch. Leben – Werk – Wirkung.* Stuttgart: Metzler, S. 228–233.

Visker, Rudi (1991): *Michel Foucault. Genealogie als Kritik.* München: Wilhelm Fink.

— (2003): »From Foucault to Heidegger: A One-Way ticket?«, in: Milchmann, Alan/Rosenberg, Alan (Hg.): *Foucault and Heidegger. Critical Encounters.* Minneapolis: University of Minnesota Press, S. 295–323.

Vogelmann, Frieder (2012): »Foucaults ›parrhesia‹ – Philosophie als Politik der Wahrheit«» in: Gehring, Petra/Gelhard, Andreas (Hg.): *Parrhesia: Foucault und der Mut zur Wahrheit.* Zürich: Diaphanes, S. 203–229.

— (2013a): *Im Bann der Verantwortung.* Frankfurt/M.: Campus.

— (2013b): »Verantwortung als Subjektivierung. Zur Genealogie einer Selbstverständlichkeit«, in: Gelhard, Andreas/Alkemeyer, Thomas/Ricken, Norbert (Hg.): *Techniken der Subjektivierung.* München: Wilhelm Fink, S. 149–161.

Vogl, Joseph (2008): »Genealogie«, in: Kammler, Clemens/Parr, Rolf/Schneider, Ulrich Johannes (Hg.): *Foucault-Handbuch. Leben – Werk – Wirkung.* Stuttgart: Metzler, S. 255–258.

Vollrath, Ernst (1979): »Politik und Metaphysik. Zum politischen Denken von Hannah Arendt«, in: Reif, Adelbert (Hg.): *Hannah Arendt. Materialien zu ihrem Werk.* München: Europaverlag, S. 19–58.

— (1988): »Hannah Arendt und Martin Heidegger«, in: Gethmann-Siefert, Annemarie/Pöggeler, Otto (Hg.): *Heidegger und die praktische Philosophie.* Frankfurt/M.: Suhrkamp, S. 357–372.

— (1995): »Hannah Arendt bei den Linken«, in: Grunenberg, Antonia/Probst, Lothar (Hg.): *Einschnitte. Hannah Arendts politisches Denken heute*. Bremen: Edition Temmen, S. 9–22.

Volpi, Franco (2001): »Der Status der existenzialen Analytik (§§ 9–13)«, in: Rentsch, Thomas (Hg.): *Martin Heidegger. Sein und Zeit*. Berlin: Akademie, S. 29–50.

— (2007): »Hannah Arendts Rehabilitierung der Praxis«, in: *Vorgänge. Zeitschrift für Bürgerrechte und Gesellschaftspolitik*, 43:3, S. 78–91.

— (2013): »Der Rückgang auf die Griechen in den 1920er Jahren. Eine hermeneutische Perspektive auf Aristoteles, Platon und die Vorsokratiker im Dienst der Seinsfrage«, in: Thomä, Dieter (Hg.): *Heidegger-Handbuch. Leben – Werk – Wirkung*. Stuttgart: Metzler, S. 25–35.

Vowinckel, Annette (2004): *Hannah Arendt. Zwischen deutscher Philosophie und jüdischer Politik*. Berlin: Lukas Verlag.

— (2011): »Geschichte«, in: Heuer, Wolfgang/Heiter, Bernd/Rosenmüller, Stefanie (Hg.): *Arendt-Handbuch. Leben – Werk – Wirkung*. Stuttgart: Metzler, S. 280–281.

Wahl, Françoise (1992): »Inside or outside philosophy?«, in: Armstrong, Timothy J. (Hg.): *Michel Foucault Philosopher*. New York: Routledge, S. 65–79.

Walzer, Michael (1986): »The Politics of Michel Foucault«, in: Hoy, David Couzens (Hg.): *Foucault. A Critical Reader*. Oxford: Basil Blackwell, S. 51–68.

— (1988): *The Company Of Critics. Social Criticism And Political Commitment In The Twentieth Century*. New York: Basic Books.

Wartenberg, Thomas E. (1990): *The Forms Of Power. From Domination to Transformation*. Philadelphia: Temple University Press.

Weber, Max (1980) [1921/1922]: *Wirtschaft und Gesellschaft. Grundriss der verstehenden Soziologie*. Tübingen: Mohr.

Weber, Samuel (2007): »Theater als Exponierung. Walter Benjamin«, in: Menke, Betinne/Menke, Chistoph (Hg.): *Tragödie – Trauerspiel – Spektakel*. Berlin: Theater der Zeit, S. 258–265.

Welsch, Wolfgang (1991): »Präzision und Suggestion. Bemerkungen zu Stil und Wirkung eines Autors«, in: Ewald, François/Waldenfels, Bernhard (Hg.): *Spiele der Wahrheit. Michel Foucaults Denken*. Frankfurt/M.: Suhrkamp, S. 136–149.

White, Stephen K. (2000): *Sustaining Affirmation: The Strengths of Weak Ontology in Political Theory*. Princeton: Princeton University Press.

Willaschek, Markus (1999): »Wahrheit«, in: Prechtl, Peter/Burkhard, Franz-Peter (Hg.): *Metzler Philosophie Lexikon. Begriffe und Definitionen*. Stuttgart: Metzler, S. 647–650.

Wimmer, Reiner (1995): »Freiheit, handlungstheoretisch«, in: Mittelstraß, Jürgen (Hg.): *Enzyklopädie Philosophie und Wissenschaftstheorie. Bd.1*. Stuttgart: Metzler, S. 681–682.

Winker, Gabriele (2015): *Care Revolution. Schritte in eine solidarische Gesellschaft*. Bielfeld: Transcript.

Wolf, Markus (2003): »Kritische Neubeschreibung. Michel Foucaults Beitrag zu einer kritischen Theorie sozialer Praxis«, in: *Dialektik*, 2, S. 27–50.

Wolin, Richard (1986): »Foucault's Aesthetic Decisionism«, in: *Telos*, 67, S. 71–86.

— (1991): *Seinspolitik. Das politische Denken Martin Heideggers*. Wien: Passagen.

— (2001): *Heidegger's Children. Hannah Arendt, Karl Löwith, Hans Jonas, and Hebert Marcuse*. Princeton: Princeton University Press.

Wyschogrod, Edith (2003): »Heidegger, Foucault and the Askeses of Self-Transformation«, in: Milchmann, Alan/Rosenberg, Alan (Hg.): *Foucault and Heidegger. Critical Encounters*. Minneapolis: University of Minnesota Press, S. 276–294.

Xolocotzi, Yáñez Ángel (2002): *Der Umgang als Zugang. Der hermeneutisch-phänomenologische Zugang zum faktischen Leben in den frühen Freiburger Vorlesungen Martin Heideggers im Hinblick auf seine Absetzung von der transzendentalen Phänomenologie Husserls*. Berlin: Duncker & Humblot.

Young-Bruehl, Elisabeth (1979): »Hannah Arendt als Geschichtenerzählerin«, in: Reif, Adalbert (Hg.): *Hannah Arendt. Materialien zu ihrem Werk*. München: Europaverlag, S. 319–352.

— (1991): *Hannah Arendt. Leben, Werk und Zeit*. Frankfurt/M.: Fischer.

— (2011): »Leben«, in: Heuer, Wolfgang/Heiter, Bernd/Rosenmüller, Stefanie (Hg.): *Arendt-Handbuch. Leben – Werk – Wirkung*. Stuttgart: Metzler, S. 2–10.

Young-Bruehl, Elisabeth/Kohn, Jerome (2007): »Truth, Lies, and Politics: A Conversation«, in: *Social Research*, 74:4, S. 1045–1070.

Yun, Byeong-Yeol (1996): *Der Wandel des Wahrheitsverständnisses im Denken Heideggers. Untersuchung seiner Wahrheitsauffassung im Lichte des husserlschen und griechischen Denkens*. Aachen: Shaker.

Zaborowski, Holger (2010): *Eine Frage von Irre und Schuld? Martin Heidegger und der Nationalsozialismus*. Frankfurt/M.: Fischer.

Zerilli, Linda (2005): »Vorwort«, in: Marchart, Oliver: *Neu beginnen. Hannah Arendt, die Revolution und die Globalisierung*. Wien: Turia+Kant, S. 7–12.

— (2010): *Feminismus und der Abgrund der Freiheit*. Berlin: Turia + Kant.

— (2011a): »Freiheit«, in: Heuer, Wolfgang/Heiter, Bernd/Rosenmüller, Stefanie (Hg.): *Arendt-Handbuch. Leben – Werk – Wirkung*. Stuttgart: Metzler, S. 278–279.

— (2011b): »Urteilen/Einbildungskraft«, in: Heuer, Wolfgang/Heiter, Bernd/Rosenmüller, Stefanie (Hg.): *Arendt-Handbuch. Leben – Werk – Wirkung*. Stuttgart: Metzler, S. 323–325.

Zhang, Lili (2014): *Hannah Arendt und das philosophische Denken*. Würzburg: Königshausen & Neumann.

Žižek, Slavoj (2010): Die Tücke des Subjekts. Berlin: Suhrkamp.

Netzbeiträge

Fried, Julia/Dück, Barbara (2015): Caring For Strategy, in: Luxemburg. Gesellschaftsanalyse und linke Praxis, 5.1.2018, *http://www.zeitschrift-luxemburg.de/caring-for-strategy/*

Mothers for Justice United, 5.1.2018, *http://www.mothersforjusticeunited.org/*

Nonhoff, Martin (2004): »Macht und Diskurs, Macht im Diskurs, Macht des Diskurses«, 5.1.2018, *http://www.transforma-online.de/deutsch/transforma2004/papers/nonhoff.htm*

Danksagung

Primär gilt mein Dank Martin Saar, der mit seiner ebenso loyalen wie kritischen Haltung das Projekt in den richtigen Momenten größer oder kleiner machte und hierbei dessen Form und Inhalt maßgeblich prägte. Durch ihn und Ulrich Johannes Schneider, der dieser Arbeit unter anderem in institutioneller Hinsicht einen sicheren Ort bot, fand über mehrere Jahre eine Betreuung im besten Sinne des Wortes statt, für die ich sehr dankbar bin.

Ohne die finanzielle und ideelle Unterstützung der Hans-Böckler-Stiftung, deren Gesicht für mich Iris Henkel und Gudrun Löhrer darstellen, wären nicht nur die Seiten dieses Buches und deren Druck, sondern auch die Forschungsreisen in verschiedene Städte und Länder ein unerfüllter Traum geblieben. Neben der Hans-Böckler-Stiftung haben der Deutsche Akademikerinnenbund und die Society for Women in Philosophy Germany durch ihre großzügigen Druckkostenzuschüsse dazu beigetragen, dass die Arbeit auf diese Weise veröffentlicht werden konnte.

Rainer Forst, Axel Honneth und Rahel Jaeggi haben mir durch die Erlaubnis, an ihren Kolloquien teilzunehmen, gezeigt, was Philosophie bedeuten kann. Gleiches gilt für Nancy Fraser und Banu Bargu, die mir ein Forschungssemester an der New School for Social Research ermöglichten und Linda Zerilli, die mich freundlicherweise an ihrem wundervollen Workshop an der Columbia University im Herbst 2015 teilnehmen ließ. Die Veranstaltungen von *bell hooks* an der New School und die Demonstrationen von *Black Lives Matter*, die ich in dieser Zeit miterleben durfte, haben mir die Brisanz gegenwärtiger Spielarten von Selbst- und Weltsorge vor Augen geführt.

Mit Anne-Marie Bernhard, Katrin Einert, Tamara Jugov, Anna und Mareike Kajewski, Thorsten Thiel, Isabell Trommer und Yvonne Weyrauch habe ich unzählige Mittagspausen in der Deutschen Nationalbibliothek verbringen dürfen, die gerade deshalb so erholsam waren, weil dabei alles Mögliche zur Sprache kam, außer unsere jeweiligen Projekte. Mukaddes Yalçın hat durch ihre Präsenz das in Beton- und Stahlästhetik gestaltete Café der Deutschen Nationalbibliothek in ein Zuhause verwandelt und meinen rudimentären Türkisch-Wortschatz erweitert.

Martin Eldracher, Sonja Engel, Laura Griebner, Thomas Hirschlein, Vera Marstaller, Tobias Matzner und Laurens Schlicht danke ich neben vielem anderen für die hilfreiche Korrektur einzelner Kapitel, die nicht nur deren Qualität verbesserte, sondern mir auch das Gefühl vermittelte, mit dem Text nicht alleine zu sein. Die Erfahrung, über das gemeinsame Entwickeln von Gedanken, Texten und Projekten Freundschaften zu schließen, durfte ich vor allem mit Mathias Böhm und Bini Adamczak, aber auch mit Maya Dolderer, Claudia Jerzak und Ann-Madeleine Tietge machen.

Gespräche mit Ulrich Bröckling, Daniel Loick, Judith Mohrmann und Eva von Redecker haben mir ebenso wie die Auseinandersetzungen mit Teilnehmenden verschiedener Lesekreise, Workshops und Konferenzen geholfen, meine Gedanken pointierter zu formulieren.

Unterstützung beim Umgang mit formalen Aspekten habe ich von Felix Hammermann, Silja Kotte und Herwig Holme erhalten, der die Formatierung als familiäres Projekt verstanden und behandelt hat.

Mara Lou Holme wurde während der Endphase der Dissertation geboren und hat mir unter anderem verdeutlicht, dass die eigentliche Herausforderung, ja vielleicht sogar das Glück, weniger in der theoretischen Kritik des autonomen Subjekts als im praktischen Eingehen nichtsouveräner Bindungen besteht. Dass es möglich war, diese Arbeit trotz und wegen Kind fertig zu stellen, ist das Verdienst von Hanning Voigts. Er hat sich im letzten Jahr der Dissertation und dem ersten mit Kind ausschließlich, hingebungsvoll und allzu oft über alle Grenzen hinweg um uns gekümmert. Ihm und meinen Freund*innen ist dieses Buch gewidmet, die überall auf der Welt verstreut, eben diese für mich sind.